辛亥年　壬辰月　辛酉日　甲午時

此八字辛酉專祿之日相配柱中木火傷官制殺之格喜遇天月德扶身遇斯命者生於望室長於名門椿萱有倚先兮母天边鴻各行鳴其爲人也丰姿消洒天性老誠般般稍覓件件不精有近貴親賢之德應上和下之能祖業添新慶根源勝旧風每把好意番成悪却把真心換得嗔但願才源多旺足何須跨馬入青雲此則穩厚之命纔帷配合子嗣晚光榮運行初辛卯上人庇下未斷平生庚寅運中雪晴天未煖行樂未如心己丑運中雖則行蔵有慶幾番素耗

憂驚戊子運中人生正在風光処还愁旺中起悲風丁亥運月千里關山千里念一番風雨一番驚丙戌運中才源旺足家居好片世風雨尚愁人乙酉運中安閑晚景甲子運中春光去也一夢難流

辛亥年　壬辰月　丁丑日　辛亥時

此八字丁丑日元相配柱中金水雜氣才官之格人生得此生於右族長於高門椿父先歸萱後別天邊鴻鴈各行鳴其爲人也丰姿清秀天性聰明頗知世事稍識古今智謀深遠自是自能喜則千金不吝怒則土界分争豈無高仕敬時有貴人欽祖業添新慶根原勝旧風月掛碧天多皎潔名揚湖海有光榮過危有救過难無凶摇於自己巧與他人但願一生才祿旺何必天門覲聖容此則穩厚之命鴛幃宜有贈子嗣晚光榮運行初辛卯上

人庇下未必詳論庚寅運中須史風雨雨過山青己丑運中古樹含風常帶雪花容向月始知春戊子運中得中有失晴後还風丁亥運中才源滚滚家居好尚有須史晦耗生丙戌運中成四時佳趣樂萬古門庭戌字之中如月入雲乙酉運中晚年閑快樂甲申運中春夢無憑

辛亥年　壬辰月　辛未日　戊子時

此八字辛未日元相配柱中旺水傷官殺印之格
亦有朝陽之意女人得此生於右族長配名門椿
萱雙晚茂鳩偶各行鳴其為人也姿容清秀髮貌
精神勝丈夫之氣象有男子之材能一苑杏花鋪
錦綉滿山松栢映幃屏風送菱花香滿几日匀花
萼發新紅克勤克儉易喜易嗔雖不鳳冠披服自
然益旺夫門此則發福之命良人連珠低一載子
嗣枝枝孝義深運行初癸巳上人庇下未斷平生
甲午運中春帰柳葉犢初變紅入堯花煖未匀乙
未運中幾度樂中有閑数番静裏憂生丙申運
中雖則夫門才業旺旺中尚有事黏盈丁酉運
中一輪明月當秋夜無限奇花正遇春戊戌運
中晚年快樂子貴光榮己亥運中享子孫之福
慶庚子運中夢夢杳杳入佳城

辛亥年　壬辰月　丙子日　己亥時

此八字偏官之格人生得此生於茂族長於高
堂椿父先歸双耐晚西風鴻鴈少聯行其為人
也多識多變可員可方般般頗覽件件平常恒
招君子敬特履貴人卿遊山翫水携巻對月觀
花把酒觴但額粟陳貫朽何須金紫煌煌此
則穩富之命篤憐水命須年少桂子秋来晚
發旁運行初辛卯上人庇下化日春陽庚寅
運中未是可人天氣且宜困守時光己丑運
中人生富貴皆前定何必區區日夜忙戊子
運中成四特佳趋立萬古田庄丁亥運中祥光
田宇宙瑞氣滿門墻丙戌運中松尚茂菊尤黄
乙酉運中暮年安享甲申運中俵斷斜陽

辛亥年　壬辰月　庚申日　丙戌時

此八字庚申專祿之辰羊刃合殺之格稟乎氣輕清宜乎榮登仕路主人生於右族長於仁門播萱有倚難燮耋天違鴻鴈各行群其為人也丰姿清秀天性聰明筆底詞源三峽水胸中學業五車文一朝姓字傳揚後祿位榮看次第陞此則榮貴之命鸞幃宜有贈手嗣桂蘭馨運行初辛卯上人庇下化日陽春庚寅運中欣逑平生志潛心對短檠己丑運中執卷纖田空採月時來方許上神京戊子運中到此始知文學好長安道上馬蹄輕丁亥運中捧詔暫辭三島去承恩遐布一方春丙戌運中佇看官封三級酌然祿享千鍾乙酉運中榮回故里甲申運中一枕難醒

辛亥年　壬辰月　丙寅日　己亥時

此八字丙寅長生之日相配柱中水木雜氣殺印之格人生揭此生於右族長於高門椿父先歸萱耐晚天邊鴻鴈各行鳴其為人也丰姿清秀天性老誠高謀遠見機關別慷慨春風一妙人祖基有倚而重增事業昂新而華古田園桑柘茂畝畝稻粱馨謀動君子感伏小人莫雅惟贈劍三尺豪傑相逢酒一鍾折於自己巧與他人雖不達侯封爵自然階星潤身此則穩厚之命鸞幃年長須招副子嗣枝頭孝義深運行初辛卯上人庇下未斷井況庚寅運中亂帶霜來寒夜冷鳥啼花落始知春己丑運中着意種花花不發無心插柳柳成陰當此之際風雪何驚戊子運中才旺福興家業廣逐愁開飛素耗生丁亥運中豐年田舍和盈豐膳日山家酒滿斟須臾風雨過山青丙戌運中逐賓玩物會友聞孳乙酉運中晚年快樂甲申運中花落月沉

辛亥年　壬辰月　癸丑日　巳未時

此八字癸丑日元相配柱中旺土傑氣才殺之格喜逢天月二德相扶遇斯命者生於右族長於名門萱母先歸椿後別天边鴻鴈各行鳩其為人也丰姿清秀天性聰明斷高理直處事公平謀動君子感伏小人重成新事業再整旧門庭萬里無雲天一色三秌好景月長明生涯湖海上道路或西東不向仕途求闇達却来湖海覓黄金花無堯李非春色人有笙歌是太平上人庇下来斷平生庚寅運中春園雖雨過堯李未生英己丑

運中昼水無声空有浪綉花雖艷不聞香戊子運中雖則行蔵有慶幾多人事鬱盈丁亥運中得中有失稽後還明丙戌運中才源滾滾家居好尚有閑非素耗生乙酉運中庭前竹報平安日檻花開富貴春甲申運中春光去也一夢难醒

辛亥年　壬辰月　壬子日　壬寅時

此八字壬子日月上偏官之格女人得此治家勤儉處事能為姿容清致髮不低椿萱双皓首鴻鳫不聯飛翁姑少火倚妯娌頻相依有微微之計較淡淡之操持秋水為容玉為骨芙蓉為面柳為眉時通家業廣運至福元齊此則把家之命良人土命須平長子嗣秋風秀茂枝運行初癸巳桃紅柳緑燕語鶯啼甲午運中共結絲蘿山海固永諧琴瑟地天齊乙未運中淡霧淡烟迷弱桒微風微雨洒楊枝丙申運中嚴霜積雪都經過次弟春風到

故盧丁酉運中夫必榮而子必秀福亦昌而壽亦強戊戌運中沖繋之所樂極生悲己亥運中桑榆暮景一夢何知

辛亥年　壬辰月　乙卯日　乙酉時

此八字乙酉日元相配柱中金水襍氣亦印之格人生得此生於右族長於名門椿萱双晚別鴻鴈有飛騰其為人也丰姿清秀天性聰明般般不好覧件件不全精有抵雪欺霜之志截長補短之能祖基冝再整事業必重增有心於貨利無意慕功名身將隱矣文何用人不知之味更真琴樽風月閑生計金玉松筠舊歲春雖然不是食祿容也應鄉黨衆推尊此則豐潤之命鸞幃有犯須招木子嗣秋來有晚榮運行初辛卯上人庇下未斷平生

庚寅運中世事宛如春夢人情薄似秋雲己丑運中幾欲思高慕遠畨成提月捕風戊子運中得中還有失悔後尚還明丁亥運中莫言此運生光彩得一程而失一程丙戌運中無慮畫傳詩禮樂有朋来自遠方覩戌字之中如履薄氷乙酉運中子貴晚年閑快樂甲申運中春歸花落鳥無聲

辛亥年　壬辰月　乙卯日　丁丑時

此八字乙卯專祿之辰雜氣殺印之格女人得此生於右族配於高居姿容清秀髮皃不低妯娌难完聚翁始不並依有針緻之巧立業之機一苑杏桃紅錦綉滿山松栢映屛幃一世衣粮足平生福不虧此則旺足之命良人年長合子嗣秀秋枝運行初癸巳上人庇下安樂何知甲午運中並蒂花深鴛並立梧桐枝穩鳳双棲乙未運中淡烟迷弱柳微雨洒楊枝丙申運中微雨洒開紅芍藥和風拂破白荼蘼丁酉運中天上三陽泰人間五福齊戊

戌運中孫賢子秀暮景桑榆己亥運中春光去也花落月西

辛亥年　壬辰月　己卯日　庚午時

此八字己卯專權之日相配柱中水木樸氣才官之格人生得此生於良族長於高門椿萱雖並期頤壽天边鴻鴈各行分其為人也丰姿清秀天性老成應上和下理白分清豈無高士敬時中貴人欽酒解平生恨衣沾湖海塵樓臺疊疊生涯好罗綺輝輝世事亨施恩惹怨布德成嗔但顛一生多發福不思跨馬問前程此則穩厚之命鴛幃有犯須招副子嗣秋来朶朶榮運行初辛卯淡淡天邉月紅紅葉底英庚寅運中世事宛如新折桃人情薄似半開英己丑運中世情濃又淡淡處又還濃戊子運中家業多盈旺還愁晦耗生丁亥運中才源旺足行藏好世態炎凉未十分丙戌運中子貴孫賢多快樂乙酉運中春光去也梦無憑

辛亥年　壬辰月　乙亥日　丁亥時

此八字乙亥相配柱中金水稅生印綬之格人生得此生於温潤之族長於豐厚之堂水命椿萱疾壽天邉鴻鴈各飛其為人也丰姿清秀天性果剛聡明書藝遠倜倘世情長般般好學件件平常稍有賢良之智深知禮義之方樓臺疊疊才帛盈囊門外生涯曠潤庭前花木芬芳雖不青雲得路也應福祿汪洋此則穩福之命鴛幃得合兩敵無妨子嗣先虧晚年發秀運行初辛卯上人庇下其樂何當庚寅運中如花向日枝枝艷似筍穿籬節節長己丑運中雖則行藏有慶也愁人事虧盈戊子運中人生正在風光處只恐天邉雪滿庭丁亥運中英雄惟贈劍三尺豪傑相逢酒滿觴丙戌運中子筍于籬乃積乃倉乙酉運中宜在晚景甲申運中流水滔滔

辛亥年　壬辰月　丙子日　己亥時

此八字丙子日元相配柱中旺水偏官之格食神制杀為奇主人生於右族長於高門椿父先帰萱耐晚天邊鴻鴈各飛鳴其為人也丰姿清秀天性老誠知高下識重輕恒格君子威伏小人遊山翫水携詩卷對月觀花把酒斟田園千古計花木四時春祖業有須重再整才源厚積旺豐盈好意番成悪真心換淂嗔雖然不是金鞍客也應鄉黨中推尊此則福厚之命鴛幃連珠高一載子嗣秋来婚廣生運行初辛卯上人庇下淡淡春雲庚寅運中雨過山重秀風和水自平己丑運中正是梅青月白还愁微雨弄晴戊子運中精神又憔悴憔悴又精神丁亥運中雪消雲散天如洗從此才源倍有增丙戊運中豐年田舍禾盈淌臈日山家酒淌斟乙酉運中子昷家寛無賽樂何愁白髮鬢边生甲申運中帰去也

辛亥年　壬辰月　己巳日　丙寅時

此八字己巳日元相配柱中水木雜氣才官之格時值丙寅值斯命者生於右族長於名門椿父先帰萱晚别天邊鴻鴈各行鳴其為人也丰姿清秀天性聰明不曉聖經賢儒知高下世情祖業有倚重再整才源厚積自磨成水光浮座杯盤盛花氣侵人笑語馨門外生涯千古計庭前营用四時新豈無高士敬時有貴人欽拙於自巳巧與他人消閑恭一局遣與酒鍾三但愿一生才祿旺何必天邊沐寵荣此則豊饒之命允幃大命須年小子嗣生来始有成運行辛卯上人庇下淡又春風庚寅運中風帯雪来偏覺冷鳥啼花落始知春己丑運中嚴霜積雪都經過始覺陽回福祿增戊子運中才源福旺與家業一番水火又重與梨花舞雪不得精神丁亥運中成四時佳趣立萬古門庭尚當此之際尚有亏盈丙戌運中晚年多快樂何慮事因循乙酉運中一枕清風

辛亥年　壬辰月　丁丑日　庚戌時

此八字丁丑日元相配柱中金水雜亂財官之格人生得此生於右族長於名門椿萱老別難双耋天邊鴻雁各飛騰其為人也丰姿清秀天性聰明鋒鋒穎利疑無敵筆力縱橫若有神筆長名園過舊竹花開上苑勝先春終是功名之客豈為田舍之人一朝借得吹噓力三載勤勞便顯名晚年光霽景也得戰腰銀此則榮貴之命鴛幃有配須招副子嗣秋来有継榮運行初辛卯上人庇下未斷平生庚寅運中藏器待時時必達時来過貴有蹭程己丑運中幾年趨事公堂上一旦天邊沐寵榮曉日迎来旆春風促去旌戊子運中有材堪嘆任早戢却與豪前任去程當此之際雪晴重再顯兩露再加陞己亥運中除奸袪悪声名顯佐政琴堂德望新當此之際一番風雪丙戌運中正宜蒞政未許鋒榮乙酉運中子貴重沾崇贈羨甲申運中香帰花落鳥無聲

辛亥年　壬辰月　丁丑日　丙午時

此八字丁火相配柱中水土傷官之格日逢祿帰時之助人生得此生於温潤之族長於穩厚之門萱母先帰椿耐晚天邊鴻雁各行群其為人也丰姿清秀天性老誠有近貴親賢之德應上和下之能梅開白雪飄東閣筍出新梢過比庭闈處愛走冷處不行重成新事業再整舊門庭江湖仰德閭里推尊無辱心常足何須慕利名此則穩旺之命鴛幃有碍須相甑子嗣秋来孝且忠運行初辛卯上人庇下未称登臨庚寅運中世事有增有減才源或廢或興己丑運中雖則行蔵有慶也愁人事虧盈戊子運中須史風雨過從此瑞祥生成四特佳趣立萬古門庭丁亥運中簾捲香風生百福軒開化日祿元增丙戌運中英雄惟贈劍三尺豪傑相逢酒一鍾乙酉運中無思無慮甲申運中一道訃音

辛亥年　壬辰月　丁巳日　辛亥時

此八字丁丑日元相配柱中金水襟氣才官之格官多化殺傷官制伏為奇遇斯命者生於右族長於高居椿萱有倚先虧父天邊鴻鴈有高飛其為人也丰姿清雅天性能為頗知禮義稍識詩書見善則揚於己當仁不讓於師終是功名之客豈為田舍耕鋤不就三場選部將刀筆施六藝知古律三語覓今非佇看頭角聳光耀舊門閭晚年光寵景德澤惠黙黎此則榮貴之命篤帽土命須年小子嗣生成貴顯見運行初辛卯上下庇下未斷萬低庚寅運中如花向日似笋穿泥己丑運中時來逢貴助探筆向曹司戊子運中雨稍雲路踏蹻馬入京畿丁亥運中去除巾情簪烏帽官取麻衣換綠衣丙戌運中皇恩有感重光顯紛紛黎庶衆來服乙酉運中子貴重榮贈甲申運中花落月沉西

辛亥年　壬辰月　辛亥日　乙酉時

此八字辛亥日元相配柱中木火傷官之格丙午不雜貴氣主人生於右族長於高門椿萱雙晚成鴻鴈各行鳴其為人也丰姿清秀天性聰明源流三峽誰能及筆掃千軍誰與倫衣冠濟濟人中傑和氣怡怡席上終是功名之客豈為田舍之翁嘉谷下早實大器當晚成一朝騰踏飛黃去秉笏天門拜聖容此則榮貴之命幞篤有紀須年少子嗣秋來挺榮運行初丙申上人庇下未斷升沉丁未運中欲遂平生須加董子功戊午運中幾欲思高暮遠番成剪雪裁冰己巳運中幾卷幾回空嘆息時來跨馬入神京庚午運中處事但平三尺法理刑全是一團春辛未運中有材應大用何事便辟榮壬申運中春光去也花落月西

辛亥年　壬辰月　丙子日　庚寅時

此八字丙火相配柱中旺水月上偏官之格喜食神判伏印綬相生五行清正四柱純和運斯命者生於於茂族長於高門擣萱有倚難變耄天邊鴻雁獨超群羊姿清秀天性聰明筆底詞源三峽水胸中學業五車深龍門變化三春浪鵬路逍遙萬里程一徑折得蟾宮桂凜凜威風四海清此則榮華之命篤幃正副方偕老子嗣榮門孝義深運行初辛卯上人庇下未斷平生庚寅運中篤學十年窓下時來一舉成名已丑運中禹浪三層起躍過衣冠濟濟拜明君戊子運中天上手曾扶日月人間位政逼台星丁酉運中悠悠籬下甲申運中花落月沉

辛亥年　壬辰月　丁丑日　辛亥時

此八字丁丑日元相配柱中金水旺氣財官之格官身化殺之論主人生於右族擣井長於仁門萱母先帰擣後別天邊鴻雁各行鳴其為人也丰姿清秀天性聰明般般稍覽件件不精豈無高仕敘時有貴人欽曰福曰榮自有順天之慶常安常樂豈無福地之深秘方能起死妙術可回生古來醫道通仙道半積陰功半養身但頤時來財祿旺何必天邊沐寵榮此則術富之命篤幃有配須重續子嗣秋來朵朵榮運行初辛卯上人庇下未斷平生庚寅運中風帶雪來虛竟冷鳥啼花落始知春已丑運中精神又樵悴樵悴又精神戊子運中妙術唐僊神効驗財源滾滾旺門庭須史風雨過山青丁亥運中不獨財源旺足尚祈樓閣凌雲當此之際風雨正生丙戌運中龍門化日千祥集萬擔香風百福增戊字之中如月入雲乙酉運中晚年身快樂會文以開摶甲申運中數盡　三島外盧醫扁鵲也成空

辛亥年　壬辰月　戊午日　辛酉時

此八字戊午日外之辰相配柱中水木傑氣財官之格人生得此生於右族長於名門椿萱雙晚茂棠棣各行鳴其為人也手姿清爽天性聰明胸羅今古事奉識聖賢心衣冠濟濟人中傑和氣怡怡席上珍終是功名之客豈為田舍之翁壽穀不早食名利當晚成雖不三登科早自然祿位光榮一朝但得風雲便九天雨露沐皇恩文章萬古江山氣道継千年竹帛声此則榮貴之命鴛幃有犯須招副子嗣秋來有挺柴運行初辛卯上人庇下未斷平生庚寅運中欲遂平生志潜心對短檠已丑運中幾欲思高慕遠番成剪雪裁冰戊子運中執卷幾回空探月特來貴次上神京丁亥運中仁風開絳帳德化啓儒生當此之際風雲重重丙戌運中伊川門外雪明道座間風乙酉運中天邊無際澤籬下樂高情甲申運中人生從此別一枕了平生

辛亥年　壬辰月　癸丑日　乙未時

此八字癸水相配柱中旺土特上偏官之格喜逢印綬生身人生得此生於盛族長於高門椿萱皓首方帰去天邊鴻雁不同群其為人也手姿清秀天性聰明頗知今古學文精通終是成名客豈為田舍翁此則特達之命鴛幃正副方偕老子嗣花多果少庶生運行初辛卯上人庇下化日陽春庚寅運中金距鬥鷄三市北王鞭跨馬五陵東己丑運中雖則行藏穩旺還愁人事斷盈戊子運中水火無情家業變還愁不損旧威稜丁亥運中一番風雪福祿滔滔丙戌運中富潤屋德潤身乙酉運中桑榆暮景甲申運中春夢無憑

辛亥年　壬辰月　壬子日　癸卯時

此八字壬子日月之辰月支偏官之格喜逢時值貴人人生得此於良族長於高居椿萱亡皓首鴻雁各分飛其為人也丰姿雅淡天性操持性不受觸心不截機自有高人相敬丕愁小輩相欺祖業添新立根原再整齊盈沼芰荷香辞郁滿園花木色矛乖滿世功名身外事五湖風月樂多俞此則起家之命鶯幃水合須年少子嗣秋末有出音運行初辛卯上人庇下何論高低庚寅運

中登臨雨濟賞翫春歸已丑運中雪消雲散天如洗依旧陽和滿太虚戊子運中才源滚滚家抵一番素耗不成危丁亥運中成四時佳趣立萬古根基丙戌運中柔於暮景乙酉運中歸去未兮

辛亥年　壬辰月　辛未日　辛卯時

此八字辛未之日相配柱中水木傷官助財之格人生得此生於温良之族長於穩厚之門金土嚴慈先別父一前一後鴈飛鳴其為人也丰姿雅淡天性老誠雖無深計較稍有淡聰明自有順天之慶豈無福地之深雖不成名利生平逆貴人祖基祖業須重至才帛貲囊自葦成萬里春風行樂頤四時佳趣瑞祥生有心於貨利無意慕功名田園桑柘茂畎畝稻粱馨時逼方壯觀運至福才盈無辱心常足何須慕利名此則盛旺之命鶯幃魁後

重拍小子嗣森枝有捷榮運行初辛卯上人庇下䙰褓平生庚寅運中始覓陽和滿目也慈風雪滿庭已丑運中雪晴重見雪絃斷又添新戊子運中財源滾滾家居好尚恐尖非素耗生丁亥運中雜陽三月花如錦楊花飛過牡丹開丙戌運中財源旺足第宅增新乙酉運中享子孫之福慶甲申運中夢杳杳之佳城

辛亥年　壬辰月　辛酉日　己亥時

此八字辛酉專祿之日相配柱中水木傷官助才之格人生得此生於右族長於名門其為人丰姿清秀天性聰明源流三峽誰能及筆掃千軍孰與倫珪璋自是清朝器律呂偏諳治世音終是功名之客豈為田舍之翁鳳凰池上客龍虎榜中人一從姓字傳臚後先安外郡後居京晚年光霽景金紫職加陞此則榮貴之命鴛幃有妃宜招副子嗣秋來有挺榮運行初辛卯上人庇下未斷平生庚寅運中不負寸陰之惜豈辜題柱之功己丑運中禹浪三層都躍過濟濟衣冠拜九重戊子運中一天高雨隨車志千里光榮父老迎當此之際風雪還生丁亥運中皇恩有感聲名顯郎署官函職位陞丙戌運中腰橫金作帶符剖玉為麟乙酉運中有材應大用何事便辭榮甲申運中子貴晚年開快樂訃音一播衆傷情

辛亥年　壬辰月　庚申日　丁丑時

此八字庚申專祿之日相配柱中水火傷官帶印之格人生得此生於良族長於高門椿父先歸萱耐晚天邊鴻雁各行鳴其為人也丰姿清秀天性聰明多聞多見自是自能為人起敬貴客相欽祖業添新根源勝舊風月掛碧天光皎潔名揚湖海有光榮水出浮塵否盤堂花氣侵人咲語聲豐年田舍禾盈疊臈目山家酒滿斟拙於自巳巧與他人雖不揚鞭騎馬自然才旺福增此則穩享之命鴛幃合配頭生雪子嗣衰枝有顯崇運行初辛卯上人庇下化日陽春庚寅運中世事宛如春夢人情薄似秋雲己丑運中眷義種花花不發無心插柳柳成陰戊子運中雖則行藏有處也愁人事斷盈丁亥運中旺中尚有盈頭雪雪過才涼倍有增丙戌運中約梅同醉引鶴徐行乙酉運中子崇孫秀家門旺何愁白髮鬢邊生庚申運落花行行流水泛泛

辛亥年　壬辰月　丙辰日　庚寅時

此八字丙辰日德之辰相配柱中水土食神制殺之格女人得此生於右族長配高門萱母先帰椿耐歲天邊鴻鴈各行鳴其為人也姿容闓朗髮貌精神勝丈夫之氣槩有男子之材能風送芰荷香藹浣日匀花萼發新紅有遺訓斷機之志氣剪髮丸膽之賢明磨穿鉄硯非吾事繡折金針却有功性急如江濤滚滚心安似山月秋清雖不鳳冠披服自然益旺夫門此則穩享之命鴛幃土命須年長子嗣先難曉姐盈運行初癸巳上人庇下未斷

平生甲午運中契合翠鸞成好夢黃紅葉是良姻乙未運中幾度樂中有悶數静裏憂生丙申運中正是梅青月白还愁花放風生丁酉運中萬疊好山雲作斂一輪明月雨初晴戊戌運中安閑曉景己亥運中一道訃音

辛亥年　壬辰月　壬寅日　戊申時

此八字壬寅之日相配柱中火土襍氣殺印之格人生得此生於右族長於高門椿萱連珠萱歲長天邊鴻鴈各行鳴其為人也手姿清秀天性聰明般般稍覽件件不精謀動君子威伏小人祖業添新慶根源勝舊風祿在江山外名聞湖海中兩都秋色皆喬木蒼舊風流有錢入朝中無姓字閭里有光榮花無桃李非春色人有笙歌是太平雖不達侯封爵自然潤屋潤身此則穩厚之命鴛幃有犯須招副子嗣秋來朶朶榮運行初辛卯上人庇下未斷

平生庚寅運中世事究如春梦人情薄似秋雲己丑運中雖則行藏有慶還似人事蹊蹺戊子運中財源滚滚家語好尚有閑非索耗生丁亥運中成四時佳趣立萬古門庭丙戌運中簫撓香風生百福軒開化日禄元增乙酉運中晚年閑快樂會友以閑尊甲申運中夕陽有限春梦無憑

辛亥年　壬辰月　庚申日　丁丑時

此八字庚申專祿之日傷官之格人生得此生於官族長於名門椿萱榮倚先帰父天边鴻雁有聯群羊姿清秀天性聪明李問三冬足詩書萬卷通定擬南山豹变准教北海蛟横祖基添新慶根源勝旧風一日風雲相際會九天雨露沐深恩此則榮貴之命鴛幃配合須年長子嗣秋來有继葉運行初辛卯上人庇下未断吉凶庚寅運中欲遂平生志潛心對短檠己丑運中欲速不達揚帆待風戊子運中時來名始就跨馬上神京丁亥運中威權正在春光處才帛興隆雨露均丙戌運中雪消雲散天如洗萬紫千紅總是春己酉運中春光去也花落月沉

辛亥年　壬辰月　壬子日　乙巳時

此八字壬子日刃之辰襟氣殺印之格值此象者椿父先帰萱耐晚西風鴻雁有聯飛其為人也能言能語多見多知悪不遜善不期祖業重加立声名異昔特遊山翫水携詩卷對月臨風把酒卮但得一朝機會至許君名利南光輝此則穩達之命鴛幃重盃桂子秀森枝運行初辛卯春風習習曉日遲遲庚寅運中幾思登仕路曽讀圣人書己丑運中信知富貴皆由命何必偻羅用尽機戊子運中鶯地權振作藹然桃李芳菲丁亥運中不但才源增進祈福禄高崑丙戌運中不労篷作千年調惟恐還一度悲乙酉運中歳寒松栢暴景桑榆甲申運中滿園堯李春風好有畔無端吖子規

辛亥年　壬辰月　丙辰日　已亥時

此八字丙辰之日德之辰相配柱中旺水偏官之
格傷官制殺有功遇斯命者生於茂族長於名門
椿親先别螢禁晚天邉鴻鴈復随鳴其為人也半
姿魁偉天性聰明窮書覽史學足三冬𩔖鋒顖利
疑無敵筆力縱横若有神終是功名之客豈為田
舍之翁秋闈折桂誇好手春榜無緣不顯通一自
天官奏最滔滔金紫階陞晚年光景好臺省播芳
名佇看官封三級的然禄享千鍾衣冠濟濟人中
傑和氣怡怡席上珍此則榮貴之命鴛幃鼓盆三
嘆子嗣晚節森崇運行初辛卯上人庇下未斷升
沉庚寅運中焚膏展卷秉燭觀文已丑運中鼠年
雖折桂依舊入橋門戊子運中太學豈能留得住
仁風百里秉權衡丁亥運中一番風雪初晴後金
紫煌煌雨露陞當此之際沾兜弄人丙戌運中佐
政省堂名望重金屏選列位居尊乙酉運中子貴
重沾德澤悠悠樂享蘿東甲申運中安樂晚景癸
未運中春夢無憑

辛亥年　壬辰月　辛未日　已亥時

此八字傷官帶印之格雜氣財官之論値斯象者
生於右族長於高堂椿萱𢇛養難双奉棠棣春風
有益芳丰姿慷慨天性果剛順則一團和氣逆之
千里風霜學問三冬足詩書萬卷藏咲賴登鳳闕
噏手赴科場鳴珂金殿工朝夕覲君王此則英顯
之命鴛幃疊疊方偕老桂子枝枝襲慶長運行辛
卯但宜𥠖𥠖未論炎凉庚寅運中螢窓雪案秉燭
尋章已丑運中三級浪中今變化九重天際沐恩
光戊子運中皇恩有感重重賞朝罷歸來滿袖香
丁亥運中重紫重金當是景西風雨雪也悲傷丙
戌運中末許懸車轉遷留作棟梁乙酉運中觧組
歸來春氣重青山鬱鬱水洋洋

辛亥年　壬辰月　辛巳日　戊子時

此八字辛巳日元相配柱中水火傷官帶印之格人生得此生於右族長於高門萱毋先帰椿後别天邊鴻鴈各行鳴其為人也丰姿清秀天性聰明般般稍覽件件不精風月處交消洒客情行藏果断作事老誠有近貴親賢之德應上和下之能田园桑柘戕畝畆稻梁馨花無桃李非春色人有笙歌是太平琴樽風月閑生計金玉松筠旧歲春施恩惹怨布德成嗔雖不建侯封爵自然潤屋潤身此則穩厚之命鴛幃有犯重招副子嗣偏房後有成運行初辛卯上人庇下未断平生庚寅運中春帰柳葉晴变紅入桃花煖未匀己丑運中雖則行藏有慶还愁素耗虧盈戊子運中既济尤防未济得経尤屢失経丁亥運中才源旺足家居好还忌花開風尚生過此丙戌運中威權有布人欽服才帛興隆福禄增成字之中如履薄氷乙酉運中晚年閑快樂一枕入佳城

辛亥年　壬辰月　辛酉日　乙未時

此八字辛酉專禄之辰傷官助財之格人生得此生於遂室長於高門丰姿清雅天性秉能椿萱有倚成雙倚鴻鴈聯群又斷群萬里韶華事業每從忙裏就一聯美景才源自向遠方生雖不綺羅衣錦秀自然才帛有餘盈此則商賈生才之命鴛幃正副方偕老子嗣秋来旺宅門運行初辛卯上人庇下濡裾平生庚寅運中如日初出似月始升己丑運中艷陽三月花如錦奪我来時不遇昏戊子運中貨利交通千里外只恐斷非素耗生丁亥運中兩過山家秀雲開月始明丙戌運中才源滚滚福禄駢增乙酉運中桑榆晚景甲申運中春夢無憑

辛亥年　壬辰月　己卯日　乙丑時

此八字巳卯專權之日相配柱中水木雜氣財煞之格喜逢天月二德相扶主人生於石族長於名門金木椿萱期耄別天邊鴻鴈各西東其為人也丰姿蒼古天性奔能世事頗能將孰般般學欠精通曰福曰榮自有順天之慶常安常樂豈無福地之深重成新事業難守舊門庭有心於貨利無意慕功名兩都秋色皆喬木耆舊風流有幾人好意番成惡真心換得嗔雖不建侯封爵自然福祿無窮此則穩厚之命鴛幃有犯須相敵子嗣金風晚節馨運行初辛卯上人庇下未斷平生庚寅運中春風播爽微雨弄晴己丑運中有得有失有喜有驚戊子運中財源滾滾家居好五夜金風未許晴丁亥運中人生正在風光處只恐閑非素耗生丙戌運中雪晴雲散天如洗老景光華世事亨戌字之中如履薄冰乙酉運中晚年閑快樂甲申運中一枕入巫峯

辛亥年　壬辰月　戊寅日　己未時

此八字戊寅專權之日雜氣財煞之格主人案椿先引萱存晚棠棣庭前各挺榮其為人也行藏果斷作事奔能當仁不讓見善必欽祖業添新慶才囊自積存豈年閑舍未盈豐臘日山家酒滿斟月掛碧天多皎潔名揚湖海有光榮但願一生多逸樂何須騎馬上神京此則高貴之命鴛幃配合須年久子嗣秋來孝義深運行初辛卯上人庇下天朗氣清庚寅運中幾欲思高暮遠番成冒雪衝風己丑運中一番風雪過漸漸長精神戊子運中到此始知時運好五湖風月樂風怡情丁亥運中万疊好山云作斂一樓明月雨初晴丙戌運中孫賢子秀樂意忘情乙酉運中歸去也

辛亥年　壬辰月　戊寅日　己未時
此八字戊寅奪權之日習氣才柔之格主人萱親先
別春存晚棠棣庭前各挺榮其人行莊果斷作事幹
能當仁不讓見善則欽祖基添新慶財囊自積存豐
年田舍禾盈罌臘日山家酒滿斟月卦碧天多皓潔
名聞湖海有光榮但願一生多亦樂何須騎馬上神
京此則商賈之命鴛幃配合須年少子嗣秋來孝義
深運行初辛外上人庇下天廟氣清庚寅運中錢欲
思高纂遠畚成冒雪沖風己丑運中一番風雪過漸
漸長精神戊子運中到此始知時運好五湖風月樂
怡情丁亥運中万疊好山雲作歛一樓明月雨初晴
丙戌運中孫賢子秀樂意安情乙酉運中帰去兮

辛亥年　壬辰月　丙辰日　庚寅時
此八字丙辰日德之辰相配程中水土食神制殺
之格人生右族長於宦門椿萱毋先別天息
鴻鴈各行鳴其為人也丰姿清秀天性聰明
般般稍覽件件不精行藏爽清洒咲傲任
枯榮曰福曰榮自有順天之慶常安常樂豈
無福地之深重成新事業再整旧門庭得意
江山詩句絕忘情日月酒盃深無慮書盈傳詩
礼樂有朋來自遠方親但願才源旺足何須
天府求榮此銚裕之命鴛幃土命須年長子
嗣榮門晚始成運行辛外上人庇下未斷平生庚
寅運中淡烟楊柳岸薄露杏花村己丑運中
雖則行藏有變遷愁人事難盈戊子運中人
生正在風光處只恐閑非索耗生丁亥運中到
此始知時運好萬象光華百事通丙戌運中才源秉
美家業愈盈乙酉運中晚年享福甲申運中
一夢杳無憑

辛亥年　壬辰月　乙卯日　乙酉時

此八字乙卯專祿之日相配柱中金水襍氣条之格人生得此生於右族長於名門椿萱分別先虧父天邊鴻鴈各行分其為人也丰姿清秀天性聰明知高識下理白分清謀動君子威伏小人行蔵果斷作事老誠般般都好覽件件不全精遊山翫景携詩卷對月觀花把酒斟施恩惹怨布德成嗔田园桑柘茂畝畝稻粱馨鄉民仰德閭里推尊此則豐饒之命鴛幃木命方借乇子嗣秋来有挺荣運行初辛卯上人庇下未斷平生庚寅運中世事究如春夢人情薄似秋雲已丑運中畫水無声空有浪繡花雖艷不聞馨戊子運中片雲能發千山雨甫過千山依舊晴丁亥運中不意之中曾得意用心之處不如心丙戌運中晚年才祿班旺又晦非生過此乙酉運中子貴光家也甲申運中春帰鳥不啼

辛亥年　壬辰月　庚申日　丁丑時

此八庚申專祿之日相配柱中水土傷官帯印之格人生得此生於右族長於仁門椿萱別早鴻鴈各飛其為人也丰姿清秀天性聰明世事頗能將就般般李欠精通高人起敬貴客相欽祖業添新慶根原勝舊風月掛碧天多皎潔名揚洵海有光業田園桑柘茂畝畝稻粱馨英雄惟贈劍三尺豪傑相逢酒一鍾花無桃李非春色人有笙歌是太平但願才源旺足何須慶祿財名此則穩厚之命鴛幃有犯須招副子嗣榮門晚節馨運中初辛卯上人庇下天朗氣清庚寅運中如花向月似月離雲已丑運中世情農又淡淡處又還濃戊子運中既濟尤防未濟得經尤慮失經已丑運中風源滾滾家居好尚有悶非晦耗生丙戌運中簾捲香風生百福軒開化祿元增乙酉運中晚年快樂會友開樽甲申運中人生從此別無復見儀形

辛亥年　辛卯月　乙巳日　丁丑時

此八字偏官之格喜逢建祿身強人生得此椿萱雙並耄鴻鴈各飛鳴丰姿清秀性格聰明英材而出類學問以淵源豹變南山霧鵬摶北海風一日聲名遍天下滿城桃李咲陽春此則貴達之命篤怫全正副桂子長麒麟運行初庚寅春風駘蕩夏日炎蒸己丑運中篤學居顏巷潛心對短檠戊子運中藏器待時時必達時未頃刻躍潛鱗丁亥運中耿耿聲名重滔滔雨露新丙戌運中赤心扶日月素志展經綸乙酉運中蓴鱸味美軒冕毫輕甲申運中已道退藏宜謹守免得藍關遇雪驚癸未運中歸去也

辛亥年　壬辰月　甲戌日　庚午時

此八字甲戌日元相配柱中金水襍氣發印之格喜逢云月德相扶主人生於右族長於高居萱母先歸椿自別鴈行天際各行飛其為人也丰姿清秀天性操持婚窮今古博覽詩書見善見持於已當仁不讓於師終是功名之客豈為田舍耕鋤輩不登科奉早自然晚節光輝舒長化日柔麻茂融落仁風四境馳此則榮貴之命篤怫有犯須年敵子嗣秋成貴顯見運行初辛卯上人庇下有何是非声名欲遂平生志潛心下螢惟己丑運中執卷殘回定探月時来有日入京畿戊子運中成載淹留苦苦李容沾陰硯枯栖丁亥運中三年不改未時改百姓咸懷在後思丙戌運中正宜加爵祿何事便懸車乙酉運中無憂無慮會友園棊甲申運中帰期骖骖

辛亥年　壬辰月　辛未日　丁酉時

此八字辛金相配柱中水火傷官制殺之格生得此生於平淡之族長於溫潤之門椿萱先別毋棠棣各分英手姿清秀天性聰明多計較稍年能立成新事業再整舊門庭門外生涯曠潤庭前活計惟新高人起敬貴人欽消閑碁一局遣興酒三鍾雖不達侯封爵自然財旺福興此則發福之命篤幃木命須年敵子嗣生成貴顯人運行初辛卯上人庇下未斷平生庚寅運中雖則行藏有慶還愁人事虧盈己丑運中財源滾滾家居好片時風雨不爲驚戊子運中旺中尚有趂趄事事安財源倍有增丁亥運中花閑上苑春光好月到中天萬里明丙戌運中有子皆科第往來無白丁乙酉運中安享晚景甲申運中一枕難醒

辛亥年　壬辰月　癸酉日　癸亥時

此八字癸酉日元相配柱中金土襍氣官印之格女人得此生於右族配於高居偕萱难並耄鴻鴈各行飛其爲人也姿容清秀體態豐肥鮮同心於妯娌不並侍於翁姑過如男子勝如丈夫易嗔易喜难犯难欺一死杏桃鋪錦綉淵山松栢娛屏帏步步有助夫之巧滔滔無阻滯之危夫賢子秀多如意也應羅綺色輝輝此則益旺之命良人火命須年長子嗣秋成貴顯見運行初癸巳上人庇下未斷高低甲午運中登臨雨霽賞翫春帰乙未運中雖則夫門多快樂幾多人事上盲爱疑丙申運中行藏雖有慶幾度事趂趄丁酉運中羅綺臨風多壯麗一番風雨喜無危戊戌運中縱霜松栢儼然秀冒雨梅蘭分外馨己亥運中子貴夫賢家業旺庚子運中春帰花落鳥空啼

辛亥年　壬辰月　庚申日　丙戌時

此八字庚申專祿之日羊刃合殺之格氣數有淺深輕重之理人生得此生於右族長於仁門椿萱蚤遂雙雙耄鴻雁奚能隊隊群其爲人丰姿清雅天性聰明善決義斷多見多聞曰福曰采自有順天之變常安常樂豈無福地之深琴撙風月閑生計湖海遨遊樂此生此則發福之命苗帰有碍須添寵子嗣金風彩舞戌運行初辛卯上人庇下未斷平生庚寅運中綉花看有艷畫水聽無聲已丑運中頃刻才源得失須臾世事虧盈戊子運中莫言前路多光彩旺處還愁雨未晴丁亥運中駁雜經過看看端氣生丙戌運中富潤屋德潤身乙酉運中安享暮年之福甲申運中一宵花落月沉

辛亥年　壬辰月　癸亥日　癸亥時

此八字飛天祿馬之格官星在柱減奇科第成名主人生於右族長於名門椿父先帰萱耐歲天邊鴻鴈各行群其爲人也丰姿儒雅天性聰明窮今覽古李足三冬筆長名園過旧竹花開上苑勝先紅嘉谷不早實大器當晚成橋門自有榮身處何須鏖戰入塲中一朝頭角嶸德澤惠黎民此則榮貴之命篤帰連珠低一歲桂蘭脫節有呈崇運行初辛卯上人庇下未斷平生庚寅運中趨庭負笈秉燭觀文已丑運中機會来特離泮水虎闈依舊與清燈戊子運中功名未遂平生頓且向家園困幾春丁亥運中皇恩有感身榮顯百里絃歌樂太平丙戌運中仁風千里盛彫雲不放晴乙酉運中琴書消日月詩酒以忘情甲申運中春光去也一枕清風

辛亥年　壬辰月　己巳日　甲戌時

此八字己土相配柱中水木雜氣才官之格人生得此椿萱双皓首鴻鴈各分群其為人也丰姿磊落天性乖能知高下識重輕萬里韶華事業每從忙裏就一聯美景才源自向鬧中生過火黃金重長價離雲皓月倚清明花無襲李飛春色人沒榮枯樂太平此則曉穩之命死偉配合須年敵子嗣秋來彩舞明運行初辛卯春風韶蕩夏日癸未庚寅運中世事宛如春夢人情薄似秋雲己丑運中着不意之中曾得意用心之処不如心戊子運中始知春昼永方覔瑞祥生當此之際一度逡巡丁亥運中梅花到此始知時運好才源滾滾福元增丙戌運中桑榆暮景會友開樽乙酉運中正享悠悠之福甲申運中梦香香佳城

辛亥年　壬辰月　癸亥日　壬子時

此八字癸亥日元相配柱中水土雜氣才官之格人生得此生於古族長於名門椿父先歸萱後別天邊鴻鴈各行鳴其為人也丰姿儒雅天性聰明知高識下別重分輕機謀衆脈舉用人欽祖業添新慶根源勝舊風月掛緇天多皎潔名聞湖海有光榮得意江山詩句好充情日月酒盃深杜於自己有於他人特至才源豊足運行家業享通滿世功名既以江湖風自怡情此則饒裕之命鴛幃配硬高一載子嗣生成遇晚風運行初辛卯上人庇下未断平生庚寅運中雪晴天未發行樂未為心己丑運中輕煙楊柳岸漸露杏花村戊子運中古樹寒風常帶雨寒岩四月始知春丁亥運中雖則財源有望還愁素耗相侵丙戌運中雪晴雲散天如洗從此滔滔福祿增乙酉運中歲寒松栢茂秋老菊尤香甲申運中晚年閑快樂會友以論文癸未運中楚臺雲散空留月閬苑香清不返魂

辛亥年　壬辰月　己卯日　乙亥時

此八字己卯專殺之日相配柱中水木祿氣才殺之格人生得此生於右族長於名門火命椿萱双晚茂鴻鴈天邊各奮鳴其為人也丰姿清秀天性聰明李問有成筆底詞源三峽逺英材敏捷胸中瑩潔一天星太山北斗千年古和氣春風四座傾終是功名有豈為田舍翁一朝折得蟾宮桂九天雨露沐深恩瓊林雖不叅高宴自有仁風四境聞晚年光霽景羡尚近明君此則榮貴之命鴛幃有配須年長子嗣榮門朵朵馨運行初辛卯上人庇下天朗氣清庚寅運中十年窓下業時至許飛騰己丑運中雲程坦坦合天下舉足悠悠名利成戊子運中雨露廣沾賚竹帛濟濟生徒集泮宮當此柳絮輕盈丁亥運中三度君恩宰一番風木驚丙戌運中有材應大用未許樂雞追乙酉運中晚年雞下樂家居業再光榮甲申運中春光去也啼鳥空声

辛亥年　壬辰月　己巳日　辛未時

此八字己巳日相配柱中水木祿氣才官之格人生得此生於右族長於名門椿萱双晚茂先考父天邊鴻鴈各行鳴其為人也精神炯炯智慧明明月掛碧天多皎潔名揚湖海有光榮欲為高貴丕慕功名此則穩富之命鴛幃有配須重續子嗣秋來朵朵成運行初辛卯上人庇下淡淡清雲庚寅運中春園雖雨過桃李未生英己丑運中着意種花花不發無心插柳柳成陰戊子運中才帛盈囊丁亥運中重重風雪才祿添新丙戌運中庭前竹爆平安日檻外花門富貴春乙酉運中梅青月白甲申運中人生從此別無復見儀形

辛亥年　壬辰月　辛巳日　戊戌時

此八字辛巳之日相配柱中火土雜氣印綬之格正謂傷官若用印官殺不為刑女人得此生於右族長配名門椿萱有倚先尅父夭邊鴻鴈各行群其為人也丰姿清秀髮貌精神勝丈夫之氣槩有男子之材能雪為輕粉憑風傅霞作胭脂仗日匀無懷丸膽意時抱擇鄰心雖不鳳冠帔服自然福祿無窮此則益旺之命良人木命須年長子嗣森枝有挺榮運行初癸已上人庇下未斷升沉甲午運中路入桃源花爛熳橋横銀漢水澄清乙未運中雖則夫門財業旺旺中尚有事尅盈丙申運中幾度樂中有悶數番靜裏憂生丁酉運中一輪明月當秋夜無限奇花正過春當此之際風雪還生戊戌運中已貴夫榮家業旺何愁茅宅不光榮己亥運中滔滔享福庚子運中一枕清風

辛亥年　壬辰月　己卯日　丁卯時

此八字己卯專權之日相配柱中水木雜氣財殺之格人生得此生於右族長於名門椿萱先剋父鴻鴈不同行其為人也姿容清秀髮貌精神雖是女流之輩過如男子財能治家有理處事克勤雪為輕粉憑風傅霞作胭脂仗日匀自有順天之度宣無福地之深般般逐立件件當心玉產崑崗藏韞色蘭生楚澤散清馨紅日照穿湘水碧白雲堆破楚山青性似寒潭月心如古井水雖然不是榮封婦自然一世樂無窮此則穩厚之命鴛幃得配須年長子嗣花生果不成運行初癸已上人庇下天郎氣清甲午運中路入桃源花爛熳橋横銀漢水澄清乙未運中幾度樂中有悶數番靜裏憂生丙申運中乍雨乍晴留客景或寒或暖困人春丁酉運中才源滾滾家居好斤時風雨斤時驚戊戌運中旺中有暗悔依舊祿駢臻己亥運中晚年快樂庚子運中春多無憂

辛亥年　壬辰月　乙丑日　壬午時

此八字乙木相配柱中金水雜氣杀印之格杀印相生功名显達人生得此生於右族長於仁門椿萱分別早鴻鴈各行群真為人也丰姿清秀天性聰明世事頗能将就般般夅欠精通有理白分清之智應上和下睦之能終是名利之客豈為田舍之翁幾載辛勤甘淡薄一朝天府沐漯恩此則榮達之命鴛幃有犯須招配子嗣生成出白人運行初辛卯上人庇下未斷平生庚寅運中欒歆思高慕遠番成剪雪裁冰己丑運中時来逢貴助揮筆助公所戊子運中須吏風雨過山青雪睛雲散天如洗果然跨馬上神京丁亥運中声名從此显泊沒一朝伸丙戌運中重沾新雨露達幕姓名聞乙酉運中耿耿声名振滔滔祿位陞甲申運中春光去也一枕清風

辛亥年　壬辰月　戊辰日　壬戌時

此八字戊辰日旺之辰相配柱中木水雜氣才官之格人生得此生於右族長於名門椿父先歸萱壽晚天边鴻鴈各行鳴其為人也丰姿清秀天性聰明胸藏今古事孝識聖賢心太山北斗千重在和氣春滿座傾終是功名之客豈為田舍之人苑李不早實名利自然成文章別有青雲志德業豈無私國賔一朝偶得風雲際九天雨露沐皇恩此則榮貴之命鴛幃兩敵方偕老子嗣秋来旺顕榮運行初辛卯上人庇下未斷平生庚寅運中欲遂平生志潛心對短檠己丑運中莫愁雪擁藍關道時来還自入神京戊子運中寄跡橋門十載寒毡經硯辛勤丁亥運中自是有威名百里何須温惠及斯民丙戌運中一天化雨随車至千里仁風逐郡生乙酉運中錦衣歸故里甲申運中一夢平生

辛亥年　壬辰月　壬申日　戊申時

此八字壬申之日身生長生時上偏官之格喜得印綬以生身稟得五行之秀氣一對椿萱含晚翠兩枝棠棣向春歸其為人也知進退可員方學問鮮能知味生平善會評光祖業應加立資囊晚勝常但使有酧格過客不思躋馮到朝堂初運平和中限雖晚年黃菊遠籬香此則不長不短之命妻百歲諧和宜小配子森枝盡秀舞班衣運行初辛卯上人庇下襲慶迎祥庚寅運中如花開上苑似笋出東墻己丑運中雖有數番閑駁雜聽其天命莫胡行戊子運中漸覓春回大地才資進益勝常丁亥運中朔風吹散邃天雪此小恓惶幸不傷丙戌運中門闌壯觀世態粹光乙酉運中安享蒼冥之福甲申運中一夢入南鄉

辛亥年　壬辰月　丁丑日　庚戌時

此八字丁丑日元相配柱中金水雜氣才官之格人生得此生於西室長於名門椿父先歸萱後別天邊鴻雁各行鳴其為人也丰姿清秀天性聰明世事頗能將就般般學問精通自有順天之慶豈無福地之深琴樽風月為生計金玉松筠舊歲春祖業有根須再整才源厚積晚全盈無慮尽傳詩礼樂有朋來自遠方親不以功名為念豈將冠冕磨礱好意番成惡真心換得嗔但欲才源旺足何須天府求榮此則穩厚之命鴛幃有犯須年敵子絅秋来有顯榮運行初辛卯上人庇下未断平生庚寅運中金風帶雪来應覓冷寒岩四月始知春己丑運中始覓行藏有慶幾多人事斟盈戊子運中正是太平光霽景須臾風雨尚愁人丁亥運中才源浩浩家居好還恐官非素耗生丙戌運中天上三陽泰人間五福增乙酉運中晚年閑快樂子貴福駢臻甲申運中歸去也

子平遺書　二九

辛亥年　壬辰月　甲戌日　癸酉時

此八字甲木相配柱中金水官印之格亦有金神之意女人得此姿容清穩性格聪明治家能擺布人事頗辛勤翁姑少待妯娌分群春入水光成嫩綠日匀花影發新紅竹肴葉碚沾沛澤滿門庭慶瑞祥生此則悅福之命良人年長方無尅子嗣亏中尚有盈運行初癸巳但宜庇下未倫非沉甲午運中路人桃園花爛熳横橋銀漢水澄清乙未運中疎疎細雨過淡淡月華明丙申運中片雲掩日雨過山青丁酉運中門庭壯觀福禄駢臻戊戌運中冲繫之所如月入雲己亥運中夫榮子秀樂意忘情庚子運中香魂查查月冷黄昏

子平遺書　一

辛亥年　壬辰月　甲子日　乙丑時

此八字甲子日相配柱中金土雜氣才官之格人生得此丰姿洒落天性明良椿萱難擬雙榮養鴻鴈天邊有各翔學問有成終是功名之客英姿卓冠豈爲田舍之郎泮林踏過橋門去次第登天沐寵光此則显榮之命鴛幃命建年諧老桂子榮看有繼芳運行初辛卯無榮無辱庇下安詳庚寅運中讀残窓下月未擬達科場己丑運中天邊隆下徵賢詔三疊陽關到帝鄉戊子運中陰霾寒硯困守凄凉丁亥運中恩榮身沐後化日麗春陽丙戌運中禄元重显耀戝列大夫行乙酉運中孫賢子秀甲申運中夢慶石梁

辛亥年　壬辰月　丙辰日　戊子時

此八字丙辰日德之辰相配柱中旺水偏官之格傷官剛柔喜逢二德相扶女人得此生於右族長配名門椿父先歸萱後贈天边鴻雁各〻鳴其為人也姿顏清破鬟兒起群有針綴之巧立業之勤一苑杏桃紅鋪錦半溪山水綠羅新萬里無雲天一色三秋好景月長明滔滔無阻滯步步助夫門难關难耙易喜易嗔雖不鳳冠披服自然福祿無窮此則旺益之命良人土命須年長子嗣秋来一果成運〻癸巳上人庇下未断升沈甲午運中匹配名門夫花從錦上增乙未運中片雲能障

千山雨露過千山依旧晴丙申運中雖則夫門多快樂幾番微雨幾雨番晴丁酉運中花嬌綬合宿雨梆嬌尤帶金風過此戊戌運中悦事閑快樂花放向風生已亥運中一枕清風

辛亥年　壬辰月　戊午日　壬子時

此八字戊午日刃之辰雜氣才官之格伏此格者豈不為良椿父老歸萱後別西風鴻雁各分行其為人也有微微之計策淺淺之紀綱難登文翰苑好向筆刀場初運平和中限雜晚来富貴更何當此則三考成名之命駕幪年少如魚水子嗣班衣晚秀芳運行初辛卯未知榮辱何論炎凉庚寅運中倚得高人引方知勝似常己丑運中威權有布人雖伏幾度風波幾度忙戊子運中聲名今顯也雨露自汪洋丁亥運中千閩沐澤百里名彰丙戌

運中進職加名當此際未應解組便還鄉乙酉運中皖籌交錯賓客滿堂甲申運中杳杳香魂歸不得年年流水送殘陽

辛亥年　壬辰月　乙卯日　庚辰時

此八字乙卯專祿之辰雜氣財官之格殺官混雜減我功名遇斯象者生於盛族長於仁門椿親早別萱遐壽鴻鴈前行後少群其為人也丰姿俊雅性格聰明有心於利貨無志於書文萬象光華沾沛澤四時佳趣樂昇平此則貨殖之命鴛幃年長連枝女子嗣難為旁可成運行初辛卯淡淡梨花月翩翩柳絮風庚寅運行一枝梅破臘萬物也數榮己丑運中不寒而不煖不損而不盈戊子運中財如春水滔滔漲福似秋蟾皎皎明丁亥運中莫道一途順利履霜剛至堅氷丙戌運中北嶺蒼松寒尚茂東籬金菊晚猶馨乙酉運中夕陽有限春夢無憑

辛亥年　壬辰月　丙子日　庚寅時

此八字丙火日元相配柱中之水月上偏官之格喜得時值長生人生得此生於衣冠之族長於詩禮之庭丰姿秀麗天性英能筆底詞源三峽遠胸中學業五車精奪得錦標登上国官居鼎鼐輔朝廷此則瑚璉大器之命鴛幃羅帳重重桂子斑衣彩彩運行初辛卯少年之景月白風清庚寅運中雲霄終得路休嘆未成名己丑運中奮跳龍門沾龍渥聲光煒煒照神京戊子運中褒德封侯權勢重天書千里賜專城當是時也風雪飄零丁亥運中峻陞祿秩狼虎潛形丙戌運中作股肱之器思故里之尊乙酉運中黃花晚節翠栢寒心甲申運中花已落日尤深

辛亥年　壬辰月　壬子日　庚子時

此八字壬子日刃之辰相配柱中水局飛天祿馬
之格人生得此丰姿洒落天性剛明當母先歸椿
後別爲行天際不同鳴李識聰明不向泮林養志
筆鋒雄健可從衆隨勞形機會來時逢貴助九年
功乾沐恩榮此則顯榮之命鴛帳同庚此少疾桂
蘭三四有登榮運行初辛卯上人庇下詩礼趋庭
庚寅運中明窗靜几黃卷青灯己丑運中貴人相
爲引揮翎到公庁戊子運中疋馬登天沾寵渥風
霜一旦阻前程丁亥運中恩光身沐後光耀旧門

庭丙戌運中絃鳴民樂業風浪不爲驚乙酉運中
再加祿位甲申運中一夢難醒

辛亥年　壬辰月　甲寅日　甲戌時

此八字甲寅日相配柱中金土雜氣才官之格人
生得此丰姿英雅性格聰明當母早歸椿後別爲
行天際不同情般般有好學之心所事無全通之
理祖業重新慶才囊有積金但顯貴人交敬厚自
然才帛有生成此則倜儻之命鴛幃有碍須年少
桂子秋來吐錦英運行初辛卯庇佑之下風雪嚴
凝庚寅運中身衣蘆花絮寒來恨莫勝己丑運中
雪霰即消天似洗一番行樂事相縈戊子運中才
源來旺盛風浪不爲驚丁亥運中家業有成人事

廣英雄歡會醉還醒丙戌運中冲擊之所日入雲
屏乙酉運中老當益壯甲申運中花落月沉

辛亥年　壬辰月　丁巳日　甲辰時

此八字丁巳日相配柱中之水雜氣才官之格人生得此顯武揚聲椿親勇銳分中道鴻鳥天邊有各鳴車姿洒落天性聰明理貫龍韜豹略心明曉傳聖經旗穿曉日煙霞雜山倚秋空劍戟明三跳御溝沾寵渥輝輝德化布芳營此則顯武之命篤悵有碍須偏正桂子庭前有維禁運行初辛卯上人庭下詩禮趨庭庚寅運中聞鷄來北溺走馬向西陵己丑運中便有威能驅武士豈無聲價散芳營戊子運中踈踈烟浪過日日旺威聲丁亥運中風生嘹塞秋橫劒月落黃河夜度兵丙戌運中再加祿位躬要英英乙酉至甲申運中歸去也

辛亥年　壬辰月　丙午日　戊子時

此八字去殺留官之格四柱帶合無刑主人生於盛族長於仁門丰姿磊落言語乖能雖無計較稍有淡聰明營絕後別琢又先行運至自增壽氣時來方長精神滿世功名身外事五湖風月最多情此則溫和之命篤偏得配手高女子嗣金風綻菜英運行初辛卯又宜庇下月白風清庚寅運中漸漸精神爽紛紛世事虧己丑運中得中有失衰處還榮戊子運中貴人提挈五福駢臻丁亥運中高朋高坐美酒盈樽丙戌運中屏雲捲月何須其明乙酉運中安享華堂福甲申運中花落月沉

辛亥年　壬辰月　癸丑日　辛酉時

此八字癸丑日相配柱中之土藏氣才官之格人生得此手姿穩重天性公平椿父先歸萱後別鴈行天涯少同盟識古今之事畧知世務之衰興十斷九連成大業三沓四覆整門庭佇看晚年名勢旺盛傾黎庶貸才盈此則沓囊成家之命鴛幃魁後重年少桂子庭前兩朶馨運行初年卯幼承尊庇快樂昇平庚寅運中芸窓雖有志家世便閑情己丑運中椿樹已凋萱又別根基漸漸見蛉蝌戊子運中囊空休嘆息又致斷絃聲丁亥運中盛權有布人欽伏財帛根基日日增丙戌運中冲擊之鄉金玉麗孫賢子貴福崢嶸乙酉運中悠悠處樂甲申運中一夢難醒

辛亥年　壬辰月　乙亥日　乙酉時

此八字乙亥日元相配柱中金水雜氣殺印之格人生得此大器晚成椿萱堂上難全奉鴻雁天邊各奮翔學問明敏終是功名之客英華卓冠宦爲田舍之翁佇看晚年寵屋輝揮化日煦農桑此則晚榮之命鴛幃水命須年少桂子森森有挺秀運行初年卯不榮不辱庇下安詳庚寅運中尋章摘句履雪輕霜己丑運中足馬登天路趑趄未顯揚戊子運中三疊陽關斟別酒九重天府沐恩光丁亥運中政化揚千里仁風播一方丙戌運中祿元高擢未擬還鄉乙酉運中榮歸正寢悠悠樂杜宇無端叫夕陽

辛亥年 壬辰月 甲戌日 癸酉時

此八字甲木相配柱中金水官印之格亦有金神之意女人得此姿容清穩性格聰明治家能擺布立事頗辛勤翁姑少侍妯娌分群春入水光成嫩日匀花影發新紅佇看蘂砧沛澤攜門佳氣瑞祥生此則晚福之命良人年長方無尅子嗣虧中尚有盈運行初癸巳但宜在下未論外況甲午運中路入桃源花爛熳攙攙銀漢水澄清乙未運中疎疎細雨過淡淡月華明丙申運中片雲蔽日雨過山青丁酉運中門楣壯觀福禄駢臻戊戌運中冲擊之所如月入雲巳亥運中夫榮子秀樂意忘情

庚子運中香兔杳杳月冷黄昏

辛亥年 壬辰月 癸酉日 甲寅時

此八字癸水配乎柱中金土禄氣官印之格亦有刑合之意女人得此生於右族配於衣纓姿容雅麗天性聰明治家犹了德咸行真有針纊之巧立業之能春入水光成嫩綠日匀花蕚發新紅佇看夫榮貴滔滔福祿增此則旺足之命良人年少英椎客子嗣秋未妃有成運行初癸巳上人在下未斷平生甲午運中契合翠蔦成好蔓貴緣紅葉是良姻乙未運中片雲蔽日雨過山青丙申運中雖則夫榮身自樂須史樵悴又精神丁酉運中一番風雨過步步助夫門戊戌運中羅綺臨風舞裙釵絢月明巳亥運中桑榆暮景庚子運中一枕清風

辛亥年　壬辰月　辛酉日　癸巳時

此八字辛酉專禄之辰雜氣印綬之格入生得此生於茂族長於良門椿萱难並奉鴻鴈少聯鳴手姿磊落天性忠誠李問三冬足詩書万卷能鰲逐王蟾攀桂去鴈随青帝踏花行一從姓字登黄甲凜凜威風郡縣驚此則榮肅之命驚幃須帶硬桂子簇秋英運行初辛卯上人庇下天朗氣清庚寅運中讀書漂麥觀史引灯已丑運中踏破泮橋霜幾板讀殘茅店月三更戊子運中霹靂一声雲霧合禹門躍過浪三層丁亥運中虎風驚縣郡化雨潤双旌丙戌運中山河開十郡未許向籬東乙酉運中正欲忠君輔國何期䰟近佳城

辛亥　壬辰　壬申　辛丑

此八字壬申之日身坐長生雜氣官印之格值此象者堂上椿萱双白首天邊鴈字不成聯其為人也丰姿穩秀天性機關雖不通今而博古尚將刀筆以施權運至果增秀氣時未方長禄元佇看冠冕别威德撫民間此則貴達之命驚悼土命宜年小子嗣花開果必全運行初辛卯初開錦蓋新掛王蟾庚寅運中雖然有志無路可前己丑運中但遇貴人提拔去始知光彩勝當年戊子運中去除巾幘加烏帽禄位輝〻樂快然丁亥運中正是馳名揚德際只愁風雪遮江天丙戌運中高迁禄秩福慶綿〻乙酉運中壯日為名多檢束老來無事樂清閑戊申運中撚指光陰留不住落花啼鳥水聲寒

辛亥年　壬辰月　己卯日　己巳時

此八字己卯日相配柱中之木金人帶杀之格人生得此半姿慷慨天性剛明椿親耐晚萱先别鴻鴈天邊各奮鳴學問有成登甲第英才卓冠列公卿霹靂一声雲霧合飛黃騰踏到天廷此則榮爾之命鴛幃木命須年少桂子秋来有継榮運行初辛卯庇佑之下黃卷青灯庚寅運中忘欲登天步月身還剪雪裁冰己丑運中盈虎未成休嘆息時來便擬顕文声戊子運中禹浪連三躍威飛郡縣驚丁亥運中重遷金紫貴祿位列澄清丙戌運中大才大用王命榮徵乙酉運中芳名上青史香夢入蓬瀛

辛亥年　壬辰月　丁卯日　甲辰時

此八字丁卯日相配柱中金水雜氣才官之格人生得此半姿醇厚天性忠良生於武瑞之室長於華麗之堂椿萱半道相分手鴻鴈天邊不共翔深明韜畧法熟味聖賢章一自御溝三跳過旌旗濟濟布封疆此則武显之命鴛幃有犯須偏正桂子秋来吐異香運行辛卯榮庇之下快樂何當庚寅運中威稜驅武士財勢壓鄉邦己丑運（中祿）位輝、明劍戟趦趄事妥旺才囊、戊子運中万馬不嘶听號令一方疆域仰權衡丁亥運（重加祿位）中何慮乖張丙、戌運中英雄傳　子籬下樂壺觴乙酉到甲申運中歸去也

辛亥　壬辰　丙寅　丙申

此八字丙寅之日身坐長生相配柱中水木杀印之格人生得此丰姿秀爽天性明良生於茂族長於華堂萱親先別椿數晚鴻鴈天邊不共翔學問聰明鷺翰苑筆鋒雄健動賢良一日風雲際會定沾天府恩光此則榮達之命鴛幃有碍須年蔽桂子秋来吐異香運行初辛卯上人庇下其樂徜徉庚寅運中志欲登天步月依然履雪經霜己丑運中天然機會逢高貴氣勢英〻姓字揚當此之際一番跋蹀戊子運中榮沾新雨露光耀舊門墻丁

亥運中萬民樂業倍振權衡丙戌運中皇恩有感重加貴未許懸車返故鄉乙酉運中夢斷黃粮

辛亥年　壬辰月　庚午日　丁亥時

此八字庚金相配柱中木火雜氣財官之格女人值此亦足以荣其身翁姑有倚妯娌先聯其為人也髮鬟清奇金帛光鮮治家克勤克儉廢事無憹無偏萬里韶華一苑杏花錦綉一聯美景滿山松栢映庭前鳳冠應有日霞帔福元堅此則荣咈之命良余命功名命桂子秋光發秀併運行初戊子閨閫之內不暖不寒丁亥運中微風微雨淡霧烟丙戌運中路入堯源花爛嫚橋横艮漢水漪漣乙酉運中但覺竹莊有慶不妨世事徒然甲申運中

天荣安天爵子産出英賢癸未運中安静自生安静太平人集太平年壬午運中軒閒化日增光綠蘆香風進禄辛巳運中儀容一去咔聲杜鵑

辛亥年　壬辰月　庚午日　丁亥時

此八字庚金相配柱中木火雜氣財官之格女命遇此翁姑難奉妯娌少知心其為性也喜則春風滿面怒則無捲殘燈勝丈夫之氣槩有男子之才能三從具備四德兼真佇看晚來節有子顯門庭此則賢淑女命良人土命前生定掛手雙、有挺英運行初癸巳出閨闌闈刺綉深庭甲寅運中匹配仁門交花從錦上增乙卯運中雖則夫門財祿旺也曾微雨濕紅裙丙辰運中寸雲掩月不損其明丁巳運中雲開月皎天所氣清戊午運中助家門財祿滚長自己福氣盈己未運中冲開庫墓有子登瀛庚申運中使婢驅奴帶玉簪金辛酉運中儀容去也花落月沉

辛亥年　壬辰月　己巳日　辛未時

此八字巳巳日相配柱中金水雜氣才官之格女人得此姿容雅麗性格聰良生於富室配於　房椿萱棠棣難相守妯娌翁姑奉不長喜則春陽和煦怒則烈日秋霜相夫尊理道訓子有成行歷過中年險道悠悠晚節榮昌此賢順女命良人年長殘婚客桂子秋來吐異香運行初癸巳無思無慮樂守蘭房甲午運中春光正明媚桃李吐餘香乙未運中鳳舞鸞歌惬意足樂中幾度暗悲傷丙申運中錦綉盈囊宜享用無端烟雨濕花粧丁酉運中裙釵濟楚福慶軒昂戊戌運中孫賢子秀沛澤滿堂己亥運中鏡掩晨光

辛亥　壬辰　壬子　己酉

此八字壬子日月之辰相配桂中金土雜氣財官之格人生得此半姿慷慨天性明良椿父先歸萱耐晚厲行天際不同鄉學問窮通書史筆鋒能理思章瓊林雖不登高宴祿位尤能拜聖王此則顯榮之命鴛幃年長須鷄屬桂子秋來有挺芳運行初辛卯上人庇下快樂何當庚寅運中志欲尋章摘句身還履雪經霜己丑運中行藏讀書史仕路未光揚戊子運中三疊陽關路趦趄丁亥運中榮沾新寵遷千里振威衡丙戌運中祿位遷金紫威風肅四方乙酉運中黃花綠酒甲申運中夢入仙鄉

辛亥　壬辰　庚午　丁亥

此八字雜氣財官之格椿父後亡萱先喪幾行鴻鴈各飛鳴其為人也虛花實假志誠問學鮮知今古平生亦近貴人祖基不守事業再更東嶺栽松西嶺秀南園種竹北園青但願江湖有生意何須竹帛永題名此則守常之命允幃難得年低女子副生成跨竈人運行初辛卯鶯吟燕語雲淡風輕庚寅運中如日初出如月初升己丑運中盃水無声空有浪繡花雖艷不聞香戊子運中無事恰如新折枷人情還似半開英丁亥運中忽遇高人引看看福祿增丙戌運中財源進益行藏順風浪層層辛不驚乙亥運中花已落月尤沉

子平遺書　二三

辛亥年　壬辰月　己未日　甲戌時

此八字己未陰刃之日相配柱中之水雜氣才官之格人生得此丰姿英俊天性和平萱毋先歸椿後别鴈行天際少飛騰般般都好學件件不全精祖業添新慶財囊旋積盈但願財名旺湖海自然威勢振鄉城此則穩富之命鸞幃配合須年少桂子秋來有挺榮運行初辛卯庇佑之下快樂和平庚寅運中恰似洛陽三月景揚花飛處牡丹馨己丑運中財源來旺人欽伏風雲無端洒滿庭戊子運中江湖生計廣行樂事相榮丁亥運中財源滾滾氣英英丙戌運中英雄交敬乘車馬集門庭乙酉運中孫賢子秀甲申運中花落月傾

辛亥　壬辰　壬申　戊申

此八字壬申之日身坐長生時上偏官之格喜得印綬以生身稟得五行之秀氣一對椿萱含晚翠兩雙棠棣向春陽其為人也知進知退可圓可方學問鮮能知生平善會討光祖業應加立資囊勝舊但願有膠指客飲不思跨馬到朝堂初運平和中限雜晚年黃菊逾籬香此則不長不落之命妻百歲諧和宜小配子森枝發秀舞斑裳運行初辛卯上人庇下襄慶迎祥庚寅運中如花開上苑似出東墻己丑運中雖有幾番鬧駁難聽其天命莫胡行戊子運中漸覺春回大地財資進益勝常丁亥運中朔風吹散漫天雪些少恓惶幸不傷丙戌運中門闌壯觀世態輝光乙酉運中安享蒼年之福甲申運中一宵夢入泉鄉

辛亥年　壬辰月　庚申日　庚辰時

此八字庚申日相配柱中水土傷官印之格人生得此丰姿魁偉性格仁慈心下有救人之德胷中無殺害之私堂上椿萱雖並耄天邊鴻鴈不交飛明古今之事知韜畧之機未必早年沾寵渥擬教晩節沐皇威此則富貴雙全之命鴛幃有犯須偏正桂子秋風舞綵衣運行初辛卯上人福庇學禮聞詩庚寅運中芸窓雖展卷仕路豈能馳己丑運中到此行藏光霽尚防風雪趑趄戊子運中生阻節依舊振名威丁亥運中不獨才源滚滚尚祈勢要輝輝丙戌運中老當雄壯車馬交馳乙酉運中孫賢子秀甲申運中歸去來兮

辛亥　壬辰　甲寅　甲子

此八字甲寅日相配柱中金水官印之格人生得此本顯功名只嫌力旺官衰尅福力椿親耐晩萱先別鴻鴈天邊各自鳴不攻韜畧法傳習聖賢書湖海交馳遠貴助付名榮旺勢英英羅綺層層有至笙歌佛怨也閑情晩年才祿廣家業愈崢嶸此則富厚之命鴛幃年長尤宜副桂子秋成綉錦芳運行初辛卯不分榮辱何論生平庚寅運中志思登仕路力覽聖賢書己丑運中霜飛萱室冷財旺事相榮戊子運中滚滚財源來愈旺層層風浪不為驚丁亥運中雲晴天色艷囊帛福元增丙戌運中且宜收拾莊喬下莫恋江湖事業　乙酉運中孫賢子秀甲申運中春夢難醒

辛亥　壬辰　壬子　乙巳

此八字壬子日相配柱中火土雜氣財官之格人生得此丰姿英偉性格忠誠椿萱不遠双年耄鴻雁天邊各奮户粗知翰墨法淺識聖賢經可向仕途騰踏錯教湖海經行祖業重新度財囊自積成錐不逮侯封爵也須勢壓鄉城此則豪傑之命篤悍有犯須年敵桂子秋來朵朵馨運行初辛卯庇佑之下快樂昇平庚寅運中詩書心力倦行樂貨財盈己丑運中風雪初消天似洗英雄文敵旺才名戊子運中財源來旺處人事有相當丁亥運中不独威權有布尚祈福慶崢嶸丙戌運中老當發旺財身福具乙酉運中依然壯艷甲申運中一夢難醒

辛亥年　乙未月　辛亥日　辛卯時

此八字辛金相配柱中木局雜氣才官之格人生得此丰姿穩重德性溫良生於豐潤之族長於仁德之堂椿萱早道相分別鴻鴈天邊不共行學問有成終是登庸之客英才特達豈為耕鑿之即一從性字傳臚後濟濟衣冠拜袞章此則榮顯之命鸞幃全別桂子簇秋香運行初甲午無榮無辱摘句尋章癸巳運中正欲榮登仕路何期困歷風霜壬辰運中一朝雲霧合變化上朝堂辛卯運中祿位榮遷日威風肅四方庚寅運中重榮重貴金紫煌煌己丑運中衣冠壯麗權衡重未許辭榮返故鄉戊子運中蓋世英雄都盡也武音一播衆悲傷

辛亥年　乙未月　戊子日　乙卯時

此八字戊子日相配柱中水木雜氣才官之格傷官助用為良女人得此生於茂族配於高堂萱毋先歸椿後別天邊鴻鴈各翱翔其為人也姿容清雅髮完異常有針綴之巧立業之良風送浮雲歸古洞雨滋花蕊發新枝萁箒蘋蘩存礼節相夫教子効賢良翁姑有倚妯娌各分行雅翩难犯曷喜易狂雖然不作栄封婦自然金玉是盈囊此則益旺之命良人木命須癸丑子嗣森枝有显良運行初丙申上人庇下其樂何當丁酉運中新篁初解籜淅淅拂雲長戊戌運中離則夫門才祿旺旺中尚有事悠揚已亥運中多疾得樂殊不悪息心似菓更無妨庚子運中正是梅青弄月白送愁風雨暗滄浪辛丑運中錦綉花開家富貴琅玕竹根日安康壬寅運中晚年安樂癸卯運中梦熟黄粱

辛亥年　乙未月　丁亥日　丙午時

此八字丁亥日貴辰相配柱中水木傷官帶印之格人生得此生於右族長於仁門椿父先歸萱後別天邊鴻鴈不同群其為人也丰姿清淡天性老誠頗曉三分道禮文章一竅不通自有順天之慶豈無福地之深雖成新事業惟守舊門庭不以功名為念豈將君冕磨簪花無桃李非春色人沒枯榮是太平好意番成惡真心換得嗔但顧人生才源順何須天府沐皇恩此則穩享之命鴛幃有犯須招硬子嗣秋來朶朶成運行初甲午上人庇下

未斷平生癸巳運中娟娟雲裏月灼灼葉中花壬辰運中不意之中曾得意用心之處不如心辛卯運中才源旺足家居好片時風雨片時驚庚寅運中有得有失有喜有驚己丑運中幾番進退都經過始覺陽回萬象生當此時也花放風生戊子運中晚年閑快樂丁亥運中花落鳥無声

辛亥年　乙未月　甲午日　己巳時

此八字甲午日元相配柱中金土禄氣財官之格食神之論人生得此生於文望之俗長於詩礼之庭椿萱不享期頤壽鴻鴈天邊各奮騰其為人也丰姿清秀天性聰明筆底倒流三峽水舌端嚼破五車文終是登雲客豈為田舍翁秋闈高占五經魁春榜禹門三級浪一從姓字傳揚後金紫榮看次第陞此則榮顯之命鴛幃正副方偕老子嗣秋来貴顯門運行初甲午上人庇下詩礼趨庭癸巳運中萬季十年窓下時來平步青雲壬辰運中劉

此始知文季好果然身到鳳凰城辛卯運中万里光榮民訟息九天雨露再加陞當此風雨頃刻逡巡庚寅運中千里霜威聲勢重三秋風色綉衣輕二番加爵後金紫大夫榮己丑運中正宜忠君輔国豈教解組思蓴戊子運中安閑籬下樂丁亥運中一枕夢難醒

辛亥年　乙未月　丁酉日　辛亥時

此八字丁酉日貴之辰相配柱中金水雜氣才官之格人生得此丰姿俊彥氣宇高奇生於茂族長於華居一對椿萱先別毋天邊鴻鴈各分飛般般歷學件件粗知祖業多華麗才囊自慧聲門外田疇曠潤庭前花木芳林但一樽延貴客何須平步上天梯此則穩富之命篤幃年少方僧老桂子秋風長嫩枝運行初甲午身衣芦花絮歲寒亦自如癸巳運中雪晴天未燒定走踏青時壬辰運中幾歎恩高慕遠終宜藏器待時辛卯運中才源滾滾

風絮飛飛庚寅運中延賓玩物會友彈棊己丑運中冲擊之所月被天迷戊子運中落日青山外哀傷空自悲

辛亥年　乙未月　甲申日　壬申時

此八字甲申日相配柱中金木雜氣財官之格女人得此儀容秀麗天性果剛萱親先別春年老姑嫂翁姑侍不常有針綴之機巧立業之賢良錦綉花開蜀黃琅玕竹根安康心鄰似月明霄漢性急如風搽淹福氣隨壽旺裙釵絢日光此則榮家女命良人水命須年少桂子秋来假發香運行初丙申閨門之内冬暖夏涼丁酉運中雖則鸞歌鳳舞也防風雪一場戊戌運中家業有成風雲霽只愁蘭桂不生香己亥運中滔滔旺聚業疎雨湿花粧

庚子運中羅午般色珍羞百味香辛丑運中晚年加福享非常壬寅運中依然昌樂癸卯運中要入仙鄉

辛亥年　乙未月　戊申日　癸亥時

此八字戊申日相配柱中水木雜氣才官之格夫生得此多識多变不柔不剛椿萱双皓首鴻鴈各分翔梢有賢良之志粗知礼義之芳祖業有依須自整才囊還擬晚豊藏湖海有情交貨利功名無分枉教忙晚年自有安榮日才帛豊隆氣勢洋此則穩實之命鴛幃宜硬双諧老桂子難為晚始香運行初甲午上人庇下冬暖夏凉癸巳運中才旺福興生喜慶一番風雨湿行装壬辰運中幾思登仕路依旧困家鄉辛卯運中一度風霜何足慮江湖出討自豊昌庚寅運中門外駟騾簇擁庭前花木馨己丑運中晚年壮麗才帛盈囊戊子運中花落人何處寒雲捲夕陽

辛亥年　乙未月　乙未日　丙戌時

此八字乙未日相配乎柱中之土雜氣才官之格人生得此仕路声揚椿萱不逮双榮鶱鴻鴈天边有各翔半姿俊秀天性明良理貫古今之學筆分旺直之才定是功名之客豈為田舍之郎雖不璞林參玳宴也須考最沐恩光此則富貴之命鴛幃全正剔桂子晚生芳運行到甲午初年之景庇下安瀰癸丑運中詩書雖有志仕路未声揚壬辰運中劍筆有声才祿旺風霜歷過上天堂辛卯運中鄣門聊寄足切切斷離腸庚寅運中榮沾新寵渥光耀旧門墻己丑運中政化東西洽仁風遠近揚戊子運中再加祿位丁亥運中夢入仙鄉

辛亥年　乙未月　乙未日　辛巳時

此八字乙木配合辛金偏官之格兩干不襍秀氣挺然女人得此姿容標㨗立性機關處事克勤克儉治家無黨無偏萱母早歸椿耐晚西風鴻鴈奮遥天初運平和守得中年漸順中年漸順不如晚節光鮮此則掌家之命良人有犯殘婚匹配始無嫌子嗣有虧晚景斑衣而有慶運行初丙申只宜庇下何論褒妍丁酉運中雨過園桃紅蕊錦風和堤柳尚拖烟戊戌運中幾多進退依舊安然己亥運中重增新氣象再整舊華筵庚子運中世情曠瀾福禄闐闐辛丑運中晚年清致老景安閑壬寅運中光陰如撚指花落又春殘

辛亥年　乙未月　戊子日　丁巳時

此八字戊子日相配柱中之木雜氣才官之格人生得此丰姿洒落天性明良椿萱堂上难全盛鴻鴈天边各奮翔丰姿絛慨天性果刚學問窮通書史筆鋒能理憲章瓊林雖不登高宴禄位尤能勢顕揚此則晚榮之命帳鴦正到方魚犯桂子秋來吐馥芳運行初甲午上人庇下何論炎涼癸巳運中詩書雖篤志焉得達科塲壬辰運中志欲登天步月風霜阻節何當辛卯運中疋馬登天路悠悠寵光庚寅運中蒙沾新寵渥化日照何陽己丑運中再加禄位未擬還鄉戊子運中悠悠處樂丁亥運中夢入仙鄉

辛亥年　乙未月　丙申日　壬辰時

此八字時上偏官之格喜其印綬生身稟得中和之道女人得此足以助夫頗能知見稍會支吾心靜似潭中之月性快如灘上之波翁姑難倚托妯娌分蕭疎花柳彩於羅綺江山列於畫圖此則榮旺之命良人上命須年長子嗣金風孝義齊運行初丙申未分寒暑昌斷興衰丁酉運中諧琴瑟之樂趣有魚水之佳期戊戌運中欲登臨而雨滓將賞說以春歸己亥運中滚滚財多聚滔滔樂自如庚子運中崢嶸世業壯觀門閭辛丑運中秋風颯颯一度憂悲壬寅運中閑門人去後明月照機絲

辛亥年　乙未月　辛卯日　壬辰時

此八字辛卯日相配柱中之木雖氣才官之格人生得此多機多智不柔不剛椿親先别萱芸晚鴻雁天邊各奮翔學識有成未必登科及第英才特達談教達路雪經霜苦閑學得玄中訣交貴親賢貨利昌此則豪達之命鴛幃金屬連珠女桂子森枝晚節香運行初甲午春風播爽花木向陽癸巳運中便有才名振作何愁世事驚張壬辰運中遇貴生財財利旺旺中阻節不爲傷辛卯運中湖海貴人欽仰一番風雪何當庚寅運中成四時之佳趣豐一簇之門墻己丑運中冲擊之鄉家業盛孫賢子秀異於常戊子到丁亥運中歸去也

辛亥年　乙未月　辛亥日　丙申時

此八字辛金配合未亥木局雜氣才官之格丙辛作合之良值斯象者注人丰姿穩重性格能為立仁立義有勢有威椿萱有倚成無倚鴻鴈聯飛又各飛黃金遇火增光價白璧离塵始有輝不是乘龍攀桂客貴人指引利名馳此則顯姓之命鶯幃有妨宜帶硬蘭桂藹藹晚芳菲運行初甲午上人庇下學禮聞詩癸巳運中幾欲登天步月依然田里棲遲壬辰運中倦理琴書勞案牘月明還有片雲迷辛卯運中雨過江山增秀麗春來花木長芳菲庚寅運中澤沾黎庶德播鄉閭己丑運中但願孫賢而子秀何須苦苦振威儀戊子運中惟有猿啼處空山對落暉

辛亥年　乙未月　辛丑日　己亥時

此八字辛丑日配亥柱中之木雜氣才官之格人生得此仕路声揚椿萱不逮双棠養鴻鴈天邊各奮翅丰姿平穩天性果剛李識粗通書史筆鋒能理憲章機會來時勞案牘天官考最沐恩光此則貴顯之命鶯幃有礙須招副桂子庭前吐晚芳運行初甲午上人庇下冬煖夏凉癸巳運中尋章摘句入室升堂壬辰運中行藏人敬仰仕路始光揚辛卯運中踈踈風雨過疋馬到天堂庚寅運中榮沾新寵渥光耀旧門墻己丑運中身加禄位未擬还鄉戊子到丁亥運中歸去也

辛亥年　乙未月　辛亥日　壬辰時

此八字辛亥日相配柱中之木雜氣才官之格人生得此𠀤姿英厚天性椿萱半道難全奉鴻雁天邊各僐翔爭問有成不向明倫堂上英才特達也須身到科場執卷從回空嘆息時來也許姓名揚此則擊石生烟之命鸞幃有傷重虎屬柱子須看晚蔭旁運行初甲午上人庇下來斷究祥癸巳運中漂變讀書似高鳳引灯觀史效匡衡壬辰運中志敬登天步月身还履雪經霜辛卯運中時來風送滕王閣貨利分心志不常庚寅運中寵渥榮沾後輝燀化日長己丑運中晚年名勢旺何事便还鄉戊子運中夕陽有限春夢飛揚

辛亥年　乙未月　丁未日　己酉時

此八字丁未日相配柱中金水雜氣才官之格女人得此姿容清致歷事勤劬生於茂族配於高居椿萱分半道妯娌少相知立業掌家有道相夫教子能為一苑杏桃鋪錦綉滿山松柏映屏幃佇看來晚節翠插滿頭輝此則秀異女命良人配豪貴子嗣舞斑衣運行初丙申双親庇佑樂守香閨丁酉運中匹配成佳偶鸞歌鳳亦儀戊戌運中才源來愈旺何處柳花飛乙亥運中柳帶輕烟終婀娜花含細雨尚芳林庚子運中羅綺箱中盛珎羞分外奇壬寅運中悠悠享用樂处生悲癸卯運中晚年沾沛澤五福自加增甲辰運中閨空人去也寒月照欃杼

辛亥年　乙未月　戊申日　丁巳時

此八字戊申日相配柱中木火雜氣官印之格人生得此丰姿英俊性格果剛生於右族長於華堂一樹椿萱耐壽兩枝棠棣同芳般般歷學件件平常祖基宜整琢才帛晚豐藏不須跨馬長安道宜向花前醉一觴此則穩旺之命鴛幃連珠高一歲桂枝前損後呈芳運行初甲午上人庇下其樂何當癸巳運中杏艷桃還媚春風入洞房壬辰運中雖則才源来旺也防人事悠揚辛卯運中江湖生計廣猷猷稻粱香庚寅運中飄殘楊柳絮萬物被春陽己丑運中桑榆暮景福慶安康戊子運中依然逸樂丁亥運中夢入仙鄉

辛亥年　乙未月　己丑日　戊申時

此八字己丑日相配柱中之木月上偏官之格人生得此異貴異榮椿親勇銳萱先別鴻鴈天邊有共騰丰姿洒落天性聰明粗知韜畧法淺識聖經初運淹延中顯貴晚年祿位愈峥嵘堪咲一胞生兩果我榮我他富兩延齡此則富貴天生之命鴛幃年長尤招副桂子庭前吐錦英運行初甲午上人庇下未必為寧癸巳運中閑鷂来渭水走馬向金陵壬辰運中才源来稳旺風雪又閑情辛卯運中英雄交敬享樂処事相察庚寅運中驀地忽從天上至榮沾沛澤位峥嵘己丑運中威稜驅武士祿位又加陞戊子運中孫賢子秀丁亥運中夢入巫峯

辛亥年　乙未月　癸巳日　丁巳時

此八字癸日坐向巳宮乃是才官双美雜氣才官之格人生得此丰姿穩厚性格聰明椿親萱晚先別鴻鴈天邊不共翔稍有賢良之智祖知禮義之方祖基重整罷才帛自磨蔵市廛生計廣湖海姓名揚銅鐵煉成金玉價果然晚節福榮昌此則成家之命駑犢水命須年少桂子多凋後向芳運行初甲午幼年之景霜萎萱堂癸巳運中身衣蘆花絮寒來只自當壬辰運中喜氣來成憂亦至財源旺處事亦張辛卯運中人事抑揚何足慮財源名勢異於常庚寅運中飄殘楊柳絮貨利擁門墻己丑運中晚年發旺金玉滿囊戊子運中悠悠樂處丁亥運中一夢黃粱

辛亥年　乙未月　庚戌日　辛巳時

此八字庚戌魁罡之日相配柱中之火時上偏官之格人生得此本顯功名只嫌巳亥相冲減對福力椿萱半道相對奉鴻鴈天邊不共翔丰姿英偉天性果剛稍識古今之畧祖知禮義之方祖業重新廢財囊自積蔵但傾門迎湖海客何須天府沐恩光此則富守之命駑犢土屬須年小桂枝森然有挺芳運行初甲午幼年之景風雨淒涼癸巳運中便有英雄交敵旺中何慮風霜壬辰運中歷過崎嶇財愈旺英雄豪傑擁門墻辛卯運中貫朽粟陳人事廣風波驟起不為傷庚寅運中滔滔發旺人財利風雪無端攪一場己丑運中冲擊之所樂處生殃戊子運中歸去也

辛亥年　乙未月　己酉日　壬申時

此八字月上偏官之格食神制殺為良人生得此生於詩礼之族長於豐富之居椿萱兩茂先爵父鴻鴈天邊不共飛敍敍都好學件件只粗知祖業重磨爨才囊自聲齊但願一樽文貴客何須身到鳳凰池此則穩厚之命鶯幃火命須年少桂子秋來有出奇運行初甲午萱親庇下一度哭危癸巳運中陽春回大地紅紫鬪芳菲壬辰運中雖則行藏有慶也防人事不齊辛卯運中片雲能發千山雨雨過千山色愈輝庚寅運中才源滾滾樓閣嵬嵬己丑運中提綱沖戰樂極生悲戊子運中帰去也

辛亥年　乙未月　戊子日　壬戌時

此八字戊子日相親配柱中水木雜氣才官之格人生得此丰姿洒落天性明良椿視耐晚萱先别鴻鴈天边有各翔精有賢良之志粗知礼義之方祖業重華厭才囊自積藏市廛生計廣湖海姓名揚但願門迎車馬客何須天府沐恩光此則穩富之命鶯幃谐白首桂子晚萌旁運行初甲午上人庇下芦絮悲傷癸巳運中春陽回宇宙兜李吐芬芳壬戌運中雖則才源來旺當防人事乖張辛酉運中世事光華行樂順才源旺处又風霜庚申運中粟陳貫朽金玉滿堂己未運中晚年光壽快樂何當戊午運中落日青山外西風猿斷腸

辛亥年　乙未月　丙戌日　癸巳時

此八字財官印綬俱全三奇秀麗之格日祿歸時之助仗此根基生於仁門長於右族萱母先歸椿耐晚西風鴻鴈失行群丰姿磊落天性聰明行藏特達舉用人欽祖業添新慶資囊自豫成但頤春醪招客飲何須跨馬到楓宸此則穩足之命兆幃全正副桂子晚方成運行初甲午無思無慮不辱不榮癸巳運中漸漸精神爽看看氣象新壬辰運中動用多番覆行藏未稱情辛卯運中財源雖有益人事尚迍邅庚寅運中到此始知行樂順門闌壯觀福充深當此之際雲遮長城己丑運中延賓玩物會友開樽戊子運中女享華堂福丁亥運中無常又促程

辛亥年　乙未月　甲午日　辛未時

此八字甲午日相配柱中金土雜氣才官之格人生得此本顯功名只嫌身弱遇之不貴而富椿父先歸萱耐晚鴈行天際有分飛丰姿磊落天性仁慈有濟人之心德無殺害之軀馳但頤市壓生意旺自然湖海有光輝此則富厚之命鴛帳生離重合丞桂蘭還擬秀秋枝運行初甲午無榮無辱庇下之奇癸巳運中春園風雪過桃李吐芳菲壬辰運中人事趑趄天意交憐新棄舊旺家資辛卯運中行藏人敬仰樂處事驚駭庚寅運中囊中珠玉盛閭里姓名馳己丑運中晚年蘭桂秀閧閭自生輝戊子運中老沾沛澤丁亥運中歸去來兮

辛亥年　乙未月　丁未日　癸卯時

此八字丁未日相配柱中水木殺印之格人生得此年姿磊落志氣豪英萱親見別椿尤去鴻鴈天邊各奮遥學識粗通今古機謀稍在筆刀祖基重整麗才帛自豊饒但頗有情交貴客江湖風味自惟招此則傑人之命篤怖年少方偕老桂子秋来長嫩稍運行初甲午上人庇下風雨蕭蕭癸巳運中雪晴開壮麗杏艷與兎嬌壬辰運中雖則行蔵多倜儻財源聚散雪飄飄辛卯運中湖海光風轉財源自覺饒庚寅運中門闌添福慶人事又無聊己丑運中冲擊之所月入雲霄戊子運中兎源春也蓬島信来招

辛亥年　乙未月　乙未日　辛丑時

此八字乙未配合辛金偏官之格西午不離秀氣挺然女人得此姿容標楚立性機関處事克勤克儉治家無黨無偏萱毋早歸椿克晚風鴻鴈奮遥天初運平和守得中年漸順中年漸順不如晚郎光鮮此則掌家之命良人有北残婚匹配始無嫌子嗣有亏晚景班衣而有了運行初丙申只宜庇下何論裹嫌子嗣丁酉運中雨過園桃紅簇錦風和提挪尚拖炟戊戌運中發進退依旧安然己亥運中重增新氣象再整旧華庭庚子運中世情曠濶福禄閬闠辛丑運中晚年清致老景安閑壬寅運中光陰如撚指花落又春残

辛亥年　乙未月　甲辰日　辛未時

此八字甲木生於未月祿氣財官之格人生值此丰姿清穩性格能為生於仁厚之家長於右族名門堂上椿親壬午壽母親戊子祿元深鴈字兄無吾岀類一朝遇貴有升騰學問不登於孔浣九年三載可榮身貴人提携登天府麻衣換得綠衣香此則榮顯之命宜格丙辰女子生芋兒有榮華運行初甲午癸巳欲速平生男子志何期命運少扶持壬

辰運中一聯美景財源自有達官攜萬里無雲利祿必從天上降辛未運中雖然不登於虎榜紫微垣内姓名香庚午運中片帆隱隱入神京祿位馳馳登鳳閣重重祿位黎庶沾恩己巳運中腰銀不用三場擧政治還從三載功當此之時冲動提綱蕭蕭風雨戊辰運中五柳縣中施德政百花叢裏奏笙歌昂昂氣宇職任琴堂丁卯運中帰来故里夢入黄泉

辛亥年　乙未月　乙未日　庚辰時

此八字祿氣財官之格女人值此丰姿平穩性格操持翁姑有倚姊妹分枝楊柳無風終嬝娜梅花有月色清標春風桃李昭陽景夏月荷蓮蕩漾天良人連珠双綰帶子嗣蘭多桂晚成此則治家之命運行初丙申上人蔭下未称尋芳丁酉戊戌運中佳配仁門友花從錦上添己亥運中財源滚滚家居好祿自盈隆喜慶深庚子辛丑運中官金得合究

如秋菊離枝家業有成且喜門楣壯觀壬寅運中祿元增進豈知安享在華堂成立成家正是梅青並月白癸卯運中好花開起春光去蝴蝶遊蜂任自忙

辛亥年　乙未月　丁酉日　壬寅時

此八字丁酉日貴之辰食神生才之格其為人也丰姿洒落天性聰明生於盛族之家長於故旧之門堂上椿萱雖皓首天邊鴻鴈我身榮學問有成不向礼門習舉業声名特達以榮身一朝身脫白麻衣換綠衣此則貴顯之命鴛幃宜硬免無傷桂子有成多挺秀運行初甲午癸巳上人庇下襲應迎祥壬辰運中一聯美景財源自向遠方来万里天晴名利必從天上降貴人相攜起名利兩相成辛卯運中片言能折獄筆掃千人軍重重祿位轉赫威權己丑運中腰銀不用三場舉治功選從九載功戊子運中歸来故里春夢無憑

辛亥年　乙未月　庚寅日　丙戌時

此八字庚寅日相配柱中之火時上偏官之格羊刃作合為良人生得此本顯功名只嫌運入背鄉減我福力椿萱中道難全壽鴻鴈天邊各奮鳴丰姿穩重天性良謀般般都好事件件不全精祖業三番四覆才囊十壺九盈佇看来晚節家業愈崢嶸此則自旺之命鴛幃有碍須年長桂子難為晚朶馨運行初甲午初年之景何論衰與癸巳運中恰似洛陽三月景桃花飛處壯丹馨壬辰運中風霜曾歷過家業又番成辛卯運中遇貴提攜行樂順旺中人事有災驚庚寅運中重重才業旺日日會賢英己丑運中老當益壯才帛豐盈戊子至丁亥運中帰去也

辛亥年　乙未月　巳丑日　戊辰時

此八字巳丑日相配柱中之木月上偏官之格日辰制服為良人生得此半姿英厚天性明良椿親附脱萱歸早鴻雁天邊有各翔學識聰明不向仕途求聞達智謀宏遠都未湖海歷風霜佇看晚年光齊景暄喧車馬集門墻此則富旺之命鴛幃水命須年長桂子秋来吐異香運行初甲午上人佑下未必安詳癸巳運中雖向詩書容下馬能身入文場壬辰運中一番風雲遇才旺勢軒昂癸卯運中湖海英雄交敵風波些少乖張庚寅運中金玉滿堂行樂順東風柳絮又飄揚巳丑運中晚年發旺米粟盈倉戊子運中孫賢子秀乙亥運中梦入仙鄉

辛亥　乙未　己亥　乙亥

此八字偏官之格食神制伏爲美生於善族長於仁門萱毋先歸椿後别西風鴻鴈有群鳴其爲人也行莊倜儻生計志誠般般都習學件件不能精祖業番還覆功名廢復興翰墨場中空着意公門之内好勞形嘉禾不早食大器當晚成此則榮華之命鴛幃土命宜年少子嗣花開果必生運行初甲午惠風和暢天朗氣清癸巳運中徒有青雲夢依然未称情壬辰運中忽聞春信到甦醒困中人庚寅運中財名當美福禄餘盈已丑運中人民悦服境界昇平戊子運中空教常檢束何不早思尊丁亥運中歸去也

辛亥年　乙未月　丁酉日　癸卯時

此八字丁酉日貴之辰相配柱中之水時上偏官之格人生得此本顯功名只嫌用殺帶才臧我貴氣椿萱半道難全奔鴻雁天邊各奪飛羊姿瀟洒揮幹能為十斷九連成大業三番四覆整根基湖海英雄敬仰市廛貨利豐肥此則富旺之命鴛幃有犯命絕匹配始齊眉桂子有成晚節光華多孝感運行初甲午上人庇下快樂怡怡癸巳運中有心生貨利無志讀詩書壬辰運中風雪初消天似洗行藏順利福高弥辛卯運中英雄交敬多光霽

人事之趨才又生庚寅運中關門壯觀金玉盈盈已丑運中老當益壯戊子運中花落月傾

辛亥年　乙未月　壬寅日　戊申時

此八字壬寅日相配柱中之土時上偏官之格人生得此羊姿洒落天性良賢椿父先歸萱後別雁行天際有飛聯學識知今識古知謀近貴親賢擬交更祖業必自旺財源湖海聲華未抱市廛生意綿綿晚年時逢財業勝於前此則富守之命鴛幃有配須相觝桂子金風朶朶妍運行初甲午幼承上庇樂守自然癸巳運中正欲螢窗篤志豈期風雪生寒壬辰運中人事雖先霽財源覆又蕃辛卯運中踈踈風浪過財旺數昂然庚寅運

中樂中曾致悶依舊福源堅已丑運中晚年倉廩實車馬閙喧喧戊子到丁亥運中歸去也

辛亥年　乙未月　甲午日　辛未時

此八字甲午日相配柱中金土雜氣財官之格人生得此本顯功名亦嫌身弱不能勝用椿萱半道難全奉鴻鴈天邊不共鳴丰姿穩重天性聰明有曲暢旁通之理截長補短之能財囊宜自積祖業必重興晚年自有亨通日滚滚財源四遠生此則富厚之命鴛帏命健雙諧老桂子斑衣有顯榮運行初甲午上人庇下詩禮趨庭癸巳運中春園風雪過桃杏吐紅英壬辰運中世事光華行樂晚一畜犁雨未開晴辛卯運中交四方之豪傑生一旦之悲驚庚寅運中財源益旺門闌壯金玉輝輝事業興己丑運中老當發旺金玉滿瀛戊子運中黄花翠竹丁亥運中夢入蓬瀛

辛亥　辛丑　戊申　丁巳

此八字戊申日相配柱中金火傷官用印之格之生得此半姿英俊天性果剛生於茂族長於華堂椿萱有倚難雙耄鴻鴈天邊不共翔學識通今博古英才擬許觀光機會未時雲霞合也應頭角聳軒昂此則榮傑之命鴛幃正副方偕老桂子秋來有挺芳運行初庚子上人庇下其樂何當己亥運中芸窗雪案摘句尋章戊戌運中到此漸知光景好聲名耿耿勢昂昂丁酉運中萬象光華沾沛澤四時佳景樂安康丙申運中雖則權名赫奕也防跌跌一場乙未運中權高損福慎則無傷甲午運中人生從此去哀草白茫茫

辛亥年　辛丑月　壬辰日　壬寅時

此八字壬辰魁罡之日相配柱中金土雜氣殺印之格兩干不雜最為奇女人得此姿容英雅體態豐腴勝丈夫之氣概有男子之操持逆則風翻濤怒順則月皎星稀椿父後歸萱早別鴈行天際不聯飛治家全禮道針綫羨能為晚年福慶綿綿旺濟濟裙釵異昔時此則發旺女命良人贅配年高容桂子花開果後奇運行初壬寅風清月白庇下安舒癸卯運中藍田種玉綉幙牽絲甲辰運中瑞雪紛紛家業變依然財旺鼎新居乙巳運中趑趄何足慮財帛自盈餘丙午運中列席珎羞香馥郁盈囊羅綉色光輝丁未運沖擊之所樂處生悲戊申運中人生從此別為復見形儀

辛亥年　辛丑月　壬子日　癸卯時

此八字壬子日刃之辰相配柱中金木雜氣印綬之格女人得此福足以安椿萱有倚分中道妯娌翁姑侍不全姿容雅麗天性良賢有針綴刺綉之巧相夫教子之權錦綉花開春富貴琅玕竹報日平安夫旺子榮来晚節紛紛沛澤淵門闌此則榮旺女命良人土命須年長桂子森森拂九天運行初壬寅閨門之内快樂自然癸卯運中紅絲牽綉幞良玉種藍田甲辰運中雖則夫門才業旺幾番風雪遍江天乙巳運中踈花含細雨弱柳帶輕烟丙午運中裙釵濟濟福慶綿綿丁未運中晚年加壯麗子秀與孫賢戊申運中依然享用己酉運中粧鏡空懸

辛亥年　辛丑月　癸丑日　乙卯時

此八字癸丑日相配柱中金土雜印之格人生得此半姿莊重天性剛明萱親先别椿尤去鴻鴈天邊不共鳴學問有成青志十年淹泮水英才卓冠橋門一旦沐恩榮風雲相濟會变化到丹庭此則榮顯之命鴛幃木命須年少桂子秋来有挺英運行初庚子不榮不辱庇下昇平己亥運中雪晴春信至未擬便升騰戊戌運中刻鵠不就畫虎未成丁酉運中一從沾寵渥化日自昭明丙申運中政化東西洽仁風遠近清乙未運中輝輝金紫甲午運中晉晉無声

辛亥年　辛丑月　乙卯日　丙子時

此八字乙卯專祿之辰備官之格喜得時值貴人女人得此萱親耐晚椿先别鴻鴈分飛隔暮雲其為人也丰姿穩茂髮貌精神處事無偏無黨治家克儉克勤雪為輕粉憑風傳霞作臙脂伏日匀不是榮封婦終身亦太平此則起家發福之命良人土命宜年長子嗣花開果必生運行初壬寅火年之際閑逸蘭庭癸卯運中契合舞鸞成好夢賁緣紅葉叙佳盟甲辰運中紅日點穿湘水碧白雲堆破楚山青乙巳運中守得浮雲散還看皓月明丙午運中裙釵華麗福祿餘盈丁未運中晚年康泰暮景安寧戊申運中花已落日尤沉

辛亥年　辛丑月　戊申日　己未時

此八字戊申之日身坐長生雜氣財官之格人生得此本係榮身只嫌生逢令事非全美其爲人也丰姿平淡賦性平能般般易學件件難精未有貴人資頗有貴人名椿萱難久倚鴻鴈失和鳴祖基再琢事業重成梅開白雪飄在嶺竹長梢新過北庭此則中和之命鶯嘩有犯須年小子嗣秋風朶朶馨運行初庚子未分寒暑何論枯榮己亥運中九日升暘谷似月出雲層戊戌運中財帛正如新折柳人情還似半開英丁酉運中貴人相指引始覺端祥生丙申運中一番風雨雨過山青乙未運中暮景優游多快足晚年光彩樂昇平甲午運中訃音一道夢入佳城

辛亥年　辛丑月　丙午日　己亥時

此八字丙午日刄之辰相配柱中金水才殺之格人生得此行藏倜儻天性果剛椿父先歸萱後別鴈行天際有飛翔學識粗知今古智謀能合賢良祖業添新慶財囊自積成笙歌沸處曾行樂羅綺爭扶夜醉鄉雖不達侯封爵也須掌管錢粮此則豪富之命鴛幃牛屬尤招副桂子庭前晚挺芳運行初庚子上人庇下未必安詳己亥運中有心生貨利貫志讀文章戊戌運中椿樹凋零後行藏有抑揚丁酉運中一番風雪過名勢壓鄉邦丙申運中粟陳貫朽金玉滿堂乙未運中孫賢子秀快樂何當甲午運中悠悠處樂癸巳運中夢入仙鄉

辛亥年　辛丑月　乙巳日　甲申時

此八字乙巳日相配柱中金水殺印之格人生得此大器晚成椿萱堂上雙年老棠棣庭前我獨榮丰姿慷慨歷事老成學識通古今之事筆鋒分枉直之情瓊林雖不登高宴際會風雲祿位榮此則榮貴之命鴛幃諧白首桂子有秋榮運行初庚子上人福庇黃卷青燈己亥運中執意發四探月來能仕路馳聲戊戌運中天然機會好匹馬向前程丁酉運中三疊陽關斟別酒九重天府沐恩榮丙申運中一番風雪過祿位攝來刑乙未運中銀章紫綬千里馳聲甲午運中子秀身榮樂癸巳運中花殘杜宇聲

辛亥　辛丑　癸丑　癸丑

此八字癸丑日相配柱中金土殺印之格亦有遥合之意人生得此丰姿厚重性格賢明堂上椿萱難倚耄庭前棠棣有呈榮祖業添新慶財囊自積成萬里韶華福布江山之外一聯美景名揚湖海之名晚年臻福慶子秀與孫榮此則富貴之命鴛幃命敵方諧老桂子秋来有秀馨運行初庚子惠風和暢天朗氣清己亥運中詩書志緩思生計湖海遨遊便有名戊戌運中雖則財源来旺幾番人事相縈丁酉運中到此進高貴趑趄財又生丙申運中湖海生涯益旺庭前花木尊榮乙未運中桑榆暮景榮享昇平甲午運中歸去也

辛亥　辛丑　壬子　丁未

此八字壬子日水之辰相配柱中之土官印之格正謂有官有印無破作廊廟之才人生得此丰姿高古天性果剛生於邊夷之族長於劍戟之堂椿萱分别早鴻鴈各分翔學識緑明黄不畧衣冠善得聖賢章萬馬不嘶聽號令一方疆域畏權衡此則武帥之命鴛幃有碍須偏正桂子秋来有異香運行初庚子無榮無辱庇下安詳己亥運中雪晴加禄位劍戟凛秋霜戊戌運中威飛貔虎嘯跂陟勢軒昂丁酉運中人事趦趄權任變皇恩有感再軒昂丙申運中依然揚勇勢人事異於常乙未運中孫賢子秀甲午孫啼人断腸

辛亥 辛丑 庚子 庚辰

此八字庚子日相配柱中水土傷官用印之格兩干不雜最為奇人生得此丰姿英傑天性明良椿親耐悦先歸母鴻雁天邊各奮翱李岡有成終是功名之客英才卓冠豈肯田舍之郎特來借得吹嘘力走馬天边沐寵光此則显身之命鴛幃有碍須招副柱子秋來有挺芳運行初庚子上人庇下快樂何當己亥運中讀書漂多觀史倫光戊戌運中執卷幾回嘆息特來一旦名揚丁酉運中仁風揚遠近化日照農桑丙申運中雪情加祿位戰列大夫行己未運中悦當大用未許還鄉甲午到癸巳運中歸玄也

辛亥 辛丑 戊辰 丙辰

此八字戊辰日德之辰傷官旺才之格女人值此丰姿敦厚性格剛強出言有用處事有權公姑有倚終無倚娣妹之中各自飛性若寒潭月心如古井泉順之則喜逆之怒有針綴之勤治家之法良人年長齊眉老子許班衣還貴榮此則旺夫榮子女命運行初壬寅癸卯渋、梨花月飄、楊柳風甲辰乙亥中佳配名門乘角友更喜花陰錦上生昂、氣宇家業風光丙午丁未運中一聯二運榮夫業琅玕竹報日平安柳色黃金嫩梨花白雪香戊申運中子貴夫榮多福壽入門和氣居之安己酉運中一枕香風歸不得落花流水各西東

辛亥年　辛丑月　癸丑日　乙卯時

此八字癸丑日相配柱中金土雜氣印綬之格人生得此丰姿英稚歷事老成椿萱难擬雙榮贈鴻臚天邊不共盟學問胷中廣詞源筆下精十載泮林淹素志一朝天府沐恩榮升高須自下晚节大夫陞此則晚榮之命鴛幃諧白首桂子秀金英運行初庚子不榮不辱庇下爭平巳亥運中洞房生喜氣泮水有書声戊戌運中饑欲乘龍跨鳳依然困守青灯丁酉運中三疊陽關飛騕乏恩光輝耀显家声丙申運中雪晴天仗麗祿位兩加陞乙未運中權衡振振名勢英英甲午運中辭榮処樂癸巳運中花落月傾

辛亥年　辛丑月　辛卯日　丙申時

此財雜氣財官之格喜逢印綬生身值此象者生於望族長於良門椿萱含晚翠棠棣發春蕐其為人也行藏果決作事幹能好攻雜劇淺識書文時至自然高士薦定教得祿而成名此則水生於水之命鴛幃得合須招硬子嗣斑衣旺宅門運行初庚子雙親蔭庇下萬事未勞形己亥運中漸漸精神爽看看氣象新戊戌運中畫水無聲空有浪繡花雖艷不聞馨丁酉運中自得無心機會休愁畫虎不成丙申運中到此始知名利好綠楊汀外馬蹄輕乙未運中正在風光處何期雪滿庭甲午運中安享晚年福癸巳運中南柯夢不醒

辛亥年　辛丑月　辛卯日　戊戌時

此八字辛金配乎戊土雜氣印綬之格人生得此本乎科第高登只嫌財印相混名顯異途主人生於名望之族長於華麗之堂丰姿瀟洒性格果剛學識聰明未必騰身於翰院筆鋒雄健尤能顯姓於封彊機會來時逢貴助也須奏最沭恩光此則貴人之命駕幃有碍須招副桂子秋來有挺芳運行初庚子雖居庇下風雪一場己亥運中雪霽乾坤開壯麗千紅萬紫被春陽戊戌運中貴客提携方壯觀衣冠濟濟侍公堂丁酉運中曉日迎來旆春風促去裝丙申運中一番風雪初晴後榮晉仁風百里揚乙未運中重加祿位忝許還鄉甲午運中榮回豪帯癸巳運中夢熟黄粱

辛亥　辛丑　乙卯　丙寅

此八字乙卯專祿之辰柔氣才來之丙合辛化合為奇女人得此足以發榮發福貞姑鮮常倚妯娌不如齊姿容隱秀言能爲性不受觸心不莊機特至自會新運未始發光輝刀運中年空後：待交晚景足歡此則發之命良人榮達衣冠别子嗣光華孝行齊運行初壬寅早年之景安逸深閨癸卯運中匹配仁門支花錦上時甲辰運中云收山有色雨揚輝乙巳運中云破月來花弄影雨餘波漲水平堤丙午運中報道春光明媚景果然桃李芳菲丁未運中夫榮身逸樂萬事称心機戊申運中安享蒼年福己酉運中春歸杜宇啼

辛亥　辛丑　壬子　庚戌

此八字壬子日相配柱中火土雜氣才官之格人生得此多智畧善操持般般好學件件粗知椿親先别萱禁晚鴻鴈天邊天邊不共飛祖業重加立才囊自整齊機會來時逢貴助高揮劍筆向曹司此則榮顯之命鴛幃魁俊重年少桂子秋來舞綵衣運行初庚子上人庇下有何是非已亥運中雨過山方秀雲開月始輝戊戌運中等閑借得吹噓力花落花開足馬嘶丁酉運中榮沾新沛澤光顯舊門閭丙辰運中仁風揚遠近化日照黔黎乙未運中晚年加祿位未許便懸車甲子運中一夢歸仙路花殘杜宇啼

辛亥年　辛丑月　乙巳日　甲申時

此八字乙巳日相配柱中金水殺印之格人生得此大器晚成椿萱堂上雙年耄棠棣庭前我獨榮羊姿慷慨歷事老成學識通古今之事筆鋒能枉直之情瓊林雖不登高宴祿位崇看次第陞此則榮貴之命鴛幃諧白首桂子有承榮運行初庚子上人福庇黃卷青灯已亥運中執卷幾回探月未應仕路馳聲戊戌運中天然機會好足馬向前程丁酉運中三疊陽関斟别酒九重天府沐恩榮丙申運中一番風雪過祿位攝兵刑乙未運中銀章紫綬千里馳聲甲午運中子秀身榮樂癸巳運中花残杜宇聲

辛亥年　辛丑月　丙戌日　壬辰時

此八字丙戌之日相配柱中金水雜氣才殺之格傷官制煞之論人生得此生於右族長於名門金水椿萱宜晚茂天邊鴻鴈各行鳴其為人也丰姿清秀天性聰明頗知禮義稍識古今有近貴親賢之德應上和下之能祖業添新慶根基勝舊風五湖生計好四海祿源增酒鮮平生恨衣沾湖海塵花無桃李非春色人有笙歌是太平逢危有救遇險無凶拙於自己巧與他人雖不建侯封爵自然福祿多盈此則豐饒之命駕帷水合須年畝子嗣秋期後有成運行初庚子上人庇下天朗氣清已亥運中世事究如春夢人情薄似秋雲戊戌運中始覺陽和滿目還愁風雨相侵丁酉運中財源雖有進人事尚虧盈丙申運中正是太平光霽景還愁耒耗片時生乙未運中嚴霜積雪都經過從此財源倍有增甲午運中心事數莖之白髮生涯一片之閑情癸巳運中夕陽有恨春夢無憑

辛亥年　辛丑月　己丑日　甲戌時

此八字己丑日元相配柱中金木傷官助才之格傷官者剛殺之物也主人得此生於右族長於名門椿萱有倚雙老天邊鴻鴈各行鳴其為人也手姿清秀天性聰頗知禮義稍識古今有近貴親賢之德應上和下之能祖業添新慶根源勝旧風水光浮座盃盤瑩花氣侵人笑語馨花無桃李非春色人有笙歌是太平拙於自己曉與他人但願財源富足任他身外無名此則穩厚之命鴛帷有犯須年畝子嗣秋來朶朶榮運行初庚子上仁庇下未斷平生已亥運中春歸柳葉晴初變紅入桃花爆未匀戊戌運中既濟九還未濟同經尤慮失經丁酉運中有得有失有喜有驚丙申運中才源雖旺足人事尚虧盈乙未運中門楣狀觀福祿騈臻未字之中尚有迍邅甲午運中子貴晚年閑快樂癸巳運中春歸花落鳥無聲

辛亥年　辛丑月　丁酉日　甲辰時

此八字丁酉日貴之辰相配桂中金水財旺生官之格財盛生官終身有慶遇斯命者生於文宦之族長於詩禮之庭椿萱儒貴喜重度皓首双親始送程天邊鴻鴈有各飛騰其為人也丰姿魁偉天性剛忠英材而出類學問以淵源源派三峽誰能及筆掃千軍孰與倫鰲逐玉蟾攀桂去馬隨青帝踏花行足步黃金殿身朝白玉京一朝騰踏飛黃去金紫來看次第陞更有文章薫議論定居臺閣展經綸此則宰輔之命鴛幃宜有贈子嗣祿衣新

運行初庚子上人祟庇化日陽春已亥運中讀殘茅店月囊聚螢頭螢戊戌運中蟾宮雖折桂還寄虎幃中丁酉運中名題鴈塔宴錫瓊林千里霜威金斧重三秋風色綉衣輕丙申運中雪晴金紫重加貴十郡山河化日明乙未運中明時柱石盛世股肱甲午運中晚節交時宜菊酒西風起處憶鱸蓴癸巳運中花已落月尤沉

辛亥年　辛丑月　甲辰日　丙寅時

此八字甲辰日元相配柱中金火襍氣才官之格人生得此生於右族長於名門椿父先歸萱後歿天邊鴻鴈各同群其為人也丰姿清秀天性聰明行藏果斷作事老誠有抵雪欺霜之智截長補短之能世事將就曉般般學欠精雖不成名利生平近貴人門外田疇千古計庭前花木四時新不必覓珠來水府何須求劍到豐城消閑碁一局遣興酒三鍾拙於自己巧與他人但願一生多旺足何須天府受皇恩此則穩厚之命鴛幃火命須年小

子嗣秋來旺宅門運行初辛庚子上人庇下天朗氣清己亥運中雖則行藏有慶也須人事虧盈戊戌運中世事有增有減才源或廢或興丁酉運中得中有失晦後還明丙申運中才源滚滚家居好須史素耗尚愁人乙未運中桃李千溪錦江山一盃屏未字之中花放風生甲午運中晚年開快樂癸巳運中一枕了平生

辛亥年　辛丑月　乙巳日　丁亥時

此八字乙未相配柱中金水相生印綬之格正謂乙日丑月不怕殺多人生得此生於右族長於高門椿萱先母別棠棣獨光榮丰姿魁偉天性聰明筆落驚風雨詩成泣鬼神龍門變化三春浪鵬路逍遥萬里程德威被諸夏才高社稷臣自錫瓊林後威風郡縣驚腰橫金作帶符剖玉為麟此則英貴之命鴛幃有碍須重續子嗣秋來有顯榮運行初庚子上人庇下未斷平生己亥運中讀書映雪觀史引燈戊戌運中雖則蟾宮折桂還須寄跡橋

門丁酉運中三登黄甲祛悪去兇丙申運中職遷金紫宇内澄清當此之際一番風雪乙未運中政引風霜成物色德田天地到陽春甲午運中安榮處樂癸巳運中一醉難醒

辛亥年　辛丑月　壬辰日　庚子時

此八字壬辰魁罡之日相配柱中金土雜氣官格之格女人得此生於右族長於名門椿萱有倚難雙耄天邊鴻鴈各行鳴其為人也姿容清秀髮貌精神勝丈夫之氣勢有男子之才能雲收華岳千山秀水到湘江一様清每懐丸膽意時抱擇隣心萬里無雲天一色三秋好景月長明水入春光成嫩緑日匀花萼發新紅難觸難犯易喜易嗔別入夫婦同偕老偏我天教二次新順天安樂業福禄享無窮此則穩旺之命良人有魁宜光顯子嗣秋

來假當真運行初壬寅上人庇下未斷平生癸卯運中青婦柳葉情初辦紅入桃花燮耒匀甲辰運中幾度閑中有悶數番靜裏憂生乙巳運中憂中常有喜樂處又灾生過此丙午運中不用高燒銀燭月明添倍精神須臾風雨雨過山青丁未運中安閑晚景戊申運中一枕清風

辛亥年　辛丑月　丁酉日　庚子時

此八字丁酉日貴之辰相配柱中金水雜氣才官之格人生得此生於右族長於高門椿父先歸萱後別天邊鴻雁各行鳴其為人也丰姿清秀天性聰明般般稍覽件件不精機謀輒伏舉用人欽佇藏覺瀟洒笑傲任枯榮祖業添新慶根源勝舊風有心於貨利無意慕功名花無桃李非春色人有筆歌是太平兩都秋色皆喬木耆舊風流有幾人好意番成惡真心換得嗔雖不建矣封爵自然潤屋潤身此則穩厚之命鴛幃連珠高一載子嗣生成孝義人運行初庚子上人庇下未斷升沉已亥運中雪晴天未暖行樂未如心戊戌運中雖則行藏有慶幾多人事虧盈丁酉運中得中有失晦後還明丙申運中莫言此運多光彩得一程而失一程乙未運中才源滾滾家居好須臾風雨幸何驚甲午運中晚年閑快樂癸巳運中一枕入蓬蘼

辛亥年　辛丑月　乙卯日　戊寅時

此八字乙卯專祿之神標氣稜印之格人生得此生於義勇之族長於明望之堂丰姿平淡性格果剛聰明書藝遠倜儻世情長戰獵鷹飛渡堅城入歎降一逆得沐天邊寵百卒軍中姓字揚此則武官之命鴛幃兩敵子嗣秋香運行初庚子上人庇下其樂何當已亥運中声名泛此顯汨沒一朝揚戊戌運中雨過萬重山有色雲開千里月光揚丁酉運中功國多難立身為太平閑丙申運中正是風光之處何愁人事悠揚乙未運中莫為功名多苦戀且宜籬下樂壺觴甲午運中英雄欲尽也一夢推黃粱

辛亥年　辛丑月　己亥日　乙丑時

此八字己丑相配柱中金木食神制杀之格人生得此椿萱不逮祿養鴻鴈有不聯飛其為人也丰姿磊落天性操持立仁立義多見多知穷今古覽詩書北海蛟横頭角督南山豹变爪牙斉智號人中傑麾分閒外司此則武端文祥之命鴛幃二五合承已桂子秀枝枝運行初庚子春園雨過桃李芳菲己亥運中閒詩李礼負笈從師戊戌運中時運未來君且守困龍也有上天時丁酉運中到此始知光景長安道上躍霜蹄丙申運中耿耿声名揚萬里紛紛雨露潤黔黎乙未運中正宜輔国未許懸車甲午運中悠優難下癸巳運中帰歟歟

辛亥年　辛丑月　己亥日　辛未時

此八字已丑之日相配柱中金水傷官助才之格人生得此生於右族長於高居椿萱有把先虧毋天边鴻鴈各行飛其為人也丰姿清秀天性操持通今覽史李礼聞詩見善則持於已當仁不讓於師笋長名園過舊竹花開上苑勝先春終是功名之客豈為田舍之翁不登黄甲定折桂枝時未織會好随步入雲衢晚年光霽景德澤惠黔黎此則榮貴之命鴛幃同處如魚水子嗣秋来有出奇運行初庚子上人庇下未断平生已亥運中欲邅迍生志潜心下戊戌運中桃巷幾回空探曰時未織會入京畿丁酉運中橋門奇跡蔵器待時須史風雨頃刻邅巡丙申運中皇恩有感光耀門閭乙未運中三年不改未時政百姓咸懷去後思甲午運中遠帰千里驥閒釣五溪魚癸巳運中帰去也

辛亥年　辛丑月　丙午日　戊戌時

此八字丙午日殺之辰相配柱中金水祿氣赤之格傷官合殺有助入生得此生於右族長於高門椿父先帰萱後別天邊鴻鴈各行鳴其為人也丰姿清秀天性聰明般般應好覧伴伴不全精風月處友消洒容情有近貴親賢之德應上和下之能祖業添新慶根源勝旧風田園柰栢茂畎畝稲粱登万里無雲天一色三秋好景月長明得意江山詩句絶忘情日月酒杯深施恩惹怨布德成嗔花無桃李非春色人有坚歃是太平雖不建侯封有貴也應才祿足豐盈此則穩厚之

命鴛帏土命須年長子嗣双双朶朶成運行初庚子上人庇下未斷平生己亥運中春園雖雨過桃李未成英戊戌運中雖則行截多有慶還愁災悔每頻生丁酉運中財源旺處家居好風雪飛来尙不驚丙申運中正是太平光霽景片時風雨却愁人乙未運中不獨財源富足尙期声勢寬洪當此之際花放風生甲午運中軒閑化日千祥集麗捲香風百福增癸巳運中如履薄氷壬辰運中一枕難明

辛亥年　辛丑月　己丑日　乙丑時

此八字傷官制赤之格用赤反輕當為清閑之事遇斷命者生於良族長於善門椿萱不並奉鴻鴈各搏風其為人也斷高理直処事公平四柱無情雖入春園折柳重封孤寡好来梵刹誦經慈悲不瞬諸天眼清浄無塵幾地心定交海月論千古入室松風盡四隣此則清孤之命運行初庚子上人庇下未斷平生己亥運中接師參礼叫法聞經戊戌運中烟霞心與潔水月性常明丁酉運中散祖烟霞外逍遥雲水中當此之際一番風雨丙申運

中高人提挈声名显旺処还愁世事蒙乙未運中到此始知光景好果然福祿享無窮甲午運中逺羨高齋超望處孤松野鶴是親朋癸巳運中帰去也

辛亥年　辛丑月　丁酉日　癸卯時
此八字丁酉日貴之辰祺氣才杂之格才多身弱
事不十全主人椿萱双有壽崇樣独標奇丰姿雅
淡天性能為善决善断多見多知見善則持於己
當仁不讓於師遊山玩水携詩卷對月觀花把酒
色羅綺飄香風淡蕩臺觴列座章蔓蔓此則穩達
之命鴛幃有礙兩強匹配始齊眉子嗣有成彩彩
班衣供晚景運行庚子上人庇下燕語鶯啼已亥
運中如花散彩似月揚輝戊戌運中始覓陽和之
景还愁霧鎖烟迷丁酉運中一性貪捉焰終身豈
慮危丙申運中天上三陽泰人間五福齊乙未運
中枯梅遇臘香尤甚劲菊逢秋色更奇甲午運中
春光去也花落月西

辛亥年　辛丑月　乙未日　丙戌時
此八字乙未日元相配柱中金水祺氣杂印之格
人生得此生於平淡之族長於延變之門椿父先
帰萱後别天遂鴻雁不同群其為人也丰姿雅淡
性格昏沉頗晓三分道理文章富敏不通雖成新
事業难守舊門庭是非奥宮門而客得失須憑寡
上翁屡世喜無荣辱生平喜不富貴初運中年只
如此晚年運貴福才增此則離祖成家之命鴛幃
有犯須重續子嗣秋来始有成運行初庚子上人
庇下未断平生已亥運中登臘雨淨當霓春陰戊
戌運中作雨作晴留客景或寒或煖困人春丁酉
運中夕陽三月花如錦争我来特不遇春丙申運
中始覓陽和滿目还愁霜鎖烟凝乙未運行漸覓
定涼池雨過言知花放悅風陞甲午運中無思無
慮癸亥運中花落月沉

辛亥年　辛丑月　辛亥日　辛卯時

此八字辛金日元相配柱中旺土雜氣印綬之格傷官助才意同主人生於右族長於仁門椿親不逮祿养萱毋晚邮迎行天邊鴻鳫有不同群其為人也半姿磊落天性聰明理窮古事兼今事書對賢經與聖經肄鋒穎利疑無敵筆力縱橫若有神終是文場榮貴客豈為田舍鑿耕人嘉谷不早實大器當晚成一日風雲相際會九天雨露沐深恩此則榮貴之命鴛幃有犯須招副子嗣金風有顯榮運行初庚子上人庇下詩礼趨庭己亥運中踏破泮橋霜幾枝讀殘茅店月三更戊戌運中幾欲榮登月殿蕃成局雪衝風丁酉運中執卷幾回空探月時來頃刻便升騰丙申運中一從沐浴天邊寵濟濟衣冠拜聖明當此之際風雪初晴乙未運中耿耿聲名重滔滔雨露陞甲午運中榮回故里癸巳運中花落月沉

辛亥年　辛丑月　庚寅日　丁亥時

此八字庚寅之日相配柱中火土雜氣官印之格人生得此生於右族長於名門椿萱喪身亡外道天邊鴻鴈各行鳴其為人也半姿清秀天性聰明有博古通今之志截長補短之能衣冠雞麗援携精神終是功名客豈為田舍翁雖不三登科甲自然機會光榮晚年光霽景沛澤惠黎民此則榮貴之命鴛幃有犯須年小子副秋來朵朵榮運行庚子上人庇下未斷平生己卯運中雪晴天未發行樂未如心戊戌運中時來機會好大學齊宜身丁酉運中幾欲思高慕遠翻成捉月摘風丙申運中三疊陽關斯別酒九天雨露沐皇恩黎民的父母政化洽西東乙未運中一日甘雨隨身至千里仁風遂扇生當此之際進退困縉甲寅運中脱年歸故里癸亥運中一枕入巫峰

辛亥年　辛丑月　癸巳日　辛酉時

此八字癸日坐向巳宮乃是才官雙美雜氣印綬之格人生得此生於右族長於高門椿親先別萱存晚天邊鴻雁不聯群丰姿清秀天聰性明稍知今古事常覽聖賢經終是功名之客豈為田舍之人一日風雲相際會九天雨露沐深恩此則榮貴之命鴛幃兩敵方偕老桂子生成發灶人運行初庚子上人庇下未斷平生己亥運中十年窗下無人問巷內詩書遂要尋戊戌運中機會來時離泮水橋門依旧守青灯丁酉運中一番風雪初晴後從此天邊雨露均丙申運中耿耿声名重滔滔祿位陞乙未運中猛虎渡河民快樂飛蝗過境歲豐登甲午運中榮回故里癸巳運中一枕清風

辛亥年　辛丑月　壬寅日　辛丑時

此八字壬水相配柱中金土雜氣官印之格正謂有官有印無破作廊廟之材運行背地事名十全主人生於右族長於名門椿萱雖並老棠棣各敷榮其為人也丰姿蒼古天性乖能世事頗能將就般般學欠精通終是功名之客豈為田舍之人腰銀不用三場舉治政全憑九載勤恩沾榮寵日德澤惠黎民此則吏貴之命鴛幃宜有贈子嗣長麒麟運行初庚子上人庇下未斷平生己亥運中貴人相指引祿馬旺前程戊戌運中去除三角帽換得綠衣新丁酉運中倉場庫務多名重九天雨露再加陞丙申運中佐政琴堂民望重皇恩有感再加陞乙未運中子貴重沾恩澤樂閑田里從容甲午運中黃花晚節癸巳運中春夢無憑

辛亥年　戊戌月　庚午日　丁丑時

此八字庚午貴人之日雜氣官印之格人生得此生於丑宮長於高門椿親倜儻萱幃別天邊鴻雁有行群萱親耐晚椿父先行其為人也丰姿清秀天性聰明有博古通今之志應上和下之能當仁不讓見善則欽祖業有餘須要才源厚積晚豐盈月落舊蓮野綠凋遭甲第皆雕甍恩中惹怨布德感嗔欲為高貴思慕功名雖不綺羅衣錦繡也應鄉御管人民此則特達之命鴛幃土命須年長子嗣秋來有昌宗運行初丁酉上人庇下淡淡春雲丙申運中春歸柳葉睛初變紅入桃花燦未匀乙未運中雖則家門多益旺幾番人事尚虧盈甲午運中人生正在風光處只恐閑非素耗生癸巳運中一番風雪初晴後從始滔滔福祿增壬辰運中梅須遜雪三分白雪無輸梅一段馨辛卯運中子貴孫賢家發旺果然晚景愈興隆庚寅運中九地可憐埋片玉五雲無復見儀形

辛亥年　戊戌月　癸未日　壬戌時

此八字癸水日元相配柱中火土雜氣才官之格女人得此生於右族配於仁門姿容清雅髮貌精神有治家立業之道相夫教子之能翁姑姑有倚妯娌各行群風送浮雲歸古洞雨滋花蕚發新枝克勤而克儉易喜而易嗔雖不鳳冠帔服平生不憂不榮晚年光景好福祿享無窮此則穩旺之命良人年少須龍屬子嗣先剋後有榮運行初己亥上人庇下未斷平生庚子運中春歸柳葉晴初變紅入桃花猶未匀辛丑運中須史風雨雨過山青壬寅運中雖則夫門財業旺旺中尚有事虧盈癸卯運中嚴霜積雪都經過始覺陽回萬物生甲辰運中天上三陽泰入間五福增乙巳運中安閑晚景樂意忘情丙午運中花落水流春已失蘭玉折恨何明

辛亥年　戊戌月　甲申日　丙寅時

此八字甲申專權之日祿氣木官之格喜逢日祿歸時之助其為人也椿萱有倚中途別鴻鴈天邊各奮鳴半姿清秀性格聰明筆裏詞源三峽遠胸中學業五車藏終是功名客豈為田舍郎一朝馬上衣冠別此則男兒當自強此則貴人之命鴛幃年長合桂子晚成芳運行初丁酉上人庇下襲慶寧祥丙申運中漂步讀書似高鳳影灯觀史効匡衡乙未運中藏器待時時必達時來跨馬上宸京甲午運中皇恩有感治政勞神癸巳運中腰横金作帶符剖玉為麟壬辰運中權高擅福慎則無驚辛卯運中榮回故里夢入蓬瀛

辛亥年　戊戌月　丙寅日　戊子時

此八字丙寅長生之日相配柱中水土傷官制殺之格人生得此生於右族長於仁門椿父先歸萱晚別鴈影風高不共蹤其為人也半姿清秀天性老誠頗曉三分道理文章一竅不通親賢近貴趨吉避凶做成新事業難守舊門庭東嶺栽松西嶺秀南園種竹北園生春入園林香遍塵寰之藹月離海嶠光楊宇宙之明遇險終無險逢凶又不凶好意番成惡真心換得嗔時至財源旺是運來萬事如心莫道枝頭難結果東君留意更殷勤此則離祖成家之命鴛幃有犯須招木子嗣森枝孝義深運行初丁酉上人庇下淡淡春雲丙申運中世事宛如春夢人情薄似秋雲乙未運中晝水無聲空有浪繡花雖艷不聞馨香甲午運中有得有失有喜有驚癸巳運中雖則遨遊湖海還愁人事虧盈壬辰運中沖擊之所還發福財源如意祿駢臻辰字之中花放風生辛卯運中老來且樂閒中事三逕荒涼有舊松庚寅運中歸去也

辛亥年　戊戌月　己未日　戊辰時

此八字己未陰丹之日雜氣財官之格椿親早別萱遐壽鴻鴈無行獨自飛其為人也丰姿穩重言語標奇祖業重新多壯觀根原再整重光輝游山翫水攜詩軸對月臨風把酒巵何須進造榮華路財帛豐饒樂自如此則富足之命鴛幃木命方許齊眉子嗣雙雙一人挺秀運行初丁酉跡雲微兩未必為奇丙申運中畫虎未成休嘆息時通高士黙扶持乙未運中祿祿生財業區區費盡機甲午運中鄉閭名望足光影耀庭除癸巳運中威權有布人欽伏只恐梨花帶雪飛壬辰運中進寶玩物會友吟詩辛卯運中兒孫歌舞庚寅運中夢入仙衢

辛亥年　戊戌月　乙丑日　壬午時

此八字乙丑相配柱子中金土雜氣才殺之格女人得此容儀清致性格溫良生於富室配於華堂椿萱棠棣難全拳姻婭翁姑侍不常立業掌家勤又儉斷機教子自成行初運平和中蹇剝晚年依舊旺才囊此則掌家女命良人年少諧和桂子秋來始發運行初己亥上人庇下樂享蘭房庚子運中配匹成佳偶鸞歌鳳亦翔辛丑運中洛陽三月花如錦又被狂風攪一場壬寅運中財源有益夫門旺旺處還經一度霜癸卯運中雨晴山聳翠雲散月揚光甲辰運中孫賢子秀其樂何當乙巳運中粧樓人去也臺鏡掩辰粧

辛亥年　戊戌月　癸酉日　壬戌時

此八字癸酉日相配，柱中金土襍氣才官之格，值斯象者，主人丰姿英彦，天性剛忠，生於茂族，長於華宗，椿親倜儻，萱生㑹棠，棣庭前各挺榮錦，綉育蘭賢，聖學珠璣，口吐武文，風一從宴，錫瓊林，後人似神仙，馬似龍，此則榮英之命，篤帏招賢，宜有贈桂蘭，还擬發秋，叢運行初丁酉，上人庇下，詩礼從容。丙申運中，欲遂班超投筆，志宜加董子下帷功。乙未運中，志欲攀龍附鳳，負还冒雨衝風。甲午運中，躍過三層浪，衣冠拜衮龍，當此之際，一番風雪。癸巳運中，猛虎渡河，民快樂，飛蝗過境，歲豊隆。壬辰運中，冲擊之所，晦過加封。辛卯運中，一别歸何處，山雲積萬重。

子平遺書　七

辛亥年　戊戌月　癸酉日　壬子時

此八字癸酉日相配，柱中之土襍氣才官之格，喜逢日祿歸時，禀得五行秀氣，人生得此，丰姿清致，性理聪明，生於茂族，長於衣纓，椿親先别，萱尤去鳴，鴈天边，各奮鳴，祖業增華，賬才囊自琢成，但顧貴人相薦引也，須誇馬上神京，此則富貴之命。鴛帏虎配方諧，桂子秋来有挺，榮運行初丁酉，上人庇下，風雪盈盈。丙申運中，貴人相挈，奴業牘自労刑。乙未運中，雖則榮沾雨露，也須才耗人驚。甲午運中，方民樂業，四境昇平。癸巳運中，皇恩有感，祿位加陞。壬辰運中，紫綬銀章，權勢重，無端花放又風生。辛卯運中，英雄尽也，春梦難醒。

子平遺書　八

辛亥年　戊戌月　甲子日　丙寅時

此八字甲子日相配柱中金土雜氣才官之格喜逢日禄歸時人生得此丰姿英傑天性忠良椿萱皓首難全奉鴻鴈天边不共翔學識粗通今古智謀能動賢良祖業重新覆財囊聚積藏湖海市經財業旺果然名勢壓鄉邦此則穩富之命鴛幃有碍須年少柱子秋來有挺芳運行初丁酉幼年之景何論癸凉丙申運中但覺財源益旺不劳入室升堂乙未運中洛陽之月花如錦又被顛風攪一場甲午運中行藏人敬仰歷險不為傷癸巳運中時通運泰金玉滿堂壬辰運中老當發旺光壽何當辛卯運中孫賓子秀庚寅運中夢入仙鄉

辛亥年　戊戌月　甲申日　甲子時

此八字甲申日相配柱中之土雜氣才官之格喜逢印局以扶身人生得此丰姿英厚天性明良萱花先損椿尤折鴻雁天邊不共翔稍有賢良之志粗知律令之章雖不名登翰苑也須身到公堂天官奏寂沾恩寵化日輝煇百里長此則榮貴之命鴛幃牛尾尤招副柱子榮看吐錦芳運行初丁酉幼承上庇霜冷北堂丙申運中劳形案牘多冗霄風雪無端惱一場乙未運中騏足飛騰登上國沾恩榮耀舊門墻甲午運中萬里樂業財名旺風浪微微幸不妨癸巳運中再加禄位未擬还鄉壬辰運中黄花緑酒辛卯運中夢入仙鄉

辛亥年 戊戌月 丁丑日 己酉時

此八字傷官帶財之格遇斯象者生於邃室長於高居衣冠濟濟和氣怡怡問禮則伏於己當仁不讓於師嚴慈中道相分手鴻雁聯飛有出奇定擬當今顯名姓豈教田里務耘耔但得風霜際會果然名播皇畿此則顯宦之命鴛幃春色麗桂子長芳枝運行初丁酉未分榮辱何論高低丙申運中欲遂斑超志須心董子帷乙未運中豐城獲雷劍滄海得遺珠甲午運中此際始知光景好声權遍布四方知癸巳運中舒長化日桑麻茂融蕩仁風雨露濡當此之際一度憂悲壬辰運中處事但憑三尺法理刑能使萬民畋辛卯運中歸亭田園樂庚寅運中無端蝶夢催

辛亥年 戊戌月 壬申日 庚子時

此八字壬申日相配柱中金土敍印之格人生得此大器晚成椿萱不遠双荣奇鴻雁天边各奮鳴手姿英厚天性剛明李問胸中廣詞源筆下精十載泮林淹素志一朝天府沐恩荣此則榮顯之命鴛幃有碍須相敵桂子秋来吐錦英運行初丁酉上人庇下未必為奇丙申運中欲遂平生志潛心對短檠乙未運中執卷幾回探月依然困守家庭甲午運中時来雲霧合大學表芳名癸巳運中荣沾漸寵渥化日自昭明壬辰運中千里威聲耿耿一番禄位加陞辛卯運中荣回故里庚寅運中一夢難醒

辛亥年　戊戌月　丙子日　丁酉時

此八字傷官帶才才官之格杂官相混玉之受瑕堂上双親中道缺天邊鴈字幾行斜其爲人也行推果斷性格奢華思想千程萬里玩看諸子百家夏日炎炎嫩綠紛中之菱春風習習緋桃死上之花機會未時逢助名成利就美何加此則特達之命鳴悖宜硬宜年小子躬班衣孝義逍遙行仍丁酉跡雲捲明月行樂未事加丙申運中杜甫有才時已亂良年遊泆客天涯乙未運中萬般皆分重何必苦巳巳甲午運中根道昏光明娟果然喬木搓枒癸巳運中崎嶇險道都經過疊疊光華足可誇壬辰運中欲全晚節宜逃避莫待臨時一着差辛卯運中繾綣百年何所用言將仙鬼去乘槎

辛亥年　戊戌月　丁巳日　庚子時

此八字丁巳日相配柱中之水傷官留杂之格人生得此本顯科甲只嫌用杂帶才不貴而富椿萱親喜榮難壽鴻鴈天边有各翔丰姿洒落天性明良稍有賢良之志粗知礼義之方祖業加新慶才囊後積蔵但願門迎珠履客何須天府沐恩光此則富厚之命鴛幃有碍須相皈桂子庭前晚擬芳運行初丁酉上人庇下快樂何當丙申運中有心生貧利無志讀文章乙未運中但覺英雄欽仰不妨風雪一傷甲午運中世事光華行樂順何愁家宅有悲傷癸巳運中粟陳貫朽風絮飄揚壬辰運中晚年光霽金玉滿堂辛卯庚寅運中歸去也

辛亥年 戊戌月 己巳日 壬申時

此八字己巳日相配柱中金水雜氣才官之格人生得此貴發晚年椿萱不逮双榮養鴻鴈行中不共聯手姿洒落性格賢良理窮今古事學貫聖賢書早年未擬蒙恩渥晚節榮看秉大權此則榮達之命鴛幃剋後重年少桂子秋來始發妍運行初丁酉無思無慮庇下安然丙戌運中但覓行藏有度勤功黃卷青編乙未運中幾思登仕路蹉跎未能前甲午運中時來機會好跨馬上長安癸巳運中仁風揚遠近化日照黎元壬辰運中晚年加祿位千里振威權辛卯運中樂閑雝下庚寅運中花落啼鵑

辛亥年 戊戌月 甲戌日 丁卯時

此八字甲戌日相配柱中金土雜氣才官之格人生得此仕路難行椿父先歸萱耐晚鴈行天際不同翔稍有賢良之志粗知礼義之方祖業添新慶才源自積藏湖海市廛才兩旺果然晚節福軒昂此則富厚之命鴛幃年小須招副桂子庭前吐晚芳運行初丁酉上人庇下何論炎凉丙申運中詩書雖有志爲得入文塲乙未運中湖海才名耿耿風霜恆乱一塲甲午運中一畨梨雨過金玉满華堂癸巳運中滔滔發福米粟盈倉壬辰運中晚年光霽人事軒昂辛卯運中悠悠処樂庚寅運中夢入仙鄉

辛亥年　戊戌月　己卯日　丁卯時

此八字己卯日元相配柱中之木偏官之格喜逢印綬扶身人生得此丰姿洒落天性仁慈椿萱皓首難全奉鴻鴈天邊有共鳴理窮今古學貫詩書雖不名登也須掌管黔黎佇看晚年光署景喧喧車馬集門閭此則豪華之命鴛幃全正副柱子舞班衣運行初丁酉不榮不辱庇下怡怡丙申運中便有才名耿耿何須苦讀詩書乙未運中樂中生悶悶過旺家甲午運中英雄交敵厚黎庶仰威儀癸巳運中威權振振家業揮揮壬辰運中老當發旺金玉多餘辛卯運中悠悠昌樂庚寅運中歸去來兮

辛亥年　戊戌月　癸亥日　癸亥時

此八字雜氣才官之格人生得此丰姿麗厚性格能為椿父我生他便死萱親耐壽晚方歸祖知今古淺識詩書祖業添新慶財囊自積齊但願文房財帛旺何須身到鳳凰池此則自守之命鴛帳未諧先死晚年重配生兒運行初丁酉萱親庇下有何慮思丙申運中行厳多懊恨歷過又安舒乙未運中到此財源生旺未應厚積鎡基甲午運中正欲鴛鴦交頸何期空受恩私癸巳運中財帛未多旺無雄集満閤壬辰運中悠悠康樂辛卯運中歸去來兮

辛亥年　戊戌月　壬午日　己酉時

此八字寅壬生臨午位號曰祿馬同鄉才殺之格女人得此儀容秀麗天性聰明椿萱棠棣難依耄妯娌翁姑半有情有立業掌家之道鍼綴刺綉之精信看来晚節家業挺峥嶸此則掌家女命良人同属雙諧老桂子来来向晚榮運行初己亥上人庇下快樂昇平庚子運中配匹成佳偶鸞歌鳳亦鳴辛丑運中雖則裙釵壯麗尚防風絮飄零壬寅運中一番梨雨過家業愈峥嶸癸卯運中滔滔財帛旺日日樂安寧甲辰運中冲擊之所月入雲屏乙巳運中悠悠享用丙午運中一夢難醒

辛亥年　戊戌月　辛未日　丁酉時

此八字辛未日相配柱中丁火時上偏官之格喜逢印綬以扶身人生得此行藏倜儻智畧过人椿親耐晚萱先别鴻雁天边有各分粗識黄公之畧淺知孔聖之文祖業重新慶才囊學積存雖不建侯封爵也須雄壯家門此則英能之命北悼年少方諧老子嗣森森晚莅泰運行初丁酉雖然居庇下如月隱蹤云丙申運中行藏多順利才帛旺紛紛乙未運中英雄文教學何慮事逸此甲午運中到此威權有布才名四境皆聞癸巳運中重興事業進高貴才學家肥旺子孫壬辰運中老當益壯福慶駢臻辛卯運中悠悠享用庚寅運中夢入風塵

辛亥年　戊戌月　壬申日　辛丑時

此八字壬申之日身坐長生配合柱中土金雜氣殺印之格椿親早别萱遲殞鴻聯飛獨出群其為人也丰姿清偉標盼神綴然秋霜翔雪温能和氣陽春源流峡水筆掃千人軍鵬　高持知健翼龍門深躍見脩鮮衣冠登玉陛蘭拜丹宸此則清显之命允帡水命宜招副桂子金風香色新運行初丁酉䄂祿之下李業勤新丙申運中芸窓事業特特習

雪案詩書日新乙未運中懸望青雲而穩步誰知屈指未能伸甲午運中一驚霹靂魚龍化風雪飄来不損身癸巳運中清風草　霖雨濟萬民壬辰運中赫赫邦家相昂昂社稷臣辛卯運中不傾厝時用深悲故里尊庚寅運中一夢遊仙急千年不復晨

辛亥年　戊戌月　庚午日　乙酉時

此八字雜氣官印之格尹奈運行背地减我光宗椿父老歸萱後別西風鴻雁各分群丰姿敦厚天性今能性不受觸志不伏人祖基有倚須磨琢財帛時来必有增雖然不是客華客也許鄉間姓字新此則平和之命鴛帏大命須年少子嗣金風絲舞成運行初丁酉轾之曉霜淡淡春雲而申運中雨過山方秀雲開月始明乙未運中幾度梧桐驚夜雯依然桃李長春英甲午運中到此始知明樂處順春風萬里瑞祥生癸巳運中財源進益福根

臻壬辰運中冲擊之所得失相均辛卯運中事安和之福壽庚寅運中叟者杳之佳城

辛亥　戊戌　丁卯　丙午

此八字丁逢卯日相配柱中土木傷官用印之格喜逢日祿以居時人生得此丰姿磊落志氣英豪生於武瑞之門長於戈矛之室椿萱榮歿雖全奉鴻鴈天邊各奮逸氣懸英雄不向文場留翰墨機謀宏遠却來藝苑習弓刀智藏豹畧陣布龍韜功勳勞汗馬紫綬東金貂此則武榮之命鴛幃有碍須偏正桂子秋風長嫩稍運行初丁酉雖居庇下風雨瀟瀟丙申運中氣焰摩星斗威聲貫赤霄乙未運中百隊旌旗聽號令千門燈火仰功勞甲午運中旺中生阻節名勢再加高癸巳運中鉄甲攻胡虜恩榮沐漢朝壬辰運中金紫重榮開玉帳不如籬下酌香醪辛卯運中孫賢子秀樂享滔滔庚寅運中帰去也

辛亥　戊戌　丙子　丁酉

此八字丙子日相配柱中金水雜氣才官之格人生得此行藏覔瀟洒咲傲在光榮椿萱堆具奉鴻鴈不同盟荃識知今愽古行藏理白分清祖基重整麗才帛自磨成交貴親賢生貨利簪花酌酒樂風情佇看來晚節金玉自生成此則富足之命鴛幃木命須招副桂子难為假發聲運行初丁酉上人庇下月白風清丙申運中雖有詩書志焉能仕路行乙未運中風霜歷事財來旺日、英雄醉復醒甲子運中遨遊湖海樂處生驚癸巳運中貫朽粟陳人事廣樂中風浪又昇平壬辰運中老當享用辛卯運中春夢無憑

辛亥　戊戌　丁巳　癸卯

此八字時上偏官之格傷官作合為奇椿萱先後別鴻雁遜風嗷其為人也丰姿俊雅性格風騷擄一理而執一理有上稍而無下稍時至声名猷〻運来福祿滔〻不須翰苑留心志好向公門秉筆刀此則榮穩之命鸑幃須第有魁硬桂子骁多柗運行初丁酉上人庇下其樂陶〻丙申運中少年須立志他日換藍袍乙未運中雖有高人提挈去然多人事不相饒甲午運中只怕雪風吹落葉根原壯固長枝茁癸巳運中正是太平光霽景財豊

福阜樂滔〻壬辰運中想是有財應大用未能籮下飲酒醪辛卯運中安享華堂福庚寅運中徙轉一遣

辛亥年　戊戌月　戊寅日　戊午時

此八字戊寅日相配柱中木火雜氣才官之格父生得此丰姿英雅天性仁慈萱母先帰椿後别鴈行天際不同飛知今識古將高訛低祖業終須自整財囊自積豊肥但額門迎貴客何須身到天墀此則富貴之命鸑幃連珠高一載桂枝花簇果迊稀運行初丁酉上人福庇無慮無思丙申運中一番梨雨過紅紫映門閭乙未運中但覓才源来旺不妨風絮輕飛甲午運中才源未滾滾人事見孜孜癸巳運中重興新事業行樂有輝壬辰運中老

當益壯辛卯運中帰去来兮

辛亥　戊戌　辛巳　辛卯

此八字辛巳日相配柱中火土雜氣印綬之格人生得此大器晚成椿萱堂上雙年耄鴻雁天邊各奮鳴丰姿洒落天性剛明李閱三冬足詩書万卷精北海蛟横頭角聳南山豹变爪牙聱佇看沾沛澤職列大夫榮此則晚榮之命鴛幃赳後重年步桂子秋来有継聱運行初丁酉庇佑之下黄卷青燈丙申運中讀残窓下月絃断有悲生乙未運中執卷幾回空探月依然困守旺家庭甲午運中到此雲程通達無端風雪飄零癸巳運中寵遷榮沾權任重輝化日照神京壬辰運中禄元重顯耀德化洽民情辛卯運中榮回正享無窮樂杜宇無端三四聲

辛亥　戊戌　乙亥　戊寅

此八字乙亥日相配柱中金土雜氣才官之格人生得此丰姿洒落天性賢良椿萱不逮雙榮贈鴻鴈天邊不共聯理窮今古事學貫聖賢章泮水叅身難變化橋門寄足便名傳時来須第朝天去榮沐恩光秉大權此則顯榮之命鴛幃全正副桂子向秋妍初運丁酉無思無慮庇下安然丙申運中窮經學道取正觀賢乙未運中执卷幾回空嘆息風霜歷過未能前甲午運中三疊陽関斟别酒九重天府受恩榮癸巳運中千里仁風不播一番禄位高迁壬辰金魚腰下帶心下自安然辛卯運中榮回正享無窮福来别門前杜宇啼

辛亥　戊戌　丁卯　辛丑

此八字丁卯日相配柱中金土雜氣才官之格人生得此手姿慷慨天性英豪椿萱榮養分中道鴻鴈天邊各奮高翔識聖賢經傳深明豹畧龍韜功名不在文場顯勲業何須汗馬勞財旺福興時運至榮需聖澤虎風跳此則鷹揚之命鶯幃全正副桂子長秋枝初運丁酉庇佑之下其樂陶陶丙申運中威權驅卒樂沐恩饒乙未運中財源來滚滚福勢顯滔滔甲午運中旺中生阻節依舊勢彌高癸巳運中重重財祿至步步顯英豪壬戌運中天邊無需澤維下有香醪辛酉運中桃源春去也逢烏信来松

辛亥　戊戌　乙丑　壬午

此八字乙丑相配柱中金土雜氣才殺之格女人得此容儀清致性格温良生於富室長於華堂椿萱棠棣難全奉妯娌翁姑侍不常立業長家勤又儉斷機教子有成行初運平和蹇剥晚年依舊旺財囊此則掌家女命良人年少諧魚水桂子秋来始發香運行初巳亥上人庇下樂享蘭房庚子運中匹配成佳偶鸞歌鳳亦翔辛丑運中洛陽三月花如錦又被顛風攪一場壬寅運中才源有益夫門旺、處還經一度霜癸卯運中雨晴山潑翠雲散月揚光甲辰運中孫賢子秀其樂何當乙巳運中姪樓人去也臺鏡掩無光

辛亥年　戊戌月　甲戌日　丁卯時

此八字甲戌日相配柱中之土雜氣才官之格人
生得此行藏倜儻慰用多機椿萱有倚還分耄鴻
鴈天邊兩共飛粗知今古事淺識聖賢書祖業多
華麗才囊自積肥但願江湖生計廣自然貴客擁
門閭此則豪富之命鴛幃有碍須相骶桂子秋來
舞綵衣運行初丁酉上人庇下有何是非丙申運
中恰似洛陽三月景壯冊開慰柳花飛乙未運中
雖則財豐家業旺必防人事有趦趄甲午運中滔
滔發旺風雪輕飛癸巳運中門闌加壯麗才帛異
常時壬辰運中晚年壯觀蘭桂芳菲辛卯到庚寅
運中歸去也

辛亥年　戊戌月　己未日　甲子時

此八字己未日相配柱中水木雜氣才官之格人
生得此丰姿英雅識見高明萱毋早歸椿耐晚鴈
行天際不同盟學識粗知札義智謀能動賢英十
斷九連成大業三番四覆旺門庭但願門迎珠履
客自然百室旺門庭此則赤手成家之命鴛幃全
正副桂子晚生英運行初丙酉上人庇下蘆絮悲
生丙申運中才源來愈旺風雨不傷情乙未運中
旺四方之才業生一度悲鶯甲午運中滚、才源
來倍旺紛、豪傑擁門庭癸巳運中家業多光響
風霜一度生壬辰運中老當益壯車馬喧爭癸卯
運中悠、処樂庚寅運中一夢難醒

辛亥年　戊戌月　己未日　癸酉時

此八字巳未日相配柱中之水雜氣財官之格人生得此手姿英傑天性果剛椿萱皓首難全奉鴻鴈天邊各奮翔學識聰明奮志空遊津水筆鋒雄健勞形擬向公堂佇看天官考最果然百里聲揚此則顯榮之命鴛幃年長須招副桂子庭前吐異香運行初丁酉幼承上庇其樂何當丙申運中尋章摘句入室升堂乙未運中執卷空留心志何期履雪經霜甲午運中業績有聲財祿旺綬騎疋馬上天堂癸巳運中榮沾新寵遷光耀舊門墻壬辰運中仁風揚百里未擬便還鄉辛卯運中再加祿位庚寅運中參入黃梁

辛亥年　戊戌月　丁丑日　癸卯時

此八字時上偏官之格傷官作合為高椿萱先後別鴻鴈逐風嗷其為人也手姿俊雅性格風騷攄一理而執一理有上稍而無下稍時至聲名耿耿運來福祿滔滔不須翰苑留心志好向公門秉筆刀此則榮穩之命鴛幃須帶有尅硬桂子晚多招運行初丁酉上人庇下其樂陶陶丙申運中少年須立志他日換藍袍乙未運中雖有高人提挈去已多人事不相饒甲午運中只怕雪風吹落葉根原壯固長枝茁癸巳運中正是太平光霽景則豊福阜樂滔滔壬辰運中想是有財應大用未能離下飲酒酵辛卯運中安享華堂福庚寅運中冥途轉一遭

辛亥年　戊戌月　壬申日　庚子時

此八字壬申日相配柱中金土殺印之格人生得此大器晚成椿萱不逮雙榮養鴻鴈天邊各奮鳴手姿英厚天性剛明學問留中廣詞源筆下精十載泮林淹素志一朝天府沐恩榮此則榮顯之命鴛帏有碍須相觗桂子秋来吐錦英運行初丁酉上人底下未必為奇丙申運中欲遂平生志潛心對短檠乙未運中執卷幾回探月依然困守家庭甲午運中時来飛驥足太學表芳名癸巳運中榮沾新寵渥化日自昭明壬辰運中千里威聲駆馭一番禄位又加陞辛卯運中榮回故里庚寅運中一夢難醒

辛亥年　戊戌月　丙子日　乙未時

此八字丙子日相配柱中金水雜氣才官之格人生得此手姿英俊性格良能生於豐富之長於華屬之庭椿樹先凋萱耐晚鴈行天隊不聯鳴祖業有依增秀屬才囊自積厚豐盈季倫錦帳何為貴秦帝阿房未足称但願門迎珠履客何須身到鳳凰城此則巨富之命鴛帏木命尤招副桂子先凋旁萌運行乙卯守家庭上人庇下天郎氣清丙申運中幾欵登天步月身還困守家庭乙未運中飄残楊柳絮才帛愈添增甲午運中春入園林紅紫鬮一番風雨不為驚癸巳運中才源滚滚氣激騰騰壬辰運中桑榆暮景富上加崇辛卯運中依然光睿庚寅運中一夢難醒

辛亥年　戊戌月　丙寅日　甲午時

此八字丙寅日相配柱中金土雜氣才官之格人生得此大器晚成椿萱榮養難全耄鴻雁天邊各奮鳴丰姿洒落天性聰明理明今古事學貫聖賢經綸林雖不登高宴禄位榮看化日明此則榮貴之命鴛幃有礙得招副桂子秋來有繼榮運行初丁酉上人庇下詩禮趨庭丙申運中欲遂平生志潛心對短檠乙未運中志欲登天步月身還翦雪裁冰甲午運中時下飛騰足目下謾經行癸巳運中榮沾新寵逕百里仰清馨壬辰運中再加禄位未鮮簪纓辛卯運中黃花緑酒庚寅運中一夢難醒

辛亥年生　戊戌月　甲申日　甲子時

此八字甲申相配柱中金土雜氣才官之格人生得此行藏惆悵處置多方萱母先歸椿後別雁行天際不同翔稍有賢良之志粗知禮義之方不向仕途求聞達却來湖海歷風霜佇看時來財帛旺紛紛豪傑擁門墻此則富貴之命鴛幃木命須牛屬桂子秋來又挺芳運行初丁酉幼年之景芦蕖悲傷丙申運中歷遍非霜道才名旺異常乙未運中才帛未多旺人情有抑揚甲午運中累陳貫朽金玉滿堂癸巳運中英雄惟贈劍三尺豪傑相逢酒一觴壬辰運中老當益壯辛卯運中梦入仙鄉

辛亥年　戊戌月　癸未日　庚申時

此八字癸未之日相配柱中火土樵氣才官之格合祿見官藏吾貴氣主人生於良族長於仁門椿父早帰萱從別鴻行雁影各分鳴其為人也丰姿清秀天性聰明人前頗識三分理腹内詩書不貫通祖業添新慶根源勝旧風享田園之業樂湖海之情小人不足高仕相欽無辱心常足何須慕利名此則穩厚之命鴛幃有碍須年合子嗣金風有挺榮運行初丁酉上人庇下未称登臨丙申運中雷精天未燰行樂未如心乙未運中維陽三月花

門錦柳花飛過百花馨須臾風雨過依旧瑞祥生甲午運中精神又憔悴憔悴又精神癸巳運中到此始知特運好萬物光華百事通案特之晦雨過山青壬辰運中戌四特佳趣立萬古門庭辛卯運中家給人足萬物称心庚寅運中一枕余香偏年梦斜風吹落楚山雲

辛亥年　戊戌月　丁巳日　丁未時

此八字丁巳日元相配柱中水土傷官助才之格人生得此生於右族長於名門椿萱有倚先虧毋天邊鴻雁各西東其為人也丰姿清雅天性老誠知高識下理白分青萬里春風行樂須四時佳趣聪祥生祖基重再整旧業必重增好意生成忠真心换得嗔朝中無姓字湖海播声名但願才源旺足何愁身外無名此則豊潤之命鴛幃火命須年小子嗣秋來始有成運行初丁酉上人底下未断平生丙辰運中須臾風雨雨過山青乙卯運中乍

雨乍晴留客景或寒或燰困人春甲寅運中雖則行藏有慶還愁風雪來侵癸巳運中有得有失有喜有驚壬辰運中遨遊湖海多風味得一程而失失一程辛卯運中晚年閑快樂庚寅運中一枕了平生

辛亥年　戊戌月　己巳日　乙亥時

此八字己巳之日相配柱中木火雜氣殺印之格正謂官殺印相生功名有顯達遇斯命者生於右族長於高居萱毋先帰椿後别天邊鴻鴈各行飛其為人也丰姿魁偉天性能為妍窮今古漢獵詩書見善則持於己當仁不讓於師善决善断不勇不葸終是功名之客豈為田舍耕鋤春浪不能騰踏秋闈應折桂枝初從帶錦揚名姓晚向朱門掛紫衣此則荣貴之命鴛幃皷盆三嘆重整羅幃子嗣森森晚茂亦有儒芳之貴運行初丁酉上人庇下風雪飛飛丙申運中論簡留神久春黎照誦初乙未運中悲風生楼閣篤志向書帷雖有凌雲志終無接漢梯甲午運中時来離泮水跨馬入京畿一從姓字傳揚後且與生徒講惑疑癸巳運中仁風開幹帳祿位再加冕壬辰運中媚燭求荣當進達威風凜凜酷心摧辛卯運中子貴孫賢家業旺何愁白髮鬢邊絲庚寅運中春光去也花落月沉四

辛亥年　戊戌月　己巳日　辛未時

此八字己巳之日相配柱中水木雜氣才官之格女人得此生於右族長配衣纓資容閨朗髮親精神勝丈夫之氣槩有男子之才能翁姑有倚成無倚姻娌聯群又斷群每懷丸膽意特抱擇隣心箕帚頻繁存禮之節相夫教子蹈賢明一苑紅桃鋪鏽満山松栢暎帷屏深明閨壺理洞識古今情楊柳無風枝嫋娜梅花有月奪精神克勤而克儉易喜而易嗔佇看夫榮子貴也應同沐皇恩此則榮貴之命良人大命榮華容子嗣成名貴顯人運行一己亥上人庇下毓秀閨門庚子運中詠桃夭之化合魚水之情辛丑運中雖則夫榮快樂也應人事困循壬寅運中疊疊光華多享福須臾風雨不為驚癸卯運中重紫重金榮沐贈輝輝羅綺積千層甲辰運中子榮夫顯樂意安情乙巳運中晚年多快樂一枕入巫峯

辛亥年　戊戌月　乙卯日　丁亥時

此八字乙卯專祿之日相配柱中金土雜氣才殺之格傷官食神制殺有功人生得此生於右族長於名門萱母早歸椿後别天還鳴鴈各持風其爲人也手姿清雅天性老誠頗知礼義稍識古今行藏知進退作事機重經有貴親賢之德應上和下之能祖業添新慶根基旧勝風田園操拓茂猷訒稻梁馨英雄唯贈劒三尺毫後相逢酒一鍾施恩惹怨布德成嗔雖然不是金難客也應鄉黨會人名此則特達之命篤帰有配須重續子嗣秋來旺

宅門運行初丁酉上人庇下未断平生丙申運中世事宛如新折柳人情薄似半開英乙未運中梅須遜雪三分白雪亦輸梅一段馨須風吏風雨雨過山青甲午運中雖則行藏有慶幾多人事虧盈癸巳運中威權有布人傾服府時風雨不爲驚壬辰運中鄉名称領袖晚景愈精神辰字之中花放風生辛卯運中晚年閑快樂庚寅運中一枕入佳誠

辛亥年　戊戌月　壬申日　庚戌時

此八字壬申長生之日相配柱中火土雜氣才杀之格主人生於右族長於名門椿父先帰萱後别天還鴻鴈各行鳴其為人也丰姿清秀天性聰明善決善斷多見多聞世事頗能将就般般李欠精通萬里無雲天一色三秋好景月長明祖業添新慶根源勝旧風消閑棊一局遣興酒三鍾笙歌沸處曾行樂羅綺叢中幾醉醒掘於自已巧與他人此則穩富之命鴛幃木命須招硬子嗣秋來嫡庶生運行初丁酉上人庇下未斷平生丙申運中春

園雖雨過花李未生英乙未運中梅須遜雪三分白雪亦輸梅一段馨甲午運中莫言此運多光彩得一程而失一程梨花舞雪雨過山青癸巳運中才旺福興家業廣还有趑趄未順情壬辰運中粟陳貫行藏好何慮風波玷一身辛卯運中晚年閑快樂庚寅運中一枕入巫峯

辛亥年　戊戌年　辛巳日　辛卯時

此八字辛巳日元相配柱中火土雜氣杂印之格
殺印相生功名顯達值斯象者生於豐潤之族長
於穩厚之門椿親先別萱棠贈天邊鴻雁不同鳴
其為人也丰姿清雅天性聪明源流三峽誰能及
筆掃千軍詩與論衣冠济济人中傑和氣怡怡席
上珎終是鳳凰池上客豈為龍虎榜中人一從姓
字傳揚後金紫榮看次弟陞股肱盛世曾名德輔
翼明時是勢英此則榮貴之命驚怫有犯須招士
子嗣生成貴顯人運行初丁酉上人庇下詩礼趨
庭丙申運中篤幸十年窓下未應一舉成名乙未
運中禹浪三層都耀過東坊朝班立縉紳甲午運
中千里霜為金斧重三秋風色綉衣軽當此之際
雲晴開門門金紫戟加陞癸巳運中皇恩有感重
加禄金鱗光於紫微宫壬辰運中統百年而揚四
海輔一国而位至三公子榮閑放里樽酒樂怡情
辛卯運中春光去也一枕清風

辛亥年　己亥月　辛卯日　戊戌時

此八字辛卯日相配柱中水木傷官財才之格定生得此多機多智不柔不剛梧梘附晚萱歸早鴻鳫天邊有各翔稍識古今之奔粗知禮義之方不向仕途求闕達却来湖海歷風霜浮香来晚郎金玉滿華堂此則發富之命鴛幃虎屬須年少桂子秋来吐異香運行初戊戌風和日暖柳絮飄揚丁酉運中卧花蘆花絮寒来只自當丙申運中便擬生財覓利何愁履雪經霜乙未運中英雄敬仰財来旺些少風波不致傷甲午運中粟陳貫朽風雷一場癸巳運中蘭馨桂馥快樂何當壬辰到辛卯運中歸去也

辛亥年　己亥月　丁亥日　己酉時

此八字官多化殺偏官之格人生得此丰姿標俊性理剛明生於望族長於良纓椿萱難並奉棠棣少呈榮錦綉胸中廣龍蛇紙上生名利不須參琳宴筆鋒雄健顯威棱才源宜自琢晚歲自豐盈此則貴官之命鴛幃宜配長子嗣有恩榮運行初戊戌和風暖日語燕啼鶯丁酉運中從師道學映雪囊螢丙申運中貴人相指引祿馬旺前程乙未運中未遂名和利先能謁聖明甲午運中榮沾新雨露頭角自崢嶸癸巳運中政化東西洽仁風遠近請壬辰運中絃鳴百里樂享昇平辛卯運中正欲棠園籬下樂誰知一梦再難醒

辛亥年　己亥月　甲寅日　丙寅時

此八字甲寅日相配柱中之水印綬之格印綬者上格也人生得此丰姿英壯天性慈祥椿萱皓首難全奉灕鴈天邊有奮翔稍詳古今之學粗知禮義之方不向仕求聞達却來湖海歷風霜祖基重整麗才帛自豐藏晚年名勢旺車馬擁門情此則穩富之命箫幃有得年少桂子秋來朵朵香運行初戊戌不榮不辱乍暖乍涼丁酉運中才源來旺行樂順一度趦趄情懷傷丙申運中樂中生出悶悶過財囊乙未運中英雄交敬厚才旺勢軒昂甲午運中晚年發旺光霽何當癸巳運中孫賢子秀壬辰運中夢入仙鄉

辛亥年　己亥月　辛丑日　癸巳時

此八字辛金坐庫相配柱中旺水傷官之格人生得此丰姿雅淡處用多能堂上双親先別父天邊鴻有交飛識見高明居子敬筆鋒雄健利名奇才帛有靡有祿祖基再豎再移一旦進高貴声名耿耿馳此則微貴之命北帳連深高一歲桂香萬藹發秋枝運行初戊戌上人庇下學禮聞詩丁酉運中正欲尋芳拾翠反為木落霜飛丙申運中天際烟霞鳳掃盡貴人薦引顯名威乙未運中滚滚才源來愈旺一番風雪恤心機甲午運中威權有布人欽伏樓閣危危粟有餘癸巳運中心灰不悉樂華事且向東籬把酒危壬辰運中花落隨流水人歸鳥自啼

辛亥年　己亥月　辛卯日　戊子時

此八字朝陽刑破傷官之格值斯象者生於右族長於良門半姿清致標格精神源流三峽筆掃千軍椿萱有倚咸無倚鴈字鴻行各奮飛北海蛟龍頭角崢南山豹变似牙新號令居烏府聲名近紫宸此則榮耀之命鶯啼春色麗桂子微衣新運行初上人庇下暖日熙春丁酉運中青燈困苦黃卷辛勤丙申運中未許登蟾窟終宜守泮芹乙未運中三登黃甲獨步青雲甲午運中佇看居憲職霖雨澤黎民癸巳運中錦衣肥馬重重貴何奈孱春不見春壬辰運中正宜安享蝶夢遊也

辛亥年　己亥月　甲寅日　乙丑時

此八字甲寅專祿之日相配柱中金水官印之格喜得時值金神人生值此必擬光身萱親耐晚椿先別棠棣聯枝獨占春其為人也半姿瀟灑人中表和氣怡怡居上孫必是英豪客匪為耕鑿人須史雲霧合一躍上天津此則榮達之命鶯啼金命宜年長桂子金風秀色新運行初戊戌雖居庇下未必精神丁酉運中雖有凌雲之志幾番進退困循丙申運中欲揚而又抑有屈而可伸乙未運中數道是龍尤不信崢嶸頭角拜楓宸甲午運中一朝加祿位千里轄人民當此之際風雪頻頻癸巳運中正宜金紫貴何事又思蓴壬辰運中花落春光短清風入夢頻

辛亥年　己亥月　壬子日　戊申時

此八字壬子日丑之辰相配柱中之土偏官之格人生得此多識多智不畏不慈堂上椿萱先别毋天邊鴻鴈有同飛歷學古今之事辦分時務之宜祖業重磨琢才囊自積肥但願江湖尊德望自然晚節勢輝輝此則富旺之命鴛幃土命須蛇屬桂子秋来三両枝運行初戊戌幼年之景風雪相欺丁酉運中怯似落陽三月景壯丹開𩙪挪花飛丙申運中才源来旺𩙪霜滑阻驄駒乙未運中行藏多順利才旺勢輝輝甲午運中不獨金珠滿目尚祈家業豐肥癸巳運中老當益壯壬辰運中歸去来兮

辛亥年　己亥月　辛卯日　戊戌時

此八字辛卯日配亥柱中之水土傷官用印之格人生得此榮顯金屏椿萱榮贈相亏奉鴻鴈天邊各奮鳴丰姿英偉天性聰明理夆窮古今之事心胸藏賢聖之經聲開水府珠光麗掘出豐城劍氣騰姓字登金榜沾恩禄位榮此則昰崇之命鴛幃全正副桂子有承榮運行初戊戌幼年之景黄卷青灯丁酉運中詩書窮万卷仕路便揚聲丙申運中宴罷沾恩寵聲華達帝京乙未運中職列大夫權任顯位遷金紫樹双旌甲午運中一番風雪過禄位又加陞癸巳運中山河開十郡未擬便辭榮壬辰運中悠悠処樂辛卯運中一夢难醒

辛亥年　己亥月　乙酉日　乙酉時

此八字乙酉專煞之日相配柱中金水煞印之格人生得此手姿英偉必置多方椿龍先別萱葉晚鴻雁天边不失鳴稍識古今之李粗知礼義之方祖業三番四覆才源十屢九歲市屢生意好湖海貨才昌茀宅重新人事廣莫雄豪儕擁門增此則富实之命奮悖配合須年小柱子秋来有吐芳運行初戊戌庇仕之下樂享倘祥丁酉運中卷讀生才利行藏便有乞丙申運中水火無情家業変凤霜盡又安康乙未運中洛陽三月花如錦又被顛凤攪一塲甲午運中才旺福與家業盛粟陳貨積異於常癸巳運中冲擊之所樂必生殃壬辰運中依然發旺辛卯運中鳥入仙鄉

辛亥年　己亥月　壬午日　乙巳時

此八字六壬生於午位號曰祿馬同鄉才官之格只嫌生逢背令所以難受榮封椿父先歸萱耐晚西風鴻雁舊西東姿容濟楚性格温恭全四德守三從磨穿鉄硯非吾事綉折金針却有功月出層霄光皎潔花開春苑色鮮紅此則穩旺之命良人得合宜年長子嗣枝頭果尚空運行初庚子紅花綠柳燮日和風辛丑運中氣求聲應魚水情濃壬寅運無虧無益無吉無凶癸卯運淡霧淡烟籠弱柳微風微雨鎖層峰甲辰運重新氣象再整儀容乙巳運漸漸精神奕滔滔福慶重丙午運才旺生官增百福一團和氣藹庭中丁未運春光歸去也花落水淙淙

辛亥年　己亥月　戊戌日　癸亥時

此八字戊戌魁罡之日財官之格人生值此生於右族長於良門丰姿穩厚性格聰明頗知今古錯識重輕般般歷覽件件不精椿萱飛鶴中途別鳴雁聯群又斷群機會來時名必顯世情濃源文祿方享富貴榮華當晚景綫罗蓬裏秦歌望此則穩榮之命鶯幃有硬霜添鬢子嗣斑衣孝義深運行初戌戌惠風和暢天朗氣清丁酉運中漸看春晝永始竟端祥生丙申運中幾欲捕風捉月誰知蹈雪履冰乙未運中雪晴天似洗須剝福元盈甲午運中財權肅肅氣宇英英癸巳運中甚嫌老圃秋光淡自有黃花晚節香壬辰運中三盃醇酒一道訃音

辛亥年　己亥月　己酉日　乙亥時

此八字己酉日相配柱中水木才殺之格人生得此仕路声揚椿萱不還双榮蓓鴻雁天边有谷翔丰姿穩重天性明良學識穷通書史筆鋒能理辞章雖不泰瓊林之宴也須沐天府之光此則顯榮之命鶯幃配合須年長桂子秋來朵朵芳運行初戊戌不榮不辱乍煖乍凉丁酉運中尋章摘句萬志黄窓丙申運中志欲登天步月自还履雪經霜乙未運中時來揮劍筆考最沐恩光甲午運中政化東西洽仁風遠近揚癸巳運中声馳百里來擬还鄉壬辰到辛卯運中夢入仙鄉

辛亥年　己亥月　丙戌日　壬辰時

此八字水剋火偏官之格丙辛作合有功人生得此本乎得祿得名只嫌運入財鄉減此貴氣為人洒落動止方圓水命椿萱雙白首天邊鴻鴈少行聯學問不登仕路身心且樂田園貫朽粟陳家業旺何須跨馬上長安此則穩富之命鴛幃年高須配土桂枝兩朵挺芳妍運行初戊戌無榮無辱景不雨不晴天丁酉運中雨沾春色園林茂月布秋光宇宙寬丙申運中鶯歌風舞懽娛足杏艷桃嬌錦綉妍乙未運中勿勿人事擾不損舊威權甲午運中門蘭壯觀柳絮飄綿癸巳運中孫賢子秀光耀門闌壬辰運中落日人何處香魂逐杜鵑

辛亥年　己亥月　壬子日　丙午時

此八字壬子日月之辰祿馬朝元三奇之格人生值此注人生於喬木長於名門手姿磊落性格垂能言不妄發事不胡行堂上椿親胄貴顯閨中萱母正偏分桃李初開未白未紅花蓓蕾功名有待半親詩句半攻書一朝機會登祿馬旺前程此則榮威之命鴛幃得合宜招嗣桂子生成終有榮運行初戊戌上人庇下詩禮趨庭丁酉運中威權有布人欽伏才帛多饒足稱情丙申乙未運中富貴榮華當此際綠楊汀外馬蹄輕威名稟稟氣宇英英甲午運中衣冠雖在風光處猶恐瀟瀟風雨生梨花舞雪雨過山青癸巳運中人民仰德閭里馳名壬辰運中常安常樂曰壽曰榮辛卯運中英才帰去也春夢總無憑

辛亥年　己亥月　癸卯日　丁巳時

此八字癸卯日貴之辰配合月上巳土偏官之格值斯格者生於良室之家長於舊族之居堂上萱親先別父苑中棠棣下聯枝手姿清彥立性多機春來萬木皆青翠月掛林尖到處輝不作玉堂金馬客也當湖海姓名馳寸帛芰荷鋪錦繡聲名春苑列屏幃此則富商之命鶯幃而有礙正副免傷危柱枝馨有慶壯觀旺門楣運行初戊戌柳色拖金嫩雲開月滿輝丁酉運中春雷驚起龍蛇動尤恐天寒未稱時丙申運中才如春水滔滔漲福若陽春處處四乙未運中千里江山明晝景資囊積粟旺門楣當此之時細雨一微甲午運中流水帶花川巷陌夕陽和樹入簾垂癸巳運中真窓四方江海秀華堂享福樂便宜壬辰運中生涯已盡花落不歸

子平遺書

辛亥年　己亥月　壬辰日　乙巳時

此八字壬辰魁罡之日相配柱中金土官印之格正謂有官有印無破作廊廟之材人生得此脫節高榮堂上椿親榮且壽森枝棠棣有同馨手姿莊重天性剛明學問淵源三峽水胷襟瑩潔一天星清志兩句淹泮水一時連躍浪三層此則顯榮之命免悕有碍須偏正桂子枝枝沐寵榮運行初戊戌幼承上庭詩禮趨庭丁酉運中讀殘官舍月行落泮林星丙申運中執卷幾番空探月依然困守讀書燈乙未運中臨風多嘆息映雪尚無情甲午運中際會風雲沾寵渥雪晴肅氣便奔騰癸巳運中權衡千萬里霜雪兩三層壬辰運中金紫榮回雖下樂蘭馨桂馥愈崢嶸辛卯運中花落春歸去空聞杜宇聲

辛亥年　己亥月　己亥日　庚午時

此八字巳土相配柱中旺水正本之格喜逢日祿
以歸時人生得此本姿英俊天性剛忠生於戊戌
長於華家萱親先別椿亦去鴻雁天邊各奮風學
問不負於泮水功名亦題於管鑰貴人相為引繁
贖早成功此則微貴之命鴛鴦木命須年少桂子
秋來長嫩蕊運行初戊戌上人庇下詩禮從容丁
酉運中一時機會好公府根風雄丙申運中三疊
陽關斟別酒九重天闕沐新封乙未運中雖則崢
嶸頭角行藏未得雍容甲午運中萬民沾德澤四
境自豐隆癸巳運中冲擊之所目被雲濛壬辰運
中桃源春去也香夢繞巫峯

辛亥　己亥　壬子　丙午

此八字壬子日刃之辰財官印綬俱全三奇之格
值此象者生於華室長於高堂椿萱榮達鴻鳥翱
翔其為人也智謀深遠志氣果剛般、好習學事
事不精通黃金過火重增價白玉離塵倍有光千
斯倉萬斯箱不是錦衣駿馬客自然富貴樂徜徉
此則豐榮之命鴛帷同屬宜招贈子嗣班衣孝義
昌運行初戊戌春風習、秋月蒼、丁酉運中如
花開工苑似笋出東墻丙申運中威權有勢行樂
風光乙未運中雖則行藏標致還愁風絮沾裳甲
午至癸巳運中一聯二運多餘慶福祿寬、倍勝
常壬辰運中孫賢子貴晚景安康辛卯運中夕陽
有限夢逸泉鄉

辛亥　己亥　戊子　癸亥

此八字戊子日相配柱中之水財旺生官之格人生得此本显功名只嫌身弱不能騰用椿萱堂上双年耄鴻鴈天邊有各飛半姿洒落性格能為淺識聖賢之李粗知今古之詞祖業增新慶才囊自積肥遊山翫水生財利咏月嘲風樂酒卮佇看來晚節車馬集門閭此則富实之命鴛幃年少須蛇屬桂子荣看秀晚枝運行初戊戌上人庇下无慮无思丁酉運中春園雨過桃李芳菲丙申運中喜氣初融才帛旺親矣交貴樂怡丶乙未運中旺中

生駿雜依旧貨才肥甲午運中財帛盈囊人事廣无端瑞雪又輕飛癸巳運中老當益壯新麗門閭壬辰至辛卯運中歸去也

辛亥　己亥　辛丑　乙未

此八字傷官生才之格比肩透露藏我克榮椿萱含晚翠棠棣鶺春紅其爲人也頗有方圓之智恒存君子之風逢難非爲難臨凶不致凶福布江山之外名聞閭里之中平生但願衣粮足何必承恩面袞龍此則守已富家之命鴛幃得合宜桐敵桂子枝頭果不空運行初戊戌春花爛熳晚日融和丁酉運中春風楊柳綠化雨杏花紅丙申運中雖則行藏有慶幾多世事朦朧乙未運中財帛漸增而漸進宣慈弟宅不豊隆甲午運中遣興故琴棊

数着忘懷益友酒三鍾癸巳運中冲擊之所風浪重重壬辰運中兒孫娱絲舞安樂且從容辛卯運中兔遊閬苑夢入巫峯

辛亥年　己亥月　辛卯日　丙申時

此八字辛卯日相配柱中水木傷官助才之格人生得此丰姿穩厚操幹能為椿萱半道相虧奉鸿雁天邊有共飛粗知今古事能辨是和非祖業重新慶才襄自積齊但豚生涯旺湖海何須身到鳳凰池此則自旺之命鸞幃有碍須年少桂子金風舞秋初運行初戊戌庇佑之下有何是非丁酉運中財源未來旺風雪又輕飛丙申運中家業多饒裕霜凋蘭桂枝乙未運中交貴親賢才賢旺東風柳絮西門閣甲午運中門閑壯觀人欽伏才旺家業有餘癸巳運中尤當益壯快樂怡怡壬辰到辛卯運中歸去也

辛亥　己亥　戊戌　癸丑

此八字戊戌魁罡之日才然之格羊刃在柱事不週全椿親白首萱先別鴻雁前飛後少聯其為人也雖無文學到有機關善交不欺真是易惡難欲讓實為難琢磨事業整頓根原運至財源增益時來福祿進添不思上國求名去採拽旗兒掛市墨此則守己之命鸞幃得合須長兩年桂子先虧後存一二運行初戊戌無榮無辱不燒不寒丁酉運中爆竹騰將盡折梅春漸還丙申運中區區役役未必勝前乙未運中漸奄三陽泰方知五福全甲午運中四景昇平樂一番風雪難癸巳運中門闌壯觀客莪閬閬壬辰運中晚年安逸辛卯運中夢入九泉

辛亥年　己亥月　辛亥日　甲午時

此八字辛亥日相配柱中之水傷官之格人生得此嚴毅之志慷慨之資堂上椿萱難具奉庭前棠棣各生枝祖基祖業添新慶財帛財囊自積肥但願門迎豪貴客自然家業脫豊肥此則冨旺之命鴛幃配合雙諧老柱子庭前一兩枝運行初甲戌幼年之景風雨趦趄癸酉運中便擬生財覓利何須學禮聞詩壬申運中行藏人敬仰風雪不相悲辛未運中雨過山方秀雲開月始輝庚申運中到此金珠滿目果然財厚福弥已已運中老當益旺戊辰運中歸去來兮

辛亥　己亥　己亥　己巳

此八字己亥日相配柱中之水財旺生官之格正得才盛生官終身有慶値斯象者富貴有期椿父先歸萱耐壽雁行天際不同飛識古今之事略知動静之興衰祖業加新慶財囊自積肥但願腰懸錢十萬何須天府聽榮除此則富厚之命鴛幃難屬須年長柱子庭前三四枝運行初己亥上人庇下快樂怡〻丁酉運中志不思登仕路心還倦讀詩書丙申運中財源來愈旺椿樹又咸危乙未運中滚〻財來滿室徹〻事見趦趄甲午運中第宅增輝人事廣奐雄豪傑滿門閭癸巳運中桂枝挺秀沛澤加濡壬辰運中黃花晚節辛卯運中歸去來兮

辛亥年　己亥月　丙申日　癸巳時

此八字丙申日相配柱中旺偏官之格尤喜得化得從人生得此宜乎重紫重金主人丰姿英俊性理剛明椿萱堂上分年老鴻鴈天邊不共騰學問淵深三峽水胸襟清徹一天星禹浪三層都躍過職遷烏府肅威稜此則英顯之命篤幃全正副桂子猻秀金英運行初戊戌上人福庇朝史養經丁酉運中雖到螢窗篤志未膺蟾窟登榮丙申運中霹靂一聲雲霧合瓊林宴錫勢豪英乙未運中肅氣奔騰風虎嘯榮看金紫職加陞甲午運中一番風雪後祿位兩遷榮癸巳運中扶持日月大用晚成壬辰運中榮回蘿下悠悠樂辛卯運中一夢南柯永不醒

辛亥年　己亥月　壬辰日　甲辰時

此八字壬辰魁罡之日合官留殺之格喜逢建祿自強萱母先歸椿先老西風鴻鴈兩行齊其爲人也丰姿清楚處用多機學問鮮能知味生平遇貴扶持市廛生計廣湖海姓名馳雖然不作青雲客財帛豐饒樂有餘此則豐足之命鴛幃有尅重婚水命相宜子嗣無虧佇看庭前三四朶運行初戊戌庇佑之下安樂何如丁酉運中登臨值跡雨未是可人時丙申運中不意之中旺財福若勞力處致災非乙未運中世事如潮多長落有時懽慶有時悲甲午運中滿庭霜雪都消盡此際春光萬里輝癸巳運中有茶留客有酒盈卮壬辰運中閑心晚節辛卯運中歸去來兮

辛亥　己亥　壬辰　癸卯

此八字壬辰魁罡之日相配柱中金土官印之格人生得此本顯功名只嫌傷官在柱不貴而富椿父先歸萱耄別雁行天際各飛鳴丰姿英邁天性公平有救人之德量無殺害之情學識粗通今古智謀能動賢英財囊宜自積根業必重興雖不建侯封爵也須聲壓鄉城此則豪富之命鴛幃同屬雙諧老桂子庭前三兩英運行初戊戌上人庇下風雪嚴凝丁酉運中飄殘揚柳絮紅紫飄門庭丙申運中禾泰連汗財帛旺衝風冒雪不傷情乙未運中人欽人服行藏順風浪生時我不驚甲午運中財源來滾滾第宅愈峥嵘癸巳運中梅巳白竹尤青壬辰運中孫賢子秀辛卯運中一夢難醒

辛亥年　己亥月　甲午日　甲戌時

此八字甲午日相配柱中之水印綬之格印綬者上格也人生得此嚴毅資禀慷慨行藏椿父先歸萱奈晚雁行天際不同翔學識窮通今古智謀能壓質良祖業重新慶才囊厚積雖不綺羅衣錦綉也須湖海有名揚此富貴之命鴛幃諧老須招副桂子秋来有挺芳運行初戊戌上人榮庇快樂安詳丁酉運中明聖賢之學知韜畧之方丙申運中風任椿樹折悽慘恨何當乙未運中到此財源滾滾英雄群集門墻甲午運中一番風雪過金玉積盈囊癸巳運中老當發旺輝煥門墻壬辰運中身榮因子貴辛卯運中夢斷入何鄉

辛亥年　己亥月　乙卯日　丙子時

此八字乙卯專祿之日傷官格合殺之格喜逢印扶身人生得此生於望族長於名門椿萱双晚鴻鴈爲獨超群精神烱烱智慧明明季闈三冬足詩書萬卷能終是皇朝客豈爲田舍人一日風雲相際會定應秉笏拜金門此則榮貴之命鴛幃有碍須正桂子秋未有挺榮運行卯戊戌上人庇下未斷平生丁丑運中刺股黃窓應繼底理斯雪案不知辛丙午運中挽卷成回接月時未雲路果然登乙未運中聲名耿耿軋亥冀冀辛午運中插虎渡河民快樂飛路過境光豐登癸乙運中棠田籬下壬辰運一枕清風

辛亥年　己亥月　己酉日　丁卯時

此八字己土配於水木財殺之格伏此根基生於豐足之門長於賢良之族一對椿萱賢且壽森枝棠棣一枝榮其爲人也丰姿穩潤天性聰明治家有道舉用驚人祖基有依添新慶財帛資囊勝祖風不須求聞達何必問功名此則守身旺業之命鴛幃得命須招硬桂子名園果有成運行初戊戌天邊秋月攏上春雲丁酉運中不穎仕途生驥足甘居田里乞閑身丙申運中財帛正如新折格人情還似半昇沉乙未運中逢賢提挈方爲穩遇貴扶持始是亨甲午運中利之以潤其屋福之以庇其身癸巳運中幾多駁雜都消散依舊光華樂太平壬辰運中歸去也

辛亥年　己亥月　乙未日　丙子時

此八字乙木獨遇子時六乙鼠貴之格人生値此嚴慈先別毋憑字下聯飛其爲人也丰姿持達儀表盈腴學問不登龍虎榜功名也到鳳凰池君君留心勤有得名揚閭里豈無輝此則剖石適玉之命鴛幃木命宜偏贈子嗣生成錦上田運行初戊戌上人之下未判高底丁酉運中輕寒輕暖閒禮闈詩丙申運中欲速則未達揚帆且待時乙未運中一番風雨過案牘有名馳甲午運中幾載辛勤甘淡薄一朝天府沐恩濡癸巳運中紛紛沛澤黎庶皎依壬辰運中歸來故里安享桑榆辛卯運中只恐無常來達速人歸花落總成虛

辛亥　己亥　壬子　丁未

此八字壬子日刃之辰相配柱中金土殺印之格人生得此本顯功名只嫌身旺無依富而不貴掺萱堂上難全奉鴻雁天邊各奮飛般般歷覽件件操持湖海聲華耿耿市廛貨利来肥佇看来晚節厚厚積家資此則富旺之命鴛幃配合須同耄桂子庭前舞繡衣運行初戊戌幼年之景快樂怡怡丁酉運中行藏人敬仰何處事孳孳丙申運中雨過萬重山有色雲開千里月揚輝乙未運中樂中生出悶悶過積金珠甲午運中行藏光霽才囊實車馬重重集滿閭癸巳運中老當享用財享福孫壬辰到辛卯運中歸去也

辛亥年　己亥月　乙亥日　丁丑時

此八字印守提綱干露殺殺印相生乃為上格值此像者双親分别早棠棣有聯芳其為人也丰姿俊秀性格明良筆底詞源三峽遠胸中學業五車藏北嶺蒼松寒正茂東籬金菊晚偏香一朝但得風雲便頭角峥嶸姓字香此則榮達之命鴛幃有犯須相敵桂子金風栗自黄運行初戊戌少年之景何蘆炎涼丁酉運中漂麦讀書似高鳳引燈觀史學匡衡丙申運中幾回空向月事業尚平常乙未運中天然機會至可許姓名揚甲午運中到此信知光耀景瑶瑎秉笏面君王癸巳運中令望彰千里名權振四方壬辰運中華堂安樂辛卯運中夢入西廂

辛亥　己亥　甲寅　己巳

此八字甲寅專祿之辰相配提綱之水印綬之格喜得時值金神格親耐壽萱光别鳴鴈聯行獨去群其為人也丰姿磊落性格聰明文章寥落斂筆縱横十載書窓名利少九年業牘福元深佇看頭角偉化雨潤黎民此則貴人之命鴛幃同屬如魚水子嗣金風綻粟英運行初戊戌娟娟梅月淡淡柳風清丁酉運中黄卷青灯雖用意雲程月窟却難登丙申運中自然有路升騰去漸覺行莊頗順情乙未運中聲衣從此顯寇冕自斯榮甲午運中一番風雲遇四境庶心傾癸巳運中依然蒞民事永許廷卿城壬辰運中春光盡也花落月沉

辛亥年　己亥月　己酉日　乙亥時

此八字時上偏官之格食神制服得宜值此象者生於邃室長於高居一對椿萱難並老幾行鴻雁遂雲飛其為人也行藏特達作事三思高人起敬貴客相攜不就三場還先將刀筆施初運安和中限雜晚年富貴孰能如此則貴人之命鶯幃立命宜年少子嗣金風秀色奇運行初戊戌雖居庑下安樂何如丁酉運中登臨雨澤賞翫春歸丙申運中縱有吹噓力財源未遂時乙未運中嚴霜積雪都經過須刻榮看冠冕殊甲午運中声名從此顯福祿兩來綏癸巳運中沖擊之所借振光輝辛卯運中囊實且帰田里樂庚寅運中訃音一道衆傷悲

辛亥　己亥　丙戌　丁酉

此八字丙戌日相配柱中之水偏官之格人生得此本顯功名只嫌用神帶財戕虧福力椿萱難擬雙年耄鴻雁天邊有各飛半姿满灑操幹能為般般好學件件粗知不向仕途騰踏却来湖海奔馳交貴親賢生貨利晚年家業愈豊肥此則自旺之命鶯幃有碍須年少桂子秋来舞綵衣運行初風和日麗燕語鶯啼丁酉運中恰似洛陽三月景壯丹開處柳花飛丙申運中便向江湖生貨利不妨人事有趑趄乙未運中歷過崎嶇道眷看財有餘甲午運中貫朽粟陳人事廣何愁風雪一番欺癸巳運中老當益壯壬辰運中歸去来兮

辛亥年　己亥月　壬辰日　癸卯時

此八字水居冬旺生逢金土相幫官印之格人生得此丰姿高古處置多方椿親耐晚萱先别鴻鴈天邊各奮翔梢識古今之學粗知礼義之方祖業重華麗財源自積藏不獨鄉邦尊德望尚祈畝畝稲粮香此則富厚之命鴛幃同屬雙諧老桂子庭前有發芳運行初戊戌上人庇下快樂安詳丁酉運中便擬生財利無心向雪窓丙申運中春陽回宇宙堯杏發新粧乙未運中一番風雪過人事異於常甲申運中滾滾財源來愈旺紛紛豪傑集門墻癸巳運中黄花晚節愈秀愈香壬辰運中孫賢子秀辛卯運中夢入仙鄉

辛亥年　己亥月　己丑日　乙丑時

此八字己丑之日相配柱中水木才殺之格人生得此生於右族長於高門萱母先歸椿耐晚天邊鴻鴈各聯翔其為人也丰姿清秀天性果剛聰明書藝少倘倜世情常學問不親顏孟業生平常得貴人欽重成新事業毋墜舊門墻閭里声播湖海姓字揚萬里無雲天一色三秋好景月長光消閑棋一局遣興酒三觴才源旺足平生好何必天邊沐寵光此則穩厚之命鴛幃有配當招少子嗣秋來有桂芳運行初戊戌上人庇下未断炎涼丁酉運中如花向日枝枝艷似笋穿籬節節長丙申運中雖則家居有慶还愁人事憂趋丁未運中遨遊湖海多先齎須史進退寧無妨甲午運中萬里如心行樂順喜處还生恨莫當癸巳運中才源富足金谷盈倉壬辰運中有名閑富貴無事樂徜徉辛卯運中歸去也

辛亥年　庚子月　丁巳日　甲辰時

此八字丁巳之日相配柱中水土傷官制殺之格人生得此生於右族長於名門慈母先歸椿耐晚天邊鴻鴈各行鳴其為人也丰姿清秀天性老成多機變稍聰明謀動君子威伏小人祖業添新慶根源勝舊風豈無高士敬時有貴人欽福布江山詩句健忘情日月酒盃深花無桃李非春色人有筌歌是太平消閑棊一局遣興酒三鍾五湖生計好四海祿元增雖不青驄肥馬自然才祿豐盈此則穩足之命鴛幃水命須年敵子嗣榮門桑梓馨

運行初己亥上人庇下攏拚平生戊戌運中登臨兩滓賞覽春陰丁酉運中正是梅青月白還愁人事虧盈丙申運中世事有增有減才源或廢或興乙未運中財源滚滚家居好尚有閑非素耗生甲申運中高朋滿座美酒盈樽癸未運中享子孫之福慶壬午運中夢杳杳之佳城

辛亥年　庚子月　戊午日　甲寅時

此八字戊午日刃之辰相配柱中木水才殺之格喜逢印綬生身女人得此生於右族長於名門椿萱雅並耄鴻鴈各行鳴其為人也丰姿清秀髮麗精神勝丈夫之氣槩有男子之才能雲妝華岳千山秀水到湘江一漾清女工針巧惟全晚婦道頻繁蠶顯能滔滔無阻滯步步助夫門玉產崑崗威韞色蘭生楚澤散清馨雅觸雅犯意喜意莫停看夫貌節狂也應福祿無窮此則榮暮之命良人水命榮華客子嗣秋尚帶生運行初辛丑上人庇下毓秀閨門壬寅運中契合翠臺成如意賓緣紅葉結良姻癸卯運中世情濃又淡淡處又還濃甲辰運中雖則夫門多快樂幾多人事向虧盈乙巳運中藁珠沾寵降尚有事逡巡丙午運中羅綺千般色珍羞百味新丁未運中粧樓人去也臺鏡掩晨明

辛亥年　庚子月　乙丑日　丙戌時

此八字殺生印綬之格女人得此生於右族長配名門姿容清秀髮兒精神有針線之巧立業之能翁姑双腕茂妯娌不行辟性急便如風捲浪片時言起片時停萬里無雲天一色三秋好景月長明平生才祿無虧欠一世安康福不貧錦繡花開家富貴琅玕竹報日升平此則發福之命良人夭命須年長子嗣生成貴顯人運行初辛丑上人庇下未斷平生壬寅運中匹配名門友花徙錦上增癸卯運中須臾風雨過依舊月華明甲辰運中簾捲香風生百福增閑化日祿元增乙巳運中才源滾滾第宅重新丙寅運中沖擊之所如月入雲丁運中桑榆暮景子昱夫業戊申運中落花狼藉啼山鳥香夢悠悠入九重

辛亥年　庚子月　壬戌日　壬寅時

此八字壬戌日德之辰財官之格水居冬旺生平樂自無憂人生得此生於右族長於高貴椿萱易遇双双奄鴻鴈天邊隆隆行其為人也丰資清秀天性聰明聖賢書藝遠週倘世情長驪珠照耀光難掩雷劍生豐氣莫藏終是功名之客豈為田舍之翁時来自有榮身日書劍宜攜到試場晚年當此景秉笏拜明王此則榮貴之命鴛幃有犯須招副子嗣秋来有顯揚運行初己亥上人庇下未斷炎涼戊戌運中味遂心千古披文用五行丁酉運中幾回探月空回首快快心愁自感傷丙申運中時来幾會好滑澤一朝揚乙未運中皇恩有感聲名顯百里感風雨露昌甲午運中千里聲名播播一番人事乖張癸巳運中晚年籬下樂壬辰運中一枕入黄粱

辛亥年　庚子月　戊辰日　辛酉時

此八字戊辰日德之辰傷官生才之格才旺生官終身有慶世人得此福則以庇其身才足以廣田園主人生於茂族配於英豪翁姑有倚妯娌奢高資族清致髮貌妖嬈性急好江濤春壯也似月出月霄佇看晚年足霄果然享福滔滔此則紫夫顯之命良人交貴客子嗣長秋稍運行初甲丑上人庇下風雨瀟瀟壬寅運中鳶歌鳳舞杏艷桃嬌癸卯運中雖不行藏有慶还愁風擺花梢甲辰運中旺中尚有崎岖事事妥依然福祿饒乙巳運中才源滾滾旺第宅揷雲霄丙午運中擊之鬧鬧瀟條丁未運中粧擂人去也綉閣宗無寥

辛亥年　庚子月　丙子日　己丑時

此八字丙子日相配柱中之水官多化殺偏官之格人生得此富上加榮椿萱皓首先爵毋鴻鴈天邊各奮鳴精知謟畧法頗識祖澤加新慶才囊自積庶雖不登科勞汗馬也須頭角聳崢嶸此則恩榮之命鴛幃正副还當損桂子前凋晚發英運行初己亥上人庇下詩禮趍庭戊戌運中鬧鷄來渭水走馬向金凌丁酉運中胖來沾寵遲名勢壓鄉城丙申運中家業多豊富風霜一旦生乙未運中行藏人敬仰財旺勢尤增甲午運中尤當並杜金玉盈盈癸巳到壬辰運中歸去也

辛亥年　庚子月　戊午日　乙卯特

此八字戊午日双之辰相配柱中之水財旺生官之格人生得此本顯功名只刑冲大重不貴而富椿萱難老奉鴻鴈有分翔半婆洒樂天性果剛梢有賢良之志粗知禮義之方不向仕途求聞達却來湖海歷風霜佇看來晚節金玉滿華堂此則更富之命鴛幃命健方諧志桂子秋來采采芳運行初已亥幼年之景冬暖夏涼戊戌運中詩書窓下業焉得入文場丁酉運中湖海財名便旺風霜一旦爭張丙戌運中蹂梨雨過日日旺才囊乙未運中不徇果陳蕒朽尚祈弟宅榮昌壬午運中志當益壯桂馥蘭香辛巳到庚辰運中歸去也

辛亥年　庚子月　壬午日　乙巳時

此八字六壬生臨午位歸日祿馬同鄉人生得此本顯功名只嫌刑冲太重减虧福力椿親耐晚當先别鴻鴈天邊不共飛半姿慷慨屢用多機才帛才囊宜自琢根基根業必新齊湖海有多閑富貴鄉邦振德貨才緩佇看来晚倉廩積豊腴此則守成之命鴛幃尅後重年少桂子秋風舞綵衣運行初己亥花右之下樂事何如戊戌運中恰似洛陽三月景牡丹開屢柳花飛丁酉運中春風堪賞尤嗟恨花落花開總是悲丙申運中重新喜氣才尤旺人事関心不致危乙未運中四時花木秀千古姓名融甲午運中晚年光霽景車焉集門閭癸巳運中孫賢子秀壬辰運花落春歸

辛亥年　庚子月　庚辰日　丙戌時

此八字庚辰魁罡之日配合格中水火傷官制殺之格人生得此多機变善操持般般歷學件件挺知椿萱雙老壽鴻鳶不交飛祖業重增嚴財囊自整齊但願一樽交貴客何須身到鳳凰池此則富貴之命鴛幃賢順須招硬桂子秋来長嫩枝運行初己亥上人庇下有何是非戊戌運中風和日麗燕語鶯啼丁酉運中雖則行藏有慶也防人事趍超丙申運中白雪却嫌春色晚故家庭樹作花飛乙未運中楼臺疊疊花木菲菲甲午運中冲擊之所月被雲迷癸巳運中人生從此別無復見形儀

辛亥年　庚子月　丁巳日　甲辰時

此八字丁巳日相配柱中水局偏官之格人生得此姿容秀麗性格明良生於右族配於填房椿萱堂棣難相守妯娌翁姑陽渺茫心靜似月明霄漢性急如風捲滄浪一苑杏桃開錦綉滿庭脩竹鬱琳瑯佇看夫崇子显裙釵濟濟崇昌此則榮秀女命良人配舊年高客掛子森森有晚香運行初辛丑上人庇下快樂何當壬寅運中四配成佳偶鸞歌鳳亦翔癸卯運中囊空休嘆息風雪不為傷甲辰運中旺中生阻節依舊被春陽乙巳運中到此增光彩珠翠列席香丙午運中冲急之所一度悲傷丁未運中落日青山外西風起白楊

辛亥年　庚子月　壬戌日　壬寅時

此八字水居冬旺相配柱中金木傷官用印之格人生得此丰姿英俊天性仁慈椿樹先凋萱耐晚厲行天隊不交飛祖業重新庚財囊自積藏銅鉄勝如金玉價果然湖海有名揚佇看未晚鄧家業自輝光此則富厚之命鴛幃免屬須年少桂子先凋後兩枝運行初己亥無思無慮庇下安舒戊戌運中霜凋春樹折人事有乖張丁酉運中財源未旺處人擬許整門閭丙申運中萬象回春意財源聚散藏乙未運中東成西就势旺福彌甲午運中晚年壯觀第宅豊腴癸巳運中依然享用壬辰運中梦断華胥

辛亥年　庚子月　庚辰日　丙子時

此八字庚辰魁罡之日相配柱中旺水傷官之格丙辛得化得後貴顯声名之士值斯格者主人生於喬木長在宦門椿親榮發萱歸晚鴻雁天邊他出群學問有成一舉直登蟾宮上英才敏捷信言有折獄之權一從姓字傳揚後寄跡橋門聽寵恩此則榮顯之命兜幃有碍須偏正桂子班衣孝義存運行初己亥上人庇下化日陽春戊戌運中騰身離泮水舉足上雲津丁酉運中報道是龍人不信果然奪得錦標新當此之際風雲沾身丙申運中威攝山岳動德布井田均乙未運中金魚綰帶權衡重耽、声名達五雲甲午運中沖暫之所旺處逡巡癸巳運中香魂歸閬苑高塚卧麒麟

辛亥年　庚子月　丁卯日　甲辰時

此八字丁火生於子月偏官之格遇斯象者本顯功名奈乎子卯相刑減於福力其為人也多聞多見自是自能有應上和下之計欺風抵雪之心椿父慈萱早天邊雁斷群事業番還覆根源破後成掌管一鄉之領袖留傳萬古芳名此則里傑之命鴛幃兩陋始齊眉子嗣枝枝而發秀運行初己亥未分寒暑何論升沉戊戌運中春園兩過李白桃紅丁酉運中財源進退滾滾氣宇英英甲午運中冲擊之所樂極悲生癸巳運中紫陌縱榮爭及驄寓懷猶艳白頭吟壬辰運中花已褪月尤沉

辛亥年　庚子月　甲戌日　戊辰時

此八字甲戌日相配柱中金水敎印之格人生得此多機多變不勇不慈萱母早歸椿後別偶行天際不同飛般般好學件件料知祖業終無倚才囊自積齊但願才名旺湖海何須声譽達天墀此則富守之命鴛幃馬屬須招少壯子秋來三兩枝運行己亥上人庇下蘆絮生花戊戌運中才囊來未實根業便更移丁酉運中遇貴提攜行樂順才源旺處事趁起丙申運中世事番番覆覆依然家旺才肥乙未運中成四時之佳趣整一筴之門閭甲午運中老當益壯人事光輝癸巳運中人生從此別無復見形儀

辛亥年　庚子月　戊午日　壬子時

此八字戊午日刃之辰相配柱中旺水旺財生官之格人生得此生於詩書之族長於華纍之居堂上椿萱先別毋天邊鴻鴈不聯飛學問聰明一舉可冲天之勢英才特達片言有折獄之威瓊林雖不叅高宴金紫封榮世所希此則榮達之命鴛幃有碍須偏正桂子秋風秀栽枝運行初己亥上人庇下學禮聞詩戊戌運中月明雲翳困守書帷丁酉運中幾欲攀龍附鳳終宜藏器待時丙申運中三疊陽關斟別酒九重天府沐恩時乙未運中政化東西洽仁風遠迓行甲午運中金魚繪帶權衡重未許懸車向菊籬癸巳運中夢遊蓬島世事皆休

辛亥年　庚子月　己未日　甲子時

此八字己未日配合柱中水木財旺生官之格人生得此丰姿慷慨操幹多方椿父後歸萱別早鴈行天際各飛翔稍有賢良之志粗知礼義之方祖業添新慶才囊自積蔵不獨田園松柏茂尚祈湖海姓名香佇看未晚節名勢布鄉邦此則富旺之命鴛幃木命須年少桂子花開果後芳運行初己亥幼承上庇何論炎涼戊戌運中有心生貨利無志讀文章丁酉運中一番風雪過人事愈軒昂丙申運中飄殘楊柳絮紅紫映春陽乙未運中不獨粟陳貫朽尚祈名冠一鄉甲午運中老當發旺金玉滿堂癸巳運中榮安富樂壬辰運中夢入仙鄉

辛亥年　庚子月　壬戌日　丁未時

此八字壬戌日德之辰才官之格值此象者生於仁門長於右族行藏特達動止能為善決善斷不魯不葸根基祖業終更變財帛家園自孫齊田園桑柘茂畝畝稻粱肥初運交來生進退中年遇貴始光輝此則平穩之命鴛幃宜配大溪水桂子金風三兩枝運行初已亥戊戌乍雨乍晴之景不寒不暖之時丁酉運中玉蟾飲皎雲霧還迷丙申運中氣襲華堂暮地門楣壯觀陽回喬木頓然和氣怡怡乙未運中子秀妻賢家有慶財豐福進樂多餘甲子運中沖擊提綱徹徹風雨癸巳運中蒼松含晚翠萃栢挺寒威壬辰運中無常來迅速一夢返冥途

辛亥年　庚子月　壬辰日　庚子時

此八字壬辰日相配柱中旺水飛天祿馬之格人生得此仕路聲揚堂上椿萱先別父天邊鴻雁有分翔羊姿慷慨天性果剛學識窮通書史筆鋒能理憲章空向文場跋涉可從紫嘖鷹揚機會未時書上攻榮沾寵渥勢軒昂此則顯榮之命鴛幃就後須相骶桂子庭前簇錦芳運行初已亥幼承上庇何論炎凉戊戌運中志思登仕路也讀聖賢章丁酉運中執卷登堂入室風霜阻折凄凉丙申運中翻然勞紫嘖財旺事乖張乙未運中足馬登天沾寵渥果然光耀舊門墻甲午運中仁風揚遠近金玉積盈囊癸巳運中黃花綠酒壬辰運中夢入仙鄉

辛亥年　庚子月　辛巳日　壬辰時

此八字辛巳之日身坐長生傷官之格金水傷官見官獲福遇斯象者生於名望之俗長於豊潤之門衣冠濟楚性格志誠才高德廣理實戰馳嚴慈曷遂雙雙老鴻鴈焉能不失群澤感山川生秀氣恩沾雨露帶陽春早歲芹池用意晚年竹帛題名此則榮達之命篤悌賢順須招硬貴子秋成紹錦人運行初已亥上人遺蔭萬事和平戊戌運中且足三冬學選勞萬卷心丁酉運中馬蹄塵土初千里鵬墓風雲舊九重丙申運中政化東西洽仁風

遠近清乙未運中身榮豈慮盈頭雪威布何愁捲日雲甲戌運中富貴之中加富貴光榮之上更光榮癸亥運中一夕不來都是夢　措也衆傷情

辛亥年　庚子月　戊辰日　乙卯時

此八字戊辰日相配柱中之水財旺生官之格止謂才盛生官終身有慶值斯象者天性聰明椿萱榮慶難全養鴻鴈天邊各奮鳴學識窮通今古筆鋒能理究情機會來時逢貴助勞形案牘沐恩榮此則顯榮之命篤悌金玉須招硬桂子秋來有顯英運行初已亥上人庇下詩禮趨庭戊戌運中詩書雖有志貨利亦閑情丁酉運中到此經行仕路風霜阻節無鶯丙申運中案牘有聲人馬廣綏騎疋馬上天庭乙未運中榮沾新寵渥祿位顯崢嶸

甲午運中再加祿位百里馳声癸巳運中到壬辰歸去也

辛亥年　庚子月　乙酉日　戊庚時

此八字乙酉日桐配桂中金水殺印之格人生得此丰姿俊秀天性剔明椿萱難擬變榮養鴻雁天邊少合情學問胸中廣詞源筆下精終是功名之客豈為避世之英瓊林雖未高登宴跳出橋門顯改聲此則榮耀之命鴛幃高一載桂子有成榮運行初己亥上人庇下詩禮趨庭戊戌運中才源未便旺還擬讀遺經丁酉運中志欲登天步月身還剪雲裁冰丙申運中采馬登天路黌宮養性情乙未運中榮沾新雨露黎庶聽絃鳴甲午運中再還再權未群轉纓癸巳運中孫賢子秀壬辰運中夢入瀛洲

辛亥年　庚子月　丁巳日　甲辰時

此八字丁巳日桐配桂中之水偏官之格喜逢運道歷東方人生得此姓顯名揚椿萱榮耐脫鴻鴈有隨翔丰姿磊落性格果剛學問有成終是功名之客英才特達豈為田舍之郎一朝馬上衣冠別此是男兒當自強此則顯身之命鴛幃配合須年少桂子秋來朵朵香運行初己亥庇佑之下其樂何當戊戌運中尋章摘句入室升堂丁酉運中執春幾回採月天然機會軒昂丙申運中政化東西洽仁風遠近揚乙未運中權衡千里振化日照晨桑甲午運中脫年加祿位未許便還鄉癸巳運中悠悠處樂壬辰運中夢入仙鄉

辛亥年　庚子月　辛未日　丁酉時

此八字辛未日相配柱中水火食神制杀之格人生得此年姿洒落性格良賢椿萱双皓首鴻鴈有分聯理旁今古事學貫聖賢篇一舉有冲天之勢片言有折獄之權瓊林雖不忝高宴金紫荣肴發晚年此則顯荣之命鴛幃金玉先須魁桂子秋風朶、鮮運行初己巳上人庇下習誦簡編戊戌運中芸窓雖篤志未擬便朝天丁酉運中花落花開春恨重幾番執巻尚遂邅丙申運中到此風雲相濟會恩沾雨露振威權乙未運中皇恩有感金紫荣遷甲午運中依然光霽癸巳運中夢入九泉

辛亥年　庚子月　壬午日　癸卯時

此八字六壬生臨午位[illegible]日祿馬同鄉傷官帯印之格女人得此生於仁善之門適於賢良之族翁姑賢傑難雙倚鴻鴈聯行又失聯姿容稳秀性格聰明有治家之理克儉之心性快江濤春壯心安山月秋清楊柳無風枝婀娜梅花有月蕚精神此則起家發福之命良人木命雙偕老子嗣班衣孝義深運行初辛丑輕輕暁霧淡淡春雲壬寅運中漸肴春晝永始覺瑞祥生癸卯運中琴瑟和鳴心快樂也曾微雨弄新晴甲辰運中疎雲掩月雨過山青乙巳運中家業有成人事廣果然福祿聳峥嶸丙午運中須臾陰晦頃刻光明丁未運中安享蒼年福戊申運中無常又促程

辛亥年　庚子月　戊寅日　壬戌時

此八字戊土配合柱中水木財殺之格值此像者椿親耐晚萱先殞鴒鴈連飛又各飛其爲人也多聞多見不勇不慈淺知今古事頗識聖人堂萬里韶華一夆可中天子勢一聯美景片言有折獄之威貴人相薦引晉承換緋衣此則特達之命鴛幃水命須年小子嗣金風秀幾枝運行初已亥少年之景何是何非戊戌運中漸看春晝永始見月揚輝丁酉運中幾度區區用事依能未稱心機丙申運中一箭射空名必顯果知光景勝常時乙未運中一番風雪至從此祿元弥甲午運中逢賓酌酒會友圍棊癸巳運中綠酒黃花美壬辰運中清風夢不回

辛亥　庚子　壬戌　甲辰

此八字壬戌日相配柱中金土官印之格人生得此富貴雙全椿萱難擬雙年耄鴻鴈天邊有共翔丰姿英偉天性果剛識達古今之事辨分時務之詳淫歌沸擁春遊樂羅綺争扶夜醉鄉轄一鄉之黎庶植萬畝之稻粱時來遇貴逢機會嘗取恩波潤瀾堂此則富上加榮之命鴛幃有犯須偏正桂子秋來吐異香運行初已亥上人福庇快樂何當戊戌運中携燈展卷攻書史風雪趦趄心暫忙丁酉運中英雄惟贈劍三尺豪傑相逢酒一觴丙申運中雪齊瀾堂金玉麗鄉閭誰不仰威權乙未運中滾〻楊花遍地心疑是雪情傷甲午運中晚年自有無窮樂桂馥蘭馨福地昌癸巳運中桑榆暮景樂飲壺觴壬辰運中落日青山外猿啼人斷腸

辛亥年　庚子月　辛巳日　壬辰時

此八字金生水傷官之格人生值此生於華麗之族長於信義之門一對嚴慈先別母幾行鴻鴈不交飛其爲人也丰姿特達天性多機万里無雲天一色三秋好景月長輝祖業宜重整財囊每琢齊但愿家安人仰敬何須身着紫羅衣運行初己亥上人之下未判高低戊戌運中如霧不開緑柳嫩余寒未動百花齊丁酉運中一番風雨過未是賞花時丙申運中雪消雲散天如洗從此滔滔福禄增乙未運中財源滾滾家居好生計盈盈足称情甲午運中冲擊之所重整門庭癸巳運中晚菊馨香多拂鼻還有時光潤子孫壬辰運中正宜安享堂前福豈料無常又促程

辛亥　庚子　癸酉　丁巳

此八字癸酉日相配柱中金火棄印就才之格人生得此本顯功名只嫌運入背鄉藏虧福力撐堂不逮双年萱棠棣庭前欠發芳丰姿清楚性格剛強知世情之冷暖識特務之衰祥百計千謀成事業三番四覆整門墻市廛湖海奔馳過漸漸財源積滿囊此則營運成家之命驚悴帶硬霜添鬓桂子花多果後香運行初己亥不晴不雨或暖或凉戊戌運中行藏多順利財帛未盈箱丁酉運中風翻逆浪驚奔過步履崎嶇心自傷丙申運中財源雖未厚人事異於常乙未運中第宅豐腴名勢旺英雄来往貨財昌甲午運中梅已白菊尤黃癸巳運中昌榮晚節壬辰運中衰草茫茫

辛亥　庚子　丙子　辛卯

此八字丙子日相配柱中旺水官多化殺偏官之格人生得此大器晚成椿萱難擬双榮養鴻鴈天邊各奮鳴丰姿慷慨天性剛明理貫古今之學心明賢聖經之泮林踏過橋門去次第登天沐寵榮此則榮顯之命鴛幃有犯須招副桂子秋來有繼榮運行初已亥上人庇下詩禮趨庭戊戌運中欲遂平生志潛心對短檠丁酉運中志欲登天步月身迁剪雪裁氷丙申運中执卷空劳攀桂特来也上天庭已未運中橋門聊寄足切：望君恩甲午

運中仁風千百里政化洽民情癸巳運中再加祿位便鮮簪纓壬辰運中人生從此別不復見儀形

甲寅　丙寅　庚午　丙戌

此八字金火相凌夭疾之命也

辛亥年　庚子月　丙戌日　庚寅時

此八字丙戌日相配柱中之水正官之格正官者貴氣之宿也人生得此宜乎金紫光榮椿萱不逮双榮贈鴻鴈天邊各奮鳴丰姿英偉天性剛明學問三冬足詩書萬卷精擊開水府珠生彩掘出豐城劍有声一從沾寵渥祿位顯峥嵘此則豪貴之命鴛幃有碍重偏正桂子难為晚始萌運行初已亥幼承上庇快樂昇平戊戌運中明窓浄几黄卷青灯丁酉運中志欲登天步月身還剪雪裁氷丙申運中驥足飛騰沾寵渥輝衣日照春榮乙未運

中一番風雪過祿位又階陛甲午運中金魚初綰帶籬下樂高情癸巳運中黄花綠酒壬辰運中夢入蓬瀛

辛亥年　庚子月　壬午日　庚戌時

此八字六壬生臨午位號曰祿馬同鄉財官之格人生值此生於華之族長於信義之門一對椿萱先別父幾行鴻鴈下聯鳴其為人也丰姿冠偉立性多能善決善斷易喜易真觸處高人相敬遠方朋友來親祖業重新資囊再琢成此則發達之命鴛幃重合吞子嗣有俊人運行初巳亥蔭佑之福未斷生平戊戌運中春寒料峭未稱人心就此運中椿喪幽冥丁酉運中萱花猶謝絃斷無音丙申運中門還多大畜騾户納百福臻乙未運中令是一家風月朝朝不斷良宦有酒筵賓客開室詩書教子孫壬辰運中春去也鳥空鳴

辛亥年　庚子月　甲戌日　甲戌時

此八字甲戌日相配柱中金水殺印之格人生得此丰姿英雅處用多機萱母早歸椿耐晚鴈行天際不交飛般般歷覽件件能為寸囊宜自整祖業必新齊但顧市塵寸利旺何須湖海去奔馳此則發旺之命鴛帳年低須屬馬桂蘭花早果生遲運行初己亥幼年之景蘆絮生悲戊戌運中寸源來旺處何必習詩書丁酉運中世事儼如雲裏月人情渾似雨中雞丙申運中萬象回春生意好不妨世利欠來綏乙未運中一番風雪過厚厚積家資甲午運中沖擊之鄉月被雲迷癸巳運中依然昌樂壬辰運中歸去來兮

辛亥年　庚子月　甲申日　丙寅時

此八字甲申日相配柱中金水殺印之格人生得此丰姿英傑天性公平椿萱半道難全奉鴻鴈天邊有各鳴粗識古今之事能知湖海之情祖業添新慶財囊自積成但願江湖尊德望自然家業脫峥嶸此則富厚之命鴛幃有犯須相酟桂子秋來三兩英運行初巳亥上人庇下詩禮趨庭戊戌運中財源來便旺風寧一番生己酉運中行藏財利旺金玉積盈盈戊申運中家業多饒足悲懽事兩萌丁未運中囊橐金珠多積不妨人事相縈丙午運中依然康樂乙巳運中一夢難醒

辛亥　庚子　庚午　丁亥

此八字庚午日貴之辰相配柱中之水傷官之傷格傷官者剛勇之宿也人生得此丰資英俊性格果剛萱母先歸椿後別鴈行天際不同翔梢識古今之學粗知禮義之方不向仕途求聞達却來湖海歷風霜祖業終宜自整果然脫節軒昂此則穩旺之命鴛幃木命須牛屬桂子花開果後香運行初巳亥早年之景風泠北堂戊戌運中身衣蘆花絮寒來心自傷丁酉運中不獨財源來旺尚防人事爭張丙申運中椿樹悲風動財源覺勝常乙未運中到此行藏順金珠積滿囊甲午運中沖擊之所輝煥門墻癸巳到壬辰運中歸去也

辛亥　庚子　丁巳　丙午

此八字丁巳日相配柱中之水偏官之格人生得此本是功名只嫌四柱两充刑亏福力椿親耐壽萱先别鴻鴈天边不共鳴手姿洒落天性聰明粗識聖賢之理頗知時務之情祖業重新整才囊自積成市屋湖海財生旺豪傑紛紛擁満庭此則富守之命鴛幃尅後重猪屬桂子先凋始發英運行初己亥庇佑之下快樂昇平戊戌運中便有財源来旺無心學禮穷經丁酉運中世事光華行樂順断絃聲裏悶尤生丙申運中有来有往才帛無增無減人情乙未運中一番風雪過才厚世崎嶇甲午運中老當發旺金玉盈盈癸巳運中依然昌樂

壬辰運中一夢難醒

辛亥年　庚子月　庚申日　丁丑時

此八字金生水傷官之格傷官者伶變之物也女人得此亦足以榮其身注人生於宦室配於將門姿容秀美婦道超群心靜似峯巒挺秀急如波浪驚奔椿府雖榮還殁早天邊鴻鴈兩行分濟濟裙釵光絢日翩翩羅綺色成雲此則榮夫之命運行初辛丑幽閑閨壺針緻之勤壬寅運中乘鸞佳配英雄客鳳舞鸞歌喜氣均癸卯運中雪霰初晴天似洗一輪皓月照黄昏甲辰運中祥光開壯麗瑞氣藹氤氲當此之際一番風雪乙巳運中滚滚財源旺滔滔福勢尊丙午運中冲擊之所行樂逡巡

丁未運中粧臺人去後無處覔香魂

辛亥年　庚子月　辛巳日　壬辰時

此八字辛巳之日身坐長生相配柱中旺水傷官之格傷官者剛毅之物也人生得此丰姿秀爽性格聰明擣萱不達祿養鴻鴈有不聯鳴學問異常未必騰身於鴈塔英才出類也教顯姓於丹庭攀門自有榮身路祿位榮看次第陞此則榮顯之命鴛幃正副免相傷子嗣斑衣而有慶運行初已亥上人庇下詩禮趨庭戊戌運中踏破泮橋霜幾板讀殘茅店月三更丁酉運中騰身離雲案舉足上神京丙申運中一番風雲後天府沐恩榮乙未運中仁風千里播化日四方明甲午運中皇恩有感還金紫未許籬邊樂性情癸巳運中夕陽有限春夢難醒

辛酉日　壬辰時

此八字辛金　柱中水局傷官之格傷[illegible]勇之宿也人生得此丰姿洒落義重量寬萱花先損椿尤去鴻鴈天邊不共聯理窮今古事學貫聖賢篇泮林踏過橋門去際遇風雲上九天此則榮顯之命鴛帳年低尤列副桂蘭還擬向秋妍運行初已亥上人庇下未必為安戊戌運中雖到[illegible]篤志未應騰踏長安丁酉運中幾回空執卷無奈柳飄綿丙申運中疋馬登天路恩光近目前乙未運中仁風丕[illegible]千里威權甲午運中名列大夫民悅服未應此際整歸鞭癸巳運中榮回故里壬辰運中夢入九泉

亥年　庚子月　丁丑日　甲辰時

此八字丁丑日相配柱中旺水殺重身柔之格人生得此不慈不勇多智多機椿父先歸萱耐晚鴈行天際有分飛手下有救人之德心中藏禍福之機仕路未必身騰踏湖海還須名有馳錦綉天涯方寸裏貴人交敬勢輝輝此則豪傑之命也鶯幃有碍須牛屬桂子榮看沐聖威運行初己亥幼年之景庇下安舒戊戌運中學業不穷書史筆鋒自有操持丁酉運中財源雖益旺人事有趑趄丙申運中歷過氷霜苴財源積漸肥乙未運中行藏順利人欽伏世少風波不致悲甲午運中老年當發旺子貴顯門閭癸巳運中依然享用壬辰運中夢斷華

辛亥　庚子　丁巳　乙巳

此八字去官留杀之格得主剛強主人生於茂族長於高堂椿父先帰萱耐晚西風雁字不聯行其為人也行臧知進退性格可貢方李問少知今古事生平尤在貴人卿公侯九年趨領事天門一旦显威光此則貴達之命鴛幃有剋洞房兩三度之新郎子嗣無歹晚景秀幾枝冊桂運行初己亥無愁無悶何抑何揚戊戌運中隱隱輕雷抽碧笋微微細雨潤喬楊丁酉運中貴人指引增財業世事悠揚未必昌丙申運中到此始知名奮显崇加烏帽福無昌乙未運中東風吹散堤边萊藜麼微心名愈彰甲午運中正宜撫民事未許返家卿癸巳運中帰来田里壬辰運中一夢泉鄉

辛亥年　庚子月　丙子日　己亥時

此八字丙子日元相配柱中金水才殺之格只嫌身弱運行背地減我功名主人生於右族長於名門椿親榮傑先虧父天邊鴻雁不同郡其為人也丰姿儒雅天惟老成言不妄發不胡為般般精覽件件不精行藏果斷作事乖能水光浮坐盃盤瑩花氣侵人咲語馨祖業添新慶才源厚積存酒解平生恨衣沾湖海塵花無桃李非春色人有笙歌是太平拙於自巳巧於他人雖不建侯封爵自然鄉黨推尊此則豈足之命鴛幃連

殊低一載子嗣森枝頭貴人運行初巳亥上人榮庇未斷平戊戌運中世事究如春夢人情薄似秋雲丁酉運中風帶雪未應覺冷鳥啼花落始知春丙申運中正是太平光霽景还忌須臾乙未運中既濟尤防未濟得經尤慮失經當此之際風雨还侵甲午運中貴孫賢家業旺片時風雨片時驚癸巳運中晚年快樂一枕入佳城

辛亥年　庚子月　辛酉日　辛卯時

此八字辛酉專祿之日相配柱中水木傷官印才之格人生得此生於右族長於仁門萱母先歸椿後別天邊鴻雁各行鳴其為人也丰姿清雅天性聰明知高下識重輕有近貴親賢之德應上和下之能祖業有依治有慈才源積盛晚年盈自有順天之慶豈無福地之源花無桃李非春色人有笙歌是太平拙於自已巧與他人酒解平生恨名沾湖海塵但欲才源富足任他身外無名此則穩旺之命鴛幃有伉儷年歆子嗣森森兩樹生運行初

己亥上人庇下未斷平生戊戌運中登臨雨濟賞翫春陰丁酉運中

丙申運中斷絃重再整尚有人事歹盈乙未運中有得有失有喜有曾甲午運中才源滚滚家居好幾度趨超尚惱人癸巳運中晚年快樂花放尚風生

壬辰運中春光去也一枕难醒

辛亥年　庚子月　庚辰日　丁亥時

此八字庚辰日德之辰相配柱中水火傷官助才之格人生得此生於名門長於右族椿父先歸萱耐晚天邊鴻鴈各行鳴其為人也丰姿清秀天性聪明善決善斷自是白䑓般般稍見件件不精常以時人不如已每憐世事不如心祖業漸新慶根源勝舊風福布江山外名揚湖海中兩都秋色皆喬木依舊風流有幾人水光浮歷盃盤瑩花氣侵人笑語馨英雄贈龍匈豪傑領金樽雖不綺羅衣錦綉也應潤屋潤身此則穩厚之命驚惀連珠高一載子嗣秋來有挺榮

運行初上人庇下未斷休況戊戌青窺擲棄晴初变紅入梔花暖未勻乙酉雖則行藏有慶還愁素耗相侵丙申運中負載不行千里運貨才雖喜四方通當此之際須叟㨗耗微雨弄晴乙未運中富貴榮華當此際何愁人事有虧盈甲午運中子貴須榮贈滔滔福禄增癸巳運中晚年快樂壬辰運中一道訃音

辛亥年　庚子月　丁巳日　辛亥時

此八字丁火相配柱中旺水偏官之格四柱刑冲太重非道即儒主人丰姿清秀天性聪明椿萱有倚咸無倚鴻鴈群又断群萬里春風行樂頌四時佳趣瑞祥一一麗句妙為天下白高才俊似海東青道學高時龍虎伏輝光射處鬼神驚持令登壇雷振地煉藥歸来月滿空此則清孤之命運行初已亥上人庇下天朗氣清戊戌運中投師學業听法聞經丁酉運中片雲能發千山雨雨過山青依舊青丙申運中王冠蒼水佩鶴氅紫霞巾當此之

際人事虧盈乙未運中到此始知清静好榮沾沛澤沐恩榮甲午運中雖行諸善地也有一番驚癸巳運中逍遥快樂壬辰運中一枕清風

辛亥年　庚子月　癸亥日　乙卯時

此八字癸亥日主相配柱中木火傷官助財之格人生得此生於右族長於名門萱母先歸椿後別天邊鴻鴈〻〻行鳴其為人也丰姿清淡天性乖能知高識下理〻〻清般般稍覽件件不精豈無高士敖頓有貴〻〻欽祖業有依須再立財源厚積倍置盈田園桑柘茂畝畝稻粱馨水光浮座杯盤瑩花氣侵人笑語馨朝中無姓字閭里有聲名常將好意番成惡〻把真心換得嗔雖不達侯封爵自然鄉人推尊此則穩厚之命鶯啼有犯須手硬子嗣被頭朵朵成運行初己亥上人底下未斷平生戊戌運中青歸柳葉晴初變紅入桃花晚來白丁酉運中畫水無聲空有浪繡花雖艷不聞馨丙申運中〻則行藏有慶儲蓄人事斷暈乙未運中財源不足家居〻〻須史風雨時生甲午運中福若泉源潰財如〻〻生午字之中非耗還生癸巳運中晚年閑〻樂子秀樂無窮壬辰運中春光歸去花落月沉

辛亥年　庚子月　壬申日　丁未時

此八字壬午日元相配柱中火土才官之格水居東旺生平樂日無憂主人生於右族長於名門椿萱有倚先〻文天邊鴻鴈各行鳴其為人也丰姿清秀天性聰〻〻次嶒嶸書萬卷英材敏絕壓群倫太山八斗〻年在和氣春風四座傾終是功名之客江為田舍之郎文章別有凌雲志學業豈無觀國賓文卿萬古江山氣道繼千竿竹帛青此則清貴之命鶯啼有犯須招硬子嗣生成有提榮運行初己亥上人底下未斷平生戊戌運中欲思登仕路須用對青燈丁酉運中幾欲思高慕遠畜成捉月捕風丙申運中時來機會從天降騁馬天邊沐寵乙未運中伊川門外雪明道座間風甲午運中此退丸陞遷見退子貴重沾沐贈封癸巳運中壬延賓抗傷會〻論文壬辰運中花已落月尤沉

辛亥年　庚子月　癸亥日　丁巳時

此八字癸亥日元相配柱中火土才官之格生平
樂自無憂主人生於右族長於仁門萱毋先歸椿
後別天邊、為有行鳴其為人也丰姿清秀天性
聰明般般秘、件件不精近貴親賢之德應上和
下之些重成刑事産弄趁舊門庭梅開白雪飄東
裝穿下新稍過北庭堪悲莫官門前客得失須憑
塞上翁有意遨遊湖海無心問利求名拙於自己
巧與他人但願一生才祿旺何必天邊沐寵榮此
則穩厚之命鴛幃同屬須年敵子嗣生成貴顯人
運行初己亥上人底下未斷平生戊戌運中雪晴
天未暖行意未如心丁酉運中梅須遜雪三分白
雪亦輸梅一段馨丙申運中世情濃又淡淡處又
甚豐乙未運中不是一番寒徹骨焉得梅花噴鼻
馨香以之際[illegible]耗還生甲午運中天上三陽泰人
間五福臻也[illegible]运中子貴晚年同沐寵何愁第宅
不光華壬辰運中春光去也花落月沉

辛亥年　庚子月　戊辰日　辛酉時

此八字戊辰日得之辰傷官生才之格才旺生官
終身有慶女人得此福足以底閨門之慶才足以
廣田園之樂底人生於茂族配於英家翁姑有屬
福奮風高姿、[illegible]秀髮貌妖嬈性急如濤行春壯
心安似人出雲霄依看晚年光霽景果然福祿享
[illegible]夫顯子之命良人英貴客子嗣茂增前運
行初辛丑上人底下風雨瀟瀟壬寅運中鸞歌鳳
舞杏艷桃嬌癸卯運中雖則行藏有慶還愁風擺
花梢甲辰運中旺中尚有崎嶇事事安依知福祿
饒乙巳運中才源滾滾旺第宅拂雲霄丙午運中
冲繫之[illegible]閨閣瀟條丁未運中粧樓人去也榜閣
寂無寥

子平遺書　十二

辛亥年　庚子月　戊寅日　甲寅時

此八字戊寅專權之日相配柱中水木才殺之格
只嫌殺重身輕試吾科第成名主人生於右族長
於高門萱[illegible]歸春耐晚天邊鴻鴈各行隱其為
人也丰姿清[illegible]性聰明知高識下趨吉避凶李
閻有戈彤羅，古事李識聖賢心麗句妙為天下
下言[illegible]俊仕海東書総是功名之客豈為田舍之
翁文章別有凌雲志德業豈無觀國賓嘉谷不早
賓名利[illegible]晚成時來機會好天府使沾恩此則榮
貴[illegible]命鴛幃連珠須配長子嗣枝頭二果馨運行
初己亥[illegible]人庇下未断升沉戊戌運中十年窓下
業黄卷[illegible]青灯丁酉運中幾欲思高慕遠番成
剪雪裁氷丙申運中機會來時登太學成機便可
[illegible]功[illegible]伊鄉明外[illegible]明送應閶風[illegible]來運中皇恩
有感[illegible]乙酉[illegible]、甲午運中耿耿聲名振德澤紛
紛雨露恵[illegible]癸巳運中晚年闊快樂[illegible]下樂
高情壬辰[illegible]中一枕入巫峯

子平遺書　十三

辛亥年　庚子月　壬午日　壬寅時

此八字六壬生臨午位並日祿馬同鄉才官之格
人生得此生於右族長於高門萱母先歸椿後別
天邊鴻鴈、行鳴其為人也手姿清秀天性聰明
世事頗能將[illegible]般學欠精通高人起敬貴客相
欽[illegible]無雲一一色三秋好景月長明祖業重新
[illegible]根[illegible]勝旧風月離海嶠山山秀春入園林處處
花雨都秋色[illegible]喬木沓旧風流有幾人笙歌沸處
曽行樂羅綺叢中幾醉醒好意番成悪真心換得
真雖不綺羅衣錦繡也應湖海衆推尊此則穩旺
之命鴛幃有犯[illegible]小子嗣生成孝義人運行初己
亥上人庇下未断平生戊戌運中世事究如春夢
人情薄似秋雲丁酉運中雖則行藏有慶幾多人
[illegible]丙申運中[illegible]原滚滚家居好尚有閑非索
耗生乙[illegible]運、福布江山生意廣名揚湖海有光
榮甲午運中[illegible]平安日檻外花開富貴春
癸巳運中晚年快樂壬辰運[illegible]一枕巫峯

辛亥年　庚子月　戊辰日　壬子時

此八字戊辰日德之辰相配柱中金水傷官助才之格人生得此生於右族長於高堂萱毋先歸椿別天邊鴻雁各行聯其為人也聖姿清秀天性樸閑般般精賢一个佇不全知高識下近貴親賢曰福曰崇自有順一之慶常安常樂豈無福地之深琴倚竹風月明生涯金玉松筠何歲寒五湖四海生涯好萬水千山活計便當仁不讓見善則遷才源有分生涯好官貴無緣誓不貪晚年子顯日沛澤滿門蘭此則發福之命鴛幃年長須猴扃子嗣森枝

顯晚年運行初己亥上人庇下春苑春山花戊運中世事宛如春夢人情薄似秋烟丁酉運中雖則行藏有慶榮多人事迍邅丙申運中雖則行藏有憂也愁卻絮飄綿乙未運中門楣壯觀才源茂渊每風之樂自然當此之際進退一番日午運中子貴好賢家業盛喧喧車馬滿門蘭癸巳運中崇沾寵遷壬辰運中花落春殘

辛亥年　庚子月　丙子日　甲午時

此八字丙火根配柱中金水才官之格人生得此生於望族長於良門椿父先歸萱耐曉天邊鴻鴈不同群手姿清秀天性乖能雖無深計較稍有淡聰明祖業添新廣才源自晉盛門外田疇千古計江湖活計四時春一朝但得逢機會才擁秉美福無窮此則旺益之命然情配合須長子嗣榮門秋秀馨運行初己亥上人庇下未斷平生戊戌運中淡淡梨花月朗朗柳絮風丁酉運中雪畔天未晴行蹤尚逡巡丙辰運中雖財財源滾滾尚防人事虧盈乙未運中桃李千般錦江山一畫屏甲午運中家給人足萬物咸亨癸巳運中有茶留客有酒盈樽壬辰運中歸去也

辛亥年　庚子月　甲申日　甲子時

此八字甲申專權日相配柱中金水殺生印綬之
格只嫌身弱水泛木浮減吾貴氣主人生於右族
長於名門椿萱先別母鴻雁各據風其為人也丰
姿清秀天性聰明豈無高仕激時有貴人欽祖基
宜華古事業〻重新門外連觀千畝地座前賞翫
四時春英雄惟贈劍三尺豪傑相逢酒一鍾雖不
建侯封爵自然潤屋潤身此則穩厚之命鴛幃土
命須年長子嗣枝頭孝義深運行初已亥上人庇
下未斷平生戊戌運中須史雲掩月須刻月離雲
丁酉運中人生正在風光處只恐灾非素耗生丙
申運中才源旺足家居好一度風波尚惱人乙未
運威權有布人欽伏才帛興隆福祿臻甲午運中
引鶴徐行三徑曉約梅同醉一壺春午字運中如
履薄氷癸巳運中晚年快樂一枕清風

辛亥年　庚子月　己卯日　癸酉時

此八字己卯專權之日相配柱中金木傷官制殺
之格刑冲太度事六千合主人生於滋潤之族長
於迁變之門椿萱早別先喪父天边鴻雁不同群
其為人也丰姿磊落天性聰明知高識下理不分
清奈問不親顏得業生平常有貴人欽重成新事
業難守舊門庭曰福曰榮自有順天之變常安常
樂豈無福地之深有心於貨利無意慕功名朝中
無姓字閨內姓名傳花無桃李非春色人有空欺
是太平英雄惟贈劍三尺豪傑相逢酒一鍾好意
番成惡真心招得嗔但恩一生多發福何必天边
受帝恩此則豐旺之命鴛幃水命須年敵子嗣枝
枝有显榮運行初已亥上人庇下雲月朦朧戊戌
運中重重風雨過如水泛萍萍丁酉運中雖則行
藏有慶幾番微雨弄晴丙申運中着意種花花不
發無心插柳柳成陰須史風雨雨過山青乙未運
中才源滚滚家居好行明風雨片時驚甲午運中
子貴家門多快樂還恐微雨阻生涯癸巳運中晚
年恩澤廣一枕入巫峯

辛亥年　庚子月　丁卯日　辛亥時

此八字丁卯之日才殺之格人生得此生於茂族長於華居播荳般蒼翠鴻雁不聯飛其為人也能機变會操持見善則持於己當仁不讓於師萬里春風行樂頌四時佳趣勝常時花盈上苑果盈圃稻滿平疇水滿池滿世功名身外事但祈才帛積多餘此則穩足之命鴛幃配合須年長桂子秋來秀幾枝運行初己亥上人庇下安樂何知戊戌運中數運不達困守年時丁酉運中雖則行藏有慶還愁人事難起丙申運中小池雨過添新綠深谷春來發舊枝乙未運中人生正在風光處天邊酒雪通門閭甲午運中松尚茂栢尤奇癸巳運中延賓說物會友園基壬辰運中只恐無常來遂速春殘花落鷓鴣啼

辛亥年　庚子月　戊寅日　甲寅時

此八字戊寅日元相配柱中金木傷官制煞之格財星在柱減我功名主人生於右族長於仁門椿父先歸萱耐晚天邊鴻雁各行鳴其為人也丰姿清秀天性聰明般般稍覧件件不精謀動君子感伏小人行藏果斷作事老成重成新事業再整舊門庭福布江山外名聞湖海中消閒碁一局遣興酒三鍾是非莫管門前得失須憑塞上翁時至財源旺足運來氣象增新此則穩厚之命鴛幃有紀土命年低子嗣有成花果晚榮運行初己亥上人庇下未斷平生戊戌運中世事短如春夢人情薄似秋雲丁酉運中雪晴天未煖行樂未如心丙申運中有得有失有喜有驚乙未運中雪晴雲散天如洗從此財源倍有增甲午運中門闌喜氣福祿駢臻癸巳運中春光去也花落月沉

辛亥年　庚子月　壬午日　辛丑時

此八字六壬亡臨午位號曰祿馬同鄉才官之格子午沖破減我功名主人生於右族長於名門椿萱有侍先帰毋天邊鴻雁陣行分其為人也丰姿清雅天性老誠有微微之計較淡淡之聰明行歲竟潇洒咲傲任枯榮終是功名之客豈為田舍之翁腰横不用三場事治政今悠九載功晚年光霽景沛澤恵黎民此則榮貴之命鴛幃有杞須招副子嗣生成孝感人運行初巳亥上人庇下未斷平生戌戌運中欲速不達揚帆侍風丁酉運中時来逢貴助揮筆入公門丙申運中跨馬起程登上國果然冠冕可榮身乙未運中皇恩有感声名振遠春声名建虜城甲午運中正宜佐政未許綽榮午字之中歸劲淵明癸巳運中晚年快樂壬辰運中花落月沉

辛亥年　庚子月　戊寅日　己未時

此八字戊寅專權之日相配柱中金水傷官助才之格才殺作黨減我功名主人生於右族長於仁門椿父先帰萱耐晚天邊鴻雁各行鳴其為人也丰姿清天性聰明謀動君子威伏小人多聞多見自是自能自有順天之慶豈無福地之深祖基祖業添新慶才帛聲名自發戌門外田疇千古計庭前花木四時新不向仕途求聞達却来湖海覓黄金得意江山詩句絶忙情日月酒盃深堀於自己巧與他人鄉里仰得閭里推尊此則穩厚之命鴛幃須年少子嗣秋来有挺榮運行初巳亥上人庇下未斷平生戌戌運中風帶雪来應覺冷鳥啼花落始知春丁酉運中世情濃又淡淡處又還濃丙申運中既濟尤防未濟從經尤慮失經乙未運中始覺陽和濇目还愁微雨弄晴甲午運中才源富足家業昌隆癸巳運中延賓説物會友開樽壬辰運中一枕餘香隔年夢斜風吹落楚山雲

辛亥年　庚子月　甲戌日　癸酉時

此八字甲戌日元相配柱中金水殺生印綬之格食神時遇為良主人生於右族長於高堂椿萱難並耄鴻鴈不行聯其為人也丰姿清秀天性機関醫尤精而造道萬国富而通亨高人起敬貴客相攀重成新事業再整舊根源和劑局中名大振恩光遍下九重天晚年子貴顯榮贈福綿綿此則術傑之命鴛幃有犯須招副子嗣枝頭显晚榮運行初己亥上人庇下春苑春山戊戌運中乍晴乍雨或熯或寒丁酉運中妙術度傳神朝驥才源從此始增添丙申運中鄉里馳名誇好手須臾風雨尚迍邅乙未運中才源滾滾家居好道業興隆福祿全甲午運中子貴晚年重沐寵萬和尤此始光鮮癸巳運中白髮人中傑烏絲海上仙壬辰運中精盡竟遊三島外盧醫扁鵲也佳然

辛亥年　庚子月　乙酉日　庚辰特

此八字乙酉專權之日殺生印綬之格人生得此生於望族長於名門萱毋先帰椿後別天边鴻鴈独超群丰姿清秀天性聰明朐藏今古事夲識聖賢心嘉谷不早實大器當晚成橋門跳出登雲路金榜之中晚顯名此則榮貴之命鴛幃正副方偕老子嗣先彪後有盈運行初己亥上人庇下負笈趋庭戊戌運中幾欲榮登月殿番成剪雪裁氷丁酉運中騰身離雪案夲足入橋門丙申運中禹浪三層起躍過風生鉄面兕神驚乙未運中職位近金紫權衡出等倫甲午運中權高損福慎則無驚癸巳運中榮囬田里一夢佳城

辛亥年　庚子月　庚午日　丙辰時

此八字庚午官印之日時殺之格羊刃作合為奇女人得此善言語會支吾不忻識調專好河詖豈同心於妯娌非慶侍於翁姑咻和融和桃李紛紛嬌娟春光駘蕩福祿滾滾來緩初運中年只平淡晚年正值太平時此則起家之命良人倜儻須相敵桂子當秋有盛衰運行初辛丑蘭窓之下豈曆是非壬寅運中荳蔻花深鸞並立梧桐枝穩鳳双棲癸卯運中踈踈雨過星月交輝甲辰運中鳳吹鳶歌當此景何期人事幾起趄乙巳運中漸漸精神爽看看福祿齊丙午運中有得有失或古或悲丁未運中楚臺雲散後万事總成虛

辛亥年　庚子月　壬戌日　辛丑時

此八字壬戌日德之辰印綬之格水居冬旺生平樂自無憂人生得此椿萱匕半道棠棣不聯英丰姿清秀天性平能頗知禮義稍識古今祖業須重五財囊晚積存世事每從忙裏就財源自向閙中生但願一生生計廣何須騎馬入青雲此則穩足之命鴛幃有碍須年敵子嗣秋枝綻栗英運行初已亥上人庇下乍雨乍晴戊戌運中人情似紙番番薄世事如碁局局新丁酉運中行藏雖有慶人事尚遂迤丙申運中着意種花花不發無心揷柳柳成陰當此之際微雨弄晴乙未運中財源滾滾福祿駢增甲午運中松尚茂竹尤青癸巳運中花落水流春已失蘭摧玉折恨何明

辛亥年　庚子月　辛酉日　庚寅時

此八字辛酉專祿之辰傷官助才之格喜逢時值貴人女人得此生於良族配於衣纓姿容清秀天性乖能有針綴之巧立業之能萬里無雲天一色三秋好景月長明雲收華岳千峯秀水到湘江一樣清平生才祿旺夫嗣有相刑悅年光霽景福祿享無窮此則貞良之命良人水命須妨尅子嗣秋来旺宅門運行初辛丑上人庇下淡淡青雲壬寅運中匹配名門交花從錦上增癸卯運中須吏雲掩月依舊月光明甲辰運中夫正光榮宜享福何期鸞鳳兩離分未免重重災素還愁花放風生過此乙巳運中重添新氣象再整舊儀容丙午運中桑榆暮景丁未運中花落月沉

辛亥年　庚子月　癸亥日　甲寅時

此八字癸亥日元相配柱中甲木刑合之格亦有傷官之意主人生於良族長於名門椿萱不逮祿養鴻鴈有不同群其為人也丰姿清秀天性聰明胞藏今古事學識聖賢心衣冠整整人中傑和氣怡怡席上珎終是功名之客豈為田舍之翁嘉穀不早食名利當艷成一朝機會至天府沐皇恩此則穩榮之命鴛幃兩敵方偕老子嗣秋来朶朶榮運行初巳亥運中上人庇下戊戌運中散遂平生男子志須留灯下少年心丁酉運中散速不達揚帆待風丙申運中幾回空探月依旧守青灯乙未運中時来機會好降帳播芳名甲午運中伊川門外雪明道座間風癸巳運中觧組歸田里東籬菊酒香壬辰運中人生從此別無復見遺形

辛亥年　庚子月　庚辰日　丁亥時

此八字庚辰日德之辰傷官之格人生得此椿親耐晚萱先别天邊鴻雁不聯群丰姿清秀動用平能行藏果斷作事老誠自有順天之理豈無福地之深田園桑柘茂畝畝稻梁馨雖不成名利生平近貴人世事頗能將就般般學欠精通芳長名園過舊竹花開上苑勝先春功名身外事無辱樂平生此則穩足之命鴛幃木命須年少子嗣生成奪錦人運行初己亥上人扡下未斷升沉戊戌運中人情似紙番番薄世事如棊局局新丁酉運中人生正在風光處只恐閑非素耗生丙申運中須臾風浪起頃刻又波平乙未運中才源滾滾家居好福祿駢臻第宅新甲午運中有茶留客有酒盈鍾癸巳運中光陰如過隙一概了平生

辛亥年　庚子月　壬戌日　庚子時

此八字壬戌日德之最印綬之格水帰各旺生平樂自無憂女人得此姿容雅麗鬓兒超群治家有理處事克勤萬里無雲天一色三秋好景月長明處世素無榮辱生平喜不富貧此則穩益之命良人配合須年少桂子秋來挺粟英運行初辛丑香閨存母訓輒遵壬寅運中契合琴蕎成好夢蘆緣紅葉會良姻癸卯運中片雲蔽日雨過山青甲辰運中一番風雨過依旧百花馨乙巳運中園圃未免將離海赫赫金烏漸漸明丙午運中一度愁心對蒼雪沙鳥尤鮮根异平丁未運中香蔥杳杳流水冥冥

辛亥年 庚子月 癸未日 癸亥時

此八字癸未日元相配柱中■木食神助敌之格水居冬旺生平樂自無憂主人生於溫潤之族長於穩厚之門椿父先歸萱後別天邊鴻各行鳴其爲人也丰姿清秀天性聰明雖無深計較稍有淡聰明重成新事業再整舊門庭曰福曰榮自有順天之慶常安常樂豈無福地之深有近貴親賢之德應上和下之能消開恭一局遣興酒三鍾是非莫問門前客得失須憑塞上翁但願一生財祿旺何必天邊沐寵榮此則穩厚之命鴛幃有配須掐硬子嗣秋來旺宅門運行初己亥上人庇下未斷平生戊戌運中世事短如春夢人情薄似秋雲丁酉運中精神又憔悴憔悴又精神丙申運中不意之中曾得意用心之處不如心乙未運中幾番駁雜經過從此財源倍增甲午運中愈老黃花香馥郁歲寒松柏柰長春癸巳運中春光去也一道訃音

辛亥年 庚子月 戊午日 壬戌時

此八字戊午日日之辰相配柱中金水傷官助才之格人生得此生於右族長於名門椿萱有倚先爵毋天邊鴻鴈各行鳴其爲人也丰資清秀天性聰明謀動君子威伏小人過火黃金重長價離雲皎月倍清明祖業添新慶根源勝舊風朝中無姓字囊底足珠珍田園桑柘茂畝畝稻粮馨財源富足家業餘盈滿世功名身外事五湖風月樂怡情鄉民仰德閭里推尊此則穩厚之命鴛幃正副方偕老子嗣秋來旺宅門己亥運中上人庇下未斷乍沉戊戌運中如花向日似月離雲丁酉運中水向石邊流出冷風從花底過來香丙申運中行藏雖有慶人事尚虧盈乙未運中才源旺處人交敬尚有閑非事耗侵甲午運中庫前竹報平安日檻外花開富貴春午字之中花放風生癸巳運中晚年快樂家業餘盈壬辰運中花落水流春已失蘭摧玉折恨何明

辛亥年　庚子月　丁未日　丁未時

此八字丁未陰刃之日相配柱中金水才杀之格人生得此生於右族長於名門椿萱皓首先虧父天邊鴻鴈各行鳴其為人也丰姿清秀天性聪明謀動君子威服小人行藏奄消洒笑傲任枯荣祖業添新慶根源勝舊風門外田疇千古計庭前花木四時新遊山玩水携詩卷對月觀花把酒斟不以功名為念豈將冠冕磨礱但願一生材旺足何必天邊沐寵荣此則穩旺之命鴛幃有犯須招硬子嗣秋来

辛亥年　庚子月　丙子日　壬辰時

此八字丙子日元相配柱中金土才煞之格人生得此生於良族長於名門椿萱繼別先歸父天邊鴻鴈各凄雲其為人也丰姿清秀天性老誠有針鍼之巧立業之能行藏覺消洒咲傲任枯荣有近貴親賢之志應上和下之能祖業添新慶根源勝舊風不以功名為念豈將冠冕磨礱是非莫聽門前客得失須憑塞上翁好意當成惡真心換得嗔但愿一生閑快樂何必天邊沐寵恩此則旺足之命鴛幃連珠居一載子嗣秋来旺宅門運行初已亥上人庇下雲月朦朧戊戌運中乍雨乍晴留客景或寒或煖困人天丁酉運中世情濃又淡淡處又還濃丙申運中才緣旺足家居好風雪飛来尚恼人乙未運中豐年田舍和盈喜騰日山家酒滿斟片時風雨傾刻遂辻甲寅運中才旺聲名家業長福星臨照喜非輕午字之中犯情正吐又被風欺壬申運中翮翮名　攀佳城

辛亥年　庚子月　己巳日　庚午時

此八字遇己之日相配柱中旺火才旺生官之格人生得此生於右族長配衣纓椿萱榮倚難双耋天邊鴻雁各行鳴其爲人也姿容清爽髮貌超群翁姑榮倚翁先別妯娌行中分上輕勝丈夫氣槩有男子十餘每懷九騰意時抱擇隣心萬里光華沾沛澤此時佳趣瑞祥生克勤而克儉易喜而易嗔佇看夫榮子貴也應同沐皇恩此則榮封之命良人同屬榮華享子嗣榮門院節馨運行初辛丑上人庇下未斷平生壬寅運中路入桃源花爛熳橋横銀漢火澄清癸卯運中雖則夫門才業旺旺中尚有事斷孟甲辰運中夫榮此際多歡樂須史雲月尚朦朧乙巳運中光華疊疊金紫重封當此之際風雪晴生丙午運中羅綺千般色綵着百味新丁未運中晚年子貴重封贈戊申運中一枕黄梁永不醒

辛亥年　庚子月　戊午日　甲寅時

此八字戊午日刃之辰時上一位貴格傷官制殺爲良主人生於富族長於高堂椿萱榮贈先帰毋天邊鴻雁各翱翔其爲人也丰姿清秀礼樂經綸口吐珠璣言語胸藏錦綉文章驪珠照鏡光难掩雷劍生豐氣莫藏終是鳳凰池上客豈爲田舍鼇耕郎一從姓字傳揚後朗衣染諭仕居王北則榮貴之命鸞幃正副同諧老子嗣杖頭有顯揚運行初己亥上人蔭下未断枯榮戊戌運中十年窓下苦時當便声揚丁酉運中橋門脫跡離泮水尚然太學守螢窓丙申運中三呂陽關過雁塔有名題乙未運中錦衣青綃声名重風雪飛來尚不妨當此之處愈加祿昌甲午運中官高民仰加才欣迁戟栢寫入朗堂癸巳運中花落苑園春去早海送蓬島信难通

辛亥年　庚子月　己巳日　乙丑時

此八字己巳之日才殺之格傷官合殺有功遇斯命者生於茂族長於高門萱母先帰椿後別天边鴻鴈不同群其爲人也丰姿清小天性平䏻雖無深討較稍有淡聰明終是利名之客豈爲田舍之人不負十年苦李定教九載成名貴人相掯引禄馬[illegible]前程此則穩達之命鴛幃配合須年畝桂子秋來孝義深運行初己亥上人庇下天朗氣清戊戌運中刻鵠不就畫虎不成丁酉運中旺處幾番生進退依然不損旧威綾丙申運中雨晴雲路遭蹉馬上神京乙未運中威權有布人欽伏才帛與縺雨露新甲午運中冲擊之所如月入雲癸巳運中帰去也

辛亥年　庚子月　癸亥日　庚申時

此八字癸亥之日相配柱中臨金食祿之格亦有傷官意同主人生於名良之族長於穩厚之門椿父先帰萱附晚天邊鴻鴈各恃風其爲人也丰姿清秀性格聰明世事頗能將就般般李欠精通萬里無雲天一色三秋好景月長明重成新事業再整舊門庭春入山光成嫩綠日匀花蕚發新紅不向仕途求聞達却來湖海厚黄金時來才祿旺運至禄才增鄉民仰德閭里推尊此則穩厚之命鴛幃有犯重招硬子嗣崇門晚節馨運行初己亥上人庇下來斷平生戊戌運中娟娟梅月白淡淡柳風清丁酉運中畫水無声空有浪綉花雖艷不聞香丙申運中雖則家居而有慶斷絃声裏尚愁人乙未運中威權才帛服欽服才帛與隆猶積增子貴沾恩澤行藏見称情癸巳運中無憂無慮壬辰運中花落月沉

辛亥年 庚子月 癸酉日 己未時

此八字時上偏官之格遇斷命者椿萱双晚茂棠
棣發春蓁其為人也丰姿魁偉動用乖能豪問稍
知今古生平尤近髙人自有順天之慶豈無福地
之緣事業每從忙裏就才源自向閙中生常將好
意番成悪每把真心換得嗔但頼有酵招過客何
須騎馬上神京此則穩旺之命鴛幃配合須同属
桂子秋来孝義深運行初己亥上人庇下来論外
沉戊戌運中雪睛天未燰行樂尚凄清丁酉運中
雖則行藏有慶不妨人事迍延丙申運中雲收華

岳千山秀水到湘江一様清當此之際柳絮輕盈
乙未運中厂源滚滚家[illegible]氣 華堂百福臻甲
午運中[illegible]連野茂[illegible]而聳雕甍癸巳運中暮年
安享壬辰運中花落月沉

辛亥年　辛丑月　乙卯日　己卯時

此八字乙木配合柱中金土雜氣財煞之格女人得此容顏秀麗言語輕清生於仁善之俗長配右室之庭堂上翁姑難倚靠庭前妯娌我豊登楊柳無風枝婀娜梅花有色倍精神幹家勤儉嚴事能為待夫惟盡礼訓子有規成初景中年生剋襟不如暮節身豐盈佇看子顯腰金日那時封贈不非輕良人有碍須手長子息金風晩出英此則助夫旺子女命運行初壬辰閨門淑秀處灾滞未能伸癸卯運中雖則裙釵壯嚴樂中還見趑趄甲辰運中風舞鸞鳴催配偶如魚似水樂歡情於中憂儉進退困須乙巳運中正在幫夫立業嚴須當防謹破灾厄丙午運中一輪明月當秋夜無限奇花正遇春還有灾厄憂耗之侵丁未運中出則金釵簪満目帰則使女亂紛紛戊申運中得子名登於鳳闕皇恩有感贈門庭己酉運中蟠桃将已熟王母郤来尋

辛亥年　辛丑月　乙未日　壬午時

此八字乙未日元相配柱中金水雜氣殺印之格正謂殺印相生功名顯達主人生於良族長於仁門椿萱有倚難双老天邊鴻鴈各行鳴其為人也丰資清秀天性聰明有博古通今之志窮書覽史之能芽長名園過舊竹花開上苑勝先春自宜得名得禄豈教鑿井耕耘嘉穀不早食名利當晩成瓊林雖不登高宴自有仁風四徑清舒長化日桑麻茂融蕩仁風雨露清此則栄貴之命鶯幃正副方偕老子嗣栄門晩節馨運行初庚子上人庇下未斷平生己亥運中欲造功名路須加燈火功戊戌運中幾欲思高慕遠番成捉月捕風丁酉運中時来名始就跨馬上神京丙申運中慶事須憑三尺法理刑渾似一團春乙未運中雪精閭閻開黄道重沾雨露再光栄甲午運中蓴鱸味美軒冕豪輕癸巳運中春光去也一枕清風

辛亥年　辛丑月　庚寅日　丙子時

此八字庚寅之日相配柱中水火傷官制殺之格人生得此生於右族長於名門椿父先帰萱耐脱天邊鴻鴈各行鳴其為人也丰姿清秀天性聰明理窮古事兼今事書對賢經與聖經麗句妙篇天下白高材俊似海東清終是功名之客豈為田舍之翁嘉谷不早實名利尚晚成雲程坦坦登天去筝足悠悠名利成一朝但得風雲會秉笏金鑾拜聖明此則榮暮之命鴛幃有祀須招贈子嗣榮門晚節聲運行初庚子上人庇下天朗風清已亥運中欲向跨雲騎思囊照露雲踰此戊戌運中幾欲思高慕遠書成剪雪裁氷丁酉運中藏器待時時必達何必區區嘆未能丙申運中時来自有良機會果然跨馬上神京乙未運中仁風遠近政化西東當此之際風雪滿庭甲午運中一天膏雨随車至千里仁風随扇生癸巳運中晚年籬下樂壬辰運中一枕佳城

辛亥年　辛丑月　辛亥日　庚寅時

此八字辛金日元相配柱中火土雜氣官印之格人生得此生於右族長於高門椿文先帰萱後別天边鴻鴈後随鳴其為人也丰姿清秀天性老誠頗知礼義稍識古今行藏竟消洒笑傲任柏崇祖業添新慶根原勝旧風終是功名之客豈為田舍之翁十年灯火留空意一旦馳名案牘中晚年光霽景德澤惠黎民此則榮貴之命鴛幃木命運珠配子嗣秋来嚮後盈運行初庚子上人庇下未斷升沉己亥運中雖在灯窓下何曾覲史文戊戌運中蟾宮路遥难折桂廳堂劍筆可高揮丁酉運中須臾風雨重重險跨馬天边沐寵榮丙申運中一自天官奏最果然運幕馳名乙未運中政化恵西滄仁風遠近新甲午運中榮田籬下業癸巳運中一枕入佳城

辛亥年 辛丑月 戊申日 己未時

此八字戊午日元相配柱中金水傷官助才之格人生得此椿萱不逮双栄養天邊鴻鴈不同群年姿清雅天性聰明般般稍覧件件不新謀動君子威伏小人行蔵果断作事老誠衣冠濟濟人中俊和氣貽貽席上珍終是功名客豈為田舍翁不廢十年苦學定應九載成名行看頭角聳光耀舊門庭晚年光霽景悳澤惠黔氏此則栄貴之命鴛幃有得須年小子嗣秋來有挺栄運行初庚子上人庇下未断平生乙亥運中勘思登仕路還用對青燈戊戌運中貴人招引登公府尚有趣起來順情丁酉運中跨馬起程登上國始知冠冕可栄身丙申運中皇恩有感声名顕钱当風雲未称情乙卯運中正宜加禄位何事便辞栄甲寅運中晚年閑故里癸巳運中一枕入巫峯

辛亥年 辛丑月 辛丑日 己丑時

此八字襍氣印綬之格亦有丑逢巳之論上人得此生於茂族配於高門椿萱堂棣霜晞日妯娌翁姑不共群姿容闓朗髮皃精神難觸難犯易喜易嗔勝丈夫之氣槩有男子之才能一苑杏蕤鋪錦綉滿山松柏映幃屏此則栄旺之命良人土命須年長桂子秋來旺宅門運行初壬寅上人庇下毓季閨門癸卯運中孔雀屏開花爛熳美蓉帳燮氣氤氳甲辰運中一抹曉烟迷芍藥一泓秋水浸美蓉乙巳運中雪為輕粉憑風傳霞作臙脂仗月匀當此之際还有灾生丙午運中不用高燒銀烛月明添倍精神丁未運中暮生安享戊申運中鏡破釵分

辛亥年　辛丑月　庚戌日　辛巳時

此八字庚戌魁罡之日襍氣殺印之格人生得此生於茂族長於名門椿萱有倚分半道鴻鴈天邊各奮騰丰姿磊落天性聰明理究古事兼令事書對賢經与聖經一日風雲相際會也教天府沐深恩此則榮貴之命鴛幃正副方無尅桂子秋來旺宅門運行初庚子上人庇下局斷升沉已亥運中讀書映雪觀史引灯戊戌運中執巻幾回空探月時來方許上神京丁酉運中虎闈脫跡身榮显膏雨隨車遂扇生丙申運中猛虎渡河民快樂飛蝗過境歲豊登當此之際一番風雨乙未運中重金重紫貴八三渡聖恩封甲午運中榮回籬下癸巳運中夢入蓬瀛

辛亥年　辛丑月　己亥日　乙亥時

此八字己亥日相配柱中金木食神制杀之格雜氣才官之助人生得此生於詩書之族長於遊宦之庭丰姿洒落性理剛明土火構營榮且壽天边鳴鴈不交盟詞源浩浩翰墨騰騰不躍禹門三級浪也應氣猷凛丹庭此則薦榮之命鴛帳羊高猶列副桂蘭还擬發秋馨運行初庚子上人榮庇月向風清己亥運中志欵攀龍附鳳身还困守清灯戊戌運中應聘定須循紫詔鄭趨不待試文英丁酉運中榮沾雨露肅振威稜丙申運中一番風雪遇祿位兩加陞乙未運中金魚初綰帶來許便辞榮甲午運中悠悠籬下詩酒高情癸巳運中惟有猿啼處山空月自明

辛亥年　辛丑月　戊申日　壬子時

此八字戊申日相配柱中金水雜氣才官之格人生得此丰姿磊落性格明良生於仁厚之族長於詩禮之堂椿萱不逮雙棠養鴻鴈天邊不共翔學識聰明終是功名之客英才特達豈為田舍之郎瓊林雖不忝高宴自有仁風萬里揚此則榮貴之命鴛幃正副須招硬柱子秋來吐異香運行初庚子上入庇下冬暖夏京已亥運中執卷幾回空探月依然踏破泮橋霜戊戌運中天然一旦來機會疋馬朝天沐寵光丁酉運中仁風揚遠近化日照農桑丙申運中皇有感重加貴千里桑麻雨露香乙未運中權高直欲重金貴何事懸車返故鄉甲午運中帰去也

辛亥年　辛丑月　戊子日　丁巳時

此八字戊子日相配柱中金火傷官用印之格人生得此宜乎位列公台注人丰姿慨豁志氣豪洪生於仁德之族長於詩禮之家椿萱分半道鴻鴈各翻風錦綉藏胸腹衣冠拜袞龍一從姓字登黃甲祿位升高享萬鍾此則宰輔之命鴛幃重錦帳桂子有成功運初年書窓雪案加功運行中日日親龍袞朝朝沐聖恩運行暮職掌山河權任重胡為一夢到巫峯

辛亥年　辛丑月　丙申日　己亥時

此八字時上偏官之格傷官制令制伏為榮值此象者椿父老壽萱帰早鴻鴈逰風不共鳴其為人也丰姿洒落性格良明多風月有才能明倫堂上無名利案牘塲中有利名月掛碧天多皎潔名揚閭里有光榮佇看頭角肆霖雨濟疲癃此則英達之命鴛幃同屬如琴瑟子嗣班衣一兩英運行初庚子輕風煖日語燕啼鶯己亥運中十年芸几下守己得昇平戊戌運中科第不曾遂意筆刀猶且勞形丁酉運中數年公府多勞擾一日天門拜龍恩丙申運中飄残楊柳絮榮任撫黎民乙未運中佐政黄堂名望重片時風浪不為驚甲子運中離邊有酒從教醉天際辭榮我始卑癸巳運中光陰如過隙花落杜鵑聲

辛亥年　辛丑月　己亥日　甲子時

此八字己木配合柱中金水才旺生官之格女人得此姿容秀爽歷事勤劬生於善族配於高居一對椿萱先别父數行鴻鴈各分飛一苑花開錦綉四方山列屏幃初運安和中顕煥晚年福慶勝常時此則榮夫之命良人水命英豪客桂子秋風長嫩枝運行初壬寅上人庇下毓秀香閨癸卯運中匹配乘佳偶鸞歌鳳亦儀甲辰運中夫顕身榮樂何愁風雪欺乙巳運中柳絮飛残春色聚裙釵濟濟有光輝丙午運中千般羅綺百味臨厨丁未運中冲擊之所月被雲迷戊申運中落日青山外荒烟上断碑

辛亥年　辛丑月　辛卯日　戊戌時

此八字辛卯日相配柱中之土雜氣印綬之格人生得此半姿洒落天性明良椿萱皓首難全奉鴻鴈天邊各奮翔椅有賢良之志祖知礼義之方祖業重新慶財囊學積蔵但顧江湖生計廣何須天府沐恩光此則穏富之命鴛幃配合須手步桂子秋來朶朶香運行初庚子庇佑之榮冬暖夏涼己亥運中恰似洛陽三月景楊花飛處杜丹香戊戌運中財源來旺處人事有悲傷丁酉運中湖海才名穩旺家庭人事乖張丙申運中滔滔旺家業日日積才囊乙未運中老富發旺粟米盈倉甲午運中條賢子秀癸巳運中夢入仙鄉

辛亥年　辛丑月　辛亥日　己亥時

此八字辛亥日配柱中水土傷官用印之格人生得此半姿英厚天性公平椿萱皓首难全奉鴻鴈天边有各鳴有曲暢旁通之理截長補短之能祖基根業須重整財帛囊箱自積戍湖海田園多雅樂何須天府沐恩榮此則富旺之命鴛幃有碍須招副柱子庭前孝悌英運行初庚子和風甘雨庇下安寧己亥運中詩書心力倦貨利便閑情戊戌運中僕馬從行樂風霜一旦生丁酉運中珠履三千交好桑榆八百芳榮丙申運中財源來旺人欽伏浪風濤頃刻生乙未運中老當發旺金玉滿瀛甲午運中孫榮子貴癸亥運中一夢难醒

辛亥年　辛丑月　乙未日　己卯時

此八字乙未日相配柱中之金偏官之格喜逢日祿以歸時人生得此存忠立恕積德依仁椿萱榮分中道鴻雁天邊有共鳴丰姿洒落天性剛明理窮今古事學貫聖賢經擊開水府珠生彩掘出豐城劍有聲一從揚姓字日日侍丹庭此則顯榮之命鴛幃全正副桂子秀秋英運行初癸酉上人庇下快樂昇平壬申運中讀書粟麥觀史引燈辛未運中乘浪連三躍衣冠拜鳳庭庚午運中一番風雪過綠位兩加陞己巳運中十群山河開戟掌九重恩命又榮徽戊辰運中大才大用未鮮簪纓丁卯運中黃花綠酒丙寅運中多入蓬迎

辛亥年　辛丑月　癸卯日　丁巳時

此八字癸卯日貴之辰雜氣殺印之格值此象者萱母先歸椿後別西風鴻雁不成聯其為人也有方圓之計策明敏之機關曾將好意翻成惡每把真心換得冤江湖風月好軒冕事徒然但願一生閒福廣不思跨馬到長安此則穩秀之命鴛幃合連理子嗣舞斑斕運行初庚子輕寒輕暖日不雨不晴天己亥運中灼灼花含露依依柳帶烟戊戌運中行藏覺順利豈慮有迍邅丁酉運中世事番還覆人情覆又番丙申運中滿目韶華好方知勝似前乙未運中沖擊之勞既險且安甲午運中氣轉三陽泰春回五福全癸巳運中春光歸去塵夢徒然

辛亥年　辛丑月　丙戌日　己亥時

此八字丙戌日相配柱中金土時上偏官之格人生得此手姿英雅天性良能椿梘先别萱尤去鴻鴈天边不共群条問有成素志十年淹泮水英才特達声名一旦到神京策咻恩波後滔滔禄位榮此則榮貴之命鴛幃配合須年少桂子秋来長嫩英運行初庚子上人庇下樂享升平己亥運中聞詩条礼暮史朝經戊戌運中幾回探月空回首風雪無端一旦生丁酉運中到此始知時運達陽關酒尽馬蹄軽丙申運中政化東西洽仁風遠近清

乙未運中晚年高禄位千里肅威棱甲午運中悠悠籬下癸巳運中一夢蓬瀛

辛亥年　辛丑月　癸巳日　癸亥時

此八字癸日坐向巳宫相配柱中金土雜氣殺印之格人生得此手姿秀雅天性聰良生於豊冨之室長於積德之堂一對椿萱俱耐晚天邊鴻鴈共翺翔學問聰明源流三峽誰能及英才特達筆掃千軍孰可當姓字登黄甲衣冠拜衮章此則榮烈之命鴛幃火命須年少桂子秋来吐異香運行初庚子不榮不辱快樂何當己亥運中升堂入室摘句尋章戊戌運中執卷幾回空問月依然困志在書窓丁酉運中躍過三層浪威稜肅憲綱當此之

際一番風雪丙申運中禄位榮遷金紫權名振壓一方乙未運中冲擊之所暫阻權衡甲午運中榮回籬下樂癸巳運中一夢入仙鄉

辛亥年　辛丑月　庚戌日　癸未時

此八字庚戌魁罡之日相配柱中水土傷官用印之格人生得此丰姿蕭洒處用多機生於豐潤之族長於詩礼之居椿萱堂上惟双鸞鴻鴈天邊不共飛祖業多華麗財囊厚積餘雖不榮登仕路也應名冠鄉區此則富厚之命鴛幃有碍須偏正桂子秋來舞彩衣運行初庚子不榮不辱窓下攻書已亥運中志欲登天步月身还困守門閭戊戌運中雖則財名兩旺也防人事䞚趄丁酉運中一番風雪過財旺福巍巍丙申運中英雄惟贈劍三尺

豪傑相逢酒一卮乙未運中孫賢子秀晚景桑榆甲午運中落日青山外哀猿空自啼

辛亥年　辛丑月　癸巳日　壬戌時

此八字癸巳日相配柱中火土積氣才官之格人生得此丰姿穩俊性格聰明椿親耐晚萱先去鴻鴈天邊少合情祖業能長倚財源自琢成但頗貴人提挈自然才旺福與行看來晚節豪傑擁門庭此則穩守之命鴛幃有犯重年少桂子先難後發馨運行初庚子不榮不辱庇下安寧已亥運中行藏雖有慶風雪又寒生戊戌運中人事䞚趄都歷過看看財帛漸生成丁酉運中死央分散後財旺福元增丙申運中交貴親賢歷溯海財源來旺整

門庭乙未運中老當益壯快樂升平甲午到癸巳運中歸去也

丙午年　丙寅月　庚午日　丙戌時

此八字金逢火煉太過夭折之命也

辛亥年　辛丑月　丙午日　甲午時

此八字丙午日刄之辰相配柱中之金雜氣財官之格人生得此丰姿重厚天性剛明椿萱不違双榮養鴻鴈天邊各奮鳴理窮今古事學貫聖賢經終是功名之客豈教莘野躬耕泮水踏過橋門去次第登天沐寵榮此則榮貴之命驚怖有碍須添寵桂子秋来有錦英運行初庚子幼年之景月白風清已亥運中詩書多勉力行落泮林星戊戌運中志欲登天步月身还剪雪裁冰丁酉運中執巻幾番空探月時来足馬上神京丙申運中榮沾新寵遷德化起儒生乙未運中再加禄位政洽民情甲午到癸巳運中歸去也

辛亥年　辛丑月　癸卯日　丁巳時

此八字癸卯日貴之辰雜氣才官之格人生得此貴顯異途主人丰姿洒落性理明良生於塵世長於仙房椿親年耄萱先別鴻鴈天邊各一方粗知賢聖學稍識洞微章今布風雷陣起施法神君識行看晚年蒙聖筆玄門尊德勢洋洋此則清貴之命運行初庚子上人庇下其樂洋洋已亥運中斷雲依玉樹皓月透玄堂戊戌運中雖則雲程馳足馬也須一度見悠揚丁酉運中才去才来人事变未應此際有權衡丙申運中道高龍虎伏名顯禄軒昂乙未運中皇恩有感位鎮玄堂甲午運中悠悠處樂癸巳運中梦入仙鄉

辛亥年　辛丑月　甲午日　甲子時

此八字甲午日相配柱中之金水雜氣官印之格人生得此多機多变不柔不剛堂上椿萱双皓首天邊鴻鴈有翔翔學問有成焉得仕途騰蹭英才倘却来湖海經商晚年家業旺豪傑擁門墻此則富実之命鶯幃双白首桂子悦標香運行初庚子無榮無辱樂守家邦己亥運中便向市廛生貨利懶来雪案覧文章戊戌運中歷過氷霜道才源有積蔵丁酉運中幾度趑趄心不穏依然生意勝如常丙申運中何處梨花雨还期粟滿倉乙未運中志未安逸蘭桂生香甲申運中依然康樂癸巳運中夢入仙鄉

辛亥年　辛丑月　丙戌日　辛卯時

此八字雖氣才官之格値此象者雖不得名亦能潤屋椿親耐晚萱帰早鴻鴈群又失群其為人也智謀輒很動用乖能百般都好學諸事不能精欲想求名欲覓利吾思育實欲論文不若聽乎天命何勞費却心神此則特傑之命鴛幃丈命須年少子嗣花開果後成運行初庚子禨禄之下未論能治己亥運中雲籠皓月水泛浮萍戊戌運中失之非辱得也非樂丁酉運中坐覺柳涼池面過看知春到瑞祥生丙申運中風雪初消後悠悠五福增乙未運中嘉賓盈座美酒滿尊甲午運中晚年遐樂癸巳運中一道訃音

辛亥年　辛丑月　辛卯日　己丑時

此八字雜氣印綬之格值此象者生於富室長於仁門萱親先别椿又後行其為人也行藏特達舉用人欽不思登仕路淺讀聖賢文不惟谷粟盈厥成佳成趣宜樂詩書滿架傳子傳孫但晉花邊有酒任他身外無名此則豊富之命篤憚土命須年長子嗣芬芳有顕人運行初庚子始始秋月淡淡春雲己亥運中刻鵠未就畫虎不成戊戌運中人情似帋張張薄世事如花局局新丁酉運中失之非辱得之非榮丙申運中萬象光華沾沛澤四時佳趣樂昇平乙未運中豨其福禄長其精神甲午運中享用兒孫福癸巳運中香兔逐暮云

辛亥年　辛丑月　癸卯日　甲寅時

此八字癸卯日貴之辰相配柱中金土祿氣官印之格人生得此丰姿英厚天性公平椿萱皓首難双養鴻鴈天邊各奮鳴心下存济人之德胸中無殺害之情十斷九連成大業三番四覆旺門庭佇看來晚節金玉積盈盈此則富厚之命篤憚有碍須倆正桂子秋來吐錦英運行初庚子幼年之景月白風清己亥運中有心生貨利無意守青灯戊戌運中家業多饒裕風霜一旦生丁酉運中人事趑趄風雪過才源滚滚喜尤生丙申運中交四方之豪傑旺兩倍之才名乙未運中老當益壯桂馥蘭馨甲午運中悠悠处樂癸巳運中梦入蓬瀛

辛亥年　辛丑月　甲寅日　乙亥時

此八字甲寅日相配柱中金土雜氣才官之格人生得此姓顯名揚椿萱半道相虧奉鴻鳫天边各奮翔丰姿魁厚天性果剛學問有成未必名登於翰苑筆鋒雄健尤能姓顯於公堂驥足飛騰登上國榮沾嵐渥佐琴堂此則顯身之命鴛幃諧老尤枱副桂子花開果有芬運行初庚子上人庇下何論炎涼已亥運中時来借得吹噓力趋事曹司名振揚戊戌運中才旺木源名威壯風雪無端惨一場丁酉運中足馬登天路悠悠沐嵐渥丙申運中綵麻均兩鬢黎蔗仰權衡乙未運中再加祿位便擬还鄉甲午運中春殘花落猿落断人傷

辛亥年　辛丑月　甲寅日　甲子時

此八字甲寅相配柱中之金雜氣才官之格兩干不雜最清奇女人得此儀容清秀天性仁慈椿萱棠棣難依耄妯娌翁姑分上虧有相夫教子之道理掌家立業之勤勉一苑杏桃鋪錦綉蒲山松柏映屏幃佇看来晚節沛澤潤霞衣此則福荣之命良人配合荣身客桂子生成舞綵衣運行初壬寅庇佑之下快樂怡怡癸卯運中杏艷桃还媚鸞歌鳳亦儀甲辰運中雖則夫門財業旺尚汸風雪一番欺乙巳運中精神雖豁爽人事尚趦趄丙午運中滔滔旺家業日日樂雍熙丁未運中晚年增福慶沛澤兩加濡戊申運中依然快樂己酉運中月照空閨

辛亥年　辛丑月　庚子日　丁亥時

此八字庚金相配桂中水土傷官用印之格人生得此宜乎得祿得名主人丰姿慷慨天性剛忠生於茂族長於華家一對椿萱俱皓首天邊鴻鴈各凌風學問有成百里扶搖騰鷟鷟英才特達一聲霹靂躍驪龍長安花夾道相映采旗紅此則榮顯之命鴛幃生離重合丕桂枝還擬發秋叢運行初庚子上人底下詩礼從容己亥運中欲遂平生志宜加董子功戊戌運中執卷幾迴空跋踄馬能攀能桂長蟾宮丁酉運中躍過禹門三級浪果然身跨五花驄丙申運中一番風雪後祿位再加封乙未運中金花官帶氣勢豪洪甲午運中榮歸故里癸巳運中夢到巫峯

辛亥年　辛丑月　癸巳日　己未時

此八字癸日坐向巳宮乃是才官双美偏官之格其為人也丰姿清穩志氣軒昂出言明敏處事乖能有近貴之機謀親賢之志量堂上双親壽棠棣共聯芳祖基祖業還添整鴈字行中我出群學問有成不戀明倫堂上聲名特達還登案牘塲中貴人提挈起名利自豐榮此則顯榮之命鴛幃克去石聯木後招戊午有光輝運行初庚子未稱尋香己亥戊戌運中一聯美景片言有折獄之威閭里名揚高賢求愛財源進益家業如心丁酉運中片帆隱隱入神京到此貴人相指引丙申乙未運中皇恩有感身榮貴重重祿位治黎民五柳縣中施德政百花叢裏奏笙歌甲午運中帰来致政樂意忘情癸巳運中上五年家門榮盛安享華堂下五年英材去也夢入黃粱

辛亥年　辛丑月　壬辰日　甲辰時

此八字壬辰魁罡之日配乎柱中之土雜氣才官之格人生得此丰姿英雅天性聰明椿父先帰萱後別厲行天際有前鳴學識粗知今古知謀能動賢英祖業重新慶財囊自積成但願市壓生計廣自然晚節稻梁馨此則自旺之命鴛幃馬屬須年少桂子秋來三四英運行初庚子幼承上庇快樂和平己亥運中才源來未旺椿樹便凋零戊戌運中萱花零落後才帛有添增丁酉運中世事多光霽才名事有驚丙子運中重興新事業日日會賢英乙未運中老當益壯倉庫豐盈甲午運中晚景發旺癸巳運中夢入蓬瀛

辛亥年　辛丑月　戊戌日　甲寅時

此八字戊戌魁罡之日相配柱中之木時上偏官之格人生得此大器晚成椿萱榮贈難双鳶鴻厲天邊有共鳴丰姿洒落天性聰明學問淵源三峽水青襟瑩潔一天星斗闢水府珠生彩掘出豐城劍有聲禹浪三層都躍過榮沾寵握肅威稜此則顯耀之命鴛幃正副方齊壽桂子前難後挺榮運行初庚子不厚不榮庇下昇平己亥運中不獨金珠饒裕尚祈書史研精戊戌運中執卷幾回空探月依然困守讀書燈丁酉運中到此風雲際會果然騏足飛騰丙申運中榮沾新寵渥氣鍍耀神京乙未運中重金重紫萬里威聲甲午運中榮回故里癸巳運中一夢難醒

子平遺書　三二

辛亥　辛丑　丙午　辛卯

此八字丙午日丑之辰雜氣財官之格人生值此豈不光榮椿親耐歲萱先別鴻雁聯飛独桂英其爲人也稟資瀟洒智慧聰明學問淵深文筆維衣冠濟楚姓名馨躡履三千皆一筆搏風九萬即前程威風凜凜祿位雷雷此則貴達之命妃偶得合貞良女子嗣芬芳晚始成運行初庚子春和景媚語燕啼鶯己亥運中理窮今古事心在短長築戌運中上不上兮落不落陰不陰兮晴不晴丁酉運中到此始知時運違長安風送馬蹄輕丙申運中改化東西洽仁風遠近清當此之際風雪慘晴乙未運中榮廷金紫貫來許返鄉城甲午運中錦衣歸里癸巳運中花落月沉

辛亥　辛丑　庚戌　戊寅

此八字庚戌魁罡之日雜氣印綬之格財官喜值於時椿父先歸萱耐晚春風棠棣有聯枝其爲人也活潑活脫不勇不慈學問鮮能知味平生則鮮凶危祖業添新慶資囊再整齊不思仕路登雲去且喜家園樂有餘此則穩足之命鴛幃有剋須重續桂子芬芳旺里閭運行初庚子双親庇下安樂何如己亥運中乍看雲斂影始覺月揚輝戊戌運中父喪妻亡無限恨丙丁何事毀家資丁酉運中寒向梅中盡春從柳上歸丙申運中西風舞雪依舊歡悲乙未運中兒孫綵舞美酒盈卮甲午運中訃音播也歸去來兮

辛亥　辛丑　甲寅　乙亥

此八字甲寅日相配柱中之金雜氣才官之格人生得此丰姿英傑天性剛明椿萱不遠雙榮贈鴻雋天邊各奮鳴學問三冬足詩書萬卷精終是功名之客豈爲耕稼之英泮林踏過橋門去騰踏飛黄沭寵榮此則榮貴之辰鴛幃有碍須相觝桂子秋來朶朶榮運行初庚子初承上庇快樂昇平己亥運中欵遂平生志潛心對短檠戊戌運中志欵登天步月身還剪雪裁氷丁酉運中疋馬登天路特來姓字馨丙申運中榮沾新寵渥化日照民情乙未運中再加禄位金紫崢嶸甲午運中榮田慶樂癸巳運中一夢難醒

辛亥　丙申　甲寅　己巳

此八字甲寅日相配柱中金水殺印之格亦有金人之意人生得此丰姿洒落天性明良堂上椿萱皓首天边鴻鴈分翔李識粗知今古智謀能動賢良祖業重新整財源自積蔵湖海有情才利旺何須躍馬上天堂此則富旺之命允悼魁後重年少桂子秋来朶朶香運行初乙未風和日麗庇下安詳甲午運中志思登仕路窓下習文章癸巳運中倦讀来湖海財名便振揚壬辰運中斷絃重把鸞膠續行樂趍廸情慘傷辛卯運中財旺福興人敬仰無端風雪洒門墻庚寅運中滔滔財禄旺名势異於常己丑運中孫賢子秀戊子運中猿斷夕陽

辛亥　丙申　戊辰　辛酉

此八字戊辰日德之辰相配杜金水傷官用財之格丙辛作合鎮掌威權捧萱榮慶雖全養鴻鴈天邊各奮翔丰姿慷慨天性剛強筆底詞深三峽遠胸中學業五車藏瓊林雖不登高宴千里仁風大播揚此則顯榮之命篤幃有碍須招副桂子秋來有繼芳運行初乙未幼承上庇快樂何當甲午運中尋章摘句入室升堂癸巳運中幾欲登天步月自還履雪經霜壬辰運中到此始知文學好飛騰驥足上天堂辛卯運中恩光從此顯祿位愈軒昂庚寅運中金魚初綰帶未擬便還鄉己丑運中大才大用戊子運中夢度石梁

辛亥　丙申　壬午　庚戌

此八字六壬生臨午艮號曰祿馬同鄉葉印就才之格人生得此勢顯威揚生於岳岳侯門長於潭潭將府丰姿英厚天性明良韜耗國威萱居別鴻鴈天邊有各翱明韜畧之法知聖賢之章雖不建侯封爵也須勢壓諸方此則豪雄之命篤幃全正副桂子發天香運行初乙未上人庇下何論炎涼甲午運中一番風雪過威勢布邊疆癸未運中空歌沸權書遊處羅綺平扶夜醉鄉壬辰運中不獨金珠滿目尚祈人事光揚辛卯運中金玉多光賚英雄習滿堂庚寅運中老當益壯崇沐恩光己丑運中悠悠自樂戊子運中夢入仙鄉

辛亥　丙申　癸酉　乙卯

此八字印綬之格印綬者上格也本乎重紫重金只嬿運在背鄉終難及第椿萱有倚如無倚鴻鴈聯飛又各飛其為人也性不受觸心不蔵機祖業須磨琢功名再整齊笋長名園過舊竹花開上苑勝先枝但遇吹嘘力光揚名奮蜚此則碩石蔵珎之命鴛幃匹配兩敵相宜子嗣芬芳一人挨萃運行初乙未輕雷抽碧笋徹雨潤楊枝甲午運中寬心待雲散一旦造亨衢癸巳運中空自惜花春起早枉教愛月夜眠遲壬辰運中驀地威權振作諂然桃李芳菲辛卯運中莫作千年調還生一度悲庚寅運中鮮悶莫過三爵酒消閒惟有一盤碁已丑運中歲寒松柏晚景桑榆戊子運中歸去也

辛亥　丙申　丁丑　己酉

此八字丁丑日相配柱中旺金財旺生官之格正謂才盛生官終身有慶值斯象者嚴毅資稟慷慨行藏椿萱不逮双栄贈鴻鴈天邊不共翔李門三冬足詩書萬卷藏瑠林雖不忝髙宴寄跡橋門姓昰揚此則栄昰之命死幃有碍須偏正桂子栄看晚挺芳運行初乙未庇佑之景秉烛尋章甲申運中志欲登天步月身還覆霎經霜癸巳運中機會來時雲路達瑒閣三疊耀家鄉壬辰運中寵渥栄沾均雨露桑麻千里發春陽辛卯運中禄元重進顯名勢愈軒昂庚寅運中金魚綰帶此際還鄉己丑運中栄田正享無窮樂杜宇無端叫夕陽

辛亥年　丙申月　乙亥日　戊寅時

此八字乙亥日相配柱中之金正官之格丙申作合有功人生得此丰姿英傑天性明良椿萱中道難全奉鴻天邊有各翔學識精知今古事英才能貫聖賢章瓊林雖不登高宴榮沐恩波化日長此則榮貴之命鶯幃有碍須相配桂子秋來吐異香運行初乙未上人庇下何論炎凉甲午運中志欲登天步月身還履雪經霜癸巳運中幾回空嘆息時至也鷹揚壬辰運中驥足飛騰天路雪消浪息軒昂辛卯運中千里權衡振振一番人事爭張庚寅運中再加祿位未擬還鄉己丑運中孫賢子秀戊子運中懷斷人傷

辛亥年　丙申月　丙寅日　辛卯時

此八字丙寅之日身坐長生才官之格本有利名之分只嫌寅申冲破事不十全其為人也會操持能幹作交誠納善近貴親賢祖基有倚成無倚靠字行聯又不聯萬里無雲天一色三秋好景月長圓初運未能全應泰晚年福祿樂關閒此則晚成之命鶯幃得合宜招硬子嗣秋風孝義全運行初乙未居於庇下未論衰妍甲午運中片雲掩月又霧漫天癸巳運中正欲登臨還雨滂但期賞翫以春還壬辰運中但得貴人相輔助財源增進姓名傳辛卯運中正是陽和韶媚景藍田日煖玉生烟當此之時一番進退庚寅運中冲擊之所跌跌雨過老景平安己丑運中光陰撚指難留恋一夢胡為陽九泉

辛亥　丙申　壬午　癸卯

此八字壬午日相配柱中之金印綬之格人生得此本顯功名即嫌財印相混不貴而富椿萱皓首相虧華鴻鴈天邊有共鳴丰姿洒落天性良能學識粗知今古智謀能合賢英祖基祖業添新慶財帛財囊自積成但願財囊充實自然晚節光榮此則富實之命鴦幃有碍須相骶桂子秋来有顯英運行初乙未庇佑之下快樂昇平甲午運中便擬生財覓利何須講道窮經癸已運中家業有成人敬仰一番行樂有悲生壬辰運中不獨金珠滿目

尚防風雪嚴凝辛卯運中交四方之豪傑旺十陪之財名庚寅運中孫賢子秀晚節安榮已丑運中悠悠處樂戊子運中一夢難醒

辛亥年　丙申月　乙亥日　庚辰時

此八字合殺留官之格仗此根基生於仁德之門長於衣纓之族土命椿親顯姓聯行鴻鴈飛鳴其為人也精神炯炯智慧明明詩礼鮮能知味平生尢近豪英笋長名園過舊竹花開上苑勝先紅近水樓臺先得月向陽花木早逢春功名甘不願惟喜少枯榮此則守成之命死幃同属須重續子嗣班衣晚秀馨運行初乙未花紅柳綠雲淡風輕甲午運中幾度思高暮遝依然未稱心情癸已運中葵蕚有心終向日楊花無力任東風壬辰運中重

增新氣象復整舊光明辛卯運中行藏得意動靜如心庚寅運中門闌添彩色從此樂和平己丑運中一夕不来春是夢訃音一報衆傷情

辛亥年　丙申月　乙亥日　戊寅時
此八字乙木生於申月殺生印綬之格人生值此豈不生於高堂大廈長於華屋名門堂上之親難皓首鳳行惟我會能為學問異常詩禮顯聲名特達動高賢名利塲中應有分春風特地馬蹄輕此則榮顯之命鴛幃得合然須爲藥壯毋桂子有成異日聲名顯貴運行初乙未甲午上人庇下未斷災祥癸巳壬辰運中祿元增進財源自向遠方来貴客提携驀地家居而有慶洋洋之聲名嚮嚮之家業辛卯庚寅運中數歲辛勤甘淡薄片帆隱隱入神京未居水府珠先現不掘豐城劍自輝柳陰停驛畔風送馬蹄輕皇恩有感黎庶沾恩值此其間乍雨乍晴己丑運中子貴妻賢多福壽腰横鞓帶居之安戊子運中一世英雄帰去了落花流水各西東

辛亥年　丙申月　壬午日　壬寅時　西劉書
此八字壬水相配柱中金木食神用印之格惜乎火神破局以致減虧分數人生值此注人丰姿穩厚立性多能書文少識計較方圓生於淡族長到富門堂上恩親難鶴髮天邊鴈字各飛鳴東苑栽梅墻外白南園種柳北堤青更成新事業再整舊田庄惆悵一生難作主移花接柳過平生學問雖然不敏捷行藏特達傷高人一日貴人攙扶起自然財帛旺家庭此則前勞後穩之命鴛幃有尅宜遲配子息中招後者能運行初乙未上人之下無辱無侵甲午運中到此自然多倜儻一心老實傷賢英財帛進退幾次因循癸巳運中雖靠貴人而特達於中災破舌憂驚壬辰運中財囊有慶家門盛還有官非耗服迭行藏仔細後有安寧辛卯運中重成積白雪參秀臥黃雲庚寅運中晚年生秀麗財帛有豐餘己丑運中一世辛勤歸何處夢返黃粱再不醒

辛亥年　丙申月　丁巳日　辛丑時

此八字丁火生於申月才官之格其為人也丰姿清穩性格剛強出言傲物性不伏人惡不怕善不欺學問淵深知進退行藏有變識高低堂上椿親甲子壽萱花屬犬祿元齊鴈字有聯兄有貫何愁家道不豐登此則出類拔萃之命鴛幃宜招大溪水桂子玉潤有榮門運行初乙未甲午上人庇下未斷災祥癸巳壬辰運中財源如青松欝欝名利似翠栢蒼蒼威權有布氣宇昂昂辛卯庚寅運中英雄性贈劍三尺豪傑相逢酒一卮寅字運逢一番災滯己丑運中高帆畫舫春遊去羅綺爭扶夜醉归戊子運中一世豪強都無用止隨蝴蝶赴瀟湘

辛亥　丙申　丙申　甲午

此八字七殺之格羊刄太重反主配形双親無倚靠鴻鴈遂清風其為人也行藏朴實性格雍容难入春闈相柳如居梵殺持鍾此則窮僧之命鴛幃似夢子嗣成虛運行初林泉逸樂世事朦朧運行中三乘妙法明宗旨一點靈光徹太空運行暮雲去雲來誰似主花開花落水淙淙

辛亥年　丙申月　巳卯日　甲子時

此八字巳卯日相配柱中金水傷官助才之格女人得此姿容秀爽天性聰明椿父先歸萱母壽厲行妯娌多知情有立業長家之道相夫教子之能佇看家晚節才福自天生此則掌家女命良人年長連珠客桂子秋来綵舞戌運行初丁酉上人庇下天朗氣清戊戌運中配匹成佳偶鸞歌鳳亦鳴巳亥運中雖則夫門才旺也防樂處悲生庚子運中万泉光華家業盛一番風雪洒門庭辛丑運中雲開月皎雨過山青壬寅運中晚年壯觀子秀孫蕃癸卯運中難攙人去也臺鏡掩晨明

辛亥年　丙申月　庚午日　壬午時

此八字庚金配合柱中旺火去殺留官之格人生得此丰姿魁偉天性剛忠生於望族長於華宮椿萱皓首方分別鴻鴈天邊兩奮風津水養自空費力筆刀奮志有成功佇看晚年光霽景銀章紫綬显威雄此則榮達之命鴛帷年高須配玉桂蘭花放起顛風運行初乙未上人庇下氣象雍雍甲午運中欲遂平生志宜加董子功癸巳運中無意看書史翻然向筆鋒壬辰運中榮治新雨露光耀旧門風當此之際一度風霜辛卯運中万民樂業四境豊隆庚寅運中衣冠正在風光赴來許蕭边把酒鍾己丑運中人生從此去無復見儀容

辛亥年　丙申月　甲子日　甲子時

此八字甲子日相配柱中金水殺印之格人生得此丰姿英俊天性剛明生於茂盛之族長於詩礼之庭椿親耐晚萱先別鴻鴈天遣各奮鳴學問淵源終是求名之客筆鋒雄健豈為避世之靈時未機會好便擬沐恩榮此則榮達之命篤悼有得須偏正桂子秋來朵朵榮運行初乙未上人庇下快樂和平甲午運中欲遂平生志潜心對短槩癸巳運中貴人指引風雲便祿馬滔滔自此榮壬辰運中榮沾新雨露光顯舊門庭辛卯運中萬民樂業四境昇平庚寅運中祿元重進頭戟列大夫名已丑運中帶田籬下樂一夢了平生

辛亥年　丙申月　庚辰日　丙子時

此八字庚辰魁罡之日傷官之格運行背地事不十全主人生於茂族長於仁門椿萱難並奉鴻鴈各飛騰其為人也丰姿清秀天性忠誠立仁立義多見多聞祖業有依須再整才囊還擬鬧中生出土黃金重長價離雲皓月倍清明江湖有意公卿小廊廟無心宇卑時通方壯觀運至始精神此則經營之意命篤帰重合丞桂子簇秋英運行初乙未雲籠皓月水泛浮萍甲午運中着意種花花不活無心插柳柳成陰癸巳運中世事宛如春夢人情薄似秋雲壬辰運中崎嶇都歷盡方覺瑞祥生辛卯運中成回時佳趣立萬古門庭庚寅運中冲擊之所樂憂生驚已丑運中歸去也

辛亥年　丙申月　己未日　丙寅時

此八字己未陰刃之日傷官用印之格女人得此多機變善操持姿容清雅髮皂標奇稍同心於妯娌不共侍於翁姑桃李紛紛嬌媚才源滾滾來緩難觸难犯易喜易悲重成新事業再整旧根基初運安然中有沮晚年光景福无窮此則晚福之命良人配合須年長子嗣枝頭秀且奇運行初丁酉上人庇下安樂何知戊戌運中如花露曉似月揚輝己亥運中淡烟楊柳岸薄霧杏花村庚子運中可惜月明無永夜堪嘆奇花不耐時踰此辛丑運中重添新氣象依旧祿元窮壬寅運中夫賢子秀處樂自如癸卯運中春光一去無消息江水東流何日西

辛亥年　丙申月　甲戌日　甲子時

此八字甲木日元相配柱中金水傷官生印綬之格運行背馳滅我光榮主人長於良厚之族生於迁變之門椿萱有倚如無倚鴻鴈離群又斷群其為人也丰姿清雅性格老誠行藏果斷知重識輕出土黃金重長價離雲皎月倍清明須成新事業難守舊門庭隸嶺栽松西嶺秀南園種樹北園青親賢近貴無厚無榮時來方壯觀運至祿財興生涯湖海上道路武西東但得人嗟嘆始知倍光榮此則離祖成家之命鸞幃有犯須重配子嗣秋來朵朵成運行初乙未上人喉下月白風清甲午運中福地栽花多艷麗紅桃捻李色鮮明癸巳運中春園雖雨過桃李未生英壬辰運中始覺陽和滿目遂愁溫雨無晴辛卯運中戍完新事業立定大門庭庚寅運中松尚茂栢尤青己丑運中春光如捻指一挑了平生

辛亥年　丙申月　癸酉日　癸亥時

此八字癸酉日元相配柱中旺金印綬之格印綬者上格也主人生於右族長於名門椿父先歸萱後別天邊鴻鴈不同飛其為人也丰姿清秀天性操持能分黑白善別賢愚般般稍覽件件粗知有心於貨利無意習詩書豈無高士敬時貴人携重成新事業再整舊根基盈沼芙荷香滿院日句花萼發新輝恩中惹怨布德成非消閑碁一局遣悶酒三卮一生多旺足跨馬入雲衢此則穩厚之命鴛幃有犯須重續子嗣秋来發異枝運行初乙未

幼年之下有何是非甲午運中寒向梅中畫春從柳上歸癸巳運中雖則行藏有慶還愁絃斷傷悲壬辰運中乍雨乍晴留客景或寒或暖困人[illegible]辛卯運中或得或失或喜或悲過此庚寅運中晚年閑快樂人事尚豐盈己丑運中人生從此別無復見遺形

辛亥年　丙申月　丁卯日　癸卯時

此八字丁卯之日相配柱中金水才殺之格喜逢印綬生身女人得此生於右族配於宦門姿容清朗髮貌精神勝丈夫氣槩有男子材能翁姑翁先別妯娌各行群每懷九膺意特抱擇潾心一苑杏花鋪錦繡滿山松柏帙幃屏處事無偏無黨治家克儉克勤性快便如風捲浪片特風雪片特停佳看夫榮子顯也應同沐皇恩此則榮祿之命良人士命崇華客子嗣及及二果榮運行初丁酉上人庇下毓秀閨門戊戌運中夢托翠鸞成契合媒憑紅葉就良姻

字中生貴子腹内產公卿己亥運中雖則夫門才業旺旺中尚有事虧盈庚子運中一妹憢烟迷荀棄丰泓秋水浸芙蓉辛丑運中簾捲香風生百福軒開化日福元增富此之際微雨弄情壬寅運中子貴夫榮多快樂輝輝羅綺臨風癸卯運中彩中加彩色紅上贈紅芙甲辰運中機絲閑晝景明月照黃昏

辛亥年　丙申月　庚辰日　乙酉時

此八字庚辰日德之辰羊刃合殺之格主人生於茂族長於高貴丰姿清秀礼樂鏗鏘斈問三冬足詩書萬卷藏豹变南山還沭九重雨露蛟横北海尤成一代珪璋此則顕貴之命鶯幃宜有贈桂子襁衣香運行初乙未上人花下襲慶迎祥甲午運中携灯展卷秉烛尋章癸巳運中聲名從此顕烟波一聲揚壬辰運中耿、聲名重滔、雨露長乙卯運中褒德封爵侯當此月時風雨不成傷庚寅運中冲繫之所權重生殃己丑運中七尺紅羅書姓字一堆黄土盖文章

辛亥年　丙申月　辛酉日　壬辰時

此八字辛酉專禄之日相配柱中水火傷官之格人生得此生於右族長於名門萱毋先歸椿後别天邊鴻鳫各行鳴其為人也丰姿清爽天性聰明世事頗能將就般般學又精通豈無高仕敬時有貴人欽水光浮座盃盤瑩花氣侵人笑語欣祖業添新慶根源勝舊風琴樽風月平生計金玉松筠舊歲春好意當成惡真心換得嗔英雄惟贈劒三尺豪傑相逢酒一鍾但願一生財禄旺何必天邊沭寵榮此則穏厚之命鶯偖水命須年小子嗣枝枝孝義深運行初乙未上人庇下未断平生甲午運中世事究如春夢人情薄似秋雲癸巳運中世情濃又淡淡處又還濃壬辰運中財源雖旺足人事尚虧辛卯運中滚滚財源来正旺旺中尚有片時驚庚寅運中福若泉淵湧財如春氣生寅字之中如履薄冰己丑運中晚年閑快樂子秀旺門庭戊子運中訃音一播酹酒三鍾

辛亥年　丙申月　庚午日　壬午時

此八字庚午貴人之日合殺留官之格喜逢建福自強遇斯命者生於武族長於高門椿萱不逮祿養鴻雁有不聯群其為人也手容瀟灑天性聰明世事頗能將就般般文字欠精通幸問有成曾到明倫堂上科名不遂却來案牘榮身九載辛勤甘淡薄一朝天府沐皇恩此則吏貴之命鴛幃宜有贈子嗣秀而馨運行初乙未上人庭下詩禮從容甲午運中莫道儒冠悞螢窗志不勤癸巳運中腰銀不用

三場辛治收全憑九載功壬辰運中雖則勞形案牘而愁人事靡盈辛卯運中聲名從此顯洵淡一朝仲庚寅運中耿耿聲名重陷滔雨路均己丑運中榮居故里戊子運中春夢無憑

辛亥年　丙申月　辛酉日　癸巳時

此八字辛酉專祿之辰相配柱中水火傷官之格女人得此生於右族長於名門椿又先歸萱後別腐行天際不同群其爲人也姿容清秀髮兒趁群勝丈夫之氣槩有男子之材能雲妝華岳山秀水引湘江一樣清每懷九縢意特抱擇心楊柳無風枝婀娜梅花有蕊精神難觸難犯易喜易嗔別人夫婦同偕老重聞人家配旧婚佇看晚年老霽景夫榮也許福無窮此則晚福之命良人有犯重榮際子嗣枝枝晚節馨運

行初丁酉上人庭下觸裏閨門戊戌運中契合翠鳶成好黄鴛緣紅葉是良姻己亥運中鏡破釵分當此際依然春入洞房中庚子運中須臾雲捲月須刻月離雲辛丑運中雖則夫門榮快樂還愁花放尚風生過此壬寅運中不用高燒銀燭月明添倚清明癸卯運中粧樓人去也臺鏡擁晨明

辛亥年　丙申月　戊辰日　癸丑時

此八字戊辰日德之辰食神制殺之格人生得此生於武官之族長於承蔭之家椿顯不如萱有壽鴈行天際我前業其為人也半姿清秀天性聰明頗知賢聖李楷習呂公文祖基重再整事業必添新旅川曉日雲霞襟山倚秋寒劍戟明三跳御濤沿寵握索承世代祿千鍾煌煌金紫貴威重磐三軍晚年更有超群日皇恩有感再加封此則忠義武侯之命鴛幃正副方諧老子嗣森枝有繼業運行初乙未上人庇下天朗氣清甲午運中續黃登

上國相繼祖先功癸巳運中萬馬不斷聽號令諸藩無事樂耕耘須史風雨不損權名壬辰運中肅氣騰騰威德播還愁人事有虧盈辛卯運中德仁撫軍卒推奉督邊戎須史祿耗耐性饒人庚寅運中未遂懸車之欲還宜仗劍立功勳己丑運中悠難黃菊己丑運中春夢無憑

辛亥年　丙申月　丁卯日　丙午時

此八字丁卯日元相配柱中金水財官之格喜逢印綬生身人生得此生於右族長於高門椿萱双晚別業棣各敦業其為人也半姿清秀天性聰明頗知礼義稍識古今有抵雪欺霜之智截長補短之能祖業添新慶根源勝舊風月掛碧天多皎潔名聞湖海有光榮豐年田舍禾盈營勝日山家酒滿斟拙於自己巧於他人雖不建侯封爵自然潤屋潤身此則穩厚之命鴛幃水命須年小子嗣生成貴顯人運行初乙未上人庇下未斷平生甲午

運中世事宛如春夢人情薄似秋雲癸巳運中世情濃又淡淡處又还濃壬辰運中得中有失晴後还明辛卯運中財源雖旺足素耗尚愁人庚寅運中晚節黃花香馥郁歲寒松柏自長生寅字之中花放風生己丑運中子貴沾恩澤戊子運中春歸鳥不吟

辛亥年　丙申月　辛酉日　戊子時

此八字辛酉日主之相柱中水火傷官助才之格入生得此生於右族長於名門堂上椿萱忘體骨天邊鴻鴈各行鳴其為人也丰姿清雅天性乖能般般稍嶮件件精能育襟果斷作事老成機謀滿腹動用入歛水光浮座盃盤感花月風侵笑語喧祖業添新慶根原勝舊風福布江山外名闡湖海中花無桃李非春色入有笙歌是太平好意番成惡意真心却做假心雖不建侯封爵自然潤屋潤身此則穩厚之命鴛幃有倚須偏副子嗣秋來有挺帶運行初乙丑上入庇下未斷平生甲寅運中始喜陽和滿月還愁陰雨無晴癸卯運中綉花看有艷昼水聽无聲壬辰運中有才有喜有恐有驚辛巳運中才源滚滚至春風桃李生庚午運中梅傳春信息竹報日平安丁未運中花落無声如履薄氷丙申運中老矣且喜閑中事三逕荒爐香竹松戊子運中夢入南柯

辛亥年　丙申月　戊午日　庚申時

此八字戊午日丑之辰相配柱中旺金傷官助才之格亦有合祿之意人生得此生於温良之族長於清白之門椿父先歸萱後別天邊鴻鴈各行鳴其為人也丰姿清雅性格乖能世事頗能將就般般學又精通高人啟敬貴客相歛水光浮座盃盤瑩花氣侵人咲語馨重成新事業再整舊門庭不以昭昭申節亦不明明隨行生涯湖海上薦路或西東春入園林香遍廬寰之謫月離海嶠光揚宇宙之明緜厚心常定何須蓁顯榮此則旺足之命鴛幃年長須招副子嗣秋來尚廣生運行初乙未上人庇下淡淡青雲甲午運中風帶雪多應覺冷鳥啼花落始知春癸巳運中世情濃又淡淡處又還濃壬辰運中不覺之中曾得覺用心之處不如心辛卯運中幾番駁襍都經過從此滔滔福祿增庚寅運中富連阡陌行樂如心寅字之中須史風雨己丑運中子秀家居有慶戊子運中遷然一枕難醒

壬子年　甲辰月　丙寅日　庚寅時

此八字丙寅之日身坐長生雜氣官印之格人生得此存誠立恕據德依仁椿萱皓首難全奉鴻雁天邊各奮身智謀出類機幹過人十斷九連成大業三番四覆整家門生意都生湖海上底光尤勝背鄉隣此則豪傑之命鴛幃有碍須偏正挂子秋來發錦荼運行初乙巳上人庇下化日陽春丙午運中財如潮漲浦福似月離雲丁未運中一番風雪過財旺福駢臻戊申運中遇貴生財多壯觀旺中人事又逡巡己酉運中行藏多慶朽栗尤康庚戌運中悅年發旺福享兒孫辛亥運中喜當光霽壬子運中夢入巫峯

壬子年　甲辰月　戊辰日　乙卯時

此八字戊辰日德之辰相配柱中木水雜氣才殺之格人生得此魁偉天性聰明高謀遠見機関別懷慨襟懷李識深其為人也生於名族長於豊庭雙恩前後歸源路鴈行有上自飛鳴李間有成英嬪金榜題名晚英材出類定是皇家猷緩人威風凜凜人中罕談笑風雲四座驚爽世衣冠從今望九天雨露沐深恩佇看天下揚名顯爵居尊位棟梁臣此則貴顯之命鴛幃同屬寅重贈挂子中抽出錦英運行初乙巳上人之下便習書經丙午運中寫志英辞窗下月留灯火十年苦丁未運中淹留志氣猶難遂辜負聰明未稱情戊申運中他日声名令際會管交平地一声雷身雖榮顯非耗安驚己酉運中一運二陛金紫貴眾民仰德一廉清庚戌運中奉命綬室金闕下日日朝班拜聖恩辛亥運中上五年歸回故里下五年一夢蓬瀛

壬子年　甲辰月　甲子日　戊辰時

此八字甲子日相配柱中水局印綬之格人生得此丰姿洒落操幹能爲椿親早別萱歸晚鴻鴈天邊不共飛學識粗通書史智謀能別賢愚江湖尊德望閭里有威儀佇看來晚節茅宅挺輝輝此則富厚之命鴛幃赴後重年少桂子秋來舞綵衣運行初乙巳萱親庇下椿樹無依丙午運中財源來旺處人事頻超超丁未運中斷弦重把鸞膠續弹出聲來頗得宜戊申運中才源來滾滾人事又孳孳己酉運中粟陳貫朽行樂怡怡庚戌運中老當強壯辛亥運中歸去來兮

壬子年　甲辰月　庚午日　辛亥時

此八字庚午日貴之辰相配柱中木火雜氣才官之格人生得此丰姿天性聰明椿萱不逮雙年老鴻鴈天邊各奮鳴李識窮通書史志謀能動賢英祖業添新慶才囊自積成但須機中生錦綉何須天府沐恩榮此則富守之命鴛幃有碍須年少桂子秋來有挺榮運行初乙巳上人庇下快樂昇平丙午運中恰似洛陽三月景楊花飛處牡丹馨丁未運中才源來旺處風雪一番生戊戌運中機杼声喧罗錦馥貴人豪傑擁門庭己酉運中不獨金珠滿目尚祈羅綺鮮明庚戌運中孫賢子秀快樂昇平辛亥運中依然昌樂壬子運中一梦難醒

壬子年　甲辰月　辛未日　乙未時

此八字辛金相配柱中之木雜氣財官之格人生得此丰姿雅操性格果剛生於右族長於高堂椿萱双皓首鴻鴈有翱翔般般歷學件件平常祖基重整贓財帛晚豊藏佇看晚節添新慶子秀孫賢第宅昌此則穩貴之命凡幃木命須年少桂子秋来有挺芳運行初乙巳上人庇下其樂何當丙午運中氣轉華堂生百福陽回喬木納千祥丁未運中財来雖滚滚人事尚乖張戊申運中一番風雪過財帛旺門墻已酉運中延賓玩物會友流觴庚戌運中桑榆暮景樂享安康辛亥運中依然光霽壬子運中夢入黃粱

壬子年　甲辰月　癸酉日　壬戌時

此八字癸酉日相配柱中火土之庫雜氣財官之格人生得此丰姿温潤性格果剛生於豊富之室長於寂滅之堂椿萱有倚成無倚鴻鴈聯行不共行堅持經呪頗識文章佇看容顏秀妙光明普照十方此則叢林顯貴之命運行初乙巳家尊庇下一度風霜丙午運中身登三寶地清福享無量丁未運中雖不文場鏖戰也須榮沐恩光戊申運中法輪長轉豈慮乖張已酉運中鍾聲穿出烟霞大始信天堂路不長庚戌運中頓識天台路焉能過石梁辛亥運中莫道西歸無去路金蓮步步往西方

壬子年　甲辰月　己巳日　壬申時

此八字己巳日相配柱中水木雜氣才官之格人生得此平資雅淡處事多機椿萱難並老鴻雁有分飛祖業終須再整財囊旋積豐肥自有貴人交敬處豈無心術動人推倚着果晚節家業也光輝此則守常之命鴛幃半少方偕老桂子秋風舞綵衣運行初乙巳無榮無辱何是何非丙午運中但覺行藏順利不妨風雪輕飛丁未運中財源雖益旺人事又趑趄戊申運中天生才藝人交處財利紛紛勝舊時己酉運中樂中生出悶依舊貨財湲

庚戌運衝擊之時月入雲衢辛亥運中老當逸樂壬子運中歸去來兮

壬子年　甲辰月　辛未日　己亥時

此八字辛未日相配柱中金土雜氣才官之格人生得此平姿英偉天性剛明椿萱不逮雙榮贈鴻雁天邊各奮鳴理窮今古事學貫聖賢經泮水十年淹素志橋門一旦顯芳名一從姓字傳揚後榮沐恩波肅氣清此則顯貴之命鴛幃有碍須偏正桂子秋來有挺英運行初乙巳上人庇下快樂昇平丙午運中讀殘窓下月囊聚案頭螢丁未運中執卷幾回空探月天然機會上神京戊申運中風雲相際會變化沐恩榮己酉運中威風揚遠近祿

位又加陞庚戌運中職列大夫金紫貴來應此際鮮簪纓辛亥運中榮回處樂壬子運中一夢難醒

壬子年　甲辰月　戊寅日　甲寅特

此八字戊寅日相配柱中旺木襍氣才殺之格女人得此人生茂族適於高門姿容温潤髮鬒不輊椿萱棠棣霜幃日妯娌翁姑尚寡情難觸難犯易喜易嗔助勤允膽効剪髮待賓心一亮杏桃鋪錦綉滿山松栢映幃屏初運交和平頗順晚年福慶兒孫此則貞良女命良人年長無妨魁桂子生成俊傑人運行初癸卯上人庇下刺綉殷勤壬寅運中鶯歌鳳舞帶綰同心辛丑運中片雲能致雨雨過千山依舊青庚子運中兩沾春色園林茂月到秋天皎潔明己亥運中有子有孫真享福家門榮旺樂昇平戊戌運中冲擊之所頃刻風雲丁酉運中花落水流春已失蘭摧玉折恨何明

壬子年　甲辰月　丙子日　庚寅特

此八字丙日配合子中癸水爲官星無破無冲入格乃朝廷倫甲法人生於宦族長於高門丰姿濟楚學問聰明理窮古事兼今事語對賢人與聖人早登龍虎榜快赴鳳凰城此則榮耀之命鴛幃佳配情諧好桂子升騰名利榮達行乙巳丙午片雲掩月萬事沉吟行丁未運中男兒欲遂平生志且留灯下十年心行戊申己酉運中財盛生官鄉丹桂步青雲庚戌運中光景清香行辛亥運中殺官混襍夢入巫山

壬子年　甲辰月　乙亥日　壬午時

此八字雜氣才官之格喜逢印綬生身值斯格者生於仁門長於賢室椿萱非毖倘難依鴻鴈聯行防獨奮其為人也人材長穩性格操持或厭家庭而樂客欽親農務懶功書但使清算花底醉何妨白髮鬢邊催此則穩感之命化情得合宜硬桂子先難後輝運行初乙巳虽居底下未足為奇丙午運中乍雨乍晴之景無榮無辱之時丁未運中漸有春晝永財帛頗来綏戊申運中雖不綺羅衣錦也應湖海名馳己酉運中行藏有慶動止踌躇庚戌運中安享慕年之福慶辛亥運中一宵花落又人歸

壬子年　甲辰月　庚申日　己卯時

此八字庚申日相配柱中之木襍氣才官之格女人得此儀容秀爽天性明良生於右族配於文房椿萱棠棣難依羌妯娌翁姑侍有常立業治家有道相夫教子多方錦綉花開冨貴琅玕竹報安康守看來晚節沛澤再加昌此則榮贈女命良人金命榮華客桂子生成顯煥郎運行初癸卯閨門之内快樂何當壬寅運中屏開金孔雀帯綰綉鴛鴦辛丑運中裙釵加壯麗人事稍悲傷庚子運中寵渥榮沾後裙釵絢日光己亥運中一番風雪過蛾眉再加昌戊戌運中子顯居臻福安榮坐晝堂丁酉到丙申運中歸去也

壬子年　甲辰月　庚午日　丙戌時

此八字庚午日貴之辰時上偏官之格人生得此多機多智不柔不剛椿父先歸萱後別鴈行不際不同翔稍識古今之學粗知禮義之方祖業重新重整財囊自積自藏但願生涯益旺何須身到天堂此則自旺之命鴛幃赴後重年少桂子庭前一兩芳運行初乙巳初年之景椿樹凋傷丙午運中萱花零落後財帛未豐昌丁未運中人事趦趄根業變徐徐歷過旺財囊戊申運中斷統重續後家業異於常己酉運中到此英雄敬仰果然金玉滿堂庚戌運中老當發旺米粟盈倉辛亥到壬子運中歸去也

壬子年　甲辰月　甲戌日　甲戌時

此八字雜氣財官之格喜逢印綬生身稟得中和之道萱親先棄世椿父後歸山其為人也丰姿磊落天性機關理窮今古事書對聖賢篇終許名揚祿厚豈教豹隱龍蟠一日風雲相濟會驊騮獨過玉樓前此則官達之命鴛幃金命須年少子嗣秋風發桂蘭運行初乙巳無業無辱不緩不涼丙午運中芸窗雪案陰硯寒瓊丁未運中雖不瓊林賜宴長安也許揚鞭當是時也蛟躍一番戊申運中橋門自有通雷路書取沾恩拜九天己酉運中政令諸方布仁風四境傳庚戌運中皇恩有感祿位高遷辛亥運中身閑當得貞天爵晉封無憂即地仙壬子運中歸去也

壬子年　甲辰月　甲子日　丁卯時

此八字甲木日元配合子辰水局雜氣印綬之格值斯㬥者生於盛族長於良家人材倜儻天性會華筆底流三峽中飽五車嚴慈昌遂双双老棠棣難齊對對萼驪珠照魏先難掩雷劍藏豐氣莫遮金榜題名顯瓊林拜命嘉此則顯揚之命驚幃兩硬頭生雪掛子森森晚更佳運行初乙巳但宜福庇何必巳巳丙午運中夜案挑灯明翠幕晚窗滴露照殊砂丁未運中一箭射空名必顯崢嶸頭角佐王家戊申運中政化閩南北聲名播遠避已酉運中衣冠正在權衡處只恐西風舞雪花庚戌運中双旌遷化日五馬帶朝霜辛亥運中安享桑榆之暮景壬子運中定將仙魄去乘槎

壬子年　甲辰月　甲戌日　甲戌時

此八字雜氣財官之格喜逢印綬生身稟得中和之道萱親先棄世椿父後歸山其為人也丰姿磊落天性機關理窮千古事書對聖賢篇終許名揚祿厚豈教隱豹蟠龍一日風雲相濟會驊騮嘶過玉樓前此則宦達之命駕幃金命須年少子嗣秋闈發桂蘭運行初乙巳無榮無辱不煖不寒丙午運中芸窓螢案陰硯寒遭丁未運中雖不瓊林賜宴也許揚鞭當是時也跋踄一番戊申運中播門自有登雲路晋取沾恩拜九天已酉運中政方諸方布仁恩四海傳庚戌運中皇恩有感祿位高遷辛亥運中身閒當得真天爵官散無憂即地仙壬子運中歸去也

壬子年　甲辰月　乙酉日　丁丑時

此八字乙酉日相配柱中金水財殺之格女人得此亦足以發其身主人姿容嬌麗性格賢良生於茂族配於墳房椿萱有倚難金奉妯娌無情各一方深明閨壼理相識聖賢章相夫全婦道教子有賢良佇看夫榮身顯貴霞衣披服映花粧此則榮安女命良人配舊轅門將柱子秋來翰苑即運行初癸卯上人庇下冬暖夏凉壬寅運中錦綉花開春富貴琅玕竹報日平安辛丑運中雖則權名兩旺一番風雪飄揚庚子運中日日珍羞百味輝輝錦綉千箱已亥運中桃李春風多快足梧桐夜雨尚凄凉戊戌運中冲擊之所悔蹇無妨丁酉運中生則人共称死則人共傷

壬子年　甲辰月　己未日　丙寅時

此八字己土配合柱中水木雜氣才官之格喜逢天月德女人得此姿容清朗髮貌精神其為人也生於名宅長配豪門翁姑夫相守妯娌各緣輕萬里無雲天一色三秋好景月長明霞帔鳳冠應有分四時珍宝不離身羅綺層層家富貴金玉盈盈衣錦豊助勤每効凡能膳遺訓運從斷織心花無恙李非春色人有望歎是太平性快如江濤春社心安似山月秋深掌家而知儉歷事又聰明佇看暮年多快樂子腰犀帶不非輕此則榮夫相子女命良人招長配桂子必腰犀運行初癸卯閨門之內月白風清壬寅運中萬紫千紅花及景正是尋芳二月春辛丑運中共結絲蘿山海固永為琴瑟樂康寧庚子運中良人榮顯耀子蟾睇憂延已亥運中有子馳名揚帝闕往來出入轎擡迎驅奴使婢灾滞憂驚戊戌運中皇恩有感高封贈簪金帶玉綺羅新丁酉運中位列珍羞味身穿錦綉輕丙申運中蟠桃已熟王母来尋

壬子年　甲辰月　庚申日　丁亥時

此八字庚申專祿之日配合柱中水土傷官用印之格女人得此容顏平穩髮貌鮮明其為人也生於豐富之宅長於名望之庭翁姑並慶難靠倚妯娌之中我獨箸近水樓臺先得月向陽花木易逢春衣冠濟濟三從倫家業昂昂四德真針緻剌綉之機巧助勤九膽之良能雖是女人之身體過如男子之施為早運中年多危滯暮年子顯樂康寧此則勤劬之女命良人始配宜當硬子嗣遲來是貴人運行初癸卯閨門之內諸學銀針壬寅運中萬紫千紅花及景正是尋芳二月春辛丑運中燕語鶯啼佳配偶如鸞似鳳兩恩深庚子運中其中災喜險憂破保安寧己亥運中到此門庭雖有慶還見災眼謹保身戊戌運中出入宝珠簪插鬢奴僕紛紛列兩邊丁酉運中炭黑火紅灰又白芦班竹紫葉還青丙申運中安享升平福南柯一夢中

壬子年　甲辰月　甲戌日　甲戌時

此八字天元甲木相配提綱旺土雜氣才官之格喜也支丑戌相冲人生得此丰姿豪邁天性剛明高謀遠見機關別慷慨襟懷志氣深其為人也生於名族長於詩庭萱親先別椿後謝鷹行蓋下自飛鳴學問有成奮跡不登龍虎榜英材出類濟民助國顯榮身威風凜凜人中罕談笑風流四座驚行看暮年高迁壽晚金重紫治軍民此則貴顯之命鴛幃始年小桂子發秋風運行初乙巳上人之下學禮趨庭丙午運中白雪洒東壁塞下用工深丁未運中雖有凌雲之秀氣其中憂衰未如心戊申運中脫卻鸞宮登帝闕黃堂暮職治黎民官災憂破謹己而行丁酉運中此運必竝陞榮顯還有官災未脫身戊戌運中腰橫金作帶子顯退離東己亥運中上五年田園之樂下五年一夢蓬瀛

壬子年　甲辰月　乙亥日　庚辰時

此八字乙木相配柱中金水雜氣官印之格經云官印者上格也人生得此豈得不豪焉得不榮注人丰姿魁偉體貌精神高謀遠見機關別慷慨襟懷學識深其為人也生於榮盛之族長於名望之庭一對椿萱前後別庭前棠棣我枝簪祖基總有宜添整財祿聲名自積成學問有成知今古行藏便轉達官遵錦綉花開春畜貴積玉堆金貫粟陳非獨田園桑蘇盛尚祈一郡有名聞欺弦扶弱理白分清初歲中年多跋涉晚年四海顯威名此則權勢之命鴛幃有犯宜重疊桂子中拍出錦麟運行初乙巳淡淡天邊月輕輕攏上雲丙午運中幾思登仕路窓下守青燈丁未運中然則聲名揚一郡尚有非憂耗惱心戊申運中此景家門加壯觀誰知災破返官驚憂素相關不足為延己酉運中刱置樓臺添產業往来車馬貴賢賓晦非憂耗雨過山青庚戌運中倫季錦帳何為貴秦帝阿房未足称辛亥運中堆金積玉子顯朝廷壬子運中滿庫金銀將不去一齊分與衆兒孫

壬子年　甲辰月　丁卯日　己酉時

此八字丁卯日相配柱中金土雜氣才官之格人生得此丰姿洒落天性果剛椿萱不逮雙榮養鴻鴈天邊各奮翱學識窮通今古事筆鋒能理憲臺章機會来時逢貴助高揮劍筆到公堂天官考最沾恩寵百里榮看化日長此則貴人之命鴛幃有礙須招副桂子秋来吐異香運行初乙巳上人庇下何論炎凉丙午運中尋章摘句入室升堂丁未運中力想難行泮水不如身入廳堂戊申運中三疊陽關斟別酒九重都下望恩光己酉運中政化東西洽仁風遠近揚庚戌運中再加祿位百里聲揚辛亥運中黃花綠酒壬子運中夢入仙鄉

壬子年　甲辰月　乙丑日　辛巳時

此八字乙丑日相配柱中之金時上偏官之格喜逢印局以相幫人生得此仕路聲揚椿萱不逮雙栄贈鴻鴈天邊有名翔羊姿英厚天性果剛理貫古今之學心明賢聖之章終是功名客豈為田舍郎快登蟾宮攀丹桂緩步天門沐寵光此則顯耀之命鴛幃有碍須偏正桂子秋來有繼芳運行初乙巳上人庇下摘句尋章丙午運中詩書窮萬卷探月便光揚丁未運中三疊陽關登工道霜蹄暫蹶恩悲傷戊申運中栄沾寵渥威千里風雪飛殘德振揚己酉運中職列大夫金紫貴威風肅肅布邊疆庚戌運中大才大用便擬還鄉辛亥運中黄花緑酒壬子運中夢度石梁

壬子年　甲辰月　甲戌日　乙亥時

此八字甲戌日相配柱中之土雜氣財官之格人生得此羊姿洒落天性剛明椿萱不及双栄贈鴻鴈天邊各奮鳴學門三冬足詩書萬卷精終擬仕途騰達宜教莘野躬耕泮林蹈過橋門去栄沐恩波顯鼓聲此則榮貴之命鴛幃配合須偏正桂子秋來朶朶栄運行初乙巳上人庇下昇平丙午運中欲遂凌雲志思囊照簡螢丁未運中志欲登天步月身還剪雪裁氷戊申運中時來疋馬登天路都下悠悠望寵栄己亥運中權衡千百里風雪一番生庚戌運中列職大夫權任重未應此際鮮簪纓辛亥運中悠悠樂處壬子運中一夢難醒

壬子　甲辰　己巳　丁卯

此八字雜氣財官之格子卯刑殺冣得其宜嚴慈一期老鴻鴈幾分飛其為人也博文約礼不勇不慈萬里鵾華驚逐玉蟾攀桂上一聯美景馬隨青帝蹄花帰威声赫、祿位嵬、此則顕臣之命篤惇兩敵霜添鬢桂子榮門舞綵衣運行初乙巳少年之際未論興衰丙午運中萬學居顏巷潛心下董帷丁未運中幾回空悶月欲進未前時戊申運中報道是龍还不信果然奪得錦幖回己酉運中三年不改来時政百姓咸懷去後思庚戌運中萬里權衡隨掌握一番風浪不為危辛亥運中悠、暮景壬子運中花落鵑啼

壬子　甲辰　戊辰　癸亥

此八字月上偏官之格伏此根基焉得不貴堂上雙親難並老天邊鴻鴈獨超群其為人也行藏恰变天粧聰明般、將就件、不深精終是功名之上客寒為朝省之賢英機會忽從天上降衣冠庸整補朝廷此則貴達之命兇惇正副魚水同心子嗣有成桂蘭並秀運行初乙巳春風和暢六郎參清丙午運中十年窓下黃卷青燈丁未運中萬里雲程終不遠若為声戰尚虛名戊申運中禹門躍過從斯顕濮、芳名四海聞己酉運中皇恩有感金紫高陞庚戌運中正宜扶杖摟未許返鄉城辛亥運中春光一去萬古難醒

壬子　甲辰　甲申　戊辰

此八字甲木相配格中水土棄卯就方之格人生得此多機多变不柔不剛生於茂族長於華堂椿萱難並耄鴻鴈有翱翔學識頗知禮義筆鋒梢近賢良祖業有依重整鼎才囊還擬晚豊蔵遊山翫水携詩軸對月臨風把酒觴佇看晚年光霽景喧喧車馬集門墻此則豪傑之命篤幃射後重年少桂子先凋後發芳運行初乙巳上人庇下冬暖夏涼丙午運中春園雨過紅紫芬芳丁未運中雖則行蔵有慮也防人事悠揚戊申運中花開花落憂喜相當己酉運中英雄惟贈劍三尺豪傑相逢酒一觴庚戌運中冲擊之所跋涉無傷辛亥運中落日青山外猿啼人斷腸

壬子年　甲辰月　乙酉日　甲申時

此八字乙酉日相配柱中殺印之格人生得此宜乎仕路榮身主人丰姿慷慨天性明良椿萱不建雙榮贈鴻鴈天邊不共翔學問三冬足詩書萬卷深蔵一朝騰踏去化日照農桑此則英貴之命篤幃須正副子嗣桂蘭香運行初乙巳上人庇下其樂何當丙午運中讀殘窓下月踏碎板橋霜丁未運中一從折得蟾宮桂姓字傳揚禄慶昌戊申運中榮沾寵渥辭丹陛百里絃鳴化日長己酉運中肅氣騰騰奸膽碎雪晴紫綬束金章庚戌運中山河開十郡未許樂壷觴辛亥運中身膺大用便擬還鄉壬子運中花落春何處猿啼人斷腸

壬子年　甲辰月　戊辰日　壬戌時

此八字戊辰日元相配柱中水木祿氣官印之格
人生得此生於名族長於高堂椿萱娛晚鄧鴻鴈
各分行其為人也人材俊傑性格果剛詩書頗覽
玩義理欠精詳出土黄金顯十分之瑩色肅雲岐
月布萬里之清光不是錦衣驄馬客平生行樂自
倘徉此則穩厚之命鴛幃如玉義子嗣似蘭芳運
行初乙巳上人庇下炎晦未伸丙午運中花開上
苑枝枝艷笋迸東籬節節長丁未運中平坡防一
窜依旧喜無妨戊申運中桑麻遠影緑窗旅滿華
堂巳酉運中幾多世事啚还覆未許尋春向洛陽
庚戌運中門迎珠履三千客屏列金釵十二行辛
亥運中晚年安享兒孫福壬子運中訃音一道不
堪聞

子平遺書

壬子年　甲辰月　戊辰日　癸丑時

此八字戊辰日德之辰相配柱中木水祿氣才煞
之格人生得此生於右族長於名門椿父先歸萱
後別天邊鴻鴈各摶風其為人也丰姿儒雅天
性剛忠學問頗知今古事生平瀛得近高人江
上同三點六遲酒一樽法樂几席同禅悅山野巾
裴謾隱論但願粟陳并貫朽何必天邊沐寵
容此則穩益之命鴛幃全正副子嗣長麒麟運
行初乙巳運中上人庇下淡淡青雲丙午運中
如花向日似月離雲丁未運中綉花雖有艷
晝水听無聲戊申運中人生正在風光處只恐
花開被雨生巳酉運中才如春水滔滔長福似
秋蟾皎皎明庚戌運中桑榆暮景辛亥運
中一枕難醒

壬子年　甲辰月　丙子日　己丑時　查乞

此八字丙子日相配柱中水局歲德之格甲己化土制伏有功伹斯象者注人丰姿魁厚天性剛忠生於明德之族長於詩礼之家堂上椿萱見别父天邊風急拆征鴻學抱渊源執卷幾同徒嘆英才特達時来一旦化成龍橋門寄跡風雲會桂折高枝上九重此則榮達之命鴛幃有碍須偏正桂子秋枝嫩緑運行初乙巳上人底下其案從容丙午運中歆遂平生志宜加董子功丁未運中執卷幾同空嘆息雪消雲路自開通戊申運中榮沾新雨露光耀舊家風己酉運中皇恩有感禄位加封庚戌運中金紫榮遷權任重斯時未許向籬東辛亥運中桃源春去也蓬島信難通

子平遺書　三一

壬子年　甲辰月　乙酉日　己卯時

此八字乙酉日相配柱中金木才殺之格甲己作合有功人生得此丰姿磊落性格果剛生於仁厚之族長於詩礼之堂椿親帰去萱禁悅鴻雁天邊有列行學問渊源禹浪三層隨变化英才敏捷雲程萬里任翺翔姓字登黃甲衣冠拜衮章此則榮耀之命鴛幃有犯重交丞桂子秋来有継芳運行初乙巳上人庇下冬煖夏涼丁午運中間詩李礼入室升堂丁未運中蟾宫雖穩步雁塔淡題名戊申運中宴錫瓊林後朝朝侍聖王己酉運中禄位榮遷金紫貴山河萬里沐恩光庚戌運中權高廊庿器未还便还鄉辛亥運中惟有猿啼処寒雲掩夕陽

子平遺書　三二

壬子年　甲辰月　甲申日　己巳時

此八字甲木相配柱中金土雜氣才官之格亦有金神之意值斯象者注人丰姿洒落志氣剛明生於仁厚之俗族長於華麗之庭椿萱有倚难双耄棠棣聯枝独挺榮李識高明終是求名之客英才特達豈為避世之灵機會到未雲霧合也須頭角聳崢嶸此則榮達之命鴛幃全正副桂子簇秋英

運行初乙巳上人庇下月自風清丙午運中芸窗雪案黄卷清灯丁未運中志勁攀龍附鳳身近剪雪栽風戊申運中到此始知時運達長安道上馬啼輕己酉運中政化東西洽仁風遠近清庚戌運中飄殘楊柳絮肅氣自騰騰辛亥運中榮回故里壬子運中一夢难醒

壬子年　甲辰月　乙巳日　辛巳時

此八字乙巳日相配柱中辛金時上偏官之格喜逢印局以扶自稟得五行之秀氣人生得此丰姿爭重性格剛忠椿萱不違雙榮贈鴻鴈天邊各奮風筆底詞源三峡遠胸中李業五車通不向天山勞百戰却投禹浪躍三層榮沐恩波孚感飛肅氣推此則顕榮之命鴛帳有妨須列副桂蘭須看晚

闢紅運行初乙巳上人庇下快樂從容丙午運中欲遂凌雲志須加映雪功丁未運中一從折得蟾宮桂三疊陽関陽九重戊申運中威風恨遠近政化洽西東巳酉運中雪晴開閶闔戢列大夫封庚戌運中重金重紫老景豪洪辛亥運中辞榮處樂壬子運中夢入巫峯

壬子年　甲辰月　辛酉日　乙未時

此八字辛酉專祿之日祿氣印綬之格才印相混福力有虧主人椿萱分半道鴻鴈不聯飛丰姿高古作事見機惡不遜善不欺東嶺栽松西嶺秀南園種竹北園齊遇貴扶持方是吉他年造化有誰知一日貴人相指引方能才帛旺門閭此則守成之命鶺鴒難並子嗣秋枝運行初乙巳上人庇下不益不虧丙午運中不為惜花春起早多應愛月夜眠遲丁未運中幾多閑駁雜依舊牽無危戊申運中始知春晝永初見月揚輝當此之際人事盈虧己酉運中爆竹聲催寒臘盡折梅香引早春歸庚戌運中冲擊之所月入雲衢辛亥運中歸去也

壬子年　甲辰月　壬戌日　甲辰時

此八字壬戌日德之辰相配柱中火土雜氣財殺之格兩干不雜秀氣挺然女人得此生於石族配於衣纓姿容清雅髮貌精神有針綫之巧立業之能一苑李桃鋪錦綉滿山松柏映幃屏深明閨壼理洞識古今情雖是女流之輩過如男子材能性急便如風捲浪片時言過片時停錦綉花開春富貴琅玕竹報日升平若非二次明花燭天定生來配旧婚此則榮貴之命良人土命榮華容子嗣生成貴顯人運行初癸卯上人庇下未斷升沉壬寅運中春歸柳葉晴初變紅入桃花燦未旬辛丑季托翠霧成好夢諜憑紅葉就良姻庚子運中落落裙釵絢目輝輝羅綺睹風須臾風雨雨過山青己亥運中彩中加彩色紅上贈紅英戊戌運中歸廚熏異品堂上樂升平丁酉運中子榮孫顯丙申運中鏡掩紅塵

壬子年　甲辰月　己卯日　庚午時

此八字己卯專權之日相配柱中水木雜氣才殺之格人生得此生於右族長於名門椿父先歸萱後別天邊鴻鳫各排空其為人也丰姿清淡天性剛忠頗知礼義稍識古今行藏果斷作事老誠有近貴親賢之德應上和下之能終是功名之客豈為田舍之翁時來機會好從事入公門佇看頭角聳光耀舊門庭晚年光霽景疊疊祿元陞此則榮貴之命鴛幃有犯須重續子嗣秋來有提棠運行初乙巳幼年之下未斷平生丙午運中世事宛如春夢人情薄似秋雲丁未運中貴人指引登[illegible]府幾載勤勞入帝京戊申運中皇恩有感聲名显迭去迎來日夜奔己酉運中百萬粮儲吾戰掌須史風雨未如心庚戌運中除奸捉悪聲名显佐政琴堂德望新辛亥運中子貴閑田里籬邊菊酒馨壬子運中夕陽有限春夢無邊

壬子年　甲辰月　戊午日　乙卯時

此八字戊午日刃之辰雜氣財官之格官殺混雜事不十全女人得此生於平淡之族配於穩厚之門椿萱崇棣霜晴日妯娌翁姑不共群姿容清秀髮貌超群勝大夫之氣槩有男子之材能雪爲輕粉憑風傳霞作脂胭仗日匀葵葶有心終向日、楊花無日暫隨風雖非正聘亦不言奔秋沼芰荷千朶秀春光楊柳萬條情若非数次明花燭天定生來配舊婚一日高人相慶樂信知財祿自豐盈此則秀麗之命良人年長殘婚客子嗣生成俊[illegible]人

運行初癸卯上人庇下月白風清壬寅運中青烰柳葉睛初変紅入挑花娭未匀辛丑運中花嬌僂含宿雨柳媚尤帶金風庚子運中抛却烟花攻紡績片時風雨片時驚己亥運中財權重羨福祿駢臻戊戌運中財旺福興家業廣夫賢子秀樂昇平丁酉運中桑榆暮景丙申運中花落月沉

壬子年　甲辰月　丙子日　癸巳時

此八字丙火相配柱中土水襍氣殺印之格食神制伏有功主人生於武族長於將門椿萱有倚难及耄天邉鴻鴈各搏風丰姿瀟洒天性剛志頗穷黄石畧稍識聖賢經享見成事業承遺蔭功名紫塞秋横劍月落黄河夜渡兵此則武官之命鴛幃全正副子嗣碰衣新運行初乙巳上人庇下不孱不荣丙午運中金距闘鷄三市北玉鞭跨馬五陵東丁未運中欲速不達揚帆待風戊申運中不穷窓下攻書史謠喜天邉雨露恩已酉運中不入天山路爲負將有功庚戌運中子傑未能承事業灰心爲遂向薩東辛亥運中安閑悅景壬子運中花落月沉

壬子年　甲辰月　癸酉日　壬子時

此八字癸酉日元相配柱中旺土襍氣才官之格傷官在柱主人生於右族長於高門椿父先帰萱耐脱天此鴻鴈各行鳴其爲人也丰姿清雅天性聰明世事頗能將就般般李欠精通日福日崇自有順天之慶常安常樂豈無福地之深重成新事業再整舊門庭花無桃李非春色人有笙歌是太平得意江山詩句絶忘情日月酒盃深莫思仕路登雲險但虑才源福禄增此則穩旺之命鴛幃連珠低一載子嗣枝頭孝且忠運行初乙巳上人庇下未斷平生丙午運中娟娟梅月白浅浅柳風生丁未運中着意種花花不發無心插柳柳成陰到戊申運中人生正在風光处尚有閑非素耗生己酉運中雪晴雲散天如洗從此才源倍有贈庚戌運中軒開化日千祥集簾捲香風百福增辛亥運中追寅殺物會文閑樽壬子運中夕陽有限春夢無濆

壬子年　甲辰月　癸亥日　己未時

此八字癸水相配柱中土木傷官合殺之格人生得此生於溫潤之族長於清白之門椿萱有倚難雙耄天邊鴻鴈不聯群手姿磊落天性再能知高下識重輕市塵生計廣湖海祿元豐祖業有倚須重五才帛資囊自算成但願才源穩旺何須悶剝求名此則旺足命鴛幃有碍須年敵桂子秋來孝且忠運行初乙巳未分寒暑何斷平生丙午運中青歸柳葉晴初变紅入桃花娱未匀丁未運中正是梅青月白還愁人事虧盈戊申運中旺中曾敵襟依舊旺才名己酉運中才源富足行樂如心庚戌運中愈老黃花香馥郁歲寒松柏耐長青辛亥運中春去也鳥無聲

壬子年　甲辰月　乙酉日　丙戌時

此八字乙酉日相配柱中金水雜氣才官之格人生得此年姿洒落天性公平有濟人之德無剋剝之情萱母先歸椿後別厲行天際不同盟祖業多華麗財囊自積成湖海英雄交敬厚果然才帛豐門庭此則穩富之命鴛幃水命須年少桂子森森在晚成運行初乙巳上人庇下快樂昇平丙午運中便有財源來旺何須苦守青燈丁未運中世事儼如新朽柳人情渾似半開英戊申運中嚴霜積雪都經過財源須知漸漸增己酉運中萬象生光霽財源日日生庚戌運中晚年發旺金玉盈盈辛亥運中老當益壯壬子運中一夢蓬瀛

壬子年　乙巳月　戊辰日　壬戌時

此八字戊辰日德之辰相柱中水火棄印就才之格人生得此丰姿慷慨天性明良椿萱堂上双芸耄鴻鴈天邊後有翔學識聰明可向仕途求聞達英才卓冠謨教湖海曆風霜佇看晚年光霽景三千珠履擁華堂此則富足之命鸞幃配合須偏正桂子庭前吐異香運行初甲辰初承尊庇禰句尋章癸卯運中料想雲程行不得便來湖海曆風霜壬寅運中雨花生錦綉風吹動琳琅辛丑運中生象回春生意賡一番風雪洒門墻丙子運中延賞翫物、會文流觴己亥運中孫賢子秀戊戌運中夢度不梁

壬子　乙巳　癸巳　乙卯

此八字癸巳日相配柱中之火財旺生官之格人生得此大器晚成椿萱皓首相對奉鴻鴈天邊各奮鳴丰姿洒落天性剛明李識窮通今古筆鋒能掃蒐情定擬揚名顕姓豈教莘野躬耕時来乏馬登天路榮沐恩波顕政声此則顕榮之命鸞幃有碍須年少桂子秋来有継榮運行初丙午幼承上庇月白風清丁未運中明窗净几黃卷青灯戊申運中志欲登天步月身還剪雪裁冰己酉運中乏馬登天路悠悠沐寵榮庚戌運中榮沾新寵渥光耀旧門庭辛亥運中功成民樂業禄位又加陞壬午運中悠、和樂癸酉運中一夢难成

壬子年　乙巳月　壬申日　庚戌時

此八字財神黨殺早年損壽

壬子年　乙巳月　壬寅日　戊申時

此八字殺旺身輕夭喪之命

壬子年　乙巳月　壬寅日　乙巳時

此八字有名無壽之命

壬子年　乙巳月　庚寅日　癸未時

此八字庚寅日相配柱中旺火偏官之格女人得此福足以榮主人儀容秀爽天性果剛椿萱當茂不中道妯娌翁姑福慶昌有其帚顛緊存禮節掌家立業之材能心靜如水涵星月性急如風捲浪滄佇看夫榮沾沛澤孫蕃列席綺羅香此則榮貴女命良人配合須同偕桂子花跡果必芳運行初甲辰上人庶下貌秀蘭房癸卯運中配匹成佳偶花從錦上添壬寅運中羅綺堆風軟裾釵絢日光辛丑運中旺中尚有趍趄事事安依然福祿長庚子運中夫顯身榮樂綵花鋪夕陽己亥運中重重沛澤永恩厚何慮霜風入畫堂戊戌運中依然光睿丁酉運中鏡捲晨光

壬子年　乙巳月　丙申日　丁酉時

此八字歲殺之格喜得時值貴人生於望族長於高門丰姿瀟洒氣槩維新胸羅今古事學識古今文椿萱祿養難常久棠棣聯枝獨挺榮三級浪中龍變化九霄雲外鳳飛騰佇看屋宰輔霖雨澤黎民此則錦衣之命鴛幃正副方偕老桂子榮門孝義深運行初丙午只宜庇下未問升況丁未運中讀書用意觀史留心戊申運中三登黃甲權名重獨步青雲姓字馨己酉運中豸冠岳岳鐵印棱棱庚戌運中一番風雲過三度龍恩陞辛亥運中重重金紫未許思尊壬子運中且宜收拾英雄事癸丑運中夢斷南柯了此生

壬子年　乙巳月　甲辰日　丙寅時

此八字日祿歸時之格本顯功名只嫌寅巳帶刑有傷福貴椿萱有倚如無倚鴻雁聯群又斷群其為人也出言虛詐作事不精祖基不守事業重成東嶺栽松西嶺秀南園種竹北園青不於鬧處守旨向鬧中行不富而不貴役役度生平此則鄉人之命鴛幃有犯重叙鳳盟子嗣無虧深秋發秀運行初丙午和風駘蕩化日開明丁未運中堤柳已含新歲祿園梅不改舊時馨戊申運中世情舊説炎如火人事今猶冷似氷己酉運中操覆難能事天時不順情庚戌運中但遇高人提掣漸知和氣發生辛亥運中沖擊之所月入雲屏壬子運中夢重翠鶯啼不竟落花片片水泠泠

壬子年　乙巳月　甲辰日　丁卯時

此八字甲辰日相配柱中水火傷官用印之格人生得此存忠立恕據德依仁生於茂族長於高門椿萱不逮雙榮贈鴻鴈行中獨出群理窮今古事學貫聖賢文萬里扶搖騰彩鳳一聲霹靂躍潛鱗一從折得蟾宮桂便向天門沐寵恩此則榮貴之命鴛幃有得須偏正桂子先難後發春運行初丙午庇佑之下雪案勞神丁未運中詩書雖有志未擬奮天津戊申運中風雲際會登蟾窟榮領天書出紫宸己酉運中濟濟生儒沾大化熙熙民物荷生仁庚戌運中清風播遐邇雪齋服軍民辛亥運中金魚郎諳帶未許便思蓴壬子運中榮回故里癸丑運中夢入風塵

壬子年　乙巳月　壬子日　丁未時

此八字壬子日与之辰相配中火土傷官之格人生得此年姿瀟洒天性機深克己克恭人仰敬施人施德貴賢欽其為人也生於舊族長於豊庭椿親先別萱壽殞鴻鴈行中挺出鳴學問有成三場舉業非無分英才出類六年九載顯榮身清高均子志執朴古人心般般磨琢件件操持初限中年多剝雜暮年爵祿治人民此則貴顯之命鴛幃火命宜配小桂子遲招出錦人運行初丙午丁未災憂之下習史觀經戊申運中指望攀龍而舞鳳進退憂非不順情己酉運中泮水養身雖變化河揚縣裏有声名官非憂破謹己而行庚戌運中片帆穩穩朝京闕厄難憂非破未寧辛亥運中皇恩陞高爵黎民盡伏欽壬子運中有才大用積玉堆金癸丑運中子顯身閑一夢巫峯

壬子年　乙巳月　己亥日　戊辰時

此八字己土生於巳月印綬之格人生得此注人多機應变善于撑持當仁不讓見善不欺堂上二親中道别天邊鴻鴈各分飛江湖生意廣猷猷稻粱肥一朝機會從天降貴客相携氣勢嵬此則不羈之命鴛幃合連理之枝桂子成瑚璉之器運行初丙午不晴不雨處樂自如丁未運中正欲拏芳拾翠何期風雨霏霏戊申運中畫虎未成休嘆息時来息地振威儀己酉運中恰似洛陽三月景牡丹開處柳花飛庚戌運中逅實玩物會友彈琴辛亥運中桃源春去也青鳥信来稀

壬子年　乙巳月　辛亥日　壬辰時

此八字辛金配合桂中水土傷官用印之格傷官若用印官栽不為刑值斯象者丰姿慷慨天性聰明胸羅錦綉文章秀風月襟懷翰墨機其為人也生於名族長於良庭堂上嚴慈前後須鴻鴈遥天我奮鳴學問有成蛟龍豈是池中物奕材特達一旦升騰化作鯤清高君子志执朴古人身行看風雲来相會青衣服錦經身此則貴顯之命鴛幃有犯宜當贈桂子中招奪錦矣運行初丙午上人之下未論升沉丁未運中讀書甞狀雪觀史學倫螢戊申運中幾欲登天而步月何期運滞未如心己酉運中然有凌雲之秀氣其中官破返災驚庚戌運中他日聲名從此振沛澤多沾雨露恩晦非耗素保已而行辛亥運中威權而有布萬里播清名壬子運中有材當大用子顯效斷明癸丑運中留名千載一步西沉

壬子年　乙巳月　壬寅日　壬寅時

此造壬子年為之桑柘木命数配八字共演一千一百四十零八数得明出地上之格值斯数者丰姿豪邁天性良能遇豪強全然不惧逢善交相近相親生於名族長於豊門双恩前後別鴻鳫一聮鳴祖業宜添藍花木又香馨學問聪明才源滚滚生涯富英材出類田園茂盛貴賢欽陰陽如指掌休咎若通神初限中年官灾破暮年享福不非輕必是鄉傑之命鶯帳年小如魚水桂子遲来勝祖覩初運丙午上人之下學禮趋庭行丁未運懶向螢窓勤事業然有憂非不損身行戊申運聲名揚遠近進退未如心行己酉運雖則成家而立業官灾破服險非迭行庚戌運歴過崎嶇路才囊滚滚增行辛亥運南庄北庫車馬迎門行壬子運上五年子孫顕達下五年一夢巫峯

壬子年　乙巳月　己亥日　乙丑時

此八字己亥日相配柱中木火殺印之格亦有全神之貴值斯象者丰姿英偉天性明良椿萱双首棠棣有芬芳稍識古今之學粗知礼義之方交貴親賢生貨利臨風對月樂壷觴雖不身趋鳳闕也須威伏一鄉此則冨貴之命鴛幃有碍須年献桂子秋来沐寵光逆行初丙午庇佑之下其樂何當丁未運中春光间宇宙桃李吐新香戊申運中便有威揚閭閻豈無金玉盈囊己酉運中笙歌沸處曽行樂羅綺争枝夜醉鄉庚戌運中門蘭壮觀風雪無傷辛亥運中晚年時運旺光霽更何當壬子運中悠悠享用癸酉運中一夢仙鄉

壬子年　乙巳月　乙卯日　甲申時

此八字乙卯專祿之辰傷官帶印之格正謂傷官若用印官殺不為刑值此格者生於榮盛長於簪纓嚴親穩達鴻鴈行分行蔵倜儻性格志誠言不妄發事不胡行萬里韶華時至自增秀氣一聯羡景運来方顯功名自是英豪客豈為田舍人此則豪傑之命鴛幃得合須偏正桂子班衣孝義深運行初丙午襁褓之下未論昇平丁未運中綉花看有艷晝水听元聲戊申運中機會驀然天上降方知祿馬旺前程己酉運中到此始知名譽好綠楊汀外馬蹄輕庚戌運中雖則名權而振顯西風洒雪滿門庭辛亥運中威權有布舉用人欽壬子運中參秀兩岐吾快樂菊開三徑我安寧癸丑運中夕陽有限春夢無憑

壬子年　乙巳月　壬辰日　丁未時

此八字壬辰魁罡之日相配柱中之火才旺生官之格人生得此本乎得祿得名只嫌羊刃傷才減爵福力法人羊姿倜儻處事良能有理白分清之志截長補短之能椿萱半道一日分手鳴鴈天邊各奮鳴祖業重磨琢才囊晚晚成但願一樽交貴客何須跨馬上神京此則英達之命鴛幃配合須龍女桂子班衣孝盛生運行初丙午無思無慮天朗氣清丁未運中正是洛陽三月景揚花飛處牡丹馨戊申運中財源進退何須慮貴客相幇事事成己酉運中氣轉華堂生意廣門迎化日祿盈毛庚戌運中旺中尚有盈虧事事安依然貨業增辛亥運中冲擊之所夢入蓬瀛

壬子年　乙巳月　丁亥日　己酉時

此八字丁亥日貴之辰傷官合杀之格人生得此生於平淡之族長於温德之門椿萱難並雚鴻雁必聯行丰姿清秀性格操持祖業須重琢才囊晚積餘般般好學件件粗知高人起敬小輩相欺但願門蘭生意廣何須騎馬上邦畿此則穩足之命鶯幃有尅須年敵桂子秋風長嫩枝運行初丙午上人庇下安樂可知丁未運中雪晴天未煖豈是踏青時戊申運中漸漸精神好樂看看第宅光輝己酉運中戌四時之佳趣立萬畝之根基庚戌運中一番風雪不損威儀辛亥運中冲擊之腑月被雲遮壬子運中春殘花落杜宇空啼

壬子年　乙巳月　壬子日　丙午時

此八字壬子日刃之辰相配柱中丙火財旺生官之格人生得此丰姿英俊天性忠良一對椿萱先别父天边鴻雁各翱翔學問聰明驥足千程隨蹀躞英才敏捷雲程萬里任翱翔空賜瑗林後哀冠拜家章此則榮显之命鶯幃全杀須年長桂子秋枝有吐芳運行初丙午上人庇下其樂何當癸未運中尋常摘句入空弃室甲戌運中讀殘第店三更月踏破芹增幾板霜乙酉運中躍過三層浪威稜振四方丙戌運中皇恩有感祿位加昌丁亥運中金魚綰帶權衡重來許懸車返故鄉戊子運中榮回故里己丑運中梦入仙鄉

壬子年　乙巳月　己酉日　己巳時

此八字火生土印綬之格印綬者上格也女人得此亦足以潤其身主人姿容闓朗天性慈祥生於富室配於高居一對椿萱先別毋天邊鳩鴈各翺翔有治家之道理教子之義方心靜似月明霄漢性急如風捲滄浪初運安和中末順晚年福慶自遐昌此則起家女命良人得合須年長桂子秋枝吐異香運行初甲辰閨門之内其姿何當癸卯運中匹配賢良友花從錦上粧壬寅運中雪中尚有梅花發雪後梅花不耐霜辛丑運中雨情山聳翠雲含月揚光庚子運中不独裙釵濟濟尚祈家業昂昂己亥運中冲擊之所跋跡無傷戊戌運中粧樓人去也臺鏡掩晨光

壬子年　乙巳月　己亥日　甲子時

此八字己亥日相配柱中水火棄印就才之格人生得此多機多變不柔不剛椿萱難並耋棠棣各呈芳祖業增新麗財囊晚積蓄學識粗知今古事筆鋒能理憲條章不入文場并案牘也教頭角聳軒昂此則遇貴顯榮之命鴛幃有妨須列副挂蘭還擬晚標香運行初丙午上人庇下其樂何當丁未運中雖則會宛篤志未應聲譽光揚戊申運中到此貴人相挈起無端風雪墜門墻己酉運中不獨財名榮旺尚祈福禄榮昌庚戌運中英英氣宇振振推衡辛亥運中子秀孫賢增美麗晚年重整綺羅裳壬子運中悠悠處樂癸丑運中一夢黃梁

壬子年　乙巳月　癸丑日　丁巳時

此八字癸水相配柱中之火才旺生官之格正謂才威生官終身有慶值斯象者注人多機變善操持堂上椿萱先到父庭前富棣各分枝學識頗知礼義筆鋒可向曹司昼虎不成空歎時來還倚貴人势此則榮達之命鴛幃水命宜年少桂子秋風長嫩枝運行初丙午上人庇下花柳芳林丁未運中春光明媚景柳絮自輕飛戊申運中刻鵠不成終類鶩財源耗散事蹺蹊己酉運中時來方壯觀才祿自相隨庚戌運中到此漸知光景好綠楊堤畔馬驕嘶辛亥運中沖擊之所月被天遮壬子運中一夢歸何處哀猿空自悲

壬子年　乙巳月　乙卯日　甲申時

此八字乙卯專祿之辰傷官帶印之格正謂傷官若用印官殺不為刑值此格者生於榮盛長於簪纓嚴親穩達鴻鴈行分行藏倜儻性格志誠言不妄發事不胡行萬里韶華時至自增秀氣一聯美景運來方顯功名自是英豪容豈為田舍人此則豪傑之命鴛幃得合須偏正桂子班衣孝義深運行初丙午襁褓之下未論升沉丁未運中繡花春有艷畫水聽無聲戊申運中機會驀然天上降方知祿馬旺前程己酉運中到此始知名譽好綠楊汀外馬蹄輕庚戌運中雖則名權而振顯西風洒雪滿門庭辛亥運中威權有布舉用人欽壬子運中麥秀兩岐吾快樂菊開三徑我安寧癸丑運中夕陽有限春夢無憑

壬子年　乙巳月　辛丑日　戊子時

此八字辛金生於巳月正官之格亦有朝陽之意主人丰姿磊落天生英雄逆則春雷隱隱喜則和氣雍雍擠置有顯雖雙鸞鴻鴈多輝拜九重盃行銀燭交光慶人在金殿睹今中長安重游使洛陽富才雄一旦忽然機會至馳名疆域授榮封此則豪傑之命鴛悍正副子嗣孝忠運行初丙午赤城映朝日綠枝搖春風丁未運中鬪鷄三市北躍然馬五陵東戊申運中有志未伸休嘆息諸葛當初作臥龍己酉運中聲名耿耿佳氣葱葱庚戌運中戈甲層層光耀日旌旗隊隊色遮空辛亥運中開達皆如此東籬飲數鍾壬子運中桃源春去也蓬島難通

壬子年　乙巳月　壬寅日　庚寅時

此八字壬水生逢巳月乃真空亡夭折之命

壬子年　乙巳月　甲午日　乙亥時

此八字甲午日相配柱中水火傷官用印之格人生得此丰姿清瘦性格明良椿萱半道難全奉鴻鴈天邊不共翔學識頗窮今古筆鋒能動賢良祖業三番四覆財源十虛九藏但願生涯生妙訣何須天府沐恩光此則清守之命鸞幃有碍須年少桂子花開果有芳運行初丙午上人庇下快樂何當丁未運中恰似洛陽三月景楊花飛處牡丹香戊申運中神藝交高貴財來事抑揚己酉運中但使生涯逢貴助何愁風絮墜門墻庚戌運中才名益旺家業軒昂丁亥運中老當臻福慶豪傑擁華堂壬子運中悠悠享用癸丑運中一夢仙鄉

壬子　乙巳　辛丑　己亥

此八字辛金生於巳月正官之格只嫌巳亥冲破滅我科甲科名蔽慈齊耄高堂上鴻鴈行飛烟雨中其爲人也知進退頗雍容喜則甚和氣怒則舞剛風生計從容福布江山之外營謀發達名揚湖海之中佇看光曾貴蒼年還受封此則傑人之命鸞幃得合魚水欽逢子嗣有成榮門吉慶運行初丙午無嗔無喜不辱不榮丁未運中藹藹祥光遍寰宇慈慈佳氣轉鴻濛戊申運中莫道行藏多利便有時清吉有時凶己酉運中大道平如掌闊河萬里通庚戌運中西風雪片片世亂事匆匆辛亥運中樂意莫過棋一局消愁唯有酒三鍾壬子運中晚景多樂康癸丑運中山迴路不通歸去也

壬子年　乙巳月　庚戌日　辛巳時

此八字庚戌魁綱之日相配柱中旺火偏官之格人生得此大器
晚成椿萱堂上分年鶯鳴鴈天邊有各鳴丰姿磊落天性剛
明季問胥中廣詞源筆下精熹志十年勞雪案芳名一旦達
天廷佇看沾寵渥氣焰便奔騰此則榮顯之命鶯囀正副
方薦壽桂子秋來三兩英運行初丙午上人庇下詩礼相初丁
未運中欲遂凌雲志恩囊照露榮戊申運中執卷幾番
探月依然困守書灯已酉運中時來雲霧合跨馬上天
庭庚戌運中榮沾新寵渥化日、昭明辛亥運中職
列大夫權任重未容此際鮮簪纓壬子運中黃花綠酒
癸丑運中夢入蓬瀛

壬子　乙巳　丙辰　戊子

此八字丙辰日德之辰相配柱中水土食神制殺
之格人生得此丰姿豪傑天性剛能高謀遠見機
關利慷慨情懷志氣滌其為人也生於舊族長於
仁門雙恩難並鶯鴻雁擬飛鳴季問也知今古事
行藏出類貴賢欽祖基祖業宜當整財帛人情自
立成般、勞碌件、操心高人相敬小輩無情初
限中年灾危險暮年富貴享豐盈此則成家立業
之命鶯幃宜贈桂子遲馨運行初丙午上人之下
不足談論丁未運中螢窓曾篤志有悔不傷身戊
申運中便有聲名揚四遠進退憂非未稱情己酉
運中才如春水滔、漲総見憂非悔不侵庚戌運
中正是成家而立業病患纏身保祐行家門未遂
憂破非驚辛亥運中掃去灾身真悔氣官非危破
又來臨壬子運中富貴之中加富貴堆金積玉子
孫榮癸丑運中閻王書信到無常際促程

壬子　乙巳　壬辰　辛丑

此八字壬辰魁罡之日相配柱中土木才官之格人生得此丰姿英俊天性仁慈才全文武氣壯紅霓堂上椿萱並耄天边鴻雁分飛深明黃石畧熟味聖賢書三跳御溝沾寵渥煇、劍戟擁門閭此則武榮之命鴛幃全正副桂子秀枝、運行初丙午上人庇下快樂何如丁未運中闡雖過渭北之馮向関西戊申運中威稜驅武士麾下擁旌旗己酉運中一番風浪過榮眷戟而愚庚戌運中汗馬有功持重柄一方天下肅威儀辛亥運中英雄傳後嗣籬下飲瓊花壬子到癸丑運中歸去也

壬子年　乙巳月　丁未日　甲辰時

此八字丁未日相配柱中水木官印之格人生得此丰姿穩實性格頑愚椿親耐晚萱歸早鴻鴈天邊有後隨解知今古事懶習聖賢書祖業有依須再整才囊還擬自操持佇看來晚節子旺貨財肥此則穩實之命鴛幃配合須年少桂子秋來有出奇運行初丙午庇佑之下蘆絮為衣丁未運中學識不窮詩禮生涯懶去操持戊申運中家業重興人事賡旺中尚有事趑趄己酉運中不獨財源穩旺尚防風雪軯飛庚戌運中一番阻滯幸不為危辛亥運中冲擊之所月被雲迷壬子運中依然康樂癸丑運中歸去來兮

壬子年　乙巳月　壬辰日　乙巳時
此八字壬辰魁罡之日配合柱中火土財殺之格
兩干不雜為良椿父先歸去萱母必後亡其為人
也行藏果決性格堅剛學問淺知今古事筆刀尤
顯貴人光果是榮華之上客豈為寂寞之郎頭角
嶄然輩人民頌德昌此則豪達之命鴛幃奁命須
年長子嗣斑衣孝義長運行初丙午雲花淡淡烟
水茫茫丁未運中威權漸有布世事抑還揚戊申
運中九載驅馳未安跡一朝沐澤始光身己酉運
中黎庶連村唱桑麻遍野芳庚戌運中高遷祿位
快樂徜徉辛亥運中正好腰銀居主宰何期催促
返家鄉壬子運中返吟之地一夢仙鄉

甲戌年　丙子月　己未日　甲子時
此八字己未陰刃之日才官之格五行健旺四時
粹純遇斯象者豈得不榮其為人也丰姿蒼古儀
表奇清接物待人多意趣欺風抵雪甚乖能銳譽
雄威自是天生分定根基祖業終須革故鼎新旗
穿曉日雲霞襯山倚秋雲劍戟明此則官人之命
鴛幃有冠須重奁蘭桂森森發俊英運行初丁丑
龍蟠豹隱未見光明戊寅運中萬里碧天雲掃盡
一樓皎月雨初晴己卯運中幾度崎嶇咸化吉總
戎麾下有聲名庚辰運中得祿得名猶得意豈愁
人事擾心情辛巳運中何不乞身辭下樂叮嚀驥
子秉遺勳壬午運中風清月朗桂秀蘭馨癸未運
中兒孫戲舞五斗解醒甲申運中英雄盡也花落
黃昏

壬子年　乙巳月　丙辰日　巳亥時

此八字丙辰日相配柱中之水偏官之格人生得此行藏倜儻性格剛明椿萱難並奉棠棣有聯英學問三冬足詩書萬卷精黄道三秋騰驥足赤霄萬里奮鵬程長安春似海花映彩猶明此則榮貴之命鴛幃有犯須年少桂子秋来有挺英運行初丙午庇佑之下快樂安寧丁未運中明窓淨几暮史朝經戊申運中抛卷幾回探月時来方許升騰己酉運中一從揚姓字便擬沐恩榮庚戌運中政化洽仁風遠近清辛亥運中戰列大夫權任重未應此際解簪纓壬子運中榮回鄉樂癸丑運中夢入蓬瀛

壬子年　乙巳月　癸巳日　壬子時

此八字癸日坐向巳宮財旺生官之格人生得此丰姿洒落天性果剛椿萱皓首难双奉鴻鴈天邊各奮翔學識粗知今古筆鋒能理憲章機會来時逢貴助勞形案牘侍公堂一從沾寵渥百里藹春陽此則榮貴之命鴛幃剋後重年少秋桂子秋来時異香運行初丙午上人庇下其樂何當丁未運尋章摘句入室升堂戊申運中時下逢貴助刀筆旺才囊己酉運中三疊陽關斟别酒九重天府沐恩光庚戌運中仁風揚百里禄位又加昜辛亥運中再加禄位壬子運中夢入黄梁

壬子　乙巳　癸巳　丁巳

此八字癸日生向巳宮財旺生官之格人生得此大器晚成萱毋先歸椿後别鴈行天際不交鳴丰姿洒落天性剛明學問膏中廣寬危筆下明定擬仕路騰蹈豈教莘野躬耕一朝跨馬長安道次第登天沐寵榮此則貴人之命鴛幃魁重年少桂子秋來有顯英運行初丙午上人庇下詩禮趋丁未運中欲遂平生志潛心對短檠戊申運中志欲登天步月身還剪雪裁氷己酉運中踈踈風雪過天路便思登庚戌運中雲程坦坦登天去舉步悠悠名利成辛亥運中禄元偕進百里馳聲壬子運中黄花緑酒癸丑運中一夢難醒

壬子年　乙巳月　丙午日　戊戌時

此八字丙午日刃之辰歲殺之格值此象者生於公侯之室長於權武之門椿親高顯萱居副鳴鴈聨飛有出群其為人也丰姿洒落天性忠誠無慱古通今之志有欺風抵雪之雄功名必顯爵禄必豊須籍高賢提挈信知仕路開通此則富貴之命鴛幃宜必宜招副桂子秋來綻錦叢運行初丙午上人榮庇萬事從容丁未運中距難三市比走馬五陵東戊申運中雖則財權振作一番雲月朦朧己酉運中忽聞春霹靂頃刻躍潜龍庚戌運中自有声名蓋世豈愁亂雲漫空辛亥運中消閑恭一局遣興酒三鐘壬子運中晚年康樂癸丑運中一夢巫峯

壬子年　乙巳月　丙辰日　壬辰時

此八字丙辰日德之辰相配柱中之水偏官之格人生得此本顆功名只嫌官殺相混不貴而富椿萱半道難全奉鴻鷹天边各奮鳴平姿英傑天性公平每有救人之德且無殺害之声祖業重新慶財粮自積成但願才名旺湖海市屋貨利自然生此則豊富之命鴛幃有碍少年配匹許齊眉桂子有成晚節光華多孝感運行初丙午上人福庇快樂安寧丁未運中恰似洛陽三月景楊花飛處牡丹馨戊申運中財源來滾滾何慮有悲驚己酉運中湖海英雄敬仰果然家業豊盈庚戌運中雪晴春信轉錦綉麗門庭辛亥運中老當光霽景車馬自喧爭壬子運中孫賢子秀癸丑運中夢入蓬瀛

壬子年　乙巳月　壬辰日　庚戌時

此八字壬辰日相配格中之火財旺生官之格人生得此平姿洒落性格聰明椿萱不逮双棠贈鴻雁天邊不共鳴李問三冬足詩書万卷精早登蟾宮攀丹桂緩步天門沐寵榮行看來晚節金紫職還榮此則榮顯之命鴛幃全正副桂子有承榮運行初丙午上人庇下黄卷青灯丁未運中讀殘窓下月折桂便馳聲戊申運中寵渥榮沾後仁風千里清己酉運中祿元重顯摧金紫勢峥嵘庚戌運中山河闊十郡樂処事相逢辛亥運中老當大用壬子運中夢入蓬風

壬子　乙巳　癸卯　壬子

此八字癸卯日貴之辰配乎柱中之火財旺生官之格人生得此富上加榮椿萱堂上先虧父鴻雁天邊有共盟羊姿英厚歷事老成有博古通今之學截長補短之能祖業加新慶財囊自積成雖不建侯封爵也須掌晉民情不勞汗馬不試文聲等閑機會從天降也冠烏紗沐寵榮此則因富顯貴之命鴛帳聯珠尤列副桂子須看晚生英運行初丙午幼承尊庇快樂昇平丁未運中志思登仕路也讀聖賢經戊申運中倦讀閑風月笙歌擁醉醒

己酉運中踈、風雪過財旺福昌蓴庚戌運中氣象重新黎庶伏風濤雪浪不傷情辛亥運中官顯身榮金玉麗晚年光審耀鄉城壬子運中再加寵渥癸丑運中一夢難醒

壬子　乙巳　丁巳　庚戌

此八字丁巳日相配柱中金水財官之格人生得此羊姿洒落處用多機生於望簇長於高居羊姿雅俊歷事能為椿親先別萱尤去鴻雁天邊不共飛祖業重增厭財囊晚積餘一生但得高人敎何必區區到鳳池此則穩傑之命鴛幃有碍須年少桂子秋風舞綵衣運行初丙午庇佑之下風雪相欺丁未運中春園雖雨過柳絮逐風飛戊申運中行藏有慶生憧色一度營紆幸不危己酉運中貴人相挈處財帛旺門閭庚戌運中財源來四速門

戶自生輝辛亥運中晚歲倉箱多積粟子孫堂下樂怡怡壬子運中依然安享癸丑運中夢入仙鄉

壬子年　乙巳月　庚戌日　辛巳時

此八字庚戌魁罡之日相配柱中旺火偏官之格人生得此嚴毅資稟慷慨行藏椿萱皓首難全奉鴻雁天邊各自翔稍有賢良之志粗知禮義之方祖業重新慶才囊自積成不獨才名旺湖海尚析閭里姓名揚佇看來朓節頭角也軒昂此則福富兩全之命鸞幃配合須偏正桂子秋來有挺芳運行初丙午幼承尊庇快樂安詳丁未運中尋章摘句心尤倦便擬才囊積滿盈戊申運中到此精神加壯固不妨風雪洒門墻已酉運中延賓玩物會友流觴庚戌運中家業多饒裕時來沐寵[illegible]辛亥運中晚年機會好光霽更何當壬子到癸丑運中歸去也

壬子　乙巳　乙卯　癸未

此八字乙卯專祿之日相配柱中水火傷官用印之格人生得此丰姿英俊處事多機筆下有救人之德胸中無殺伐之私椿萱分別早鴻雁各東西學問有成未必名登龍虎榜筆鋒雄健猶能身到鳳凰池此則榮貴之命鸞幃尅後重年少桂子秋來三兩枝運行初丙午庇佑之下未足為奇丁未運中一番風雪過行樂尚趑趄戊申運中貴人薦引登公府一度榮紆不苦悲已酉運中榮沾新雨露光顯舊門閭庚戌運中萬民樂業財名旺祿位榮加亦有期辛亥運中老當光霽景未許便懸車壬子運中悠悠籬下癸丑運中歸去來兮

乙未　己卯　己亥　乙亥

此八字煞重身柔當作夭折不足論也

壬子年　丁未月　庚戌日　乙酉時

此八字庚戌魁罡之日雜氣財官之格運行背地減我功名一對椿萱白首幾行鴻鴈分群其為人也行藏特達舉用人欽學問不深君子敬諸馱顛脫貴人尊運至自增秀氣時來方長精神江湖有意公卿小廊廟無心軒冕輕倘若留心於仕路案機膺薦姓名馨此則擊石生焰之命鴛幃得配連珠女子嗣秋來綻錦英運行初戊申娟娟雲裏月灼灼葉中英己酉運中失之非是喜得也未爲帯庚戌運中雖用千般巧計全無一着遂心辛亥運中但得高明指引漸知和氣發生壬子運中財源浩浩氣英英癸丑運中正是梅青并月白果然福祿也添增甲寅運中水枯金絕一夢难醒

壬子年　丁未月　戊申日　乙卯時

此八字戊申日相配柱中水木禄氣才官之格人生得此富貴兩全堂上椿萱先别文天边鴻鴈不成聯祖業終难倚財名後勝前不窮黃石畧懶讀聖賢篇天然一旦出成吉寵渥崇沾東大權武士文臣皆起敬禁国春色獨能看此則福貴之命鴛幃难會向子嗣假當權運行初戊申運途多舛風雪生寒己酉運中離落根基难倚傍天然沐寵步金鑾庚戌運中鼓搗原有韻石擊始生烟辛亥運中威權揚内苑何慮是非牽壬子運中禄位輝輝持重柄紛紛豪傑列麾前癸丑運中冲擊之所危放風顛甲寅運中悠悠如樂乙卯運中夢入九泉

壬子年　丁未月　甲辰日　己巳時

此八字雜氣才官之格金神之助值斯象者生於名門長於望族椿府榮華非善沒鴈鳩何事少和鳴其為人也通事理頗聰明萬里無雲名利必從天上降一聯美景財源自向遠方生直待貴人相指引晉教祿馬旺前程此則特達之命鴛幃配合良家女子嗣秋風縱玉英運行初戊申上人光庇安享鼎平己酉運中正慕榮華和氣達何期骨肉散伶仃庚戌運中絳帳春風生意好何須騎馬上神京辛亥運中門蘭壯觀事業崢嶸壬子運中梅已白竹尤清癸丑運中萬象光華沾沛澤一團和氣藹門庭甲寅運中夕陽有限春夢無憑

壬子年　丁未月　庚寅日　甲申時

此八字庚金相配柱中木火財官之格正謂財盛生官終身有慶值斯象者注人丰姿慷慨處置多方一對椿萱先別父天邊鴻鴈有聯行般般都歷學件件只如常祖業添華麗財源厚積倉不須騎馬長安道且向東籬醉一觴此則富貴之命鴛幃土命須年少桂子森森晚秀香運行初戊申上人庇下其樂何當己酉運中洛陽三月花如錦又被顛風損一場庚戌運中晴霄山河開壯麗一番行樂尚悠揚辛亥運中戌四時之佳趣立萬古之田庄壬子運中延賓玩物會友流觴癸丑運中提綱冲擊人事乖張甲寅運中日暮倀瞀切人間空斷腸

壬子年　丁未月　癸巳日　壬子時

此八字癸巳日相配柱中火土襍氣才官之格女人得此儀容秀爽天性明良椿樹先凋萱耐晚鴈行天際各分翔立業掌家有道助勤九搭多方心靜似月明霄漢性急如風捲滄浪行看夫榮臻福慶裙釵紺日麗軒昂此則榮福女命良人榮顯分中道桂子森枝兩挺芳運行初丙午初承上庇蔭秀蘭房乙巳運中匹配成佳偶花開錦繡香甲辰運中一番風雪過才旺福崇昌癸卯運中鴛鴦分拆閨門冷人事消疎恨莫當壬寅運中有子承家業依然樂意長辛丑運中晚年享用樂守華堂庚子運中到己亥歸去也

壬子年　丁未月　辛卯日　己亥時

此八字辛卯日主相配柱中火土雜氣殺印之格傷官制殺為奇人生得此生於名族長於高居水火椿萱歲長天邊鴻鴈各分飛其為人也丰姿清秀天性操持般般領曉件件粗知重成新事業再整旧根基有心營貨利無意習詩書萬里無雲天一色三秋好景月光輝門閭生計好里閭姓名馳花盈上苑菓盈圃稻滿平疇水滿池但願財源富足何須天府榮歸此則穩旺之命鴛幃年長方偕老子嗣生來有出奇運行初戊午上人庇下未断平生丁未運中寒向梅中盡春從柳上歸庚戌運中乍雨乍晴留客景輕寒輕煖困人天辛亥運中雖則行藏而有慶還愁素耗與究非壬子運中才源雖旺足風雪自盈盈癸丑運中歲寒松柏春景桑榆甲寅運中春光如過隙一枕入仙鄉

壬子年　丁未月　丙午日　甲戌時

此八字甲午日元配配柱中火土傷官助才之格人生得此生於右族長於名門萱母先歸椿耐歲天邊鴻鴈各行鳴其為人也丰姿清秀天性聰明敏稍覽件件不精謀動君子感伏小人行藏竟消洒咲傲任枯榮祖業添新慶根源勝舊風五湖生計好四海福元豐不以功名為念豈將冠冕磨礱是非莫嘗門前客得失須憑寒上翁好意番成好真心換得嗔雖不建侯封爵自然才祿餘盈此則穩享之命鴛幃正副方偕老子嗣秋來虧有盈

運行初戊申上人庇下未斷未生已酉運中娟娟雲衰月灼灼葉中英庚戌運中雖則行藏有慶還愁人事虧盈辛亥運中幾度樂中有悶數番靜裏憂生壬子運中世情濃又淡淡處又還濃癸丑運中晚年快樂福祿駢臻甲寅運中享子孫之福慶

乙卯運中杳杳之佳城

壬子年　丁未月　辛亥日　己亥時

此八字辛亥之日傷官合殺之格喜逢印綬生身人生得此生於温潤之族長於清白之居椿萱上皓首鴻鴈不同飛其為人也丰姿清雅天性操持頗知世事稍識詩書恒招高士敬時有貴人携門外生涯曠濶江湖活計光輝羅綺飄香風蕩蕩垂觴列座草蔓蔓不須問覓功名事但無榮辱樂多餘此則發福之命鴛幃有碍須相敵子嗣秋香有

感衰運行初庚申上人庇下何慮何思已酉運中登臨尚值踈踈雨未是逢春賞翫時庚戌運中欲進不前休嘆息時來自有貴人携辛亥運中得未喜失未悲壬子運中寒梅稍根春消息始覺陽和滿太虛癸丑運中家給人足行樂如心甲寅運中松肖柏右奇乙卯運中春光一去無消息江水東流何日西

壬子年　丁未月　丁未日　辛亥時

此八字丁未陰刃之日相配柱中水土傷官助才之格喜進印綬生身人生得此生於右族長於高門椿萱分晩先虧父天邊鴻鴈各行鳴其為人也丰姿清秀天性聰明般般梢覽件件不精風月處反消洒客情行藏果斷作事老誠萬里無雲天一色三秋好景月長明有心於貧利無意慕功名門外遠觀千畝地庭前閑樂四時春花無桃李非春色人有笙歌是太平施恩惹怨布德成嗔雖不建侯封爵自然福享無窮此則穩厚之命鶺鴒有犯須年長子嗣枝枝孝義深運行初戊申上人庇下未斷平生己酉運中風帶雪來應覺冷鳥啼花落始知春庚戌運中世事短如春夢人情薄似秋雲辛亥運中雖則行藏有慶幾番人事虧盈壬子運中正是太平光霽景閑非素耗尚愁人癸丑運中門楣壯觀福祿駢臻丑字運中如履薄冰甲寅運中晩年閑快樂風雨一番驚乙卯運中人生從此別無復見儀形

壬子年　丁未月　丁酉日　丙午時

此八字丁酉日貴之辰相配柱中水土傷官助才之格傷官者剛毅之物也主人生於右族長於高門椿父先歸萱後別天邊鴻鴈各行飛其為人也丰姿清秀氣宇高奇研窮今古深究詩書見善則持於己當仁不讓於師性不受觸心不蔵機終是功名之客豈教田舍耕鋤瓊林雖不忝高宴祿位榮看次第巍此則榮貴之命鶺鴒有犯須重續子嗣秋來有出奇運行戊申上人庇下有何是非己酉運中翰簡留神久青燈照誦幃庚戌運中時來高折桂騰蹬在斯時辛亥運中篆烟消後泮宮靜且與生徒辨惑疑須臾風雨頃刻趨起壬子運中教鐸豈能留得住紛紛德澤惠群黎癸丑運中耿耿聲名顯洋洋雨露濡甲寅運中子貴光榮贈乙卯運中春歸鳥不啼

壬子年　丁未月　壬寅日　辛亥時

此八字壬寅逢艮之日相配柱中火土禄氣才官之格喜逢日禄歸時遇斯命者生於右族長於高門萱堂先歸椿後别天边鴻鴈各行飛其為人也丰姿清秀天性操持頗知礼義稍識詩書有近貴親賢之德敬上和下之能行藏果斷作事三思終是功名之客豈為田舍耕鋤不就三場選好將刀筆施行看未晚節德澤惠黔黎此則榮貴之命兆憐有犯須招硬子剛生成貴星人運行初戊申上人庇下未斷高低乙酉運中藏器待時時必進時來遇貴自吹噓庚戌運中六曹知法律三考立声名辛亥運中踌馬起程登上谷榮沾雨露耀門閭壬子運中幾載空閑寧一旦聽蒙除癸丑運中三年百里來時政百姓感情去後思甲寅運中歸去来兮乙卯運中月落西沉

壬子年　丁未月　庚寅日　乙酉時

此八字庚金相配柱中火土禄氣才官之格丁壬作合陽刃相扶遇斯命者生於右族長於仁門椿萱有倚雖雙耄天邊鴻鴈各行群其為人也丰姿磊落天性雍容高謀遠見機關别慷慨春風一娛人欲為清淨歆向公門時至自增秀麗運来方長精神莫道枯枝雖結果東君留意更慇懃但願五湖風味好任他白髮鬢邊生此則特達之命鶯啼雕梁花朵子嗣晚節螟蛉運行初戊申上人庇下未斷升沉乙酉運中乍雨乍晴留客景或寒或煖困人春庚戌運中密雲不雨雷聲切江潤無風浪自生辛亥運中夜雨自添池水滿春風吹綻海棠紅壬子運中才源滾滾家居好片時風雨不為驚癸丑運中桑榆暮景甲寅運中花落月沉

壬子年　丁未月　庚戌日　庚辰時

此八字庚戌魁罡之日相配柱中木土祿氣之格喜逢印綬生身人生得此生於右族配於名門椿萱雙脫茂鴻鴈不聯行其為人也姿容清秀髮兒輿常翁姑姑有倚妯娌各分行治家多礼節處事甚能為有丈夫之見識勝男子之操持怒則雷聲裂裂喜則日色熙熙楊柳無風之婀娜梅花有月夢光輝藁砧榮耀兒孫貴沛澤紛紛潤秀衣此則發福之命良人遭珠榮貴客子嗣榮門始有戌運行初丙午如玉在石人不易知乙巳運中菡萏花開鴛鴦並立梧桐枝棲鳳

双飛甲辰運中正是梅清月白也愁人事趑趄癸卯運中漸登太城方造家衢富此之際花放風輕壬寅運中夫榮子貴多如意此際光華異别特辛丑運中裙釵齊濟福祿輝輝庚子運中四時佳趣如心樂八景安和可意時已亥運中春光去也花落月西

壬子年　丁未月　戊戌日　乙卯時

此八字戊戌魁罡之日相配柱中木火才官印三奇之格人生得此生於右族長於名門椿父先掃萱後别天边鴻鴈各行鳴其為人也丰姿清秀天性聰明有抵雪欺霜之智裁長補短之能般般稍覽件件不精重成新事業再愁舊門庭過火黃金顯十分之貴色雖雲皎月如萬里之清風親賢近貴避吉避凶但願生涯多吉利名揚湖海有光榮極於自已巧與他人是非莫管門前客得失須憑塞上翁但願才源富足何須天府求榮此則穩厚之命鴛

幃年小須年畝子嗣秋來朵朵榮運行初戊申上人庇下淡淡清風已酉運中雲籠皎月水泛萍洋庚戌運中世事濃又淡淡処又還濃辛亥運中人生正在風光處只恐天關非素耗生壬子運中雖則行藏有慶幾多人事虧盈癸丑運中軒闊化日千祥集簾捲香風百福增甲寅運中無意盡傳詩礼樂有朋自遠方親乙卯運中桃源春去也蓬島路难通

壬子年　丁未月　庚子日　丁丑時

此八字庚金相配柱中火土𥡴氣官印之格本顯功名運行背地事不十全主人椿萱難並奉棠棣謫春雲其為人也丰姿清秀天性乖能立仁立義多見多聞般般都稍覽件件不全精萬里部華事業每從忙裏就一聯美景才源自向閑生生遊山翫水携詩卷對月觀花把酒斟江湖有意公卿小廊廟無心宇宙輕此則商賈之命鴛幃須帶硬桂子彩衣新運行初戊申上人庇下天朗氣清己酉運中登臨雨滂賞翫春陰庚戌運中貨利交通壬

里外一番風雨一番驚辛亥運中到此始知時運好才源滚滚福元增壬子運中門外田疇千古計庭前花木四時春癸丑運中暮年安享甲寅運中春夢無憑

壬子年　丁未月　己亥日　乙亥時

此八字己土天元相配柱中木火𥡴氣殺印之格人生得此椿親先别萱亡去天边鴻鴈不行聯丰姿清秀天世良賢自有順天之慶豈無福地之禄雖成新事業難守舊田園暫修善果曾種福田是終利名之客豈教鈎隱龍蟠一旦奮身登案牘半生無意攀玄閑佇看頭角聳德澤惠黎元此則榮貴之命鴛幃遲配子嗣聯蘭運行初戊申上人庇下未斷暑寒己酉運中投師學礼听法談玄庚戌運中自有貴人提挈無心着意林泉辛亥運

中幾載省堂揮劍筆時來跨馬去朝天當此之際風雨一番壬子運中仁風播遠近雨露再加添癸丑運中正宜食禄未許歸閑田寅運中榮白雞下樂乙卯運中一夢入黃泉

壬子年　丁未月　丙申日　己丑時

此八字丙火相配柱中之土傷官之格羊刃合杀為奇過斷命者壹毋先帰椿萌晚天邊鴻雁不聯鳴其為人也善斷善決多是多非萬里韶華事業每逞忙裏就一聯美景才源自向閙中生豐年田舍禾盈壁腊日山家酒満斟無辱心常心何須沐寵蒙此則穩足之命鸞帏重合蚕桂子長春英運行初戊申上人庇下天朗氣清己丑運中娟娟梅月白淡淡柳風清庚戌運中密雲不雨雷聲切江潤無風浪自生辛亥運中春帰柳葉猜初変紅入瓷花燦始自壬子運中有田皆玉無樹不生英癸丑運中孫賢子秀晚景昇平甲寅運中春光帰去也花落水泫泫

壬子年　丁未月　戊申日　丙辰時

此八字戊申長生之日相配柱中金水食神助才之格主人生於右族長於高門椿萱榮貴難變老天邊鴻雁各行鳴其為人也丰姿清淡天性老誠頗窮黄石畧稍識聖賢經親賢近貴理白分清終是功名客豈為田舍翁三跳御溝沾寵渥千家燈火樂昇平旗穿曉日雲霞襯山倚秋空劍戟明此則武貴之命鸞帏有犯須招副子嗣生成貴顯人運行初戊申上人庇下未斷平生己酉運中不劳窓下攻書史茲喜天邊雨露恩庚戌運中雖則崢嵘頭角須臾風雨還生辛亥運中崇中尚有趦趄事々妥依然福祿增壬子運中不入天山路爲資将有功風雲蔽日雨過山青癸丑運中已道退藏宜謹守免得藍關遇雪驚甲寅運中有子承恩閙快樂乙卯運中春帰花落鳥無聲

壬子年　丁未月　辛卯日　庚寅時

此八字辛卯日相配柱中之火偏官之格傷官合殺有功人生得此年姿慷慨天性英雄椿親勇殁萱尤去鳴鴈天边後有後畨黄不老學劍白猿公濟濟挂旗凝晚日輝輝劍戟倚秋宫節越相傳百世雷教禄享千鍾此則帥將之命駕帳虎属尤拓副桂子旁萌沐寵封運行初戊申幼承上庇椿樹凋空己酉運中萬馬不期听號令風波乍起不成愁庚戌運中旌毫分閫外人事有相攻辛亥運中掃盡風烟開壯麗金花玉帳鎮边戎壬子運龍璽天書重感飛嘯佈風癸丑運中英雄未許閑籬下浩氣还看貫白虹甲寅運中英才從此別劍戟自成空

壬子年　丁未月　丙辰日　辛卯時

此八字丙辰日德之辰相配柱中水土傷官之格人生得此生於温潤之族長於穩學之門椿父先歸萱後别天邊鴻鴈各行鳴其為人也丰姿清雅天性聰明般般好覧件件不精謀高君子威伏小人禄享千鍾樂財源深積存福布江山外名聞湖海中但恐粟陳弃貫朽何必思登天子堂此則穩恬之命北悍遅配桂子秋香戊申運中上人庇下未断風況壬寅運中如花向日枝又艷似笋穿泥節又長丁亥運中近水樓臺先得月向陽花木早芬芳壬子運中財源富足生涯穩只恐天邊雪滿揚癸丑運中延賓玓佖會客開樽乙亥運中一枕清風

壬子年　丁未月　庚子日　丙戌時

此八字庚子之日相配柱中水火合官番殺之格人生得此生於平淡之族長於好變之門萱毋早帰椿後別天邊鴻雁各飛鳴其為人也丰姿清雅性格資況有博古通今之志有應上和下之能梅開白雪飄東閣笋出新梢過北庭萬里無雲天一色三秋好景月長明是識非為識非親却是親處世素無榮辱生平喜不富貧時遇方壯親運至始精神停看東晚節福祿享無窮此則守成之命篤幃水命須年長子嗣生英且秀聲運行初戊申上人庇下萱毋早凋零已酉運中雲籠皓月水泛浮萍庚戌運中世情濃又淡淡處又還濃辛亥運中得中有失晦後還明壬子運中到此始知時運好萬物光華百事通癸丑運中豐年四舍禾盈譽騰日山家淌斟甲寅運中安閑晚景乙卯運中春夢無憑

壬子年　丁未月　壬子日　辛亥時

此八字壬子日刃之辰相配柱中火土襍氣才官之格入傷官助才之論主人生於右族長於高門椿父先帰萱後別天邊鴻雁各行鳴其為人也丰姿清秀天性聰明學問頗知今古筆鋒稍有威稜豈無高士敬時有貴人欽笋長名園過旧竹花開上苑勝先春終是功名容豈為田舍翁三級浪中難变化九年壇上却馳名停看頭角聳先耀旧門庭晚年先霽景德澤惠黎民此則吏貴之命篤幃鼓盆三嘆重整新声子嗣有成晚年貴顯運行初戊申上人庇下滋祿平生已酉運中春圍雖雨過桃李未生英庚戌運中蔵器待時時必達時未遇貴入公門辛亥運中幾載辛勤廿苦守時未王府便沾恩壬子運中皇恩有感声名顯黎民頌德樂升平須史風雨頃刻遊廻癸丑運中耿耿声名重滔滔雨露均甲午運中天邊少恩澤籬下梟高情乙卯運中鳥啼花落春不再逢

子平遺書

壬子年　丁未月　丁酉日　戊申時

此八字丁酉日貴之辰相配柱中水土傷官制殺之格丁壬作合有功遇斯命者生於右族長於仁門金命椿萱先別父萱母遲遲玉樹清天边鴻雁三隻共鳴其為人也丰姿清雅天性聰明般般稍覽件件不精頗知玄妙稍向書林謀勤君子厭伏小人祖業添新慶根源勝旧風爭長名園過旧竹花開上苑勝先春田園桑柘茂畝畝稻粱馨終是成名之春豈為耕墾之翁一朝借得吹嘘力也應術藝显門庭此則特達之命鴛命火金須招副子嗣先歹後有盈運行戊申上人庇下未斷平生己酉運中世事宛如春夢人情薄似秋雲庚戌運中風狂椿樹折行藏樂未如心辛亥運中人生正在風光処向有関非素耗生貴人相指引祿馬旺前程壬子運中威權有布人欽伏才帛盈餘福祿增當此之際風雲謫庭癸丑運中天上三陽泰人間五福增甲寅運中門楣壯觀樓閣凌雲乙卯運中春光去也一枕巫峯

子平遺書

壬子年　丁未月　壬子日　丙午時

此八字壬子日丑之辰祿氣才官之格刑沖域福难顯光榮主人生於良族長於仁門萱母先歸椿後別天邊鴻雁各行群其為人也手姿清秀天性聰明頗知礼義稍識古今萬里春風行樂頌四時佳趣瑞祥生重成新事業存整旧門庭花無桃李非春色人没榮枯是太平好意番成惡真心換得嗔逢危有救遇难不凶但頭江湖生意好何須騎馬上天庭此則穩旺之命鴛幃水命相生屬子嗣生成脫粟英運行初戊申上人庇下淡淡春雲己酉運中世事宛如春梦人情薄似秋雲庚戌運中古樹含風常帶雨寒岩四月始知春辛己運中雖則行藏有慶也愁人事虧盈壬子運中才源從此長福祿勝常春癸丑運中家居有慶貫朽粟陳甲寅運中晚年多快樂持杖踏黃昏乙卯運中歸去也

壬子年　丁未月　壬子日　戊申時

此八字壬子日刃之良相配柱中火土雜氣才殺之格人生得此生於右族長於名門椿萱有倚先帰父天邊鴻雁各行鳴其為人也丰姿倜雅天性聰明少言語識重輕高謀遠見機関別慷慨春風一妙人豈無高仕敬時有貴人欽逛山翫水携詩卷對月觀花把酒斟欲為商賈思慕功名花無桃李飛春色人有笙歌見太平英雄維贈劍三尺豪傑相逢酒一鍾拙於自己巧與他人但顧一生多發福何必天邊沐寵榮此則穩厚之命鴛幃有犯

須重續子嗣秋香朶朶榮運行初戊申幼年之下天朗氣清己酉運中雲開山聳翠雨過竹重青庚戌運中乍雨乍晴留客景輕寒輕煖閑人春辛亥運中梅須遜雪三分白雪却遜梅一段香壬子運中雖則行藏而有慶還忌闕非素耗生癸丑運中庭前竹報平安日檻外花開富貴春丑字之中些少風波甲寅運中脫年閑快樂乙卯運中一枕入佳城

壬子年　丁未月　甲午日　戊辰時

此八字甲木日元相配柱中火土傷官劫才之格人生得此生於右族長於名門萱母先帰椿後則天邊鴻雁各行群其為人也丰姿清秀天性聰明斈問有成錦繡胸藏賢聖學英材敏捷胸中斈業五車深太山北斗千年在和氣春風四座傾北海蛟横頭角聳南山豹变爪牙新鵬路高搏知健翼龍門深耀見修鱗仔看官封三級酌然祿享千鍾此則榮貴之命鴛幃重錦障子嗣晚森榮運行初戊申上人庇下天朗氣清己酉運中十年窻下業黃卷與青灯

庚戌運中雖則蟾宮折桂依然寄跡桂門辛亥運中到此始知文斈好融融古浪躍三層法事但憑三尺法理刑渾似一團春壬子運中錦衣肥馬重重貴天上恩波浩浩新癸丑運中重金重紫布德施仁甲寅運中樽壘有酒延佳客蘭室存書教子孫乙卯運中春光去也啼鳥無声

壬子年　丁未月　辛卯日　戊戌時

此八字辛卯之日相配柱中火土雜氣殺印之格丁壬作合為良主人生於右族長於西房椿親有倚萱歸副天邊鴻鴈各翱翔其為人也丰姿清秀天性果剛能通書藝事惆悵世情長李問不親論孟業生平常雇貴人鄉福元增倍生涯好才帛豐盈又積倉田園桑柘茂畝畝稲粱香不慈不弟可負可方但願才源多旺足何必思登天子堂此則穩厚之命鶯幃有犯重結火子嗣旺成貴顯郎運行初戊申上人庇下和氣呈祥己酉運中如花向日枝枝軟似笋穿泥節節長庚戌運中雖則行藏有慶還愁弦斷悲傷辛亥運中人生正直風光隆只恐鬩非素耗傷壬子運中才源富足蘿蔔散香癸丑運中子貴福增家業旺何愁第宅不榮昌甲寅運中晚年快樂會交流觴乙卯運中春光去也一枕黃粱

壬子年　丁未月　壬子日　丙午時

此八字壬子日丙之辰相配柱中火土雜氣才官之格人生得此生於右族長於名門萱毋先歸椿後別天邊鴻鴈各行鳴其為人也丰姿清氣天性聰明行藏果斷作事老誠般般稍覽件件不精有近貴親賢之德應上和下之能祖業添新廣根源勝舊風萬里無雲天一色三秋好景月長明江湖生計好閭里姓名聲常將好意醬成惡毋把真心換得嗔才源富足平生好何必天朝沐寵榮此則旺足之命鶯幃年小尤防剋子嗣秋來朵朵榮運行初戊申上人庇下未斷平生己酉運中登臨雨淨賞玩春陰庚戌運中淡烟楊柳岸薄霧杏花村辛亥運中財有明消暗耗事有達處不通壬子運中幾番駁雜都經過從此財源倍有增子字之中素耗還生癸丑運中福若泉源湧財如春氣生庚時風雨何慮虧盈甲寅運中晚年閑快樂乙卯運中一枕了平生

壬子年　丁未月　甲午日　乙丑時

此八字甲午日元相配柱中金土傷官助才之格喜逢時值金神主人生於右族長於名門椿親耐晚鴻雁各分其為人也丰資清秀天性聰明般般都好覽件件不全精自有順天之慶豈無福地之深祖業添新慶財源厚積存遊山翫水携詩卷對月觀花把酒斟朝中無姓字閭里旦光榮得意江山詩句健忘情日月酒盃深好意番成惡真心變作嗔雖不建侯封爵貴有金有粟也榮身此則曰富致貴之命鴛幃有化須招副子嗣生成貴顯人

運行初戊申上人庇下未斷平生已酉運幾欲思高慕遠番成捉月捕風庚戌運中世情濃又淡淡處又成濃辛亥運中財源滚滚家居好棗耗究非一度驚壬子運中福緣昌熾行藏好五夜金風來放晴癸丑運中庭前竹報平安日檻外花開富貴春甲寅運中安閑晚景子貴榮門乙卯運中歸去也

壬子年　丁未月　壬辰日　乙巳時

此八字壬辰魁罡之日相配柱中火土雜氣才官之格人生得此生於右族長於名門椿父先歸萱後別天邊鴻雁各行鳴其為人也丰姿清秀天性聰明般般稍覽件件粗知學問不親顏孟業深知表裏精粗豈無高士敬時有貴人携終是功名之客豈為田舍耕鋤不就三場選好將刀筆施六曹知古律三語覽今非紆看頭角聳光耀旧門閭曉年常宴樂德澤惠黔黎此則榮貴之命鴛幃有犯須招硬子嗣秋來有出奇運行初戊申上人庇下

有何是非已酉運中時來逢貴引挑筆向蕃司庚戌運中去除巾幘簪烏帽管取麻衣換綠衣辛亥運中雖則崢嶸頭角還依困守門閭壬子運中皇恩有感重光顯殊授除書雨露濡癸丑運中紅蓮幕下声名重白頭解組後鹽車甲寅運中春光去也一枕仙衢

壬子年　丁未月　戊申日　甲寅時

此八字戊申之日身坐長生時上偏官之格[illegible]神制伏為良其為人也丰姿濟濟智慧軒軒順之融融和氣逆之凜凜秋霜萱親先別椿歸晚棠棣聯枝独我芳滄海驪珠能幾見豊城雷劍不終藏一朝騰踏飛黃去從此衣冠拜聖王此則光顯之命鴛得合相招硬子嗣榮門晚景芳運行初戊申片雲掩月風過花香己酉運中味道心千古披文自五行庚戌運中幾度欲登上國何期履雪經霜辛亥運中驥足千程隨蝶躞雲程萬里仕翱翔壬子運中赫赫威權重滔滔雨露長癸丑運中皇恩有感金紫煌煌甲寅運中悠悠籬下樂乙卯運中一夢赴無常

壬子年　丁未月　己亥日　丁卯時

此八字己亥日相配柱中木局時上偏官之格人生得此丰姿兵雄幹作能為椿萱難擬双年耄鴻鴈天边两各飛有機関之應變多智略之驅馳祖業重新慶財源自積脊但願味格雲外客何須身到鳳凰池此則自旺自戌之命鴛鴦配合須年少桂子森招有出奇運行初戊申輕寒輕煖景不雨不晴時己酉運中梨雨初晴天似洗行歲便有貨財綫庚戌運中歷過風霜道兵雄集滿閤辛亥運中有拿風之手段無接漢之長梯壬子運中滾滾才源来着着義業肥癸丑運中有子治退津声華異黃時甲寅到乙卯運中帰去来兮

壬子年　丁未月　乙巳日　丁亥時

此八字乙巳日相配柱中之土雜氣才官之格人生得此本顯功名只嫌巳亥冲破不貴而富椿父先歸萱耐晚鴈行天際少聯鳴丰姿英厚天性良能學識粗通書史智謀能合英賢祖業增華囊才囊自積成湖海鄉邦尊德望何須天府沐恩榮此則富厚之命鴛幃兒厲須年少桂子庭前三兩英運行初戊申上人庇下詩礼趨庭己酉運中詩書心力倦貸利便閑情庚戌運中踈踈風雪過滾滾貸財生辛亥運中行藏倜倘人財旺纍纖盧車事不驚壬子運中魚龍鬪罷行藏順金玉豊藏蘭桂榮癸丑運中老當發旺倉廩豊盈甲寅到乙卯運中歸去也

子平遺書　三

壬子年　丁未月　壬子日　辛亥時

此八字壬子日刃之辰相配柱中火土襍氣才官之格人生得此生於茂族長於明門椿萱双皓首鴻鴈少聯群丰姿清秀性格聰明頗知今古事稍習聖賢經皷樵清韻動石擊縈烟生君若留心於經史也教光耀舊門庭田園桑柘茂畝畝稻粱馨此則淘沙見金之命鴛幃金命須年長桂子生成俊傑人運行初戊申上人庇下化日陽春己酉運中雪睛天未暖行樂尚淒清庚戌運中饑欲思高慕遠依然田守家庭辛亥運中貴人提挈去從此旺聲名壬子運中一番風雪過天府沐恩榮癸丑運中拿奸捉惡祛惡除凶甲寅運中悠悠籬下樂乙卯運中黃粱一夢中

子平遺書　四

壬子年　丁未月　癸巳日　乙卯時

此八字癸日坐向巳宮逦是才官双美值斯象者
主人半安洒落天性從容堂上双親分半道天遣
鴻雁各凌風般般歷季件件粗通心胸多智墨筆
底走龍蛇機會未時逢貴動高揮劍筆振威權此
則貴人之命鴛幃有碍須相祇桂子秋來發舊叢
運行初戊申土人庇下槃事從容己酉運中貴人
鴛引登公府人事趑趄不致凶庚戌運中足馬登
天路有看滿運封半交運中切名壯觀福祿盈豐
壬子運中雖則衣冠而華蓋一番風浪不成凶癸
丑運中有才當任用未許向羅東甲寅運中心事
數莖之白髮生涯一片之青峰乙卯運中香魂杳
杳流水滐滐

壬子年　丁未月　癸卯日　丙辰時

此八字癸卯日貴之辰配合柱中火土襟氣財殺
之格人生值此本乎纓金衣紫爵祿之榮只嫌子
卯相刑以致減去分數注人半婆洒落立性乖能
生於仁良之族長於礼望之庭椿恩早別萱金壽
鴻雁飛行有顯英門前生涯千古計庭前德業四
時新威風凜凜人中罕氣宇昂昂貴客逢李問然
不登黃甲筆底銀劍字字新根基有靠還相整財
帛貧囊拜用人氣高傲物果動驕人此則英達之
命外幃金命宜相合子嗣重傷後茂榮運行初戊
申兩欲小路滑又見晦相逃己酉運中欲速未成
均莫笑揚帆在港等風行庚戌運中雖則家門多
有憂幾度舌耗不如心辛亥運中甚使生涯求利
祿其中人事耗因循壬子運中自有貴人提攜起
貴交祿馬旺前程威權有布名德惟新癸丑運中
樽壘有酒延賓客紛紛車馬客人侵子名常顯耀
中景樂昇平甲寅運中春光一去無消息夢遠巫
山去不成

壬子年　丁未月　甲寅日　丙寅時

此八字甲寅專祿之日配合柱中火土傷官生財之格女人值此丰姿秀麗性巧心伶雖是女流之輩過如男子才權堂上椿萱有壽無兄無姐得聯枝止生爷母弟家業倍加昌楊柳無風枝娜娜梅花有月色清香安静人安平靜福太平人樂太平年治家遇尧儉處事有威權有針線之勤紡績之理良人年長方諧老桂子双成吐茂著此則起家女命運行初丙午閨門毓綉未断災祥乙巳運中佳配仁門良俊友更喜花從錦上增甲辰運中

運中雖助夫門之財福自身順見小微寒癸卯運中東君報道春光至何愁地宅不風光壬寅運中一聯美景無瑕玉旺夫益子喜非常就此之中然則家居而壮觀恩謝歸去雪沾裳辛丑運中夫秀子名揚閣里琅玕竹報日平安己亥運中流水無声虛有浪夢隨蝴蝶下西廂

壬子年　丁未月　丙午日　甲午時

此八字丙午羊刃之日傷官帶殺之格人生值此生於良善長配名門之宅有治家之理針線之勤堂上双親難共壽庭前姊妹必分枝順之則喜逆之則怒性若寒潭月心如古井泉此則旺夫女命良人終要招年小桂晚先花發秀香運行初丙午乙巳父母之鄉未断灾災祥甲辰癸卯運中佳配辛角江湖友更喜花從錦上增家居有慶樂意偏多壬寅辛丑運中夫必操而子必秀財與名而權高丑字運中略見微微細雨庚字運中老景清佳

梅竹秀琅玕竹報日平安己亥運中香魂杳杳歸何處夢入黃泉再不回

壬子年　丁未月　壬子日　己酉時

此八字壬子日刃之辰相配柱中火土雜氣才官
之格人生得此半娑豪邁體貌精神有慈詳愷悌
之德無酷毒害人之心其為人也生於喬木長於
豐庭椿萱榮盛前後傾鵰行惟我顯飛鳴學問聰
明學問聰明業績曾觀蕭相律英材出類定應刀
筆顯榮身威風凜凜人中軍氣宇昂昂席上琳性
不受觸理白分清初運中年官耗殘暮年銀來子
重金此則吏官之命駕幃正正副副子有嫡嫡庶
庶運行初戊申上人之下不足談論己酉運中讀
書殃便有聲名庚戌運中到此威儀攩有振斥時
杭穗入神京非耗憂悔幸喜無過辛亥運中皇恩
有感冠帶顯官灾耗囊未離身壬子運中人民皆
仰德灾破返非驚癸丑運中一運二陞加迁爵千
里揚名福不輕甲寅運中有于朝帝闕積玉樂豊
登乙卯運中黃梁有夢日落西沉

壬子年　丁未月　壬子日　丙午時

此八字壬子日刃之辰相配柱中火土雜氣才官
之格人生得此仕路名揚椿萱榮慶雞全奉鴻鷹
天遑不共翔學識窮通今古筆鋒能理憲章機會
来時逢貴客勞形案牘入公堂天官考最沾恩寵
百里榮看化日長此則貴人之命駕幃有碍須偏
正桂子秋来吐異香運行初戊申上人庇下何論
炎凉己酉運中尋章摘句入室升堂庚戌運中到
此声麗光麗風霜阻節無妨辛亥運中足馬登天
路悠悠沐寵光壬子運中榮加新寵運威令自揮
揚癸丑運中仁風揚百里金玉種盈囊甲寅運中
悠悠處樂乙卯運中夢入仙鄉

壬子年　丁未月　壬辰日　甲辰時

此八字壬辰魁罡之日雜氣財官之格一對椿萱中道别幾行鴻鴈各分飛其為人也有微微之計較淡淡之操持悪不慈善不欺祖業須磨琢根源再整齊萬里無雲天朗麗三秋好景月光輝不是錦衣驄馬客里閭湖海樂多餘此則守嶮之命鴛幃同屬方偕老子嗣斑衣秀幾枝運行初戊申不榮不辱無榮無辱己酉運中寒向梅中盡春從柳上回庚戌運中貧富皆前定何須費盡機辛亥運中不意之中高士助始知行樂勝當特壬子運中家居有慶凡事標奇癸丑運中須臾番復頃刻憂悲甲寅運中蒼松秀北嶺黄菊綻東籬乙卯運中夕陽有限流水洋洋

壬子年　丁未月　癸巳日　戊午時

此八字癸亥日坐向巳宫乃是才官双美雜氣才官之格人生得此丰姿雅淡動止能為生於善族長於安居萱親先别椿尤去鴻鴈天邊各奮飛祖業終番覆才囊晚有餘自有貴人提挈晚年家業輝輝此則守成之命鴛幃有剋須年少桂子秋来長嫩枝運行初戊申上入庇下風雪飛飛己酉運中雖則花紅柳緑未為拾翠之特庚戌運中山陽留裏声悲切依舊花開色尚奇辛亥運中才源来滚滚風雪又霏霏壬子運中重興臺閣多植桒榆癸丑運中沖擊之所樂處生悲甲寅運中花落風還急空聞杜宇啼

壬子　丁未　丙午　辛卯

此八字丙午日刃之辰相配枉中金水雖氣材官
之格女人得此儀容秀奕天性明良椿萱棠棣難
相守妯娌翁姑各一方有立業掌家之道針緻刺
綉之強一苑杏花鋪錦綉滿山松柏映紅粧佇看
夫榮子秀裙釵濟濟軒昂此則榮秀女命良人配
合須榮貴桂子秋來有吐芳運行初丙午閨門之
內冬暖夏涼乙巳運中配匹成佳偶鸞歌鳳亦翔
甲辰運中雖則裙釵壯麗尚防人事悲傷癸卯運
中行藏多慶泰財帛也豐昌壬寅運中羅綺千般
色珎羞百味香辛丑運中晚年享用其樂何當庚
子運中滔滔安樂己亥運中鏡掩晨光

壬子　丁未　癸丑　癸亥

奇造癸丑癸亥拱祿拱貴之格運行貴鄉乃是發
祿之位值斯象者双親榮輝雁字聯行本是衣紫
腰金但嫌丑未相沖壬子填實遇時不遇有情無
情此則穩之命也妻鶯幃佳偶双鸞合子嗣凋零
晚節香運行戊申己酉春花向日秋夜明蟾運行
庚戌辛亥營窓經史足雪案簡編長行壬子運中
威而不猛鷄声茅店月馬過板橋霜行癸丑運中
梅窓得月情光爽竹管通風淅氣凉甲寅運中花
落水流春鳥失海蓬島夢魄長

壬子年　丁未月　己亥日　丁卯時

此八字己亥日相配柱中木局偏官之格人生得此非貴則富堂上椿萱一先別天邊鴻鴈各飛鳴丰姿灑落天性剛明李識粗知礼義智謀多好經營但須尊開北海果然才帛生成此則富貴之命驚悰年少酒年老桂子秋来朶朶香運行初戊申幼承上庇未必安洋己酉運中行藏多順利風雪不為傷庚戌運中杯浮竹葉清香賞雪後才源積滿囊辛亥運中才未遂未聚何必苦奔忙壬子運中到此豁然時運達粟陳貫朽勢軒昂癸丑運中晚年蘭桂秀車馬自爭喧甲寅運中悠悠昌樂乙卯運中夢入仙鄉

壬子年　丁未月　乙未日　壬午時

此八字乙未日相配柱中之木雜氣才官之格女人得此儀容秀爽天性良能椿萱棠棣难相守妯娌翁姑尚寡情有針綴之機巧立業之勤精性急江濤春壯心安秋月澄清一苑杏花鋪錦綉滿山松柏映幃屏佇看夫榮子秀霞衣帔服層層此則榮秀女命良人金命乘龍容桂子森森奪錦英運行初丙午閨門之内快樂昇平乙巳運中匹配成佳偶鸞歌鳳亦鳴甲辰運中夫門才業岳榮旺樂处趦趄華不驚癸卯運中裙釵濟濟風雪層層壬寅運中羅綺千般色珍羞百味馨辛丑運中榮沾寵渥福慶崢嶸庚子運中華高安享己亥運中桃杵無声

壬子　丁未　己卯　丁卯

此八字己卯日相配柱中之木偏官之格女人得此儀容秀爽天性果剛生於茂族配於文房椿萱有倚成無倚妯娌翁姑侍不常有九瞻助勤之道相夫教子之方錦綉花開富貴琅玕竹報安康佇看來晚節服被麗蘭房此則榮鬘女命良人年長榮英容桂子生成俊彥即運行初丙午閨門之內冬煖夏涼乙巳運中屏門孔雀帶綰鴛鴦甲辰運中雨花生錦綉風竹動琳琅癸卯運中到此始知光景好裙釵壯麗沐榮昌壬寅運中重〻加寵渥〻積財囊辛丑運中夫榮子秀樂守華堂庚子運中依然享用己卯運中夢入仙鄉

壬子年　丁未月　壬子日　丁未時

此八字壬子日丙之辰雜氣財官之格兩干不雜之論其為人也虛老假志誠雖無官宦分稍有貴人名事事能將就般般學不精椿萱難耐晚鴻鴈各飛鳴祖業添新慶資囊自珍成人傑地靈頓覓財源增益時通運泰始知氣象添增此則守常之命鴛幃有剋須遲配子嗣秋風綻棠英運行初戊申春寒料峭未稱登臨己運中欲速不達揚帆待風庚戌運中始知富貴皆當言何必區區費盡心辛亥運中陽回苑木氣轉鳴鈞壬子運中日辰重併得失相停癸亥運中水光浮座杯盤鬧花氣侵人咲語聲甲寅運中英雄去也落月花梢

壬子年　丁未月　戊申日　丁巳時

此八字戊申日相配柱中之水雜氣才官之格喜逢日祿以歸時人生得此丰姿洒落天性明良椿萱皓首難全奉鴻鴈天邊各奮翔李識粗通今古智謀能動賢良祖業如新慶才囊自積藏但須江湖尊德望何須天府沐恩光此則富旺之命駕幨年必須猴屬桂子秋來吐異香運行初戊申幼承上庇冬暖夏凉己酉運中有心生貨利無志讀文章庚戌運中財源益旺行藏順風雪無端忙一場辛亥運中樂中生出悶、至又安康壬子運中交四方之豪傑立千古之門墻癸丑運中晚年發旺金玉盈囊甲寅運中悠、延樂乙卯運中夢入仙鄉

壬子年　丁未月　戊申日　癸亥時

此八字戊申日相配柱中之水雜氣才官之格人生得此丰姿洒落性格聰明土木椿萱羊犬屬鴈行天際各飛鳴粗知今古事浅識聖賢經祖業重新慶才囊自積成自有貴人交敬果然湖海馳声佇看來晚節車馬擁門庭此則豪華之命駕幨年長須猪屬桂子旁生晚節榮運行初戊申上人庇下快樂從容己酉運中行藏光霽人交敬才帛交通日有增庚戌運中雖則財源來旺尚防人事相縈辛亥運中但喜英雄交會只愁蘭桂無英壬子運中一番風雪後花果滿園生癸丑運中財旺福興名勢重門前車馬自喧争甲寅運中依然昌樂乙卯運中夢入蓬瀛

壬子　丁未　乙未　辛巳

此八字乙未日相配柱中之金時上偏官之格人生得此丰姿洒落天性果剛橋父先歸萱後别鴈行天際不同翔夲問窮通史書筆龍理憲章機會来時逢貴助劳形案牘侍公堂一從沾寵渥百里政声揚此則榮貴之命鴛幃虬後重倫正桂子秋来有發芳運行初戊申上人庇下何論炎凉己酉運中詩書雖篤志焉得入文場庚戌運中時来借得吹嘘力劍筆高揮財滿囊辛亥運中疋馬登天風雪過榮沾寵渥耀門墻壬子運中政化東西洽仁風遠近揚癸丑運中再加禄位未擬還鄉甲寅到乙卯運中帰去也

壬子　丁未　乙丑　戊辰

此八字乙丑日相配柱中之土雜煞財官之格人生得此行藏倜儻用人欽椿萱榮耐晚棠棣秀森森學識知風知自英材通古通今祖業重新鬪財囊愈積深功名宜有分書史少留心佇看時来機會好風雲際會仕居臨此則冨貴之命鴛幃全正副桂子色森森運行初戊申上人庇下行樂如心己酉運中志思居仕路窓下惜分陰庚戌運中旺中生駁雜依舊遇知音辛亥運中等閑借得吹嘘力疋馬登天氣象新壬子運中鷹揚徳化舒豁宵襟癸丑運中冲擊之所宜隱雲林甲寅運中人生從此别廿復寄佳音

壬子年　丁未月　乙未日　壬午時

此八字乙木生逢未月財格之論喜得卯綬生身稟得中和之道值此象者生於百年喬木累世衣冠椿親榮威鳴鳫行聯其為人也善決善斷多勢多權所交者上士所處者高賢自有順天之理豈無福祿之緣雖然不中青錢選佇看吹嘘拜九天此則承親顯姓之命鴛幃有碍宜偏正子嗣班衣晚秀蓄運行初榮庇之下事事怡然乙酉運中萬里春來花爛熳三秋雲散月嬋娟庚戌運中出則紛紛僕馬綠構汀外神仙辛亥運中正是光華景笙簧奏綺筵壬子運中赫赫聲名振紛紛雨露妍當此之際風雪一番癸丑運中須曳趨玉陛咫尺步金鑾甲寅運中安享華堂福乙卯運中東風叫杜鵑

壬子年　丁未月　庚戌日　乙酉時

此八字庚戌魁罡日配木火雜氣才官格人生得此多機變善操持般般好學件件粗知學識聰明未必身登科甲衣冠壯麗官教晚節名馳指下明浮沉得失青中藏氣僕玄機佇看來晚節德化服黔黎此則晚榮之命鴛幃配合聯珠女桂子生成奪錦兒運行初戊申上人庇下有何是非己酉運中志思登仕路也讀聖賢書庚戌運中幾思登上道泥滑踬霜歸辛亥運中才祿雖益旺人事久光輝壬子運中雖入登天路威儀來便飛癸丑運中晚年光霽德政新馳甲寅運中黄花綠酒乙卯運中歸去來兮

壬子年　丁未月　丙申日　戊戌時

此八字丙火相配柱中水土傷官制殺之格丁壬作合得其所宜主人生於良族長於高居金水椿萱連珠屬天邊鴻鴈有隨飛其為人也丰姿清淡天性能為不窮今古豈習詩書豈無高仕敬時有貴人攜羅綺飄香風藹藹壺觴列座草萋萋田園桑柘茂畎畝稻粱肥好向仕途求闡達惧教墓守旧門閭好意盡成惡真心換作非難不建佳封爵祿也應鄉黨嘗黔黎此則穩享之命鸞幃年長須齊壽子嗣森枝一顯奇運行初戊申上人庇下有何是非己酉運中欲速不達藏器待時庚戌運中雖則行藏有慶尚愁人事越趄辛亥運中旺中尚有風翻浪風雪飄飄晦耗迷壬子運中花生上苑果盈囿稻滿平疇水滿池一番風雪喜不見花殘丑運中花寒柳暗暮景桑榆甲寅運中子貴孫賢多快樂丁卯運中春殘花落鷓鴣啼

壬子年　丁未月　乙巳日　丁丑時

此八字食神重犯傷官助才之格遇斯命者生於富盛之族長於華麗之堂椿萱有倚难双奉棠棣庭前各挺芳其為人也丰姿魁偉礼樂鏗鏘斈問三冬足群書萬卷藏終是功名客豈為田舍郎一朝馬上衣冠別祿位榮看次弟昌此則榮貴之命鸞幃宜有贈子嗣長珠光運行初戊申上人庇下襲迎祥己酉運中灯前觀史籍窗下習文章庚戌運中寄跡橋門數載寒毡陰硯淒涼辛亥運中機會未時方壯觀献金紬粟姓名揚壬子運中仁風千里盛戢位再加昌癸丑運中腰橫金帶声名重次弟皆到省堂甲寅運中榮中生進退何不早还鄉當此之際夢入黃梁

壬子年　丁未月　戊申日　丁巳時

此八字火生土印格綬之格喜逢日祿以歸時禀得中和之秀氣人生得此丰姿秀爽性格剛明生於豐潤之族長於清白家声一對椿萱分飙早天遠鴻鴈有聯鳴識見高明君子敬英才出類衆人欽江湖生計廣才業自豐盈但顧壷觴終日醉何須騎馬上神京此則穩實之命篤幃有别重佳偶子嗣金風綻錦英運行初戊申書空窓無暇坐風雪自盈盈己酉運中雪霽萬山開壯云開孤月暗揚明庚戌運中漸漸財源旺花開風又生辛亥運中門外田疇千古計庭前花木四時榮壬子運中財源浩浩福氣英英癸丑運中春光帰去也花落杜鵑声

壬子年　丁未月　壬辰日　甲辰時

此八字壬辰魁罡之日雜氣才官之格一對椿萱中道别幾行鴻鴈各分飛其為人也有微微之計較淡淡之操持惡不遜善不欺祖業須磨琢根源再整齊萬里無雲天朗麗三秋好景月光輝不是錦衣駝馬客里閭湖海樂多餘此則守成之命鴛幃同属方偕老子嗣班衣秀幾枝運行初戊申中不榮不辱無是無非己酉運中寒向梅中盡春從柳上歸庚戌運中貧富皆前定何須費盡機辛亥運中不意之中高士助始知行樂勝常時壬子運中家居有慶人事標奇癸丑運中須臾畨覆頃刻憂悲甲寅運中蒼松秀北嶺黄菊綻東籬乙卯運中夕陽有限逝水無回

壬子年　丁未月　乙未日　戊寅時

此八字乙木生於未月雜氣財官之格喜逢印綬相扶稟得中和之道女人得此椿萱雖向晚鴻鴈可相依其為人也姿容清朗性格操持上下肅穆家國整齊雖不受封受贈且喜無是無非此則起家之命良人土命須年長子嗣雙雙一果榮運行初丙午閨門毓秀何論高低乙巳運中葉合翠鸞成好夢黃緣紅葉是良媒甲辰運中雖非見凶險亦不致光輝癸卯運中財增人快樂身泰福源彌壬寅運中片雲掩月花放風欺辛丑運中夫賢子秀處樂自如庚子運中光陰如撚指萬事盡成非

壬子年　丁未月　丙辰日　乙亥時

此八字丙辰日配合柱中亥偏官之格喜逢年兩相幫人生得此姓顯名揚椿萱雖具奉鴻鴈各分翔年姿英厚天性果剛奇識窮通今古事鏵鏵龍理憲條章莫向泮林求聞可來案臨沭恩光此則榮身之命鶯幃全正副柱子發天香運行初戊申上人福庇其樂何當己酉運中尋章摘句入室升堂庚戌運中志欲登天步身月近履霜經霜辛亥運中案臨有聲財祿旺風霜瀝過上天堂壬子運中榮沾新寵渥光耀照門墻癸丑運中仁風普千里名勢愈軒昂甲寅運中再加祿位乙卯運中夢入仙鄉

壬子年　丁未月　辛丑日　丁酉時

此八字辛金相配柱中火土殺印之格喜逢日禄以歸時人生得此行藏覺瀟洒咲傲任枯荣生於善族長於華庭椿萱皓首方歸去鴻鴈天邊不共盟觥觥都歷學件件不全精祖業有依須再整財囊還疊自磨成但顧江湖生計廣何須問利與求名此則守成之命鴛幃配合須年少桂子秋来有挺榮運行初戊申上人庇下快樂昇平已酉運中杏艷桃嬌春色羆半親書史半經營庚戌運中事業每從忙裏就財源自向遠方生辛亥運中紅紫紛芳行樂順楊花飛處晚風輕壬子運中田園牖濶棲閣稜層癸丑運中孫賢子秀樂享安寧甲寅運中日落西風急猿啼三兩聲

壬子年　丁未月　庚子日　丁丑時

此八字庚金相配柱中火水傷官之格傷官看歷事風雲之象行蔵怜变之機人生得此注人丰姿磊落天性聰明高謀速見機関別慷慨襟懷志氣深其為人也生於有名之宅長於豊盛之庭椿萱荣盛雖並耄天辺鴻鴈有鳴淸李間有成當貴必從天上降英材出類才源必向遠方来煙樹依又朝北斗樓臺疊又隱南深非獨家而有顯名行四海有名聞欺強扶弱理白分清初運中年多跋踄晚年子顯必腰金此則富貴之命允幃有配宜添贈桂子中招奪錦英運行戊申上人之下也習書經已酉運中志欲登天而步月何期悔滞未能伸庚戌運中便有声名揚外境得失相兼不順情辛亥運中禄如春水時又漲官破災憂謹慎行壬子運中積玉堆金家富下人仰德不非輕素非之恼幸不傷身癸丑運中有子登帝闕快樂勝仙人甲寅運中三杯別酒一夢帰況

壬子年 丁未月 癸巳日 甲寅時

此八字癸日生佝巳才官雙美之格女人得此姿額儀楚体皃清奇其為人也生於望宅長配豪門翁姑畧識前後須妯娌行中我中獨馨羅綺層層家富貴金玉盈又衣錦豐花無桃李非春色人有箠歌是太平三從有備四德兼真性急起來風捲浪安然便似月高雲針綴之功刺綉之能雖是女人之身体過如男子之施称初運中年防灾產晚年夫旺積金銀此則賢良女命良人年長豪强夾子嗣重傷晚送程運行丙午雙恩之慶請李銀針乙巳運中𩖃秀閨門照有慶鳶書惟動清雲侵甲辰運中藹蒥花開鴛並立其中灾素有傷心癸卯運中正在夫隨婦唱處仍見憂心灾破驚壬寅運中門庭加壯觀風雪洒淋辛丑運中出入金釵簪滿目歸則使女两边根庚子運中晚花晚節老景康寧已亥運中不管堂前事無常又促程

壬子年 丁未月 已亥日 丙寅時

此八字已亥日㭭配柱中水木雜氣才官之格人生得此丰姿洒落天性能為楷文先歸壹後别處行天際有随飛般般都歷覽件件只粗知祖業有依重整理才囊還擬晚豐肥遨遊湖海奔走花衢不獨財名昌熾尚祈晚節光輝此則冨而且貴之命鴛幃同屬不宜副柱子全龍達鳳池運行初戊申雙親庇下燕語鶯啼已酉運中風狂樁樹折行樂自凄凄庚戌運中霜雪滿頭塵事乱風狂浪湧幾驚危辛亥運中貴人交敬財來旺樂處須防慝是非壬子運中光輝生第宅車馬集門閭癸丑運中崢嶸頭角威儀重此際方知勝舊時甲寅運中黃花晚節酌酒彈棊

壬子年　丁未月　辛卯日　巳丑時

此八字辛金配合火土殺生印綬之格值此象者生於衣纓之族長於詩禮之門堂上椿萱晚秀天邉鴻鴈聯群其為人也丰姿俊雅天性和純頗知學業稍識古今壯日芹池多寂寞晚年方得顯功名此則大器晚成之命鴛幃燭夜添新卺桂子金風孝義深運行初戊申近水柳先綠向陽花易紅巳酉運中聞詩而學禮負笈以趨庭庚戌運中蟾宮未能攀桂子芸窗暫且對韓檠辛亥運中機會來時方壯觀果然祿馬旺前程當此之際柳葉輕輕壬子運中聲名揚四境沛澤潤黎民癸丑運中兩邊祿位赫赫威稜甲寅運中翩翩名旌躊躇往城

壬子年　丁未月　甲寅日　丙寅時

此八字甲寅專祿之辰雜氣財官之格羨哉日祿以歸時其為人也丰姿標俊性格能為詩書遍覽今古皆之學問聰明袖裡虹蜺沖霄色英才出類筆端風雨駕雲梯北海蛟橫頭角崢南山豹变爪牙脊春選高乘三級浪秋闈占取壹經魁此則豪貴之命鴛幃得合壯丹芍藥芬菲桂子有成鸞鶯麟兒秀茂運行初戊申上人脤下似醉如痴己酉運中篤學居顏巷潛心下董帷庚戌運中飛黃騰踏登天去高折蟾宮第一枝辛亥運中天寒瑞雪令人悶上苑春來萬物輝肅氣寒奸膽清風蕩綉衣壬子運中威權赫赫祿位巍巍癸丑運中發政施仁民意樂除奸草弊鬼心摧甲寅運中日辰重併須迍鄉閭宮乙卯運中夢魂南軒春已去人間萬事尽成

拾翠樂何如甲辰運中悠々臻福祉福祉襲門楣癸卯運中冲擊之所驀地生悲壬寅運中光陰如撚指一夢入仙衢

壬子
己酉
丁未
庚戌

此八字丁未日相配柱中之金財旺生官之格人生得此仕路聲揚椿萱不逮双崇贈鴻鴈天邊各奮翔丰姿慷慨天性果剛學問三冬足詩書萬卷藏一從折桂光家世三疊陽関沭寵光此則顕耀之命鴛幃有碍須偏正桂子庭前有繼芳運行初庚戌上人庇下何論炎凉辛亥運中尋章摘句入室升堂壬子運中詩書窮萬卷探月便光揚癸丑運中崇沾新寵遷千里勢鷹揚甲寅運中一番風雪過金紫大夫行乙卯運中月加祿位威振一方丙辰運中悠々慶樂丁巳運中夢入仙鄉

壬子年　己酉月　壬寅日　己酉時

此八字壬寅日相配柱中金土官印之格正謂有官有印無破作廊庙之材人生得此羊姿英俊性格剛明萱親耐晚椿先別鴻鴈天邊各奮鳴深明黄石畧淺識聖賢経万騎弓刀听號令一方疆域仰威稜此則武顯之命鴛幃正副先須損桂子秋来朵朵馨運行初庚戌上人在下樂享昇平辛亥運中一番風雪過氣猷便騰丶壬子運中秋霜凝劍戟春色擁旗旌癸丑運中風生紫塞悲笳急月落黄河鼓角清甲寅運中皇恩有感禄位加陞乙卯運中金木交戰子秀孫賢丙辰運中桑榆暮景丁巳運中杜宇春声

壬子年　己酉月　癸卯日　丁巳時

此八字癸卯日相配柱中金土官印之格人生得此羊姿洒落天性聪明椿萱半道難全奉鴻鴈天邊各奮鳴學識聪明未必泮林養志筆鋒雄健可從案牘勞形機會來時逢貴助天官奏最沐恩榮此則顯榮之命鴛幃配合須龍女桂子庭前有異英運行初庚戌幼承上庇未必為寧辛亥運中詩書雖有志貨利又生成壬子運中案牘聲馳才禄旺風霜阻節又昇平癸丑運中三疊陽関斟別酒九重天府沐恩榮甲寅運中政化東西洽仁風遠迊傳乙卯運中再加禄位未許辭榮丙辰運中悠悠籬下丁巳運中夢入蓬瀛

壬子年　己酉月　己亥日　庚午時

此八字己土生金爲傷官之格時居日禄庚爲羊刃乙爲正鬼午上有明庚合乙破禄不失其局值此格者胄襟知事未爲多遇福還成禍折磨猴手正宜施手脚龍頭依舊籍刀戈飛鴻陣陣成孤隻紫燕雙雙疊舊案些〻少甘甜從苦得皇皇汲汲不須聽呵此則平常之命

壬子　己酉　丁酉　辛丑

此八字丁酉日貴之辰財官之格財盛生官終身有慶堂上椿萱老天邊鴈字分其爲人也行藏覺瀟洒舉用使人尊學問不深刀筆徤胥教案牘取功勲春入水光成嫩緑日匀花影發新紅耿〻聲名顯嵬〻禄位榮此則成名顯德之命篤憒疊損年少無刑子嗣不虧晚年有慶運行初庚戌踈〻細雨淡〻浮雲辛亥運中欲向公門去匡〻想貴人壬子運中省〻機會至禄馬旺前程癸丑運中番〻覆〻都經過宼晃輝足稱情甲寅運中黎民稱父母名譽動公卿西風洒雪行樂因循乙卯運中雖則蒼顏白髮還宜莅政安民丙辰運中歳寒松栢丁巳運中一枕難醒

壬子年　己酉月　乙卯日　辛亥時

此八字乙卯專祿之日偏官之格人生得此生於茂族長於高堂椿萱難並奉鴻鳥各翔翔丰姿清秀性格異常頗窮黃石畧稍讀聖賢章江湖播姓字閭里有聲光玉產崑崙藏韞色蘭生楚澤散清香此則穩達之命鴛鴦春麗須招硬桂子秋來孝義昌運行初庚戌上人在下襲慶迎祥辛亥運中行藏雖有慶世事上悠揚壬子運中幾欲思高慕遠還愁履雪經霜癸丑運中遲水生麒麟舟山出鳳凰當此之際花放風狂甲辰運中重添新氣象重整旧門墻乙卯運中威權有布人欽伏祿進才高雨露昌丙辰運中優悠離下丁巳運中一夢黃粱

壬子年　己酉月　壬寅日　癸卯時

此八字壬寅日相配柱中金土官印之格正謂有官有印無破作廊廟之材人生得此金紫加封椿萱不遠雙榮贈鴻雁天邊各奮雄丰姿慷慨天性剛忠學問三冬足詩書萬卷通濤浪三層都躍過班聯粉署位加封此則高榮之命鴛幃配合須偏正桂子秋來挺錦叢運行初庚戌庇佑之下詩禮從容辛亥運中欲遂平生志須加董子功壬子運中霹靂一聲雲霧合當教濤浪躍三重癸丑運中榮沾寵渥威靈壯歷過超超位又封甲寅運中祿元階進連三級千里威揚萬里風乙卯運中藩臬一方天下恩微樹立邊功丙辰運中榮回故里丁巳運中夢入五峯

壬子年　己酉月　己酉日　庚午時

此八字己土配合柱中金水食神重犯傷官帶才之格喜逢日祿以居時稟得中和之道人生得此丰姿魁厚性格剛強椿萱中道難全奉棠棣庭前有挺芳學識高明動君子筆鋒雄健近賢良尚若留心於仕路貴人扶助也崢嶸此則守帶之命駕幃簇錦桂子秋香運行庚戌雨晴山聳翠雲散月揚光辛亥運中萬紫千紅呈艷麗春風無處不馨香壬子運中思高慕遠冊心壯依舊交賢醉玉觴癸丑運中才名從此旺何處雪飄揚甲寅運中不獨稟陳貫朽尚祈勢壓鄉邦乙卯運中金木交戰人事乖張丙辰運中春殘花落盡風棚繫愁腸

壬子年　己酉月　丙午日　辛卯時

此八字丙午日刃之辰歲殺之格丙辛作合為良人生得此主人生於文望之族長於豐潤之庭椿親早別萱存晚鴻鴈失違有喬騰其為人也丰姿洒落天性聰明筆底辭源三峽水舌端吹破五車丈一朝騰踏飛黃去濟濟衣冠拜紫宸此則榮貴之命駕幃有魁重年小子嗣秋來朵朵榮運行初庚戌上人庭下黃卷青燈辛亥運中幾欲登天占月香成剪雪裁冰壬子運中風雲相濟會須刻躍潛鱗癸丑運中實躋瓊林後衣冠宸龍甲寅運中金魚初綰帶三度聖恩封乙卯運沖擊之所暫沮權衡丙辰運中早宜收拾窓前月變入南柯永不醒

壬子年　己酉月　辛亥日　丁酉時

此八字辛金相配柱中水火傷官合殺之格人生得此椿萱早别先觀毋天邊鴻鴈不聯群半姿清秀天性聰明機謀韜伏舉用人欽行蔵竟瀟洒咲傲任枯榮般般好事件件不精門外生涯曠閣庭前活計維新貴人合咲引小葦不同心花無桃李非春色人有至歌是太平此則發福之命喬帰連理合子嗣有森森運行初庚戌上人庇下雪霽春隆辛亥運中雨過山方秀雲開月始明壬子運中得中有失晦後还明癸丑運中人生雖枉風光處只恐鬧非素耗生甲寅運中三陽間宇宙一氣轉鴻濛乙卯運中財源富足事業增新丙辰運中自有兒曹能事何雖苦苦勞心丁巳運中春光去也日暮天陰

壬子年　己酉月　丙午日　丙申時

此八字丙火相配柱中金土財殺之格女人得此姿容清朗髮兒精神勝丈夫之氣槩有男子之材能雪為輕粉蕙風傳霞作胭脂伏日匀眉姑倚妯娌各分群青陽柳葉晴初变紅入蕐花煖来匀一莌杏花鋪錦秀滿山松栢映幃停看夫榮子秀能樂享昇平此則榮秀之命良人配合須年長链子先歹後有盈運行初戊申上人庇下毓秀閨門丁未運中紅葉溝中傳密意赤繩月下結良姻乙巳運中片雲蔽日雨過山青甲辰運中萬象光華沾沛澤四時佳趣樂昇平癸卯運中株中加彩色紅上增紅英壬寅運中眷年安享辛丑運中一枕清風

壬子年　己酉月　丙申日　戊子時

此八字才發之格值斯象者椿萱先别父鴻鴈
有聯飛其為人也丰姿清秀性格能為有博
古通今之志高謀遠見之機懶扳豐為得劍不
敵水府怎逢珠笛心仕路名終显着意田園畝畝
肥信看時通運遠呆然德望龜龜此則擎石生
烟之命鴛幃有得扳重續桂子秋長嫩枝運行
初庚戌上人庇下何是何兆辛亥運中趋庭負
汲夆礼聞酹壬子運中戦路恩高慕遠依然
田里依凄癸丑運中才權秉美聲勢宏馳甲
寅運中威權有布人欽伏祿進才高雨露濡
乙卯運中重、帰澤宜、光輝丙辰運中暮年
安享丁巳運中空怨鶴啼

壬子年　己酉月　辛丑日　甲午時

此八字辛丑日之相配枉中水火傷官印殺之格
人生得此生於右族長於名門萱毋先帰還有継
椿親晚贈耄帰隱天邊鴻鴈有飛鳴其為人也手
姿清雅天性聰明筆底倒流巫挾水胸中學業玉
車書深精烱烱激濁揚清無一之毫私曲有千古之
赤心豈是池中物尤来席上珎鳳凰池上客龍虎
榜中人一從揚姓字戝位秉權衡此則崇貴之命
鴛幃春麗須招副子嗣秋来發顯根運行初庚戌
上人庇下未断平生辛亥運中焚膏展卷秉烛觀
文壬子運中雖則蟾宫折桂依然寄跡儒門癸
丑運中躍過禹門三汲浪粉署聯班戝位陞當此
之重疊加陞崇甲寅運中皇恩有感重加祿狼虎潜
形郡縣驚當此之際風雪無驚乙卯運中職迁金
紫字内澄清梨花帶雪雨過重陞丙辰運中洪恩
階陞超二品何期鮮組向離東丁巳運中春光去
也一道訃音

壬子年　己酉月　丁未日　壬寅時

此八字丁未陰干之日相配柱中金水才官之格丁壬化之而太重滅我功名主人生於右族長於高居椿親耐晚萱先別天邊鴻鴈各行飛其為人也丰姿清秀氣宇高考般般稍覺件件頗知行藏果斷坐事三思豈無高仕敬終有貴人携挈長名園過舊竹花開上苑勝先枝祖業添新慶才源厚積餘生涯湖海上道路或東西花盈上苑果盈圃稻滿田疇水滿池雖不建侯封爵自然才祿豐餘此則穩厚之命猶怖有犯須重續子嗣秋來旺閏

里運行初庚戌上人花下有何是非辛亥運中春寒風料峭心急馬行進壬子運中雖則行藏有慶幾番人事趨赴癸丑運中有得有失有喜有悲甲寅運中才源富足家居好還愁風雨尚飄時乙卯運中天上三陽泰人間五福蒼卯字之中花放風欺丙子運中子富孫賢家業旺丁巳運中春歸花落鳥空枝

壬子年　己酉月　甲午日　乙亥時

此八字甲午日元相配柱中金水官印之格有官有印無破作廊廟之才只嫌身弱祿薄晚年主人生發生於右旋長於名門椿父先歸萱後別天边鴻鴈各行鳴其為人也丰姿清秀天性聰明胸次崢嶸書藝卷兼才敬建壓群倫太山北斗千年在和氣春風四座傾終是功名客豈為田舍翁此則榮貴之命猶怖有犯須招硬子嗣秋來柔柔戌運行庚戌上人底下來斷平生辛亥運中雪晴雨未煖有樂未如心壬子運中幾

回空採月困守讀書灯癸丑運中風雪一番生進退前程有路待時身甲寅運中花放風生乙卯運中耿耿声名重滔滔雨露陞丙辰運中榮回故里美酒盈樽丁丑運中春光去也花落月沉

壬子年　己酉月　癸丑日　壬子時

此八字癸水相配柱中金土殺生印綬之格人生得此文望之族長於詩禮之庭椿萱雖並老棠棣各數榮其爲人也才恣清秀天性聰明學問有成一舉可冲天之勢英才早冠片言有折獄之能一從姓字傳揚後人似神仙儒似龍此則榮貴之命鴛幃正副方偕老子嗣秋來亦旋榮運行初庚戌上人庇下襁褓平生辛亥運中篤學十年意下未應一舉成名壬子運中幾同空探月未許遂功名癸丑運中秋闈雖得意未浪未升騰甲寅運中禹浪三層都躍過風生鐵面鬼神驚乙卯運中佇看官封級酌然祿享千鍾丙辰運中解組同田里悠悠樂性情丁巳運中黄粱未熟清香先行

壬子年　己酉月　戊午日　辛亥時

此八字戊子日丹之辰傷官助才之格亦有合祿之意人生得此生於在族長於高門椿父先歸萱尉鵝天边鴻鳥各飛鳴其爲人也才恣青雅天性聰明筆力强名子幾謀壓千人知高下識重輕月掛碧天多皎潔名聞閭里豈無榮田園桑業拓茂猷猷稻粱馨雖不喜登雲路自然鄉黨推尊此則特達之命鴛幃同偕頂年添副子嗣其中有盈運行初庚戌上人庇下未斷升沉辛亥運中如日初出似月始升壬子運中片言雲發日雨過山青癸丑運中雖則人欽人敬还愁人事虧盈甲寅運中一番風雪初晴從此滔滔福祿增乙卯運中豐年田舍禾盈倉賜日山家酒滿斟丙辰運中安閑脫景丁巳運中一枕清風

壬子年　己酉月　辛亥日　丁酉時

此八字辛亥日配于柱中火土殺印之格人生得此多機多智不柔不剛椿父先歸萱後別鴈行天際不同翔稍有賢良之志粗知禮義之方十斷九連成事業三翻四覆旺財囊湖海市廛生意廣自然晚節福榮昌此則守成之命鴛幃年少双諧老桂子庭前四五芳運行初庚戌幼年之景何論炎涼辛亥運中恰似洛陽三月景揶花飛處牡丹香壬子運中財源来益旺人事有悲傷癸丑運中生四方之貨利換一簇之門墻甲寅運中家業多饒

裕風波惱一場乙卯運中孫賢子秀快樂安詳丙辰運中悠悠處樂丁巳運中夢入仙鄉

壬子年　己酉月　戊戌日　癸丑時

此八字戊戌魁罡之日相配柱中金水傷官助財之格人生得此生於右族長於名門萱母先帰椿後別天邊鴻鴈各行鳴其為人也丰姿魁愇天性老誠般般稍攬件件不精謀動君子戚伏小人行藏覓消洒咲傲任枯榮水光浮座盃鑑瑩花氣侵人笑語欣田園桑柘茂畝畝稻粱馨花無桃李非春色人有笙歌是太平琴樽風月閑生計金玉松筠舊歲春好意番成悪真心換得嗔雖不建侯封爵有名有粟也榮身此則尊榮之命鴛幃水命須招硬子嗣枝頭旺宅門

運行初庚戌上人庇下風雪满空辛亥運中如花向日似月離雲壬子運中財源旺足家居好還愁風雪尚愁人癸丑運中財源生進退人事尚虧盈甲寅運中挑李千谿錦江山一畫屏當此之際蹤跳還生乙卯運中庭前竹報平安日檻外花開富貴春卯字之中花放風生丙辰運中享子孫之福慶夢杳杳之佳城

壬子年　己酉月　戊戌日　癸亥時

此八字戊戌魁罡之日相配柱中金水傷官助財之格人生得此生於右族長於名門椿萱不相守鴻雁各行分其為人也丰姿清雅天性老誠豈無高士敬時有貴人欽自有順天之慶豈無福也之深理窮古事兼今事書對賢經與聖經晝戰之中难着脚叢林之内可容身此則清德之命運行初庚戌上人庇下淡淡春風辛亥運中难入春園折椰好來焚剎持鍾壬子運中檀那有倚生涯好善度齋粮福慶临癸丑運中雖則佛天護祐也愁平地坎坑甲寅運中雖則行藏有慶还愁風雨相侵乙卯運中心常專念弥弛佛百衝消磨福自清丙辰運中清福满目丁巳運中春夢無憑

壬子年　己酉月　壬子日　辛亥時

此八字壬子日刃之辰相配柱中金土官印之格人生得此生於右族長於名門椿萱分別先辭父天邊鴻雁各行鳴其為人也丰姿清秀天性聰明般般稍覽不精有近貴親之德應上和下之能祖業添新慶根源勝舊風水光浮座盃盤瑩花氣侵人笑語馨朝中無姓字囊底足珠珎花無桃李非春色人有笙歌是太平得意江山詩句絕忘情日月酒盃深好意番成悪真心換得嗔但顆粟陳并貫朽何必天邊拜聖明此則旺足之命鴛幃連理同木命子嗣森枝旺宅門運行初庚戌上人庇下未斷平生辛亥運中登臨值雨賞翫春陰壬子運中雖則行藏有慶閑非素耗還生癸丑運中財源雖旺足人事尚翫盈甲寅運中莫言此運多光彩得一程而失一程乙卯運中軒閑化日千祥集簇捲香風百福生卯字之中一番風雨丙辰運中享子孫之福慶丁巳運中享杏佳城

子平遺書

壬子年　己酉月　癸巳日　癸丑時

此八字癸水相配己酉丑金殺印之格女人得此豈不為哥擔萱難並耄鴻雁各分飛其為人也治家多應變臨事有操持克勤而克儉多喜以多悲楊柳無風枝裊娜梅花有月暮光輝治內而攝外旰食而宵衣當家多役役塵事安區區然雖不是恩封婦且喜衣粮頗有餘此則起旺家門之命良人火命宜年長桂子金風秀毓枝運行初戊申閨門之下姆訓之時丁未運中紅葉詩中傳春至未繩月下有佳期丙午運中世事恰如新插柳人情还似半開梅乙巳運中踈踈細雨過漸漸淡雲開甲辰運中滿目豁華當此景福源浩蕩樂多餘癸卯運中莫作千年調度还生一度驚疑壬寅運中子孫蟄蟄家門旺老景行莊勝少時辛丑運中夢蒐飛天外空月照機絲

二三

子平遺書

壬子年　己酉月　甲午日　辛未時

此八字甲午日元相配柱中旺金正官之格女人得此生於右族長配名門椿萱雖並耄鴻雁各行鳴其為人也丰姿清淑髮見精神勝丈夫之氣槩有男子有才能雲妝華岳千山秀水到湘江一樣清每懷丸膽意時抱斷機心萬里无雲天一色三秋好景月長明克勤而克儉易喜而易嗔雖不鳳冠帔服自然金谷豐盈此則益旺之命良人連珠須年長子嗣秋來有挺崇運行初戊申上人庇下毓秀閨門丁未運中契合翠鸞成好夢鸞緣紅葉是良姻丙午運中雖則夫門多快樂幾多人事尚虧盈乙巳運中須臾雲掩月須刻月離雲甲辰運中羅綺春風添壯觀片時風雨尚愁人癸卯運中使婢監厨烹異品驅奴堂上樂非常壬寅運中夫旺子貴又覔光榮辛丑運中歸去也

二四

壬子年　己酉月　戊午日　庚申時

此八字戊午日刃之辰傷官助才格人生得此椿萱有倚先亡父鴻雁雖群又各群其為人也丰姿清爽天性老誠行識竟瀟洒咲傲任枯荣般般好學件件不精曰福曰荣自有順天之慶常安常樂豈無福地之深市里生計廣湖海祿元豐雖不徙侯封爵自然閭里推尊此則發福之命鴛幃正副方偕老子嗣秋来有挺荣運行初庚戌禳禳之下未斷升沉辛亥運中娟娟雲裏月灼灼葉中英壬子運中得中有失晦後還明癸丑運中旺中尚有

盈虧事事妥佽然福祿增甲寅運中到此始知時運好萬物光華百事通乙卯運中簾幙垂珠光不夜変花窮綵景長春丙辰運中暮年安享丁巳運中春夢無憑

壬子年　己酉月　丁巳日　丁未時

此八字丁巳日元相配柱中金水才官之格才多身弱事不十全主人生於良族長於仁門椿萱有倚先帰母天邊鴻雁各行鳴其為人也丰姿清秀日月亏盈知高下識重輕有親賢近貴之德達上知下之能祖業添新慶才源自琢成世事每從輕重就才源自向速方生遇肯提携方是吉他年達化有推詳時至才源多富足運來壁草也增英莫道枯枝难結果東君留意晚年輝此則守成之命鴛幃有慈須年敵子嗣秋来桑桑者運行初庚戌

上人詹下未斷平生辛亥運中登臨雨溶賞翫春陰壬子運中乍雨乍晴留客景不寒不暖困人春癸丑運中不是一番寒徹骨争得梅花撲鼻香甲寅運中始得和氣春陽日還愁霧鎖嫩楊枝乙卯運中才源如意福祿駢臻丙辰運中晚年閑快樂丁巳運中一枕入巫峯

壬子年　己酉月　壬寅日　辛丑時

此八字壬寅之日相配柱中金土傷官印綬之格女人得此生於右族長於名門椿萱有倚准及耄天边鴻鳫各行鳴羊姿清秀髮貌精神翁姑晚蒼翠妯娌有數棠勝丈夫之氣槩有君子之村能雲叔華岳千山秀水到湘江一樣清每懷九膽意特抱擇隣心磨穿鉄硯非吾事綉折金針却有功克勤而克儉易喜而易嗔錦綉花開春富貴琅玕竹報日升平晚年子貴沾恩澤從此滔滔福祿增此則益旺之命良人連珠高一載子嗣榮門朵朵香

運行初戊申幽閨之内母訓遵巡丁未運中匹配名門交花從錦上增丙午運中雖則夫門才業旺幾多人事尚虧盈乙巳運中一株曉烟迷芍藥半泓秋水浸芙蓉甲辰運中正是太平風景还懸素耗因循癸卯運中子貴夫賢家業旺風雲何事鎖千層壬寅中光榮疊疊沛澤紛紛辛丑運中粧樓人去也一枕了平生

壬子年　巳酉月　辛丑日　甲午時

此八字辛丑日元相配柱中木大財煞之格女人得此生於右族長配高門椿萱棠棣霜曉日妯娌翁姑分尚輕其為人也治家勤儉處事每能有對綴之巧九膽之勤心慈性急德茂行真衣冠濟濟三從備家業昂昂四德新心靜似月明雲漢性急如風捲殘雲平生增福祿人世喜英才晚年更喜見孫貴從此滔滔享太平此則榮益之命良人得配榮華客子嗣秋來有挺榮運行初戊申上人庇下雲淡風輕丁未運中雲開山聳翠雨過竹重青

丙午運中雖則夫門多快樂幾多人事尚虧盈乙巳運中片雲籠月清明掩雨過千山依舊晴甲辰運中軒開化日千祥集簾捲香風百福增癸卯運中榮中尚有憂愁事明裏須防跂踄生壬寅運中春帰花落杜宇無聲

壬子年　己酉月　己丑日　庚午時

此八字己丑日元相配柱中金水傷官助才之格喜逢日祿以歸時遇斯命者生於右族長於高堂椿萱雖並耄鴻鴈各行聯其為人也丰姿清秀天性機閑知高識下近貴親賢般般稍覺件件不全重成新事業再整舊根原琴樽風月閑生計金玉松筠耐歲寒旭日桑麻茂盛蘭風禾黍道防飛詒任他來北關草生終不出南山數番酒醉思吞海幾度心高欲上天財源有分生涯好官貴無緣誓不貪此則穩厚之命鴛幃燭夜添新色子嗣秋來

發桂蘭運行初庚戌上人庇下未斷暑寒辛亥運中世事宛如春夢人情傳似秋雲壬子運中柳色傳經細雨湿花枝歆動春風寒癸丑運中雖則仔蔵有慶幾多人事迍邅甲寅運中韶華萬里美景一聯乙卯運中世利浮生皆若此不如高臥且加食丙辰運中

壬子年　己酉月　丙辰日　甲午時

此八字丙辰日旺之日相配柱中金水才殺之格喜逢印綬生身遇斯命者生于右族長于高居椿萱雖並老鴻鴈各行鳴其爲人也丰姿清秀氣象高奇妍窮今古漁獵詩書袖裏虹霓沖霄色筆端風雨駕雲衢終是文場光顯客豈教田畝務耕耘一朝沐得天邊寵便向明堂訓大儒晚年光景甫氣四方馳此則崇貴之命鴛幃有犯須招小子嗣秋來跨壯晃運行初庚戌上人庇下未断高依辛亥運中潛心雪案篤志書帷壬子運中雲程終

有路蔵器待明時癸丑運中皇恩有感聲名顯且與生徒辨惑疑甲寅運中祿雨不過三石聲名遷許廷鬼當此之際飛絮沾衣乙卯運中皇恩有感廷高職威風凜凜酷心推丙辰運中輕抛軒冕且賦帰歟丁巳運中清風明月不用一錢買玉山自倒非人推

壬子年　己酉月　丁巳日　丁未時

此八字丁巳日元相配柱中金木才官之格才盛生官終身有慶人生得此生於武族長於名門椿萱榮脩雖双耄天邊鴻鴈各飛行其為人也丰姿清秀天性果剛頗寢韜畧稍習文章不慈不惡可圖可方終是功名之客豈為田舍之郎五更戰艦驚飛渡萬里堅城入欵降臨淮將相誰能及韓信人才豈有双此則武貴之命鴛為有犯須招副子嗣秋來朶朶香運行初庚戌上人庇下未断究祥辛亥運中水自石邊流出冷風從花裹過來香壬子運中天邊消息君恩重斥時風雨喜何妨癸丑運中只為權高嘗損福依然不損釣魚舡甲寅運中威權遍布声名顯還愁風雨暗滄浪乙卯運中有子承榮閑快樂幽幽林下對壷觴丙辰運中無思無慮丁巳運中一枕黃粱

壬子年　己酉月　壬辰日　甲辰時

此八字壬辰日德之辰相配柱中金土偏官助印之格甲己作合有功遇斯命者生於右族長於高門姿容清爽髮貌超群有針綴之巧立業之勤勝丈夫之氣槩有男子之材能雲收華岳千山秀水到湘江一樣清翁姑少倚妯娌行輕萬里無雲天一色三秋好景月長明助勤每効和能膽剪髮能傳侃母心難觸難犯易喜易嗔雖不鳳冠帔服自然財旺福興此則穩秀之命良人年少須年敵子嗣金風朶朶成運行初戊申上人庇下餘秀閨門丁未運中青歸柳葉晴初變紅入桃花燦未旬丙午運中雖則夫門財業旺旺中尚有事虧盈乙巳運中幾度樂中有悶數番靜裏憂生甲辰運中不用高燒銀燭月明添倍精神癸卯運中天上三陽泰人間五福增壬寅運中晚年光景好子貴樂無窮辛丑運中春去也鳥無聲

壬子年　己酉月　戊午日　丙辰時

此八字戊午日丑之辰相配柱中金水傷官助財之格人生得此生於右族長於高門椿萱有倚先嗣安天邊鴻雁各行飛其為人也姿容清秀氣岩高齊般般稍覽件件須知有近貴親賢之德應上和下之機祖業添新財源厚積盈沼芰荷香馥郁滿園花木色芳菲消閑棊一局遣興酒三鍾雖無金紫貴也應貴人威好意番成惡真心換得非但頤一生湖海樂何必天邊沐寵歸此則豐饒之命鴛幃有犯須配聯珠子嗣有成晚年挺秀運行初

庚戌上人花下有何是非辛亥運中登臨雨霽賞翫春歸壬子運中行藏雖有慶素耗起須臾癸丑運中有得有失有喜有悲甲寅運中財源雖有進人事尚趄趑乙卯運中不独財源富足尚祈樓閣崔嵬卯字之中花放風欺丙辰運中晚年閑快樂會友以圍棊丁巳運中歸去也

壬子年　己酉月　戊午日　乙卯時

此八字戊午日丑之辰相配柱中金水傷官助財之格人生得此生於右族長於名門椿父先歸萱後別天邊鴻雁不同群其為人也丰姿清秀天性老誠般般稍覽件件不精斷高理直處事公平謀動君子威伏小人行藏竟消洒嘆傲任枯榮萬里春風行樂頌四時佳趣瑞祥生英雄惟贈劍三尺豪傑相逢酒一鍾逢危有救遇難無凶施恩惹怨布德成嗔雖然不是金轂客自然金穀足豐盈此則旺益之命鴛幃木命連珠配子嗣枝頭孝義深

運行初庚戌幼年之下襁褓平生辛亥運中青歸柳葉晴初變紅入桃花暖未匀壬子運中古樹含風常帶雪寒岩四月始知春癸丑運中始覓行藏有變還愁素耗相侵甲寅運中既濟尤防未濟得驚尤慮失經乙卯運中財源富足福祿駢增卯字之中一番風雨丙辰運中老來且樂閑中事三逕荒涼有竹松丁巳運中夕陽有限春夢無憑

壬子年　己酉月　癸巳日　庚申時
此八字癸巳貴人之日殺生印綬之格綬印相生功
名顯達運行背地雖不成名亦能發福主人生於逐室
長於高門椿萱縱老难仅耄鴻鴈天邊不共鳴其為
人也丰姿毘佛天性聰明頗知礼義稍識古今眷入園
林香遍塵寰之鵲月離海嶠光陽宇宙之明田園千
古計花木四時春愛花愛酒且樂且斟歌殘翡翠樓
頭月醉尽巫陽夢裏雲雖然不是金安客也應鄉里
管人民此則特達之命驚悵連珠須有贈桂蘭脫節
有顯荣運行初庚戌上人庇下天朗氣清　辛亥運中
人情似帛畬畬薄世事如棊局局新　壬子運中人
生正在光華處还忌閒非素耗生　癸丑運中輕風薄
尽堤边絮雨過雲收月倍明　甲寅運中才原富足行
樂春風　乙卯運中李白形骸雖放浪兒孫豪傑未
凋零　丙辰運中光陰如撚指一枕了平生

壬子年　己酉月　癸丑日　丁巳時
此八字癸水天元相配柱中金土殺生印綬之格殺印
相生功名顯遇斯命者生於大廈長於高門椿父先
歸萱耐脫西風鴻鴈不聯群其為人也精神烱烱智慧
明明謀動君子威談人小祖業重華麗根原勝祖家
季就般般事實能件件精金勒馬嘶芳草地玉楼
人醉杏花村田園茂盛楼閣凌雲一日貴人相指引也
教禄馬旺前程此則特達之命驚悵有得重偏正子
嗣貴顯人運行初庚戌萱親庇下未斷卅沉　辛亥運
中幾敌思高暮迷畬成捉捕風　壬子運中雖則人
欽人服幾夕人事虧盈　癸丑運中人生正在風光處
只恐閑非素耗生　甲寅運中天上三陽泰人間雨露
均　乙卯運中富貴榮華當此際何愁人事有崖
丙辰運中安閑晓景　丁巳運中一枕清風

壬子年　己酉月　辛卯日　乙未時

此八字辛未日元相配柱中水木傷官助財之格人生得此生於右族長於高門椿又先歸萱耐晚天邊鴻鴈各行鳴其為人也丰姿清秀天性聰明頗知禮義稍識古今有近貴親賢之德應上和下之能惟成新事業難守舊門庭福布江上外名聞湖海中兩部秋色皆喬木蒼舊風流有幾人琴樽行樂閑生計金玉松筠舊歲春拙於自己巧於他人財源旺足福祿駢臻雖不建侯封爵自然鄉黨推尊初運安和中駁雜晚年財祿足豐盈此則穩享之命鴛幃建蹀須帶硬子嗣枝枝晚更榮運行初庚戌上人庇下未斷平生辛亥運中雨過山方翠雲開月始明壬子運中才源滾滾家居好片時風雨不為驚癸丑運中水火交害家業变災非晦耗尚愁人甲寅運中才旺生官家業長福星臨處喜非輕當此之際素耗還生乙卯運中成四時之佳趣立萬古之門庭丙辰運中一番風雨花落月沉

壬子年　己酉月　癸巳日　壬戌時

此八字癸巳日相配柱中金土官印之格正從有官有印無破作廊廟之才值斯象者宜乎金紫之榮椿親先別萱榮晚鴻鴈天邊各奮鳴理窮今古事奎貫聖賢經快登蟾窟攀折桂縱步天門沐寵榮此則榮耀之命鴛幃尅後重偏正桂子秋來有挺榮運行初庚戌庇佑之下黃卷青燈辛亥運中仕路進身空跋跡無端彈出斷弦声壬子運中騰身離雪案三疊馬蹄輕癸丑運中声譽再加沾寵渥仁風丕播肅威稜甲寅運中一番風雪過金紫大夫榮乙卯運中大才大用丙辰運中清史標名

壬子年　己酉月　庚子日　丁丑時

此八字庚子日元相配柱中水火傷官之格陽刃持令藏我功名主人生於右族長於高門椿萱難並耄鴻鴈各行鳴其為人也手姿清秀天性聰明善決善斷多見多聞常以特人不如己每懷世事不如心自有順天之慶豈無福地之深重成新事業弃整舊門庭袖布江山外名聞湖海中花無桃李非春色人有笙歌是太平消閑棊一局遣興酒三盃但欲一生多快樂何必踏馬入雲津此則旺益之命鴛幃宜有贈子嗣晚光新運行初庚戌上人庇下淡淡春雲辛亥運中世事究如春夢人情薄似秋雲壬子運中乍雨乍晴留客景或寒或暖困人春癸丑運中得中有失晦後還明甲寅運中雖則行慶藏有慶幾多人事豐盈乙卯運中財源滾滾家居好尚愁花放又風生丙辰運中晚年閑快樂丁巳運中一枕了平生

壬子年　己酉月　戊午日　丁巳時

此八字戊午日元相配柱中金水傷官助才之格主人生於右族長於名門椿萱有倚難双耄天邊鴻鴈各行鳴其為人也手姿清秀天性聰明胸羅星斗學貫古今絃鋒穎利疑無敵筆力縱橫君有神終是功名客豈為田舍翁瓊林雖不登高宴時来天府沐皇恩文喻萬古江山氣道継千年竹帛聲此則榮貴之命鴛幃有犯須招副子嗣生成貴顯人運行初庚戌上人庇下未黙平生辛亥運中欲遂平生志潛心對一経壬子運中幾欲思高慕遠耆成剪雪裁冰癸丑運中執卷幾田空探月時来機會入神京當此之際風雪滿空甲寅運中一月闌支三石来九年花贈訓儒生須吏素耗頃刻後辷乙卯運中正宜加爵祿依旧振儒林丙辰運中子貴沾榮贈丁巳運中春歸鳥不吟

壬子年 己酉月 己丑日 甲戌時

此八字己土日元相配柱中金水傷官助才之格
才旺生官人生有慶但斯命者生於石族長於高
門椿萱双晚茂棠棣各敷榮其為人也丰姿清秀
天性聰明胸羅古今事學識聖賢章麗句妙為天
下白高材從似海東肯終是功名之客豈為田舍
之翁嘉穀下早實大器當晚成瓊林雖下參高宴
金紫榮看弟宅光佇看官封三級果然祿享千鍾
此則榮貴之命鴛幃有犯須偏正子嗣金風有貴
榮運行初庚戌上人庇下月白風清辛巳運中欽

向雲中舉業且說燈下留心壬子運中機會來時
離泮水橋門依舊守青燈癸丑運中星恩有感鑾
爲帽理孜黄堂德望新當此之際風雪滿庭甲寅
運中江山迎五馬花柳拂双旌乙卯運中重紫重
金去價重薇垣第次位居尊丙辰運中榮歸故里
丁巳運中一枕清風

壬子年 己酉月 丙申日 辛卯時

此八字丙申長生之日相配柱中金水才殺之格
人生得此生於右族長於高門椿萱皓首先亡母
天邊鴻鴈各飛騰其為人也精神炯炯智慧明明
有理白分清之智應上和下睦之能謀動君子感
伏小人行藏覺瀟洒矣傲任枯榮雨 秋色皆喬
木耆舊風流有幾人花情酒債暗藥心情祿有江
山外名聞湖海中田園桑柘茂畝畝稻粱馨華長
名園過舊竹花開上苑勝先春拙於自己巧於他
人但顧才源富足任他身外無名此則穩富之命

鴛幃金命年須長子嗣森枝尚廣生運行初庚戌
上人庇下天朗氣清辛亥運中青歸柳葉晴初变
紅入桃花燦未匀壬子運中正是梅青月白也愁
人事斷盈癸丑運中人生正在風光處尚有閑非
素耗生甲寅運中雪情雲散天如洗得此滔滔福
祿增乙卯運中門楣壯觀棲閣凌雲丙辰運中子
貴家門增益旺晚年也許享恩榮丁巳運中歸去
也

壬子年　己酉月　丙午日　壬辰時

此八字丙午日刃之辰才殺之格人生得此生於右族長於名門椿父先歸萱後別天边鴻雁独光荣半姿清雅天性志誠謀動君子威伏小人萬里韶華事業每從忙裏就一聯美景才源自向遠方生祖業添新慶才源悅積存花無桃李非春色人有笙歌是太平此則發福之命鴛幃有碍重年少子嗣秋成實顯人運行初庚戌上人庇下淡淡春雲辛亥運中人情似紙番番薄世事如棊局局新壬子運中一番風雪過行樂未如心癸丑運中須臾風浪起頃刻又波平

甲寅運中天上三陽泰人間五福增乙卯運中富潤屋德潤身丙辰運中消樂棊一局遣興酒三鍾丁巳運中花已落月尤沉

壬子年　己酉月　戊申日　乙卯時

此八字戊申長生之日相配柱中金水傷官印才之格人生得此生於良族長於仁門金火椿萱萱嵗長天邊鴻雁隻隨鳴其為人也丰姿清秀天性聰明般般稍覺件件不精謀動君子威伏小人祖業添新慶根原勝舊風月掛碧天多皎潔名揚湖海豈無榮不以功名為念豈將冠冕麈魔得意江山詩句鍉忘情日月海源深雖不青雲得路也應財祿豊盈此則穩厚之命鴛幃水命須年小子嗣榮門朶朶馨運行初庚戌

上人庇下天朗氣清辛亥運中世事宛如春夢人情薄似秋雲壬子運中雖則行藏有慶也應人事虧盈癸丑運中人生正在風光處尚恐閑非皆耗生甲寅運中財源富足家業增新乙卯運中子貴孫賢多快樂何愁人事有虧盈丙辰運中延賓玩物會友開樽丁巳運中春光歸去也花落鳥無声

壬子年　己酉月　辛卯日　己亥時

此八字辛卯日元相配柱中水土傷官助財之格人生得此生於古族長於名門椿親先別萱存晚天邊鴻雁各行鳴其為人也丰姿清秀天性聰明辯鋒穎利疑無敵筆力縱横若有神太山壯斗千年在和氣春風四座傾終是功名之客豈為田舍之翁折桂場中詩妙手標名雁塔振蜚聲瑶池鞭静朝南極五夜鍾傳拱北宸此則榮貴之命鸞幃宜有贈子嗣晚光榮運行初庚戌上人庇下詩禮趨庭辛亥運中踏破泮橋霜幾板讀殘茅店月三更壬子運中秋闈高折桂春浪躍潛鱗癸丑運中錦衣青瑣聲名顯雪晴金章紫綬新甲寅運中佇看階陛二品酌然祿享千鍾乙卯運中機軸隨旋轉權衡出等倫丙辰運中子貴重沾榮寵贈何愁白髮鬢邊生丁巳運中九地可憐埋片玉五雲無復見儀形

壬子年　己酉月　戊午日　癸亥時

此八字戊午日羽之辰相配柱中金水傷官助才之格人生得此生於右族長於名門丰姿清秀天性聰明曾羅今古事學識聖賢心麗句妙為天下白高才俊似海東青終是文場折桂客豈為田舍鑿耕人足履三千皆後學摶風九萬即前程一從姓字傳揚後金紫榮看次第陞此則榮貴之命鸞幃重合丕子嗣桂蘭榮運行初庚戌上人庇下未斷平生辛亥運中欲遂平生志須加董子功壬子運中何事不緣今日苦時來頃刻便升騰癸丑運中自錫瓊林恭大宴聯班粉署戢加陞甲寅運中即署官銜何足羨煌煌金紫又加陞乙卯運中藩臬一方超貳品山河十郡仰威稚丙辰運中辭組囬田里離還樂性情丁巳運中春光去也花落月沉

壬子年　己酉月　戊午日　丁巳時

此八字日刃之辰相配柱中金水傷官助才之格人生得此生於右族長於名門椿萱有倚難双耄天遐鴻雁各行鳴終是功名之客豈為田舍之翁瓊林雖不忝高宴時來天府沐皇恩文郎萬古賢雄氣道縱千年竹帛声此則榮華之命鸞幃有碍須招副子嗣生成貴顯人運行初庚戌上人庇下未斷平生辛亥運中欲遂平生志潜心對一經壬子運中幾欲思高蔡遠甫成剪雪栽冰癸丑運中執卷戏回空探月時來機會入神京當此之時風雪滿空甲寅運中一月閲支三石来九年沿覗訓儒生須臾耗頃刻逡巡乙卯運中正宜加爵禄依旧理儒林丙辰運中子貴沾榮贈丁巳運中春鳥不聞鳴

壬子年　己酉月　癸巳日　癸丑時

此八字癸巳貴人之日殺生印綬之格女人得此生於西室配於高門翁姑前早別妯娌各行群其為人也姿容清雅髮兒精神勝丈夫之氣槩有男子之財能雲收華岳千山秀水到湘江一様清慶事無偏無黨治家克儉克勤萬象光華沾沛澤四時佳趣瑞祥生或時喜或時嗔雖不鳳冠帔服自然衣禄豊盈此則福旺之命良人年長火命為婚子嗣有成晚年發秀運行初戊申上人庇下未斷平生丁未運中紅葉溝中傳密意赤繩月下結良姻丙午運中頃刻風雲擁須臾波浪平乙巳運中乍雨乍晴留客景或寒或煖困人春甲辰運中正是梅青月白何愁微雨弄晴癸卯運中一度愁心對蒼雪何禽尤解報昇平壬寅運中桑榆暮景梅白竹青辛丑運中青光去也一枕了平生

壬子年　己酉月　丁酉日　癸卯時

此八字丁酉日貴之辰相配柱中金水才官之格發顯助印為良主人生於右族長於名門椿文光歸萱後別天邊鴻鴈不同群其為人也丰姿磊落天性聰明胸罗今古事季識聖賢心肆鋒穎剎疑無敵筆力縱橫若有神終是文場榮貴客豈為田舍鑿耕人瓊林雖不參高宴金紫榮着次第陞初運中年未如意晚年祿位享千鍾此則榮貴之命鴛幃年長須招贈子嗣榮門孝且忠運行初庚戌上人庇下詩礼趨庭辛亥運中奮

身離泮水攀桂步蟾宮壬子運中橋門跡脫沽星澤百里絃歌樂太平當此之際風雪满庭癸丑運中百里豈能淹驥足九霄終是別鷄群甲寅運中江山迎五馬花柳拂雙旌乙卯運中重紫重金當此景山河十郡仰威權丙辰運中子貴重誥游澤悠悠樂享籬東丁巳運中夕限有限春夢無憑

壬子年　己酉月　壬子日　辛亥時

此八字壬子日刃之辰相配柱中金土官印之格人生得此生於右族長於高門椿萱分別先丧母天邊鴻鴈各行鴻其為人也丰姿清秀天性聰明般般稍覺件件不精有近貴親賢之德應上和下之能祖業添新慶根源勝舊風水光浮座盃盤瑩花氣侵人咲語馨朝中無姓字囊底足珠珎花無桃李非春色人有笙歌是太平得意江山詩句健忘情日月酒盃深常將好意番成悪每把真心換得嗔但願粟陳并貫朽何必天邊拜

聖明此則旺足之命鴛幃連珠同木命子嗣森枝旺益人運行初庚戌上人庇下未断平生辛亥運中登臨雨阻賞翫春陰壬子運中雖則行藏有慶閑非素耗还生癸丑運中才源雖旺足人事尚亏盈甲寅運中莫言此景多光彩得一程而失一程乙卯運中軒開化日千祥集簾捲香風百福增卯字之中一番風雨丙辰運中享子孫之福慶丁巳運中夢杳杳之佳城

壬子年　己酉月　癸丑日　丁巳時

此八字癸丑日元相配柱中金土柔生印綬之格人生得此生于右族長于名門椿萱有倚先辭父天邊鴻雁各行鳴其為人也丰姿清秀天性聰明斷曲理直處事公平知高識下理白分清風月處文消洒客情出土黄金增十分之顔色離雲皓月有萬里之清明祖基宜再整事業必重增田園有意公卿小廊廟無心宇宙輕好意番悪真心換得嗔祿元同岳瀆威勢壓鄉民此則旺盛之命鴛幃有配須年長子嗣枝頭孝且忠運行初庚戌上人庇下未必評論辛亥運中天淨雲还歛江寬風自生壬子運中須史雲掩月頃刻月離云癸丑運中滚滚才源来正旺狂中尚有事斷盈甲寅運中莫言此運多生福尚有閑非暗耗生乙卯運中子貴家門增益旺还愁風雨一番驚丙辰運中無思無慮丁巳運中人生從此別無堆見儀形

壬子年　己酉月　丁巳日　丁未時

此八字丁巳日元相配柱中金木才官之格才盛生官終身有慶過斯命者生於武宦長於名門椿萱榮晚别鴻雁各飛鳴其為人也丰姿清秀氣宇高奇詩礼古今疎習玩鎗刀弓馬慣操持見善則欽於己當仁不讓於師智号人中傑麾分閫外司龍幡每助經綸業豹略还施肅柔威此則或貴之命鴛幃有犯須招副子嗣生成貴呈見運行初庚戌上人庇下有何是非辛亥運中侍時自古宜藏器時来富貴在斯特壬子運中帝王恩澤廣祿位漸光輝癸丑運中重紫重金當此際看看玉壐下天墀甲寅運中榮中生阻滯險量处有閑非乙卯運中依然光声彩名重此際承榮宜見機丙辰運中晚年閑散里丁巳運中一枕入仙衢

壬子年　己酉月　辛卯日　癸巳時

此八字辛卯之日相配柱中木火才官之格喜逢建禄身弱遇斯命者雖不成名安能發福主人手姿平淡性格機関椿新磊落萱母續絃一水一土双双晚年知高識下近貴親賢多智惠少語言當仁不譲見善則近重成新事業雖守旧根原飛禍任他来北闕草廬終不出南山但願一生多發福何須騎馬步金鑾此則守成之命鶯帏火命須根硬子嗣金風晚節嬿運行初庚戌上人庇下未斷暑寒辛亥運中或晴或雨景乍煖乍寒天壬子運中雖則行藏龍慶也愁人事逡巡癸丑運中一番風雪初晴後從此滔滔福禄添當此之際尚有憂煎甲寅運中才源富足家居好喬木春还五福全乙卯運中千江有水千江月萬里無雲萬里天丙辰運中安閑晚景丁巳運中花落春殘

壬子年　己酉月　丁酉日　庚子時

此八字日貴之辰相配柱中金水才官之格人生得此生於右族長於仁門椿萱雖並老鴻鴈不聯飛其為人也年資清秀立性操持能分皂白善别賢愚豈無高士致終有貴人携萬里無雲天一色三秋好景月揚雜羅綺飄香風蕩蕩臺鶴列位草萋萋祖業添新慶才源旺積餘五湖生計好四海姓名齊花盈上苑果盈園稲滿平疇水滿池施恩惹怨布德成非雖不建侯封爵自然福禄盈餘此則旺足之命鴛帏有犯須招副子嗣秋来有出奇運行初庚戌上人庇下有何是非辛亥運中登臨雨淨賞翫春陰壬子運中雖則行藏有慶還愁人事趑趄癸丑運中有得有失有喜有悲甲寅運中幾番駁雜都經過到此才源福禄齊乙卯運中柳綠三春景桃紅二月特卯字之中花放風生丙辰運中夕陽有阻逝水無迴

壬子年　己酉月　乙卯日　丙戌時

此八字乙卯尊禄之日相配柱中旺金月支偏官之格傷官助才印綬生身遇斯命者生於右族長於名門翁姑有倚妯娌尚倚輕其為人也丰姿清楚髮貌超群勝丈夫之氣槩有男子之村能每懷允瞻意時抱擇憐心箕箒頻繁存礼節相夫教子有賢能一苑杏桃鋪錦綉滿山松栢映幃屏雖觸難犯易喜易嗔佇看夫榮子貴也應同沐皇恩此則榮旺之命良人同屬榮華客子嗣蕃英衆吾苦運行初戊申上入花下號閨門丁未運中路入桃園花爛熳橋横銀漢水

澄清丙午運中夫榮沾沛澤何慮事因循乙巳運中食則珍羞百味衣則羅綺臨風甲辰運中重重金紫贈疊再榮封須史風雨不損精神癸卯運中冲撃之所如月入雲子榮夫顯憂喜並行壬寅運中晚年高逸辛丑運中春光去也花落月西

壬子年　己酉月　壬子日　庚子時

此八字壬子日刃之辰官印陽刃太重減我功名主人生於右族長於名門椿父先帰萱耐晚天邊鴻鳫各行鳴其為人也丰姿儒雅天性聡明謀動君子威伏小人過火黄金重長價離雲皎月倍清明祖業添新慶才源厚積存月掛碧天多皎潔名揚湖海有光榮水光浮座盃盤瑩花氣侵人笑語馨西都秋色皆喬木昔旧風流有幾人好意番成惡真心换得嗔雖不建侯封爵自然潤屋潤身此則穏厚之命鴛幃有犯須招副子嗣秋来有挺榮

運行初庚戌上人花下天朗氣精辛亥運中世事宛如春夢人情薄似秋雲壬子運中幾欲思高蓦遠番成剪雪裁冰癸丑運中雖則遨遊湖海幾多人事亏盈甲寅運中威権有布人欽服才帛興隆福禄增當此之際秉耗还生乙卯運中富貴榮華當此際何愁弟宅不光崇丙辰運中晚年快樂丁巳運中一枕清風

壬子年　己酉月　丁酉日　己酉時

此八字丁酉日貴之辰相配柱中金水才官之格才盛生官終身有慶只嫌身弱祿發晚年主人生於右族長於名門椿萱有倚先虧母天邊鴻鴈各搏風其為人也丰姿清秀天性聰明頗知玄妙術熟味聖賢經當仁不讓見善則欽終是功名客豈為田舍翁嘉谷不早實大器當晚成一朝騰達飛黃去九五天門沐龍榮此則榮貴之命死帽有犯須招副子嗣秋來有晚榮庚戌初運上人庇下未斷平生辛亥運中欲向雲中夲足須從燈下留心

壬子運中幾欲登高暮遠番成剪雪栽冰癸丑運中執卷幾回空探月依然困守讀書燈甲寅運中到此始知文李好長安道上馬蹄輕酒史素耗不損權名乙卯運中施仁布德掛紫懸金卯字之中帰效淵明丙辰運中人生從此別一變再难醒

壬子年　己酉月　丙辰日　己丑時

此八字丙辰日得之辰相配柱中金水才布之格人生得此生於右族長於名門椿萱不如萱有壽天邊鴻鴈各行鳴其為人也丰姿清秀性格聰名有理白分清之劫長補短之能般般捎覽件件不粮遊小亂水攜詩巷對月光花把酒斟祖業添新慶根原勝旧風月離海嬌千山秀春入園林処処英萬里無雲天一色三秋好景月常明雖不青駿肥馬自然才祿余盈此則穩厚之命死帽有碍須招

硬子嗣榮門晚節馨運行初庚戌上人庇下化日陽春辛亥運中隱隱輕雷抽碧笋微微細雨潤紅英壬子運中正是梅青月白还愁微雨弄晴癸丑運中風帶雪来飛禽覓冷鳥啼花落始知春甲寅運中才源滾滾家居好素耗飛来尚恼人乙卯年無慮尽傳詩礼樂有朋遠自來方覩丙辰運中無思無慮丁巳運中一枕巫夆

壬子年　己酉月　甲寅日　乙亥時
此八字甲寅專祿之日相配柱中金水官印
之格人生得此生於長脏名門椿父先帰萱
晚茂天邊鴻鴈各行鳴其為人也丰姿蒼古
天性剛忠頗知礼義稍識古今有理白分清
之知裁長補短之能黄金過火重增價白璧
離塵色更新消閑碁一局遣興酒三中花無
桃李非春人有生歌是大平滿世功名身外
事五湖風月樂怡情此則穩厚之命虼幃火
命須年小子嗣榮門桑原馨運行初庚戌

上人庇下未斷平生辛卯亥運中春帰柳
葉猜初変紅入乘園蹉来匀壬子運中幾度樂
中有閑数番靜裏憂生癸丑運中梨花院落
溶、月柳絮池塘淡、風甲寅運中才源滾、家
居好尚有閑非素耗生乙卯運中軒閑化日千
祥秀蘆捲香風不復增卯字之中花放尼生
丙辰運中晚年伏樂丁巳運中花落月沉

壬子年　己酉月　辛亥日　己丑時
此八字辛亥日元相配柱中木水傷官之格無財
可惜福發晚年主人生於右族長於名門椿萱先
別父鴻鴈各行鳴其為人也丰姿清秀天性聰明
窮書覽史學足三冬太山北斗千年在和氣春風
四座傾祖業添新慶根源勝舊風終是功名之客
豈為田舍之翁嘉谷不早實名利當晚成一朝但
得風雲便跨馬天邊沐寵榮此則晚顯之命鴛幃
重合登子嗣晚光榮運行初庚戌上人庇下未斷
平生辛亥運中雖則窮書覽史身還冒雪冲風壬

子運中幾欲思高慕遠當成剪雪裁冰癸丑運中
刻鵠不就畫虎不成甲寅運中藏器待時時必逢
時來跨馬入青雲乙卯運中伊鄉門外雪時遇座
間風丙辰運中鮮組回田里丁巳運中春光去也
花落月沉

壬子年　己酉月　丙辰日　庚寅時

此八字丙辰日德之辰財殺之格人生得此生於右族長於高門萱母先歸椿茂盛天邊鴻雁不同群丰姿清雅天性老成言不妄發事不胡行曰福曰榮自有順天之慶常安常樂豈無福地之深君子敬貴人欽月掛碧天光浩蕩名揚湖海豈無榮雖然不是功名客也教聲勢壓鄉民此則旺足之命鴛幃土命方無剋子嗣秋來有顯榮運行初庚戌上人庇下未斷平生辛亥運中未觀桃李紅紅色且喜湖光淡淡晴壬子運中喜憂各半得失相平癸丑運中關山千里滯風雨片時驚甲寅運中萬里煙雲收斂一樓秋月光明乙卯運中子貴孫榮高貲消座車馬盈庭丙辰運中黄粱尤未熟一枕了生平

壬子年　己酉月　辛丑日　戊戌時

此八字辛丑日元相配柱中水火傷官制殺之格人生得此生於右族長於高門椿父先歸萱後別天邊鴻雁各行鳴其為人也丰姿清秀天性聰明窮書覽史學足三冬衣冠雅麗礼樂縱橫豈無高仕敬時有貴人欽太山北斗千年在和氣無風四座欽終是功名客豈為田舍翁家谷不早實名利當晚成時來自有良機會也應騰達入神竟此則晚貴之命鴛為有犯須招硬子事秋來旺宅門運行初庚戌幼年之下未斷平生辛亥運中讀殘第右月囊聚案頭嘗壬子運幾欲思高慕遠番成剪雪裁冰癸卯運中刻鵠不就畫虎不成甲寅運中執卷幾回空探月持來頃刻便升騰乙卯運中一從沐得天邊寵便將德澤惠儒林丙辰運中榮回故里羨酒盈樽丁巳運中翩翩名旋鬱鬱佳誠

壬子年　己酉月　癸卯日　乙卯時

此八字癸卯日元柱中金土殺生印綬之格子午卯酉少一字不全減我貴氣主人生於右族長於名門椿父先帰萱從別天邊鴻鴈各行鳴其為人也丰姿蒼古日月潋星般般稍覓件件不精有近貴親賢之德應上和下之能祖業添新慶根原勝舊風福步江山外名聞湖海中兩都秋色皆喬木耆舊風流有幾人不以功名為念豈將冠冕磨聾施恩惹怨為巧成嗔雖不建侯封爵自然福祿駢臻此則穩享之命鴛幃正副方偕老子嗣秋來及第成運行初庚戌上人庇下未斷平生辛災運中登臨雨阻賞翫春陰壬子運中畫水無聲空有浪繡花有艷不聞馨癸丑運中有得有失有吉有凶甲寅運中財源旺足人事豐盈乙卯運中正是太平光霽景迷愁風雨又相侵過此丙辰運中安閑晚景一枕清風

壬子年　己酉月　乙卯日　丙戌時

此八字乙卯專祿日相配柱中金火傷官制煞之格人生得此生於武族長於將門椿親先别萱帰天邊鴻鴈各行鳴其為人也丰姿清秀天性剛忠頗窮黄石略識聖賢經笋長名園過舊竹花開上苑勝先春終是傳芳客豈為田舍翁承蔭功名遺百世紛紛士卒仰威權對月夜窮黄石畧望雲秋渡显山程此則武貴之命鴛幃有犯宜招晚子嗣秋来有提蒙運行初上人庇下未斷平生辛亥運中世事短如春夢人情薄似秋雲壬子運中雖則威權有慶幾多人事虧盈癸丑運中嚴霜積雪都經過到此才權倍有贈甲寅運中威權有布人欽伏須臾風雨尚愁人乙卯運中光華疊疊沛澤紛紛丙辰運中英雄傳令器籬下樂高情丁巳運中春光去也一枕難醒

壬子年　己酉月　乙未日　壬午時

此八字乙未日元相配柱中金水偏官助印之格人生得此生於右族長於名門椿萱有倚先亡父天邊鴻鴈各摶風其為人也丰姿清秀天性聰明行藏竟消洒咲傲任枯榮自有順天之慶豈无福地之深高人起敬貴客相欽祖業添新慶根源勝旧風出土黃金重長價離雲皎月倍清明但顧財源富足任他身外无名此則穩厚之命鴛幃金玉潤子嗣繼衣新運行初庚戌上人庇下淡淡春雲辛亥運中世事宛如春夢人情薄似秋雲壬子運中雖則家居有慶幾番人事虧盈癸丑運中人生正在風光処只恐閑非索耗生甲寅運中財源富足家居好從此滔滔福祿增當此之際風雨還生乙卯運中子秀家門增益旺何愁人事尚因循丙辰運中延賓玩物會友開罇丁巳運中花已落月尤沉

壬子年　己酉月　庚子日　辛巳時

此八字庚子日元相配柱中水火傷官制殺之格陽刃持命械殺功名主人生於溫良之族長於深邃之命椿萱有倚先亏毋天边鴻鴈各行鳴其為人也丰姿清秀天性乖能善決善斷自是自能祖業添新慶根原勝旧風月掛碧天多皎潔名揚湖海有光榮得意江山嘐詩卷忘懷日月酒盃深但顧一生才祿旺何須天府沐皇恩此則旺足之命允愓有硬須年敝子嗣森枝有捷榮運行初庚戌上人庇下淡淡青雲辛亥運中淡烟揚柳岸薄霧杏花村壬子運中世情濃又淡淡處又还濃癸丑運中正是梅青月白还愁花放風生遇此甲寅運中才旺生官家業長福星臨照喜非輕須史風雨兩過山青乙卯運中天上三陽泰人間五福增丙辰運中無思無慮丁巳運中一道訃音

壬子年　己酉月　戊午日　戊午時
此八字戊午日刃之良相配柱中金水傷官助才
之格人生得此生於右族長於名門掛父先帰萱
耐脫天边鴻鴈各行鳴其為人也丰姿清秀天性
聰明謀動君子感伏小人有近貴親賢之德應上
和下之能萬里無雲天一色三秋好景月長明終
是功名之客豈為田舍之翁非吏非儒非汗馬也
應藝術顯功名才源旺足家業豐盈晚年子貴顯
同沐帝王恩此則藝術榮身之命鴛幃連殊尤正
副子嗣榮門晚節馨運行初庚戌運中上人底下
嗣秋來孝義深運行初庚戌上人底下未斷平生辛
亥運中世事短如春梦人情薄似秋雲壬子運中
世情濃又淡淡處又还濃癸丑運中才源生進退
人事尚虧盈甲寅運中雖則行藏而有慶还見鬧
非素耗生乙卯運中福君泉源湧才如春氣生卯
字之中花放風生丙辰運中晚年鬧快樂丁巳運
中一枕平生

壬子年　己酉月　甲寅日　丁卯時
此八字甲寅專祿之日相配柱中金水官印之格
有官有印無破作廊廟之才主人生於右族長於
名門椿萱有倚难双耄天边鴻鴈各搏風其為
人也丰姿清秀天性聪明理穷古事兼今事書
對賢經与圣經終是功名客豈為田舍翁衣冠
濟、人中傑和氣怡、席上珎此則榮貴之命
鴛幃有犯須招扂子嗣秋来朵、馨運行初庚
戌上人底下未断平生辛未運中十年窓下業
一举便成名壬子運中花放風生癸丑運中幾路
荣登金將貴春成捉月捕風甲寅運中处事
但憑三尺法理形渾似園春乙卯運中戰迁金
紫声名显何期解組返家城丙午運中晚年
閑快樂丁巳運中春夏無憑

壬子年　己酉月　戊子日　庚申時

此八字傷官才旺之格亦有合祿之意主人椿親先別萱帰晚鴻鴈天邊不共翔其為人也丰姿平淡性格明良稍有賢良之志粗知禮義之方常将好意番成悪每把真心換得嗔祖業須重稼才源脱勝當九載功名斯顕達胡為花放又風狂不如殊守閑田地時来才帛旺門墻此則番覆之命鴛幃有犯須重續桂子秋来舞綵衣運行初庚戌上人庇下業事悠悠辛亥運中始竟行蔵有命還愁人事悠揚壬子運中得一

程而又失樂未足而憂生癸丑運中桃錦粧霞雨過飄流艶色荷盤托露風来散下清香甲寅運中爆竹声催残臘盡折梅香引早春田乙卯運中松尚茂菊尤黄丙辰運中春残花落

壬子年　己酉月　庚子日　辛巳時

此八字庚子日元相配桂中水火傷官助殺之格陽刃持令棫栽科第成名主人生於武宦長於将門椿萱榮倚先尉文天邊鳴雁各行分其為人也丰姿瀟洒天性聰明多聞多見自是自能頗窮黄石畧稍識聖賢心高人取敬貴客相欽終是功名之客豈為田舍之翁承蔭功名遂百世絲絲徳澤恵方營雖不腰金紫也降千百兵旗穿曉日雲霞雜山倚秋雲劍戟明此則榮貴之命纨幃有犯須招副子嗣秋来有挺榮運行初庚戌上人庇下未

斷平生辛亥運中不曽留下攻書史茲喜天邊雨露恩壬子運中雨露廣沾声價重須史風雨不為驚癸丑運中榮中生阻節世事尚尉盈壬寅運中一旦時来重顕達依然燁煥旧家声片時風雨雨過山青乙巳運中千卒之中瞻独步揔兵麾下顕威名卯字之中急流湧退丙辰運中英雄傳令器籬下樂高情丁巳運中帰去也

壬子年　己酉月　辛卯日　癸巳時

此八字辛卯之日相配柱中水木傷官助才之格人生得此生於温良之族長於清白之門椿父先歸萱耐晩天邊鴻鴈不什聯其爲人也丰姿清秀天性機関知高識下近貴親賢琴樽風月開生計金玉松筠旧識寒重成新事業雖守旧根源市經生計廣海湖姓名傳飛詔任他來北闕草廬終不出南山才源有分生涯好官貴無緣誉不貪晩年才祿旺福祿始閙閬此則穩厚之命鴛幃水命須寅屬子嗣枝枝孝義人運行初庚戌上人庇下春苑春山辛亥運中登臨雨濟賞翫春蘭壬子運中雪霽萬山閙閬閬还愁人事有迍邅癸丑運中才源瀼瀼家居好幾度趣趣事高牽甲寅運中成四時佳趣立萬古田園乙卯運中才源旺足家業長福星臨照樂怡然丙辰運中得過且過得閑且閑丁巳運中鳥啼花落春不再還

壬子年　己酉月　己亥日　丁卯時

此八字己土日元相配柱中金木食神制殺之格刑冲太重減我功名主人生於良族長於高門椿萱不相守鴻鴈各分群其爲人也天資穎悞師律聖真四柱無情難入春園折柳殺輕制重好來梵利誦經擅那有倚生涯好度齋粮福慶隆佇看容顏奇妙也應列座居中此則出家之命運行初重感上人庇下未断平生辛亥運中好清幽而校蓋地奇壓俗以入玄門壬子運中人道山門清净幾多人事匆匆癸丑運中幾度樂中叢襟依然雲散月明甲寅運中沛澤廣沾尊釋教果然福祿享無窮乙卯運中寂寞苦定僧世界清靈冷淡佛家風丙辰運中徒孫滿目樂古其中丁巳運般若波密高超仙界中

壬子年　己酉月　丁未日　丙午時

此八字丁未偽刃之白相配柱中金水才官之格才盛生官終身有慶遇斯命者生於右族長於名門椿萱亡階首鴻鴈各飛鳴其為人也丰姿清秀天性聰明行藏果断作事老成五車書富三冬足西石考當萬騬冲頰知玄妙術熟讀圣賢經終是成名之客豈為避世之靈雖不三登科甲自然祿位光榮一日風雲相際會九重天府沐皇恩此則榮貴之命鴛幃有紀須招硬子嗣業門晚節馨運行初庚戌上人庇下未断平生辛亥運中讀殘茅店月囊螢案頭螢壬子運中幾田空探月依舊守青灯癸丑運中時來機會好跨馬入橋門甲寅運中陰硯寒毡從此脫黎民頌德樂非平當此之際風木之驚乙卯運中江山迎五馬花柳拂双旌丙辰運中晚年蘺下榮子嗣再沾恩丁巳運中春光去也花落月沉

壬子年　己酉月　丁酉日　丁未時

此八字丁酉日貴之辰財旺生官之格人生得此生於文望之族長於詩礼之庭椿親耐晚萱先别鴻鴈天邊不共群精神炯炯智惠明明李問三冬足詩書萬卷能終是功名之客豈為田舍之人文章别有凌雲志得業豈無觀国賓一朝頭角徉咫尺至腰金此則榮貴之命鴛幃宜有贈桂子秀还馨運行初庚戌身衣芦花絮寒來只自禁辛亥運中明窓淨几暮史朝經壬子運中機會來時離泮水橋門依旧守青灯癸丑運中皇恩應有感雨露沐深恩甲寅運中一天膏雨隨車至千里仁風遂翕生乙卯運中戟廷金紫倍振權衡丙辰運中故來田里丁巳運中酧酒三鍾

壬子年　己酉月　癸丑日　己未時

此八字癸水日元相配柱中金土殺生印綬之格

人生得此生於蓬室長於仁門椿萱有倚雛双毫

天邊鴻鴈各行爲其爲人也丰姿清秀天性聰明

胸羅今古事事識聖賢心太山北斗千年在和氣

春風四座傾慈是皇朝榮貴客宜爲田舍鑿耕

人一朝但得風雲便秉笏金鑾拜聖明此則榮貴

之命鴛幃重合產子嗣秀畏榮運行初庚戌上人

庇下未嘶平生辛亥運中歎遂平生志潛心對短

檠壬子運中幾歎思高慕遠番成捉月捕風癸

丑運中寄跡橋門十載寒毡陰硯辛勤甲寅運中

皇恩有感聲名重紛紛德澤惠黎民乙卯運中

職位遷金紫權衡出等倫丙辰運中解組回

田里離邊樂性情丁巳運中春光去也一枕清

風

此八字己丑　月

此八字己丑丑相配柱中金木

本題科名只爍四殺帶財名

雙舉鳴鴈天邊各奮騰丰姿

東進書史筆鋒能理冤情時來

功成題姓名此則榮貴之

子秋來桑桑聲運行初庚戌幼年之景快樂

辛亥運中歎遂平生志潛心對短檠壬子運中

想雲程行不到且揮劍筆侍公庭癸丑運中

登天路悠悠

寅運中榮沾新雨露光耀

舊門庭乙卯運中仁風撫百里未擬便辭榮丙辰

運中黃花綠酒丁巳運中一夢难醒

壬子年　己酉月　丙申日　丁酉時

此八字丙申日相配柱中之水財旺生官之格人生得此顯姓楊名椿萱難擬双亲贈鴻雁天邊有各騰丰姿洒落天性聰明學問有成終是功名之容奘才卑冠豈教耕野躬莘風雲相際會躍過浪三層此則顯榮之命鴛幃有碍須招副桂子秋來發榮運行初庚戌上人庇下黃卷青燈辛亥運中欲遂平生志潛心對案壬子運中雲霄雖有路時至始榮癸丑運中到此風雲際會果然顯姓揚名甲寅運如　歌聲沸處肅氣便奔騰

壬子年　己酉月　丙申日　丁酉時

此八字丙申日相配柱中之水財旺生官之格人生得此顯姓楊名椿萱難擬双亲贈鴻雁天邊有各騰丰姿洒落天性聰明學問有成終是功名之容奘才卑冠豈教耕野躬莘風雲相際會躍過浪三層此則顯榮之命鴛幃有碍須招副桂子秋來發榮運行初庚戌上人庇下黃卷青燈辛亥運中欲遂平生志潛心對案壬子運中雲霄雖有路時至始榮癸丑運中到此風雲際會果然顯姓揚名甲寅運如　歌聲沸處肅氣便奔騰

壬子年　己酉月　己亥日　乙亥時

此八字己亥日相配柱中金木食祿制殺之格女人得此生於薹念之門配於平順之族姿容頗麗性格聰明椿萱棠棣唯相守妯娌翁姑分尚輕喜則雲收雨霽怒則電擊雷轟初運清平中見順晚年罗綺耀層層此則堂家女命良人配合須年長子嗣森森孝義生運行初戊申双親庇下快樂和平丁未運中正配成佳偶高歌鳳亦鳴丙午運中風雪紛紛寒徹骨依然不損舊儀形乙巳運中才祿雖有益喜處又悲甲辰運中視釵濟濟中悠悠享福辛丑運中臺鏡空明

壬子年　己酉月　甲午日　己巳時

此八字甲木相配柱中金土才官之格亦有金神之意遇斯命者椿萱堂上先虧父鴻雁天邊不共鳴其為人也平姿平穩天性忠誠言不妄發事不胡行祖基宜再整事業必增新君子敬貴人欽田園桑柘茂畝畝稻粱馨福布江山外名聞閭里中江湖有意公卿小節庙無心宇宙輕此則穩足之命鴛幃宜有贈桂子祿良新運行初庚戌上入庇下天朗氣清辛亥運中幾欲思高慕遠番成剪雪裁氷壬子運中正好倚棲觀皎月無端又被黑雲生癸丑運中萬里無雲天一色三秋好景月長明當此之際一番風雨甲寅運中天上三陽泰人間五福增乙卯運中冲擊之所如履薄氷丙辰運中歸去也

壬子年　己酉月　戊戌日　乙卯時

此八字戊戌魁罡之日傷官帶財之官之格主人生於穩旺之族長於義勇之庭萱親新脫椿父先行其為人也平姿洒落天性聡明高人起敬貴客相欽祖業添新慶聲名勝舊業營芳馳姓字軍士自畈心晚年多壯觀頭角聳崢嶸此則特達之命鴛幃有剋須重歪子嗣文祥武瑞人運行初庚戌何分寒暑未論升沉辛亥運中報道泰光明媚天陰未稱登臨壬子運中旺處亦須防損至樂中仍忌有悲生癸丑運中行藏方得意人事始如心甲寅運中一番風雪過萬里瑞祥增乙卯運中冲擊之所得失相傷丙辰運中訃音莫遣行人說三嘆英雄馬鬣封

壬子年　己酉月　丙午日　辛卯時

此八字丙午日刃之辰歲殺之格丙辛作合為良人生得此主人生於文望之族長於豐潤之庭椿親早別萱存晚鴻鴈天邊有奮騰丰姿洒落天性聰明筆底倒流三峽水舌端欣破五車文一朝騰踏飛黄去濟濟衣冠拜紫宸此則榮貴之命鴛幃有尅重年少桂子秋来朶朶榮運行初庚戌上人庇下黄卷青燈辛亥運中幾欲登天步月蕃成剪氷壬子運中風雲相際會頃刻躍潛鱗癸丑運中欽宴瓊林後衣冠拜衮龍甲寅運中金魚初綰帶三度聖恩封乙卯運中冲擊之所暫阻權衡丙辰運中早宜收拾窓前月夢入南柯再不醒

壬子年　己酉月　己亥日　乙丑時

此八字己亥日相配柱中金木時上偏之格食神制伏有功值斯象者得祿得名椿萱不違双榮蘐棠棣庭前我花榮丰姿瀟洒性理剛明學問聰明空向泮林養志筆鋒雄健可從棠牘勞形天官考最沾恩渥百里山河化日明此則富貴之命鴛幃有碍須偏正桂子秋来朶朶榮運行初庚戌幼承上庇月白風清辛亥運中科塲难進步公府可馳名壬子運中風雪趦趄都歷過陽関三疊馬蹄輕癸丑運中踈踈烟浪過休寵擢門庭甲寅運中權重才来旺廷官便解纓乙卯運中黄花緑酒丙辰運中香夢蓬瀛

壬子年　己酉月　壬子日　甲辰時

此八字壬子日丹之辰相配柱中奎土官印之格女人得此姿容秀爽性格明良生於官族配於高堂椿萱難擬双双耄妯娌翁姑侍不常一花杏燕呈艷麗滿山松柏秀寒香自有順天之慶豈無福地之昌此則福安女命良人夜配英豪士桂子难成一果香運行初戊申無思無慮不焼不凉丁未運中秉鸞佳配錦綉鴛鴦丙午運中雖則才豈多喜慶只愁蘭桂不生香乙巳運中一番風雪過來李被春陽甲辰運中行樂多饒裕裙釵細日光癸卯運中冲撃之所月入雲囊壬寅運中燕源人去也垂淚灑斜陽

壬子年　己酉月　癸丑日　癸亥時

此八字癸水生於己酉提綱殺生印綬之格亦有拱禄之意其為人也能擺布會操持般般歷覽件件粗知堂上椿萱壽永天邊鴻鴈分飛祖業添新慶資囊勝舊時英雄惟贈劍三尺豪傑相逢酒一觴雖不綺羅衣錦綉自然閭里有光輝此則守成之命鴛帏水命須年以子嗣金風發幾枝運行初庚戌花紅柳緑燕語鶯啼辛亥運中花開上苑月出雲衢壬子運中春寒風料峭心急馬行遲癸丑運中行藏得意動用稱機甲寅運中人生正在韶華處只恐楊花作雪飛乙卯運中冲擊之所一喜一悲丙辰運中桑榆晚景松栢寒姿丁已運中春光一去萬事成非

壬子年　己酉月　戊申日　癸亥時

此八字戊申日相配柱中金水傷官助才之格人生得此行藏倜儻操幹多方椿父先歸萱後別雁行天際不同翔精識古今之畧能知時務之詳祖業重新立財囊自積藏湖海市屋財帛旺自然畝畝稻粱香佇看未晚鬢白髮綉羅囊此則富貴之命鴛幃同屬双年耄桂子森森有挺芳運行初庚戌幼年之景快樂安詳辛亥運中有心生貨利無意讀文章壬子運中一番風雪過財旺整門墻癸丑運中交四方之豪傑植遍野之農桑甲寅運中粟陳貫朽金玉滿堂乙卯運中滔滔發旺名號軒昂丙辰運中子顯身榮貴丁巳運中猿啼人斷腸

壬子年　己酉月　丙申日　癸巳時

此八字丙火配合金水才官之格才盛生官終身有慶女人得此天性頗聰明歷事分輕重順之即喜逆之則怒嚴慈歸去早棠棣一枝聯万里韶華蕊又春光遍宇宙一聯美景蕊又佳氣滿門蘭此則豐莊之命鴛幃同屬如魚水子嗣金風敷桂蘭運行初戊申輕又曉霧淡淡春山丁未運中香消春長漸覓春還丙午運中錦綉花開春富貴琅玕竹报日平安乙巳運中琴瑟和諧生計廣何期曉雨有微寒甲辰運中青又嫩柳當春發鬱又蒼松向晚妍癸卯運中人生欲作千年調誰想春光一夢間

壬子年　己酉月　己亥日　戊辰時

此八字己土配合金水食神助才之格五行不杞四柱無冲主人行藏知進退作事頗聰明高人起敬貴客相欽堂上二親椿耐晚西風鴻雁斷分群事業再當再整根基重立重成水光浮屋盃盤巠花氣侵人咲語馨月掛碧天多皎潔花開上苑勝先春此則穩盛之命鴛幃有碍須招硬子嗣芬芳孝義深運行初庚戌輕又曉霧淡又春雲辛亥運中青歸柳葉晴初變紅入秀花煖未匀壬子運中行藏雖有慶世事又昇沉癸丑運中威權有布人欽伏財帛聲名漸漸身甲寅運中一番風雪雨過山青乙卯運中延賓而酌酒會文以論文丙辰運中江山不盡登臨與夢入南柯了此生

壬子年　己酉月　庚寅日　戊寅時

此八字庚金相配柱中壬子之火傷官用印之格傷官若用印官殺不為刑人生得此丰姿慷慨天性剛能過豪強然惧逢善支相敬相親其為人也生於舊族長於豐堂堂上椿萱先別父鴻雁行中挺出為學問聰明富貴必從天下降英才出類才囊萬斛谷豐盈非獨田園桑麻盛鄉邦頭領有名人初限中年官灾耗暮年有子必重金此則金富貴之命鴛幃宜贈挂子麒麟運行初庚戌蔭祐之下便習經書辛亥運中意欲要拿天上天月憂非所事不如心壬子運中鄉邦人仰敬危憂不損身癸丑運中群縣名馳家門盛官灾破服謹身行甲寅運中嚴霜惧消盡田園培有增乙卯運甲子門朝帝闕積玉堆金丙辰運中萬頃良田將不去無常有促行程覽

壬子年　己酉月　辛亥日　甲午時

此八字辛亥日相配柱中木火特上偏官之格喜逢印受以扶身人生得此手姿標俊性格良賢梅鸞雙耐曉鴻鴈各分聯學識頗知賢聖理筆鋒雄健掃危亮佇看貴客吹嘘起九載功成百里權此則貴人之命鷙悍兇屬須年少桂子金風發秀妍運行初庚戌不樂不辱庇下安然辛亥運中讀書須勉力足馬未能前壬子運中時来機會好刀筆姓名傳癸丑運中三疊陽関斟別酒九重恩命戟榮近甲寅運中仁風揚遠近化日照黎元乙卯運中老宫持重柄未許便回轅丙辰運中悠悠享用丁巳運中身入九泉

壬子年　己酉月　癸丑日　庚申時

此八字癸水相配柱中金土合祿之格官印之助人生得此手姿豪傑天剛性威遇豪強全然不惧逢善支相敬相親其為人也生於舊族長於名居双恩難毫別鴻鴈我鳴清孝問聽明潤屋梁雕真富貴英才出類才業滾滾不非輕威風凜凜人中罕氣槩昂昂席上珍初限中年官災破脫年富貴子孫榮此則強宗勝祖之命鷙悍有犯宜當贈桂子遲來出錦人運行初庚戌上人之下不足語論辛亥運中讀書辛苦憂悔無伸壬子運中幾番思高并暮遠進退災非不順心癸丑運中卿邪人仰欲危非素耗侵甲寅運中此運家門然有勢官非災頭破憂迍乙卯運中門迎車馬客積玉與堆金丙辰運中子孫朝帝闕丁巳運中一身了平生

壬子年　己酉月　甲辰日　丙寅時

此八字甲辰日相配柱中之金正官之格人生得此仕路馳聲椿萱不違双榮養鴻鳫天邊各奮鳴丰姿洒落天性聰明理窮今古事筆掃寃条情幾會來時蓮貴助秀飛黑賡沭恩榮此則崇貴之命鴛幃正副方儕老桂子班衣孝感生運行初庚戌幼年之景月白風清辛亥運中詩書窓下業仕路未揚声壬子運中到此名馳公府果然財旺勢生癸丑運中驥足飛騰天路肯交恩望封榮甲寅運中頭角崢嶸光故里仁風百里自揚清乙卯運中再加祿位丙辰運中一夢難醒

子平遺書　十六

壬子年　巳酉月　丙午日　辛卯時

此八字丙午日丑之辰財官之格柱中四旺俱全其為人也行藏恰變動用機関知輕而識重近貴而親賢椿親先別萱親壽棠棣森枝我獨妍不道黌宮無聞達信知業贖有威權報道晚年光景好東籬果有菊花鮮此則晚榮之命允幃得合須年少子嗣金風發桂蘭運行初庚戌只宜庇下快樂自然辛亥運中學豈儒冠誤螢窓患不勤壬子運中貴人提挈處祿馬旺於前癸丑運中詩書未必登科試三考功成上九天甲寅運中聲名壯觀頭角嶄然當此之際柳絮飄綿乙卯運中皇恩有感祿位高廷丙辰運中如松之盛似柏之堅丁巳運中春光去也流水消消

子平遺書　十七

壬子年　己酉月　癸丑日　壬戌時

此八字癸水相配柱中金水救印之格人生得此生于文望之族長于禮義之門丰姿清爽志氣超群椿樹先凋萱後別鴻飛天際隔跡雲學識高明霹靂一聲隨變化英才特達雲程萬里任騰身此則榮顯之命鶯嚀重德須指硬桂于秋來拂彩雲運行初庚戌上人庇下風絮沾身辛亥運中雪晴天未暖有志未能伸壬子運中執卷幾回空問月依然雪案護勞神癸丑運中躍過三層浪朝班立縉紳甲寅運中祿位榮遷金紫重一番行樂尚遂迎乙卯運中衣冠多壯麗未許乞閑身丙辰運中春殘花落盡杜宇不堪聞

壬子年　己酉月　辛卯日　壬辰時

此八字辛卯日相配柱中水土傷官用印之格人生得此丰姿英俊天性剛忠椿萱榮養雁及羌鴻雁天边有舊風學問有成終是功名之客英才卓冠宜為田舍之翁泮水十年淹素志橋門一旦显英雄一從沾羅四境播清風此則显貴之命鶯幃正副古譜老桂子金風發嫩蕊運行初庚戌風和日麗樂享雍、辛亥運中敲遊平生志宜加董子功壬子運中雲路開通馳駿馬橋門寄足反行中癸丑運中雨露恩沾權任重紛、庚辛仰威雄甲寅運中一番風雪过戰列大夫封乙卯運中崇回雖下菊酒從容丙辰運中一夢歸仙路風烟千里重

壬子年　己酉月　甲申日　丙寅時

此八字[illegible]甲日相配桂中旺金去官留殺之格喜逢遺印以扶月人主得此顯姓揚名椿親萱賢慧滿[illegible]天邊有共鳴筆底詞源三峽遠胸中學業五車積一舉高登月殿果然身沐恩榮此則貴顯之命鸞幃全正副桂子秀英英運行初庚戌上人底下黄卷青燈辛亥運中書窓多勉力採月便先榮壬子運中宴錫瓊林後仁風遠近清癸丑運中皇恩有感祿位階陞甲寅運中一番風雪初晴後十郡山河化日明乙卯運中大才大用職掌兵刑丙辰運中榮回樂處丁巳運中花落月沉

壬子年　己酉月　癸卯日　己未時

此八字癸卯日貴之辰殺生印綬之格其爲人也丰姿卑穩智氣不凡生於仁門長於右族堂上椿萱先損[illegible]母親年壽福弥彊鴈字無兄下二弟時來自有貴人攙[illegible]生財帛無虧負晚景優優樂自如此則守成發達之命鸞幃同庚年配合子生逢許有双双運行初庚戌年亥則帛風絮中声名水上萍壬子癸丑運中春風習習滿園花木芳菲夏日炎炎盈沼芰荷馥郁貴人提挈事事迎祥甲寅乙卯運中東君報道春光至家業昂昂福慶深子成立業行樂風光卯字其間消消風雨丙辰運中經霜松柏儼然秀冒雨梅蘭分外香丁巳運中香魂杳杳歸直向巫山淺水邉歸去也

壬子年　己酉月　甲寅日　甲戌時

此八字甲寅專祿之日配合柱中火水傷官用印之格人生值此丰姿平穩立事辛勤生於鄉右之族更於良善之門堂上椿萱俱已別庭前棠棣獨枝分祖業焉能得倚靠財囊蓄伏有崎嶇雖然不是文章客便作蟆蜉也不低此則過継之命鸞帏違配還須硬子嗣應當有送歸運行初庚戌一度風與雪淚滴皆趕趁辛亥運中本是小園林内爭移來北苑作新枝壬子運中仕君枉使心何計豈能順水使帆歸癸丑運中方有上人相指引何當懇謝又依棲甲寅運中萬里濃雲今掃盡一輪明月正揚輝乙卯運中守得黃花於晚節那時也是一男兒丙辰運中平安納慶丁巳運中一夢西歸

壬子年　己酉月　壬辰日　癸卯時

此八字壬辰魁罡之日相配柱中金土印官之格女人得此儀容朗朗智慧明明椿文早歸萱失守焉行天涯少同鳴翁姑失倚妯娌無情有立業掌家之道針緻綺[illegible]之能一苑夭桃鋪錦満山松柏映幃屏[illegible]來枕羅綺麗層層[illegible]祿旺女命良人低一截桂子秀双英運行初戊申幼年之景椿樹凋零丁未運中帳綰鸞鴦芾花開孔雀屏丙午運中家業多豊裕風霜一度生乙巳運中精神加壯國姤兩損花英甲辰運中烟鬧山色麗雲散月揚光癸卯運中晚年安享羅綺層層壬寅運中一番兩過辛丑運中一枕清風

壬子年　乙酉月　丙申日　庚寅時

此八字丙申合相配柱中旺金財旺甚此定格又生得此富貴兩全椿萱難擬雙萱乙字庭前各挺妍手安清致天性良賢深明韜畧法熟咏星賢篇祖業重新慶丈豪自積全一旦恩榮身[illegible]後紛紛廣辛卯威權此則豪榮之命鴛幃全正副桂子舜班斕運行初庚戌榮旺之下化日當天辛亥運中詩書多萬志韜畧尚相援壬子運中振振財名揚四境紛紛沛澤潤鄉園癸丑運中但覺威名光霽何愁柳絮飄綿甲寅運中旺中生阻節依舊福永堅乙卯運中老當益壯子秀孫賢丙寅運中黄花綠酒丁巳運中夢入九泉

壬子年　己酉月　戊戌日　[illegible]時

此八字[illegible]之日陽[illegible]官之格[illegible]人生於[illegible]旺之[illegible]義勇之庭萱[illegible]行[illegible]也[illegible]妻洒落[illegible]人超[illegible]相欽祖業添新慶[illegible]舊榮營[illegible]字軍士自皈心[illegible]年多壯觀頭角聳峥嶸此則持達之命鴛幃有克須重[illegible]反辭武職又運行初庚戌何分寒暑未訪丹流辛亥運中報道春光明媚天陰未稱[illegible]臨壬子運中旺處亦須防損至樂中仍懸有悲生癸丑運中行蔵方得意人事始如心甲寅運中一番風雪過萬里瑞祥增乙卯運中冲擊之所得[illegible]相稱丙辰運中[illegible]進將[illegible]嘆英雄焉[illegible]

壬子年　己酉月　丙辰日　壬辰時
此八字丙辰日德之辰相配　金水
才秀之人　斯象者丰姿　乳兑雛
新心杯好出之德意無之一情其為
人也生於富貴之宅長才豪之門尊
堂別何敍天邊遙雁我沆鳴祖基
宜整置才祿自積成學問博知須孟語
四海馳名達士欽煙樹依依遮北斗樓
臺隱隱在南深非獨堆金積玉富豪威
有振不非輕惡人不讓酌酒邀賓初運
滄滄中跂蹉暮年享祿子腰金此則富
貴之命鴛幃正偏方同老桂子中招出
秀英運行初庚戌少年之景月白風清
辛亥運中芸窗曾篤志囊死棄頭螢壬
子運中正在立名立勢處出憂非耗素
侵癸丑運中威振有布人欽仕官災破
服返來甲寅運中季　何為貴
崎嶇非難素還尋乙卯運　君西庫
耿耿声名丙辰運中子朝鳳　七健精
神丁巳運中三杯別酒夢返佳城

壬子年　己酉月　辛丑日　戊子時
此八字辛金相配往事水土傷官用印之格亦有
朝陽之德人生得此丰姿清俊器果斷生於仁
學之族長於學墨之堂花滿堤　七去鴻雁天
邊不共行學問黃道三秋騰達英才特達
赤霄萬里任翱翔一朝促得風雲會騰踏飛黃上
帝鄉此則英顯之命鴛幃全正副桂子有清香運
行初庚戌初年之運人度風霜辛亥運中未登蟾
宮且向雞窗壬子運中幾多叢雜事有志未伸揚
癸丑運中咲顏登試院嗑手中科場甲寅運中河
海事業名十古伊洛淵源道四方乙卯運中銀馬
蹄鞍光赫赫烏臺展鏡月蒼蒼丙辰運中故里尊
榮丁巳運中清風引夢長

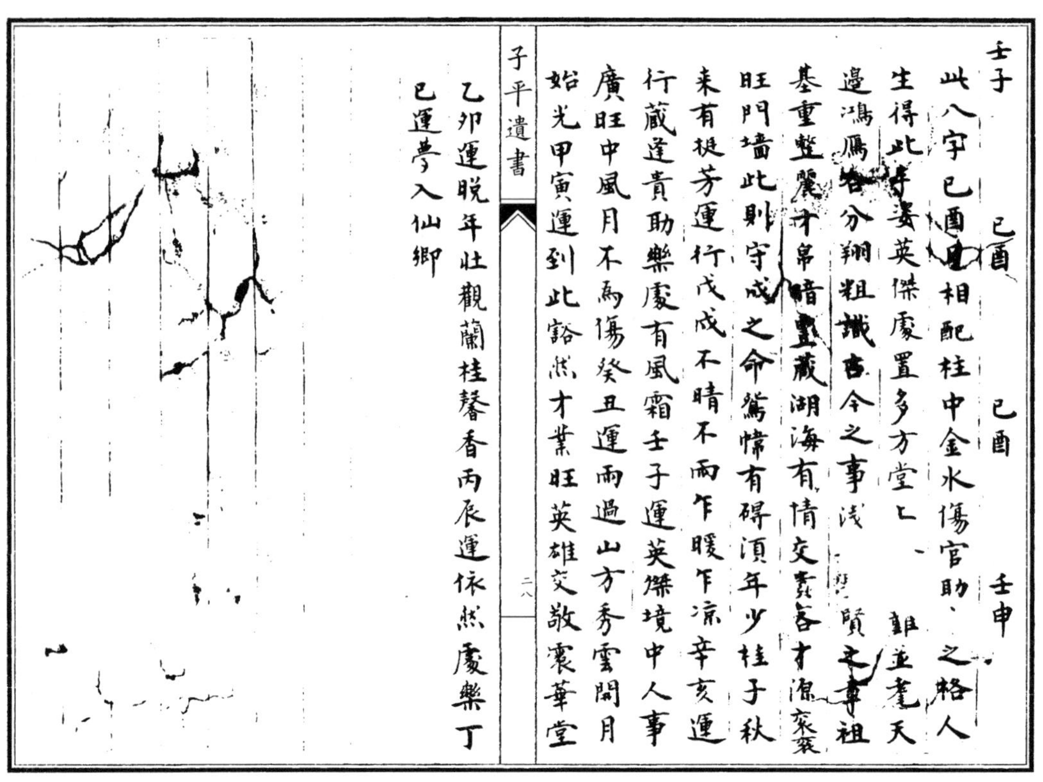
壬子 己酉 己酉 壬申

此八字己酉日相配柱中金水傷官助之格人生得此等姿英傑處置多方堂上雖並鼇天邊鴻鴈各分翔粗識古今之事淺賢之事祖基重整麗才帛暗藏湖海有情交賢客才源衰旺門墻此則守成之命鴛幃有碍須年少桂子秋来有挺芳運行戊戌不晴不雨乍暖乍凉辛亥運行蔵逢貴助樂處有風霜壬子運英傑境中人事廣旺中風月不爲傷癸丑運雨過山方秀雲開月始光甲寅運到此豁然才業旺英雄交敬褱華堂乙卯運脱年壯觀蘭桂馨香丙辰運依然處樂丁巳運夢入仙鄉

子平遺書 二八

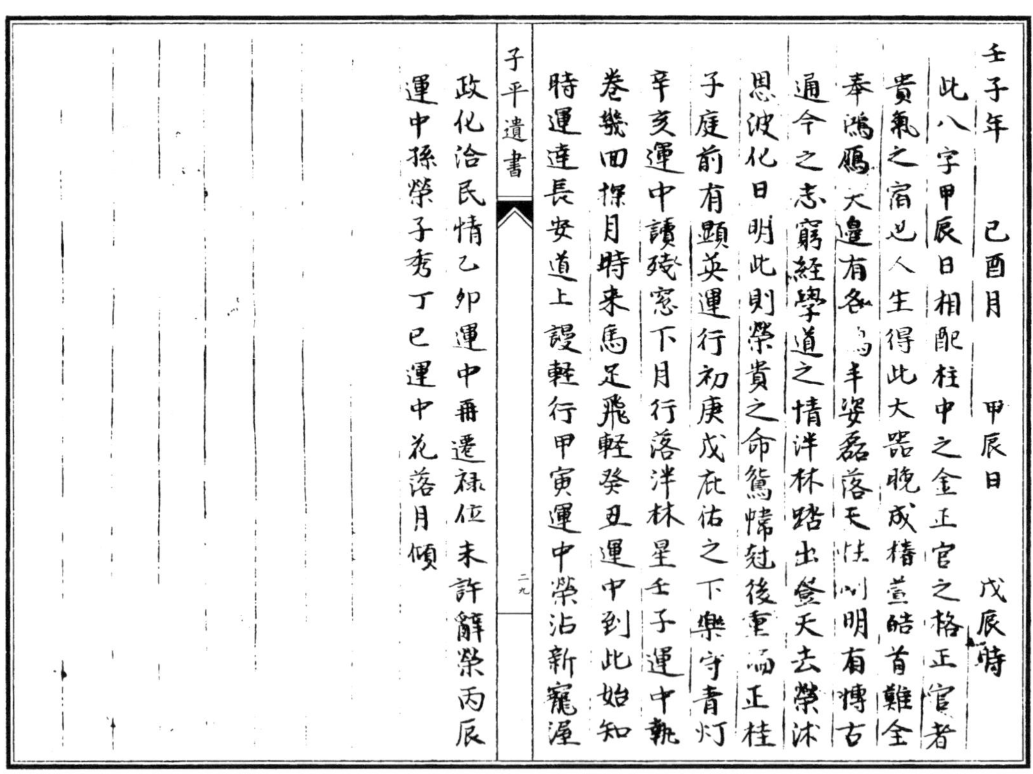
壬子年 己酉月 甲辰日 戊辰時

此八字甲辰日相配柱中之金正官之格正官者貴氣之宿也人生得此大器晚成椿萱皓首難全奉鴻鴈大邊有各[illegible]丰姿磊落天性明有博古通今之志窮經學道之情泮林踏出登天去榮沐恩波化日明此則榮貴之命鴛幃魁後重而正桂子庭前有顯英運行初庚戌庇佑之下樂守青灯辛亥運中讀殘窓下月行落泮林星壬子運中執卷幾田探月時来馬足飛輕癸丑運中到此始知時運達長安道上謾輕行甲寅運中榮沾新寵渥政化洽民情乙卯運中再遷祿位未許辭榮丙辰運中孫榮子秀丁巳運中花落月傾

子平遺書 二九

壬子年　己酉月　辛卯日　庚寅時

此八字辛卯日相配柱中水木傷官助才之格人生得此丰姿英傑天性聰明椿親耐晚萱先別鴻鴈天邊不共盟習君臣之理窮賢聖之經淵水本身推變化杏林春和足榮身晚年遇貴門闌壯金玉輝輝自滿林此則傑人之命鴛幃同屬雙諧老桂子推看向晚成運行初庚戌幼年之景月白風清辛亥運中恰似洛陽三月景楊花飛杜丹馨壬子運中泮林不是藏身處採藥歸來養性情癸丑運中則源雖益旺人事又虛驚甲寅運中一番風雪過行樂會賢英乙卯運中脫年登旺家業崢嶸丙辰運中悠悠享用丁卯運中夢入蓬瀛

壬子年　己酉月　辛丑日　己丑時

此八字辛金相配柱中之土印綬者上格也人生值此椿萱添鶴髮鴈字有聯行其為人也丰姿清楚立性果剛學識稍知今古英才頗顯名揚多機變有智能過火黃金顯十分之貴色離雲皓月散七寶之清光一朝機會至麻衣換綠裳此則榮貴之命鴛幃霜添鬢桂子發秋香運行初庚戌上人之下冬暖夏涼辛亥運中鼓樞清韻動石擊紫烟生壬子運中貴人相携手舉足步朝堂癸丑運中幾載辛勤甘淡薄一朝頭角從此崢嶸甲寅運中冲擊之所祿位加昌丙辰運中榮田故里樂享安康丙辰運中訃音播也夢熟黃梁

壬子　己酉　甲辰　辛未

此八字甲木相配金水官印之格其為人也存仁立義多見多聞行藏特達動用亦能萱毋先歸椿耐幾行鴻雁各飛鳴祖基雖有倚家業可重成人情似紙番々薄世事如碁局々新但使清樽花底醉任教白髮鬢邊生此則溫融之命鴛幃娶得親中女子嗣標奇晚秀馨運行初庚戌未分榮辱何論升沉辛亥運中舉為雖有慶財帛尚虧盈壬子運中莫嘆刻鵠不就休慈畫虎不成癸丑運中滾滾財源旺滔々福祿臻甲寅運中梨花舞雪雨過山青乙卯運中高朋滿座美酒盈樽丙辰運中英雄盡也夢入佳城

壬子年　己酉月　辛丑日　丙申時

此八字辛丑日相配柱中金水傷官用印之格丙辛作合有功人生得此丰姿英偉天性英雄椿父先歸萱後別雁行天際有凌風祖遺韜略法頗習聖賢功祖業增新慶財囊自積隆佇看晚年機會好果然祿位有榮封此則富貴雙全之命鴛幃同屬須招副桂子花開果後豐運行初庚戌上人庇下未論升沉辛亥運中一番風雪過桃李發新紅壬子運中旺中生阻節依舊樂從容癸丑運中歷過艱辛行樂順財源來旺顯英雄甲寅運中到此貴人薦引果然一旦成功乙卯運中志當光霄氣勢豪洪丙辰運中孫賢子秀樂意無窮丁巳運中鳥啼花落盡一夢入巫峰

壬子年　己酉月　癸巳日　甲寅時

此八字癸巳日相配柱中金土系印之格女人得此儀容雅麗天性聰明椿萱棠棣难相守妯娌翁姑緣前輕立業掌家有道相夫教子多能錦綉花閨日麗琅玕竹引風清佇看来晚節家旺福安寧子嗣难為晚卸一枝花挺秀運行初戊申上人庇下天朗氣清丁未運中匹配成佳偶鸞歌鳳亦鳴丙午運中雖則夫門才業旺也防樂處有悲生乙巳運中再沾新喜氣雲散月華明甲辰運中蹉、細雨迷花遶渼、輕風動竹声癸卯運中晚年安

享羅綺層、壬寅運中晚足享用辛丑運中花落月傾

壬子　己酉　戊午　乙卯

此八字戊午日夂之辰傷官助財之格子午卯酉不論沖刑值此格者生於文墨長於衣纓椿萱豪傑鴻鳳分騰其為人也精神炯、智慧明、英才敏捷學問聰明准擬南山豹变重應北海蛟横此則飛黄騰踏之命此憐得合魚水之情子嗣有成斑衣之盛運行初庚戌渼、雲間月紅、葉下英辛亥運中漸覺春昼永始覺瑞祥生壬子運中芹泮腳中用意明倫堂上栄神癸丑運中忽聞合霧靈变化有前程甲寅運中情名傳上国嚴势播神

京乙卯運中權高曾損福慎則返加陞丙辰運中錦衣閑故里丁巳運中一枕夢平生

壬子年　己酉月　己亥日　己巳時

此八字食神帶財之格時逢金神主椿萱皓首鴻鴈聯群其爲人也知輕重識盈虛行藏果決學問不深算長名園過舊竹花開上苑勝先春坡楹清韻動石擊紫烟重若肯留心於名利定應踏馬到神京此則福貴之命鴛幃有剋須重續子嗣枝頭二果成運行初庚戌只宜庇下月白風清辛亥運中漸看春晝永始覺月光明壬子運世事恰如新折挪人情還似半開英癸丑運驀地威權遍布謁然桃李陽春甲寅運滔滔光霽月霜雪恐盈庭乙卯運安享華堂之福紛紛賓客相尊丙辰丙辰運光陰如過隙萬事總難明

壬子　己酉　丁未　丁未

此八字丁未日相配柱中金水才官之格女人得此福足以助夫門儀容清致性格雅靜萱有倚歸年老妯娌無情志創門有立業相夫之道針綴歷事之勤喜則春陽和照怒則雷電驚人佇看晚節麗色映裙釵能家女命良人豪傑客桂子晚来新運行初戊申無榮無辱樂守閨門丁未運中配匹成歡慶風霜不壓身丙午運中蘭桂欠芳心快快財源来旺禍臻臻乙巳運中淡烟迷弱柳踏月入蹤雲甲辰運中助夫門之立業長自己之精神癸卯運中晚年多宜福列席盡奇珎壬寅到辛丑運中歸去也

壬子年　庚戌月　庚辰日　丁丑時

此八字庚辰魁罡之日雜氣官印之格人生得此丰姿穩潤賦性良賢生於清白之族長於蓄順之門父母雖期双白首鴈行未必久相聯學問頗能詩礼步筆鋒稍健姓名傳基業重須整頓田園禾黍連阡直須遇寅財豐阜第宅昌隆福慶全此則守成之命鴛幃帶破免重新桂子有成供晚景運行初年亥無思無慮快樂安然壬子運中不畏風波滄阻猶能乘月牽舡癸丑運中半濕半乾花上露無勝無墜樹頭烟甲寅運中一番風雪過財祿自關闗乙卯運中不獨財源滾滾尚祈福慶綿綿丙辰運中魁罡疊見多勢多權丁巳運中春光一去無消息花落人帰泣杜鵑

壬子年　庚戌月　庚寅日　戊寅時

此八字傷官帶才之官之格女人得此姿容清致性格聰明治家近理處事華能有肝食宵衣之恨針綴刺綉之勤萱親耐晚椿先別鴻鴈西風失隊群雪為輕粉憑風傳露作臙脂仗月匀此則中和之命良人木命須年長子嗣花開果有成運行初巳酉幽閑綉閣未顯光明戊申運中雖然婦随夫唱也曾微雨美晴丁未運中風高浪急舡折舟横丙午運中再沾新雨露復整旧儀容乙巳運中行藏遂意動用称情甲辰運中花落水流春已失蘭摧玉折恨何勝

壬子年 庚戌月 乙亥日 辛巳時

此八字乙亥日相配柱中之金偏官之格喜逢印綬以相幇人得此手姿穩重天性明良椿萱不逮双榮養鴻鴈天邊各奮翔學識窮通今古筆鋒能理憲章機會來時逢貴助勞崇案讀沭恩光此則顯榮之命鴛幃配合双諧老桂子秋來吐異香運行初辛亥上人庇下摘句尋章壬子運中詩書雖有志仕路未為揚癸丑運中時至自然壯觀貴人引入公堂甲寅運中三疊陽關斟別酒九重天府沭恩光乙卯運中政化東西洽仁風遠近揚丙辰運中再加祿位百里權衡丁巳運中夢回故里戊午運中夢入仙鄉

壬子年 庚戌月 己丑日 丁卯時

此八字己丑日相配柱中卯木時上偏官之格人生得此姿容秀斐性格乖能據萱先別母妯娌少知情性急如江濤春壯心安似山月秋清立業掌家有道相夫教子賢明仰看來晚節福氣自崢嶸此則掌家女命良人配合須長年桂子森森有挺榮運行初己酉上人庇下風雪嚴凝匹配成佳偶花開錦綉明丁未運中雖則夫門才旺幾番跋涉生驚丙午運中到此方享泰才高福氣榮乙巳運中滔滔享用罗綺馥馥甲辰運中冲擊之仰加壯驟夫榮子顯樂昇平癸卯運中依然光霽壬寅運中妝鏡空明

壬子年　庚戌月　己卯日　庚午時

此八字己卯日相配柱中金水雜氣才官之格喜逢日祿以歸時女人得此姿容清致性格果剛生於清白之室配於西室椿萱有倚成無倚妯娌还看各一方立業多良弟治家愈自强非奔非聘天生福歷過中福氣長此則能事女命良人有犯重年長枉子難看吐晚香運行初己酉上人庇下閨閤安康戊申運中匹配成帷慶花開錦綉芳丁未運中到此霜寒花艷冷一憂一喜未爲昌丙午運中雖則裙釵壯麗也防人事凄凉乙巳運中融融家業疊疊羅裳甲辰運中依然快樂癸卯運中鏡掩晨光

壬子年　庚戌月　甲申日　丙寅時

此八字甲申日配乎柱中金水雜氣示印之格喜逢日祿以歸時人生得此仕路聲揚椿萱皓首难雙棲鴻鴈天邊不共翔李識窮通書史筆鋒能理憲章雖不登科而及第也須考最沐恩光此則榮遂之命鶯幃有犯須招副桂子秋来朵朵芳運行初辛亥初成上庇快樂何當壬子運中詩書多勉力仕路未聲揚癸丑運中遇貴提携聲價重成揚公府旺才囊甲寅運中時來馳疋馬節下望恩光乙卯運中究渥榮沾後門庭显異常丙辰運中花顯政聲揚溢還看祿位加昌丁巳到戊午運中歸去也

壬子年　庚戌月　辛未日　丙申時

此八字辛未日配柱中火土雜氣官印之格人生得此仕路聲揚脩萱不逮雙栄養鴻鴈天邊各奮翔手姿洒落天性果剛學識窮通書史筆能理憲章雖不登科及地也須身沐恩光此則顯栄之命鴛幃配合雙諧老桂子庭前吐錦芳運行初辛卯上人庇下何慮風霜壬子運中時来逢貴助便擬向公堂癸丑運中足馬登天路風霜協一塲甲寅運中栄沾新寵渥光耀舊門墻乙卯運中政化東西洽仁風遠近揚丙辰運中再加禄位未擬還鄉丁巳運中黄花緑酒戊申運中夢入仙鄉

壬子年　庚戌月　辛巳日　丙申時

此八字辛金相配柱中火土雜氣官印之格丙辛作合有功值斯象者注人生於冨室長於華宗手姿俊雅丸葉雍容椿樹先凋萱耐晚鴈行天際各凌風學問聰明禹浪三層隨化英才敏捷雲程萬里盡開通長安春似海花映緑旗紅此則帯肅之命鴛幃全正副桂子發秋叢運行初辛亥上人庇下化日融融壬子運中芸窓篤志雪案加功癸丑運中幾欲思高幕遠依煞目雪中風甲寅運中萬里扶搖騰鷲鷲一聲霹靂驅驪龍乙卯運中皇有感禄位加封丙辰運中金魚綰帯權衡重未許離鑾樂酒鍾丁巳運中帯田故里戊午運中夢入巫峯

壬子　庚戌　乙酉　丙子

此八字乙酉專權之日相配格中金水雜氣官印之格官印者上格也人生得此丰姿磊落膽氣騰騰高謀遠見識闊别慷慨情懷志氣深其爲人也生於名族長於仁庭一對雙恩前後鴻鴈行惟我出鳴清祖業宜當整才禄有積咸學問聰明終是利名之貴客英材曠達豈爲田舍之俗人筆底龍蛇能变化案前枉直理分明多聞多見多智多能性不受觸心不藏機初運中年官跂跡暮年銀束子腰金此則顯達之命鶯幃有犯宜正别桂子中

招奪錦麟運行初辛亥雙恩之下不論升沉壬子運中讀書映雪観史偷螢癸丑運中意欲要拿天上月何期運蹇晦憂心甲寅運中鄉邦人仰敬非耗素迍侵乙卯運中正在得名得勝地官灾破服未離身丙辰運中重重禄位耿耿聲名丁巳運中腰横銀作帶積玉與堆金戊午運中有子朝帝闕一夢入佳城

壬子　庚戌　丙戌　庚寅

此八字丙火相配年干壬水偏官之格時值長生值此象者堂親耐悦棒先别鴻鴈天边有共鳴其爲人也丰姿秀爽言語爭能筆下有救人之德胸中无毒害之情從古覓珠来水俯目今求劍到豊城天然機會到名利两光榮此則榮華之命鶯幃两敵霜添鬢子嗣金風縱粟美運行初辛亥花明栁暗雲淡風輕壬子運中學宜儒冠誤帶窓患不勤癸丑運中財權雖振作世事尚丐盈甲寅運中虽達声名富此際幾多心事不安寧乙卯運中他

日桑麻茂仁風雨露清當此之景風霜滿庭丙辰運中声光煇煇氣英爽丁巳運中晚景懲樂戊運中黄梁夢不醒

壬子年　庚戌月　辛未日　辛卯時

此八字辛未日元相配柱中火土雜氣官印之格殺
印相生功名顯達主人嚴慈俱少倚棠棣不同妍其
為人也丰姿莊重天性機關窮書史誦詩篇知輕知
重可方可圓祖基無分骨肉少緣運至時通險中藏
得三陽泰地炅人傑禍裏番成五福全須臾親玉陛
咫尺近
天顏不文不武偏能貴久久宮墻許遍觀此則內宮侍臣
之命篤怫今生無分子嗣後世成聯運行初辛亥乍
晴乍雨或煖或寒壬子運中人道離乱場中苦離乱

場中是福田癸丑運中驀然增勢要天語每相宣甲
寅運中日親袞繡時近龍顏乙卯運中
皇天眷顧恒臻福捴鎮江南秉大權須臾風雨雨過月圓
丙辰運中慰
明君之簡閱扶社稷之安然丁巳運中欲閗閑未得機軸
尚隨旋戊午運中韶光已尽空怨啼鵑

壬子年　庚戌月　己丑日　辛未時

此八字己丑之日相配柱中金水傷官助才之格
傷官者剛毅之物也主人生於右族長於名門椿
萱有倚難蹇甃天邊鴻鴈各飛騰其為人也丰姿
清秀天性聰明學問有成源流三峽誰能及英材
敏捷筆掃千軍孰與論衣冠齊齊人中傑和氣怡
怡席上珎北海蛟横頭角聳南山豹变介牙新終
是文場榮顯客豈為田舍鑿耕人一朝騰踏飛黄
去金紫榮看次第陞此則榮貴之命篤怫有碍須
招副子嗣榮門晚節馨運行初辛亥上人庇下霽

月光風壬子運中欲遂平生志潛心對短檠癸丑
運中何事不辞今苦日時来頃刻便升騰甲寅運
中自沐天邊寵朝綱立縉紳皇恩重有感疊疊禄
元增乙卯運中戒足金紫宇內澄清丙辰運中山
河開十郡未許便辞榮丁巳運中西風起處蓴鱸
美晚節天時菊酒馨戊午運中子榮孫秀容顏樂
已未運中夢入黄粱永不醒

壬子年　庚戌月　癸亥日　乙卯時

此八字癸亥日元相配柱中火土祿氣才官之格人生得此生於右族長於名門椿萱有倚難双耄天邊鴻鴈各行鳴其為人也丰姿清秀天性聰明般般稍覽件件不精謀動君子威服小子行藏果斷作事老成水光浮座盃盤瑩花氣侵人笑語馨施恩惹怨布德成嗔琴擣風月閑生計金玉松筠旧歲春終是功名客豈為田舍翁幾年苦映孫康雪十載灯窓枉用心非吏非儒非汗馬敵金納粟也光榮此則因富致貴之命鶯幃土命須招副子嗣秋來嫡廣榮運行初年亥上人庇下未斷平生壬子運中莫道儒冠悞黌窓恩不勤癸丑運中不勞窓下功書史特來他日也光榮甲寅運中有名閭富貴無事樂平生須臾風雨頃刻逡巡乙卯運中薰捲香風生百福軒開化日福之增當是時也風雨還侵丙辰運中子貴重榮贈何愁白髮生丁巳運中重沾榮贈戊午運中一桃清風

壬子年　庚戌月　癸酉日　甲寅時

此八字癸水日元相配柱中火土雜氣財官之格亦有刑合之意女人得此生於良族配於仁門椿父先歸萱耐晚天邊鴻鴈各行鳴其為人也姿容清雅髮貌超群有治家立業之道針綫紡績之勤雪紅輕粉憑風傳霞作胭脂仗日匀雖是女流之輩過如男子材能克勤而克儉易喜而易嗔憂禍自能辭肉味愛琴應解辨弦聲帔服鳳冠身外事自然財祿足豐盈此則旺足之命良人連珠高一載子嗣枝枝晚節馨運行初己酉上人庇下月白風清戊申運中紅葉潛中傳密意赤繩月下結良姻丁未運中幾度樂中有悶數番靜裏憂生丙午運中雖則夫門財業旺旺中尚有事虧盈當此之際花放風生乙巳運中滔滔無阻滯步步助夫門甲辰運中歲寒松尚茂秋老菊尤馨癸卯運中享子孫之福慶壬寅運中夢杳杳入佳城

壬子年　庚戌月　戊子日　甲寅時

此八字戊土相配柱中金木食神制杀之格喜逢印生身人生得此生於良族長於仁門椿萱雙並奉棠棣不聯英丰姿清雅天性老成知高下識重輕過火黃金重長價離雲皓月倍清明江湖生意好閭里姓名馨花無桃李非春色人有才源是太平晚年光霽景福祿勝常春此則發福之命鴛幃命建頭生雪子嗣秋枝見孝忠運行初辛亥上人庇下未斷升沉壬子運中如花向日似月離雲癸丑運中世情濃又淡淡處又還濃甲寅運中着意意種花花不發無心插柳柳成陰當此之際素耗還生乙卯運中才源雖穩旺人事尚虧盈丙辰運中滔滔無阻滯步步旺才名丁巳運中梅雖遜雪三分白雪亦輸梅一段馨戊午運中花已落月尤沉

壬子年　庚戌月　乙酉日　辛巳時

此八字乙酉專權之日稟氣才殺之格傷官制伏印綬相生主人生於茂族長於高門椿萱先別毋棠棣獨光榮丰姿清秀天性聰明理窮古事兼今事書對賢經與聖經早登蟾室攀丹桂快向皇都得意回此則榮貴之命鴛幃雨敵霜添鬢子嗣秋來有盛衰運行初辛亥上人蔭庇下詩禮謾安排壬子運中到此始知文學好蟾中折得桂花回癸丑運中一從沐得天邊寵訓晦生徒根未來甲寅運中驀然機會重沾貴營宮脫跡向烏臺當此之際一番風雨乙卯運中令聞萬里名播九族卯字之中權高損福丙辰運中悠悠離下丁巳運中寬逐蓬萊

壬子年　庚戌月　辛未日　戊戌時

此八字辛未日主相配柱中火土雜氣杀印格杀印相生功名显達萱慈椿早别棠棣不同妍其為人也丰姿壮偉天性機関窮書史誦詩薾知輊知重可方可貞祖基無倚骨肉少緣運至時適險中麄得三陽泰地灵人傑裀裡畨成五福全須史摇玉佩咫尺近　天顏不文不武備能貴六六宮墻許遍觀時来機會從天降蜂脹荣身玉帶懸此則無品級之命鴛幃令生無分子嗣後世成聯運初行辛亥乍雨乍晴或寒或煖壬子運中人遭離乱塲中苦離乱塲中显福田癸丑運中驀然增势要天語每相傳甲寅運中朝覲　龍日近天顏乙卯運中皇天眷顧恒臻福摠鎮江南秉大權須史風雨依旧月貞丙辰運中得明君之篇閱扶社稷以安康丁巳運中欲開閑未得錦軸尚隨旋戊午運中韶華已矣空悲杜鵑

壬子年　庚戌月　辛巳日　己亥時

此八字辛金長生之日雜氣教印之格傷官之論女人得此生於良族長配富門姿容清雅变貌精神勝丈夫之氣槩有男子之材能翁姑姑有倚妯娌尚情踈性快便如捲浪風時言起片時停推開綉户薰風暖揭起珠簾化日明雖然不是榮封婦自然金谷足豊盈此則富足之命良人帶疾須全命子嗣先虧後有成運行初己酉上人庇下毓秀蘭門戊申運中青陽柳葉晴初變紅入桃花煖未匀丁未運中幾度樂中有悶数畨静裏憂生丙午運中乍煖柳條無氣力半開花蕋不精神過此乙巳運中不用高燒銀燭月明添倍光明甲辰運中食則珎羞百味衣則羅紵千層癸卯運中花已落月沉西

壬子年　庚戌月　辛未日　戊戌時

此八字辛未日元相配柱中火土雜氣煞印之格煞印相生功名顯達嚴慈椿别早棠棣不同妍其爲人也丰姿壮偉天性機関窮書史誦書篇知輕知重可員可方祖基無分骨肉廿緣運至時通險中瀛得三陽泰地灵人傑禍裏畨成五福全須史耗玉佩咫尺近天顏不文不武偏能貴六六宮墻許通觀時来相會從天降跨服榮身玉帶懸此則貴無品級之命鴛幃今生無分子嗣後世成聯運行初辛亥乍晴乍雨或煖或寒壬子運中人道離乱場中苦離乱塲中是福田癸丑運中驀然增勢要天詔每相傳甲寅運中朝親龍袞時近天顏乙卯運中皇天眷顧恒臻福揔鎮江南秉大権須史風雨依舊月貞丙辰運中慰明君之簡簡扶社稷以安然丁巳運中欲閑閑未得機局尚隨旋戊午運中韶華巳盡空怨啼鵑

壬子年　庚戌月　丙寅日　戊子時

此八字丙寅長生之日食神制殺之格遇斯命者萱母先帰椿耐晚天边鴻鴈下聯群丰姿清雅天性聰明筆底倒流三峡水胸中豪叢五車書早登蟾宮攀册桂快向龍門奪錦英佇看官封三級酌然福享千鍾此則榮貴之命鴛幃連理須年敵子嗣秋来有継榮運行初辛亥駕豪十年窓下時来一舉成名壬子運中自賜瓊林後朝班立縉紳癸丑運中雖則金甌拜丞愁風雨之驚甲寅運中職近金紫貴權任棟梁洪乙卯運中雪情閒閭開黄道金紫煌煌化日明丙辰運中儀容四海功光着機軸隨旋氣勢雄丁巳運中英雄鄙尽也高塚臥麒麟

壬子年　庚戌月　辛巳日　己丑時

此八字辛巳日元相配柱中火土旗氣官印之格人生得此生於右族長於富門椿文先歸萱後别天邊鴻鴈各行鳴其爲人也精神炯炯智惠明明行藏果斷作事老誠般般稍覽件件不精謀動君子威状小人水光浮座盃盤螢花氣侵人笑語聲祖業添新慶才源享積存雨磁秋色皆喬木蒼旧風流有幾人好意番成惡真心換得嗔英雄惟贈劍三尺豪傑相逢酒一鍾田园多茂盛畝畝稻粱馨終是功名客豈爲田舍翁晚年有子登黄甲白髮烏紗又贈封此則困富显貴之命光幃金命須年小子嗣生成貴显人運行初辛亥上人庇下未斷平生壬子運中世事宛如春夢人情搏似秋雲癸丑運中不須窓下攻書史他時名利獻君成甲寅運中富貴榮華閑快樂破才爲福始成名須臾風雨雨過山青乙卯運中才源聚足人文敬尚有超超不順情丙辰運中莫愁世事多番覆子貴門招福禄增丁巳運中恩沾雨露會文門樽戊午運中多傷有限春夢無憑

壬子年　庚戌月　丙寅日　壬辰時

此八字丙寅長生之日相配柱中水土傷官助財之格人生得此生於右族長於高門椿萱有倚先虧母天邊鴻鴈各行鳴其爲人也丰姿磊落天性聰明通今覽古可武可文豈無高仕敬時有貴人欽水光浮座盃盤瑩花氣侵人笑語欣遊山翫水携詩卷對月觀花把酒斟終是功名客豈爲田舍翁文場有意難趋進武畧無心亙顯名時來自有良機會天府榮沾聖主恩家谷不早實大器當晚成此則榮貴之命鸞幃有犯須招副子嗣秋來有顯榮運行初辛亥上人庇下未断平生壬子運中幾欲思高慕遠番成剪雪裁冰癸丑運中刻鵠不就畫虎未成甲寅運中一旦謀爲遂滔滔雨露均須臾風雨雨過山青乙卯運中才推秉美綠位光榮當此之際進退還生丙辰運中天邊少恩澤離下樂高情丁巳運中子貴晚年閑快樂訃音一搏衆傷情

壬子年 庚戌月 甲戌日 乙亥時

此八字甲木相配柱中金土襍氣才官之格羊刃合劦有功值斯象者椿萱萱有壽棠棣有聯英其為人也丰姿磊落天性乖能雖不成名利生平近貴人梅開白雪飄東閣笋長新梢過北庭不須登仕路湖海也光荣此則旺業之命鴛幃配合須年少桂子秋来孝義深運行初辛亥上人庇下未論升沉壬子運中乍雨乍晴留容景或寒或煖困人春癸丑運中正是梅青并白月何期風雨湿衣襟甲寅運中萬里無雲天一色三秋好景月長明乙卯運中 桃李千谿錦江山一叠屏丙辰運中 安樂晚景丁巳運中一枕清風

壬子年 庚戌月 壬午日 癸卯時

此八字六壬生位號曰禄馬同鄉相配柱中火土襍氣才殺之格女人得此生於右族長於名門椿萱难並茂鴻雁各行鳴其為人也姿容清秀累有精神勝丈夫之氣有君子之能每懷風勝意特抱汲流心青入水光成艷線日時花落發新紅滔滔無阻清高取束門古節定武儉則志而生玉壓崑崗藏銀色閒生提酒散清盈佇看夫荣子貴也應同沐皇恩此則荣顯之命良人連珠荣貴㬎子女椿成有㬎荣運行己酉上人庇下毓秀間人戊申運中契合翠空成好萱紅自結良烟丁未運中雖則晚年快樂幾多人事克盈丙午運中片雲能發千山雨雨過千山依舊晴乙巳運中幾成進退不經過這此滔滔福禄增須臾風雨時刻困循甲辰運中蒼松鬱鬱乙卯運中何愁白髮生壬寅運中春光去也一枕巫峯

壬子年　庚戌月　戊寅日　癸亥時

此八字戊寅專權之相配柱中木水䄇氣才殺之格喜逢印綬生身遇斯命者生於右族長於高門椿萱难並耄鴻鴈各行鳴其為人也丰姿清秀天性聰明理窮古事蕪令事書對賢經與聖經與聖經　利疑無敵筆力縱橫若有神太山北斗千年在和氣春風四座生文演武濟豸狭傾終是黄朝榮貴客豈為田舍鬻耕人一朝馬上衣冠别整肅衣冠拜九重佇看官封三級酌然祿享千鍾此則榮傑之命驁悍有犯須招副子嗣榮華孝義深運行初己亥上人庇下賽月光風壬子運中發歆思高暮遠時来須刻名成癸丑運中雲程坦坦登天去峯足悠悠名利成甲寅運中釣光飛赤電肅氣凜鴻濛乙卯運中三度君恩一番風木驚丙辰運中有材應大用未許便增榮丁巳運中安閒晩景戊午運中一枕清風

壬子年　庚戌月　癸未日　壬子時

此八字癸水天元相配柱中火土䄇氣之格人生得此椿萱暌茂棠棣照枝有抵雪欺風之智高謀遠見之機丰姿消洒性格能為見善則持於已當仁不讓於師雖成新事業难守旧根基才源滚滚家居好福祿臘閑弄慶俞此則稳福之命驁悍須帶硬子嗣秀枝枝運行初亥辛運中上人庇下未断盈馨壬子運中幾多榮拙依舊無危癸丑運中春園雨過乖木芳菲甲寅運中一番風雲過才源旺門庭乙卯運中鴻釣氣轉喬木春歸丙辰運中簾捲香風春百福軒開仙日祿光齊丁巳運中蕪年官逝戊午運中歸去来〻

壬子年　庚戌月　戊子日　丁巳時

此八字戊子日元相配柱中旺火襍氣印綬之格才神在柱減我功名主人生於右族長於名門金土椿萱蕃歲長天邊鴻鴈各行鳴其為人也手資蒼古天性老誠雖無深計較稍有淡聰明高人起敬貴客相欽祖業添新慶根原勝舊風生涯湖海上道路西東消閑棊一局遣興酒三鍾花無桃李非春色人有笙歌是天平好意當成惡真心換得嗔回顧財源旺足何須天府求榮此則穩厚之命驚幃鼓盆三嘆重整新絃子嗣有成晚節榮門

有慶運行初辛亥上人庇下未斷平生壬子運中春園雖雨過桃李未生英癸丑運中雖則行藏有慶幾多人事對盈甲寅運中財源滾滾家居好何期絃斷尚愁人乙卯運中負載不辭千里遠貨財惟喜四方通當此之際素耗还生丙辰運中薰捲香風生百福軒開化日禄元增辰字之中花放風生丁巳運中晚年子貴顯福禄享無窮戊午運中夕陽有限春夢無憑

壬子年　庚戌月　乙酉日　辛巳時

此八字乙酉專權之日相配柱中金火傷官制煞之格女人得此生於右族長於名門椿萱难並耄姊妹各數榮其為人也姿顏清致德義行真勝丈夫之氣禀有男子之才能雪為輕粉平風傳霞作胭脂伏日句每懷九縢意時抱孝員心春入水光成嫩綠日句花萼發新紅性急便如風捲浪片時恕起片時停雖然不是榮封婦自然福祿享無窮此則旺穩之命良人連珠祇一載子嗣生成貴顯榮己酉運中上人庇下欲綉閨門戊申運中雖則夫門多快樂幾番微雨弄晴空丁未運中須史雲掩月恐刻月離雲丙午運中正是泰平光濟景還恐花紅風又生乙巳運中萬疊好山雲乍歛一輪明月雨初晴甲辰運中夫賢子貴樂意忘情癸卯運中歸去也

壬子年　庚戌月　乙酉日　辛巳時

此八字乙酉專權之日秉氣才杀之格女人得此生於淡族配於殘孀姿容靄麗賢良精粹有針線之巧立業之能深明閨壼理洞識古今情一苑杏花鋪錦繡滿山松柏映幃屛雖非正聘亦不言奇業砧沾沛澤同沐帝王恩此則副妻之命良人金命榮英友桂子枝頭有擬宗運行初已酉淡淡梨花月翩翩柳絮風戊申運中帳前初綰鴛鴦帶堂上初開孔雀屛丁未運中雖則夫妻子秀迎愁霧鎖烟凝丙午運中食列珠羞百味衣則羅綺千層乙巳運中綠中加綠色紅上增紅英甲辰運中暮年安享癸卯運中鬼返巫峯

壬子年　庚戌月　甲子日　丙寅時

此八字甲木相配柱中金火傷官制杀之格喜逢日福以帰時女人得此生於良族配於高門賢顏閨朗鬟兒超群有治家立業之道針線紡績之勤翁姑雅並倚妯娌尚情輕家事無偏無黨待人有玉石之分一苑杏花鋪錦繡滿山松柏映幃屛才源旺足第宅重新若非二次明花燭天定生來配旧婚此則旺益之命良人配旧須年長子嗣枝頭朵朵馨運行行已酉上人飛下來斷平生戊申運中香閨深多寂寞楊花飛過始知春丁未運中淡烟楊柳岸薄霧杏花樽丙午運中始知先畫承方得會秦盟須臾風雨何損其明乙巳運中滔滔增福慶步步助夫門霎時悔耗依旧光榮甲辰運中晚年自有和平福果然行樂勝春癸卯運中春光去也臺鏡空明

壬子年　庚戌月　甲申日　乙亥時

此八字甲申專權之日雜氣才殺之格陽刃合殺有功不顯科名而發洪福主人生於右族長於名門椿萱榮倚雖雙耄天邊鴻鴈各行群其為人也丰姿清淡天性聰明頗知礼義稍識古今爭長名園過舊竹花開上苑勝先春終是功名之客豈為田舍之人不習三塲舉豈勞九載功六藝之中親一業或書或筭也光榮時來借得吹噓力榮看祿位自階陞此則貴顯之命鴛幃土命須招副子嗣生成貴顯人運行初辛亥上人庇下未断平生壬

子運中幾欲思高慕遠畨成剪雪裁氷癸丑運中機會来時逢貴助果然祿馬旺前程甲寅運中皇恩有感頭角峥嵘須曳風雨雨過山青乙卯運中佐政琴堂名望重九重雨露再加陞丙辰運中銀帶生花當此際豈教解組便閑身丁巳運中榮歸籬下戊午運中春梦無憑

壬子年　庚戌月　丁丑日　丁未時

此八字丁丑日元相配柱中金土傷官助才之格主人生於右族長於名門萱毋先帰椿顯殁天邊鴻鴈各搏風其為人也丰姿蒼古天性聪名知高下識重軽舣舣稍覺件件欠精有近貴親賢之德應上和下之能祖業添新慶根原勝舊風遊山翫水携詩卷對月觀花把酒斟英雄惟贈劍三尺豪傑相逢酒一鍾不以功名為念豈将冠冕磨簪花無桃李非春色人有笙歌始太平雖不建侯封爵自然福祿駢臻此則穩厚之命鴛幃有剋重重會

子嗣森枝脫顯榮運行初上人光庇天朗氣清壬子運中青帰柳葉晴初度紅入桃花煖未匀癸丑運中雖則行藏有慶還愁絃斷傷心甲寅運中須史雲掩月頃刻月離雲乙卯運中才源滚滚家居好尚有趦趄未順情丙辰運中天上三陽泰人間五福增辰字之中片時風雨丁巳運中晚年沾寵遥戊午運中花落無聲

壬子年　庚戌月　乙丑日　乙丑時

此八字乙木日元相配桂中大士褋氣才官之格人生得此長於良門生於右族椿萱有倚先亡毋天边鴻雁不行群其爲人也丰姿清秀性格明忠高明遠見機關別慷慨情懷學識深雖不成名利生平近貴人祖業添新慶根源勝旧風福布江山外名聞湖海中兩餘秋色皆喬木耆旧風流有幾人水光浮座杯盤瑩花氣侵人笑語馨門闌生計好湖海祿元豐雖不建侯封爵自然才祿豐盈此則穩厚之命篤煌有配須年敵子嗣秋成貴顯人運行初辛亥上人鹿下

天朗氣清壬子運中雖則行藏有慶也愁人事虧盈癸丑運中世事有增有減才源盛廢或興甲寅運中才帛新興還有廢也愁素尚還生乙卯運中庭前竹報平安日檻外花開富貴春丙辰運中樽罍有酒筵佳客闌寂存書教子孫丁巳運中晚年快樂戊午運中一枕巫峯

壬子年　壬子月　丙申日　甲午時
此八字丙申日相配柱中旺水偏官之格羊刃作合
為良人生得此本顯功名只嫌運入印綬之鄉減尉
福力椿萱班白難全養鴻雁天边各奮飛羊姿洒
落操幹能為知輕識重將高就低祖業重更改
財囊自積齐稅地栽花多聚移桃接杏芳菲竹
看來脫節才旺勢輝輝此則自離自旺之命篤歸妃
合須年火桂子秋来三兩枝運行初壬子上人庇下蔭
遂風飛癸丑運中耦穿平地生荷藥笛过東家作
竹籬甲寅運中踈踈風雪过日日旺家資乙卯運

中世事儼如新折柳人情渾似半開梅丙辰運中
僕馬從行渠方知渾得時丁巳運中老當益壯厚
積家資戊午運中春殘花落杜宇声悲

壬子年　壬子月　丙子日　壬辰時
此八字火遭水尅夭折之命也
壬子年　壬子月　辛巳日　辛卯時
此八字辛巳之日相配柱中水木傷官助財之格人
生得此生族右族長於仁門椿父先歸萱耐晚天遐
鴻雁各竹鳴其為人也羊姿清廋天性聰明知
高下識重輕有近貴賢之德應上和下之能
祖業添新慶根原勝舊風
壬子年　壬子日　壬子日　辛亥時
此八字水盛則流入貧之夭之命也

壬子年　壬子月　丙申日　壬辰時
此八字丙臨申位夭疾之命

壬子年　壬子月　巳卯日　辛未時

此八字巳卯日相配柱中旺水才敍之格人生得此丰姿清俊性格賢明生於詩礼之家長於仁義之族一對椿萱敷脫翠天邊鴻雁各飛鳴學問頗能空向泮林淹志氣英才出類却來刀筆取声名行看頭角崢嶸日凛凛威風遠近清此則宦達之命舊幃連珠低一歲桂蘭藹藹沐恩榮運行初癸丑上人庇下詩礼趨庭甲寅運蹭破泮橋霜栽板讀殘茅店月三更乙卯運中志不求科試公堂助政声丙辰運中榮沾雨露風雪盈庭丁巳運中兆民樂業桑麻茂融蕩仁風雨露馨戊午運中沖擊之所暫阻威稜巳未運中夕陽西下春夢唯醒

壬子年　壬子月　丙寅日　癸巳時

此八字丙火白坐長生相配柱中癸壬偏官之格頼有印綬扶身值斯象者注人生於茂族長於華堂丰姿濟濟氣象昂昂傲五侯而不作禮敎三軍而肯爭强不攻劍戟不習文章堂上椿萱有倚庭前棠棣聯芳不獨桑麻盈苑圃尚祈雞綺滿筐箱此則豊足之命帳煖春宵惟意短桂開秋景發天香運行初癸丑上人庇下未斷災祥甲寅運中不涉仕途求聞達却來湖海歷風霜乙卯運中風搖翠竹琅玕響日照紅英錦綉香當此之際遊必有方丙辰運中貴人提挈處名譽滿鄉邦丁巳運中一聯美景家居好萬里韶華第宅昌戊午運中閑門不管堂前事分付兒孫自主張

壬子年　壬子月　丙寅日　戊子時

此八字丙寅日相配柱中之水偏官之格生人得此平歩玉堂椿萱不逮双榮贈鴻鴈天邊有各翔手姿慷慨天性果剛理貫古今之斈心明賢聖之章月殿高盈文彩盛瓊林錫宴侍明堂此則清耀之命鴛幃有碍涓偏正桂子秋来有継榮運行初癸酉上人下庇快樂何當甲寅運中詩書穷萬巻擬最科塲乙卯運中錫宴沾恩盈翰苑風霜歷過位加昌丙辰運中清映梅窓生玉雪輝輝金紫大夫行丁巳運中扶持日月秉執權衡戊午運中英重成瑚璉權高任棟梁乙未運中悠悠處樂庚申運中夢入仙鄉

壬子年　壬子月　丁丑日　辛丑時

此八字丁丑日相配柱中金水偏官之格女人得此姿容秀奥天性聡明生於茂族配於賢英[illegible]耐晚萱先别妯娌翁姑少合情錦綉花開家富貴琅玕竹报日安寧心静似月明霄漢性急如風捲滄濱一從来晚節福禄聳峥嶸此則安然女命良人配合須年少桂子秋来朶朶馨運行初辛亥上人庇佑天朗氣清庚戌運中藍田種玉綉幞舉縄己酉運中旺中生阻節雪霽萬山青戊申運中禍釵濟濟羅綺層層丁未運中時来才自旺福勢自英英丙午運中冲撃之所月入雲屏乙巳運中悠悠處樂甲辰運中臺鏡空明

壬子年　壬子月　戊子日　癸亥時

此八字戊子日相配柱中旺水財旺生官之格棄命就才之好用人得此嚴毅之志慷慨之資椿親先別萱尤去鴻鴈天邊各奮飛粗知韜畧法頗識聖賢書祖業終难倚財囊自積斉税地栽花多艷麗移花接李倍芬菲雖不建侯封爵也須驛站棠馳此則豪雄之命鴛幃魁終後重年小桂子芳榮汗馬奇運行初癸丑初年之景未必為奇甲寅運中蒹葭倚玉多光霽便有戚稜壓里閭乙卯運中戚稜驅庚辛樂処事生悲丙辰運中雖不身臻天爵也須福享公儀丁巳運中財源来滚滚德望挺輝輝戊午運中車馬喧喧入事廣孫賢子秀壯威儀己未運中悠悠昌樂庚申運中帰去来兮

壬子年　壬子月　己卯日　甲子時

此八字己土相配柱中木水財杀之格人生值此本乎早年發達名利成身但嫌子卯相刑以致減去其貴注人弃姿清楚立志豪明生於仁門之族長於良石之庭堂親不得而相倚重拜椿萱不單漤藕穿水底生荷葉宜過東家作竹林李問雖然不敏捷詩書頗曉二三分吾身雖是移根樹作事謀為不忝親遇高賢謙恭礼皃逢達士相敬如賓祖基寸尺皆无倚自立楼臺整頓新此則達之命外帰年小十餘数子嗣难招悦菊馨運行初癸丑雨侵山路滑如立在薄氷甲寅運中財帛未能聚興積幾多愁唧事因循乙卯運中然則行藏而有憂財源得失有非迭丙辰運中正欲展施成大用其中还見舌官侵謹身扶過云散月明丁巳運中莫笑吾无成器子九天聖姻送嬰成延賓酌酒足食足矣戊午運中不顧故御風上美別立他邦声價增消開基一局遺其酒三鍾己未運中門迎珠履三千客豪傑相逢遠友遵庚申運中江山不尽登臨興一入南柯去不醒帰去也

壬子年　壬子月　壬午日　壬寅時

此八字壬午日相配柱中火局祿馬同鄉之格天元一氣最爲奇女人得女內莊外肅性喜德溫椿萱難倚菴妯娌各分群有立業掌家之道相夫教子之勤喜則春陽和照怒則雷電驚奔符看來晚節五福自駢臻此則崇旺女命良人配合豪華客桂子秋來俊秀蓍運行初辛亥幼承尊庇樂守閨門庚戌運中鳳舞鸞歌惟意足崇中尚有事遂巡己酉運中財源來旺處風雪又侵身戊申運中淡煙迷弱柳皓月入陳雲丁未運中晶晶家業泰齊欽福丙午運中老當發福宜安享子秀孫賢氣象新乙巳運中滔滔享用甲辰運中粧鏡生塵

壬子年　壬子月　戊寅日　壬子時

此八字戊寅尊權之日相配柱中水木才殺之格人生得此生於茂族長於華堂椿親光別萱存晚鴻雁天邊步共行丰姿清秀禮樂鏗鏘終是功名客豈爲田舍郎瓊林雖不參高宴祿位榮看晚節香此則榮貴之命鸞幃有缺須重丟桂子秋來數朶香運行初癸丑上人庇下摘句尋章甲寅運中幾欲思高慕遠番成履雪經霜乙卯運中機會來時方壯觀貴人薦入貴人鄉丙辰運中一番風雪過才弟旺門墻丁巳運中聲名顯地頭角軒昂戊午運中仁風拂遠近化雨潤叢桑己未運中解組歸田里悠悠樂趣長庚申運中歸去也

壬子年　壬子月　丙子日　戊子時

此八字丙子日相配柱中之水偏官之格人生得此仕路声揚椿萱榮贈難全耄鴻鴈天邊有各鄭丰姿洒落天性果剛學問三冬足詩書萬卷藏終是登雲之客豈為耕稼之郎禹浪三層都躍過班聯青鎖戰膺揚此則榮耀之命鴛幃配合須偏正桂子秋来有𦬆芳運行初癸丑上人庇下何論災凉甲寅運中尋章摘句入室升堂乙卯運中禹浪三層都躍過趨朝日日沐恩光丙辰運中踈踈風雨過德化布風疆丁巳運中權衡千萬里瑞雪舞華堂戊午運中重金重紫威振边疆己未到壬申運中歸去也

壬子年　壬子月　癸未日　癸亥時

此八字癸水相配柱中土木傷官制殺之格水居冬旺生平棄自無憂遇斯命者萱母先帰椿又別天邊鴻鴈聯群其為人也虛老實假志誠丰姿磊落言語輕清當人不讓見善則欽雖不成名利生平近貴人祖業添新慶才囊貺積存無身心常足何必沐寵榮此則穩足之命鴛幃尅後重年敵子嗣秋来綵舞戌運行初癸丑上人庇下未斷平生畢寅運中青陽柳葉晴初变紅入桃花嫩未匀乙卯運中人生雖在坦途處不料西風雪满庭丙辰運中精神又憔悴憔悴又精神丁巳運中到此始知光景好高人提挈旺才名戊午運中松尚茂竹尤青己未運中孫賢子秀庚申運中一夢訃音

壬子年　壬子月　己卯日　丁卯時

此八字才杀之格喜丁壬作合有功值斯家者椿萱含晚翠棠棣發萎其為人也丰姿磊落動用爭能恒招君子敬時有貴人欽祖基須再整事業必添新萬象光華沾沛澤四時佳趣瑞祥生此則穩足之命鴛幃年長方諧老桂子秋来朵朵馨運行初癸丑上人庇下未斷升沉甲寅運中失也非辱德也非榮乙卯運中人生富貴皆前定何必區區費尽心丙辰運中雖則行藏有慶雪擁門庭丁巳運中田園桑柘茂湖海姓名聞戊午運中松芮茂菊尤馨己未運中安享華堂福庚申運中黃粱夢不醒

壬子年　壬子月　戊子日　丙辰時

此八字戊子日元相配柱中才旺生官之格只嫌身弱減我功名主人生於右族長於名門椿父先虧萱晚茂天邊鴻雁各凌雲其為人也丰姿清淡天性聰明頗知禮義稍識古今有近貴親賢之德應上和下之能祖業添新慶根源勝舊風得意江山外名聞湖海中萬里無雲天一色三秋好景月長江過陰終無陰逢凶幸不凶好意番成悪真心總得嗔晚年光景好中景只平平此則穩享之命鴛幃有犯須招土子嗣秋来有顯榮運行初癸丑上人庇下未斷平生甲寅運中世事宛如春夢人情薄似秋雲乙卯運中乍雨乍晴留各景或寒或煖困人天丙辰運中正是太平光霽景須史風雨尚愁人丁巳運中有悶数番新意憂生戊午運中天上三陽泰人間五福增好景光中片時風雨已未運中子貴晚年開快樂庚申運中春光去也落鳥無聲

壬子年　壬子月　癸未日　壬子時

此八字癸未日元之格日干健旺為良椿父早歸萱耐晚西風鴻鴈各行鳴丰姿俊偉天性明良不專攻於韜畧非若靠於文章逢凶獲吉遇險無傷江湖有意公卿小市井風光福祿昌晚年更有超群景珠履盈庭酒滿斟此則傑人之命鴛幃水命宜年少子嗣班衣孝義昌亦有百年喬木或有炎涼甲寅運中春去園桃爛熳風輕柳絮飄揚乙卯運中才源有得有失且宜守舊為良丙辰運中自有高人提挈去祿无階進兩加昌乙未運中一番風過萬里瑞祥生戊午運中浮生皆若此何必苦奔忙己未運中安享昌隆福庚申運中夢斷南柯去路長

壬子年　壬子月　戊寅日　壬子時

此八字戊寅專權之日相配狂中水木才殺之格人生得此生於右族長於仁門萱母先歸椿後別鴈行天際不同群其為人也丰姿清雅天性光誠有徹徹之計較淡淡之才能有抵雪欺霜之志截長補短之能祖基祖業添新變才帛資囊自琢成雖不成名利生平近貴人月掛碧天多皎潔名揚湖海有光榮施恩惹怨布德成嗔滿世功名身外事五湖風月樂怡情此則穩厚之命鴛幃有犯須重續子嗣秋來發累招運行初癸丑上人庇下未斷平生甲寅運中天冷雲還凍江寬風尚生乙卯運中風雲能發千山雨雨過千山依舊晴丙辰運中人生正在風光處只恐閑非耗生丁巳運中波浪層層終不險須教守舊待時亨梨花舞雪綉閣悲風戊午運中愈老黃花香馥郁歲寒松栢耐長青午字之中如履薄冰己未運中安閑晚景庚中運中花落月沉

壬子年　壬子月　乙丑日　丁亥時

此八字乙丑日元相配柱中旺水印綬之格印綬者上格也水泛木浮蓮喜東南之地主人生於人望長於名門椿萱榮贈雞双耄天邊鴻鴈各飛騰其爲人也手姿清秀天性聰明千古文章還榮耀一天星斗煥心胸禮樂縱横字詩書典雅文馬蹄塵土三千里鵬翼風雲九萬程股肱盛世尊名德輔翼明時顯世英此則榮貴之命篤悼有犯須招副子嗣秋来有継榮運行初癸丑工人庇下未断平生甲寅運中秋闈榑去鳳春浪躍潛鱗當此之際花放風生過此乙卯運中重沐

恩波鳳池東朝朝染翰侍

明君丙辰運中蘭散星猷敎價重玉堂金馬豈難登

當此之際風雨還生丁巳運中金紫煌煌依

日月西風鼓浪自心驚戊午運中雖則金甌拜命不

如樂享離東己未運中訃音一播酹酒三鍾

子平遺書　十七

壬子年　壬子月　庚辰日　丁丑時

此八字庚辰日德之辰傷官之格本量功名四柱無才減虧福禄主人生於温潤之族長於正变之門椿萱有倚成無倚鴻鴈聯郡又断郎祖基重整頓事業再磨礱也無榮與辱快樂過平生此則守成之命篤幃有碍須年畝子嗣庭前秋秀馨運行初癸丑上人庇下未断平生甲寅運中古樹含風常帶雨寒岩四月始知春乙卯運中莫作千年之調還知一度憂驚丙辰運中天寒有日雲歛凍江潤無風浪自生丁巳運中一番風雪過沛澤滿門庭戊午運中愈老黄花香馥郁歲寒松柏耐長青己未運中無慮無慮庚申

運中花落月沉

子平遺書　十八

壬子年　壬子月　辛巳日　庚寅時

此八字辛金相配柱中旺水傷官助才之格刑合太重減我功名主人生於右族長於仁門椿親耐晚萱先別天邊鴻鴈各飛鳴半娑清雅天性老誠有博古通今之意高謀遠見之能萬里無雲蟾皎潔一生有幸日增新笙歌沸處會行樂羅綺叢中幾醉醒生涯湖海上道路或西東才源滾滾家居好福祿駢弟宅新雖不建侯封爵自然潤屋潤身此則旺益之命鴛幃正副方借老子嗣秋來有挺荣運行初癸丑上人庇下未斷平生甲寅運中雨晴山聳翠雲散月當空乙卯運中雖則行藏有慶还愁人事虧盈丙辰運中着意種花花不發無心揷柳柳成陰丁巳運中才旺福與人事廣也愁世事惱心情戊午運中歲寒松尚茂秋老菊尤馨已未運中桑榆暮景廣申運中一夢佳城

壬子年　壬子月　辛丑日　癸巳時

此八字辛酉專祿之辰傷官之格女人得此生於右族配于衣纓姿容清秀髮兒不輊翁姑有倚妯娌聯群有針綴之巧立業之能萬里無雲天一色三秋好景月長明蒙砧沾沛澤同沐帝王恩此則榮秀之命良人年少榮身客桂子生咸奪錦人運行初辛亥上人庇下毓秀閨門庚戌運中蜂入桃源花爛熳橋横銀漢水澄清己酉運中雖則行藏有慶幾番微雨弄精戊申運中旺中尚有盈虧事事妥依然樂太平丁未運中羅綺臨風弄珎羞百味新丙午運中沖擊之所月入雲屏乙巳運中暮年安享甲辰運中杜宇豈鳴

壬子年　壬子月　戊辰日　辛酉時

此八字戊辰日德之辰才旺生官之格人生得此萱母先帰椿後别天邊鴻鴈奮長生丰姿清秀天性聰明詞源三峽水學業五車文馬蹄塵土三千里鵬翼風雲九萬程一朝姓字傳揚後濟濟衣冠拜聖明此則英貴之命鴛幃正副方偕老子嗣栄門孝且忠運行初癸丑上人庇下未斷升沉甲寅運中時來風送滕王閣何必區區費盡心乙卯運中執卷幾回空探月時來平步入青雲丙辰運中耿耿聲名重滔滔雨露均丁巳運中虎風驚郡縣化雨潤嬰旌戊午運中正欽忠君輔國豈教解組思籌己未運中夕陽有限春夢無憑

壬子年　壬子月　庚午日　戊寅時

此八字庚午貴人之日相配柱中水木傷官助才之格人生得此生於右族長於賢門椿父先歸萱耐晚天邊鴻鴈有随鳴其為人也手姿清雅天性乖能知高下識重輕有近貴親賢之德應上和下之能祖基添新慶根源勝舊風豊年田舍禾盈畧臘日山家酒滿斟水光浮座盃盤瑩花氣侵人咲語馨不以功名為念豈將冠冕磨礱恩雖廣布怨却多生雖然不是金鞍客也應一世福無窮此則旺益之命鴛幃水命須年敵子嗣森枝柔柔荣運行初癸丑上人庇下未断平生甲寅運中未覩悉李紅紅色且喜湖光淡淡晴乙卯運中才源雖旺足人事尚虧盈丙辰運中人生正在風光處耗多非災悔生丁巳運中有得有失有喜有驚片時風雪喜不成凶戊午運中子秀家寛樂芦花満地傾己未運中晚年開快樂花枝又風生庚申運中夕陽有限春夢無憑

子平遺書　二二

壬子年　壬子月　甲申日　甲戌時

此八字甲申專祿之辰相配子申之水殺印之格兩干不雜秀氣挺然椿父先歸去萱親壽引年天邊鴈字衆分影又分聯其為人也善決善斷能語能言雖不登科及第尚能近貴親賢曰福曰榮自有順天之理常安常樂豈無福地之緣三載九年堪顯姓半生一世顯威權此則貴人之命鴛幃木命須招副子嗣先虧脱秀研運行初癸丑少年之景不暖不寒甲寅運中如花向曉日似菊綻秋天乙卯運中但得高人引功名志必全丙辰運中頭角嶄然名譽顯果知福祿勝於前丁巳運中皇恩有感迁高爵風雪飄来一度寒戊午運中百里人民仰讚四方境界安然己未運中莫悲恩波浪宜思故里閑庚申運中春歸花落一夢難還

壬子年　壬子月　戊辰日　癸丑時

此八字戊辰日相配柱中旺水才助杀官之格才盛生官助身有慶遇斯命者生於右族長於名門椿父先歸萱後茂天邊鴻鴈各行鳴其為人也丰姿清秀天性聰明高明远見機関别懷惺情懷學識深祖業添新慶根源勝旧風不寫江山秀氣只寫豪傑形容豈無高士敬時有貴人欽花無兆李非春色人有笙歌是太平田園桑柘茂畝畝稻粱馨一生自得清高趣何必求榮入帝京晚年貴也許沐恩榮此則俗傑之命鴛幃土命須年少子嗣生成貴顯人運行初癸丑上人庇下未斷升沉甲寅運中名園微雨過挑李失春英乙卯運中淡烟揚柳岸薄霧杏花村丙辰運中雖則行藏有慶幾多人事因循丁巳運中才源滾滾家居好須臾雲月尚朦朧戊午運中子貴晚年多快樂何愁第宅不興榮己未運中榮沾雨露庚申運中一枕清風

壬子年　壬子月　己卯日　甲子時

此八字己卯專權之日相配柱中水木才殺之格女人得此生於右族長配高堂翁姑翁先别妯娌有聯行其為人也姿容清秀髮貌異常有針綫之巧立業之良風送浮雲歸古洞雨沾花蕚發新粧深明閨壼理洞識古今情心靜似月如雲漢性急如風捲滄浪錦綉花開家富貴琅玕竹報日安康雖不鳳冠袍服自然金玉盈囊此則益旺之命良人連珠低一載子嗣双双有显揚運行初辛亥上人庇下毓秀蘭房庚戌運中竹悉花蝴蝶花貪竹鳳凰己酉運中雖則夫門才業旺旺中尚有事悠揚戊申運中羅綺千般色弥羞百味香須叟風雨傾刻滄浪丁未運中才源富足家唇好還愁花放尚風狂過此丙午運中子貴夫荣同沐寵片時風雨上乖張乙巳運中春光去也一枕黄梁

壬子年　壬子月　丙寅日　癸巳時

此八字丙寅之日相配柱中旺水偏官之格喜逢日祿以歸時惠得五行秀氣人生得此年姿清俊性格昂然堂上椿萱耄别天邊鴻雁成聯其為人也學識通今博古筆鋒稍近英驍不得名間湖海尚祈晚景光廷子貴孫賢輝閥閱門庭車馬自喧喧此則崇傑之命鶯憐有犯須相酰桂子秋來色愈鮮運行初癸丑上人之下風月無邊甲寅運中志欲荣登仕路窓前專誦簡編乙卯運中旺中尚有盈虧事依舊才源有積添丙辰運中到此增光價春陰尚未然丁巳運中騰騰氣宇赫赫威權戊午運中晚年臻福慶子貴與孫賢己未運中正欲消閑棊一局胡為一夢入黄梁

壬子年　壬子月　壬戌日　壬寅時

此八字壬戌日德之辰相配柱中木火食神助才之格女人得此一生可作良人生於大廈長於名門萱毋先帰椿後别鴈行天際各禀生其為人也姿容清秀德茂行真外家退敗夫業漸興雖是女流之筆過如男子才能萬里無雲天一色三秋好景月長明每懐九膽意時抱擇隣心玉產崑崗藏艷色蘭生楚澤散清馨雖鰏雖化易喜易嗔雖不鳳冠帔服晚年子貴光榮此則旺益之命良人連珠高一載子嗣森枝顯宅門運行初辛亥上人庇

下未斷平生庚戌運中契合翠鸞成好夢黄緣紅業是良姻己酉運中雖不夫門多快樂幾番人事尚遠巡戊辰運中正是太平光霽景还愁枝葉尚凋零丁未運中幾度樂中有悶数番静裏憂生丙午運中夫賢子貴當斯際片時風雪片時驚丁巳運中晚年沾寵握甲辰運中臺鏡掩晨明

壬子年　癸丑月　辛卯日　庚寅時

此八字辛卯日相配柱中火土祿氣官印綬之格喜逢時值貴人女人得此生於右旗長配名門椿父先歸萱耐晚天邊鴻雁各行鳴其為人也姿容清秀髮貌精神翁姑姑有倚妯娌各行鳴勝丈夫之氣槩有君子之才能雪為輕粉迎風傳霜作胭脂伏日旬每懷丸膽意時抱撲鄰心萬里無雲天一色三秋好景月長明性急如風翻浪心靜似月離雲雖不鳳冠帔服自然福祿駢臻此則穩厚之命良人連珠高一載子嗣榮門晚節馨運行壬子上人庇下天朗風清辛亥運中夫唱婦隨多快樂何愁人事尚齟齬庚戌運中幾度憂中有門歡番靜處憂生己酉運中旺中尚有盈虧事依然才祿愈添新戊申運中羅綺千般色珍羞百味馨當此之際風雪瀰達丁未運中滔滔無阻滯步步助夫門丙午運中晚年快樂乙巳運中花落月況

壬子年　癸丑月　壬辰日　戊申時

此八字壬辰魁罡之日相配柱中金土雜氣殺印之格殺印相生功名顯達主人生於文望長於高門椿萱不並雙雙老天邊鴻雁各搏風其為人也丰姿清俊天性聰明筆落驚風雨詩成泣鬼神胸襟澄徹度量寬洪終是功名之客豈為田舍之翁春榜不能題姓字秋闈擬許擢高名一自天官奏最後金紫榮看次第陞此則榮貴之命鸞幃有犯須招副子嗣秋來有挺榮運行初甲寅運中幼年之下未斷平生乙卯運中縱點終無間何愁不顯名丙辰運中雖則騰身離泮水橋門還用守青灯丁巳運中陰覘寒氈從此脫黃堂佐政大夫榮片時風雨雨過山青戊午運中莅政德仁民悅服雨晴金紫又加陞己未運中此運見陞還見退子貴重封又贈榮庚申運中酒解平生恨衣沾上國塵辛酉運中一枕餘香隔年夢斜風吹落楚山雲

壬子年 癸丑月 甲寅日 乙亥時

此八字甲寅壽禄之日相配柱中金土襍氣才官之格人生得此生於右族長於高門椿萱先别難双耄天邊鴻雁各行飛其為人也丰姿清秀飛語高奇破知禮義稍識詩書行藏果断作事三思重成新事業再整舊根基情不素觸心不藏機自有順天之慶豈無福地之時田園桑柘茂畝畝稻粮馨豈無高仕敬時有貴人携滿世功名身外事五湖風景樂情深此則旺益之命鴛幃有犯須重續子嗣生成貴顯兒運行初弍辰上人庇下未断

平生丁卯運中春寒風料峭心急馬行遲丙寅運中雖則行藏有慶還愁絃断傷悲丁巳運中正是太平光景幾多人事尚趑趄戊午運中旺中尚有蠶盈頭須史雨過福元齊己未運中子貴門楣壯觀何愁人事虧盈庚申運中恩沾雨露辛酉運中辛酉運中一枕南星

壬子年 癸丑月 乙巳日 丁亥時

此八字乙木相配柱中金土雜氣才官之格女人得此自然享福姿容清秀鬘貌不輕有孟光之德有丸膽之能難觸難犯易喜易嗔推開窗户薰風暖揭起珠簾化日明般般禄立件件當心玉產崑崙藏潤色蘭生楚澤散清香此則穩旦之命良人年長合子嗣絲衣新運行初壬子香閨之內不虧不盈辛亥運中青歸柳葉晴初變紅入桃花暖未匀庚戌運中雖則夫門才業旺旺中尚有事迷迷己酉運中片雲能發千山雨雨過千山依旧青戊申運中食則珎羞百味衣則羅綺千層丁未運中梨花院落溶溶月柳絮池塘淡淡風丙午運中暮年安樂乙巳運中一夢巫峯

壬子年　癸丑月　庚子日　丁丑時

此八字庚子之日相配柱中大土傷官帶印之格
襍氣之論主人生於右族長於名門椿萱先晚别
天邊鴻鴈各行鳴其為人丰姿蒼古天性乖能頗
知禮義稍識古今般般稍覽件件不精謀動君子
威伏小人行藏覺瀟洒咲傲任拈榮自有順天之
慶豈無福地之深祖業添新慶根源勝舊風有心
於貨利豈得暮功名英雄惟贈劒三尺豪傑相逢
酒一鐘花無桃李非春色人有笙歌是太平好意
番成惡真心換得嗔但願財源富足何須天府求

榮此則穩厚之命[illegible]土命須年長子嗣秋來有
顯榮運行初甲寅運中上人庇下未断升沉乙卯
運中幾欲思高慕遠番成剪雪裁氷丙辰運中刻
鵠不就畫虎不成丁巳運中雖則行藏有慶幾多
人事虧盈戊午運中不意意中財禄旺用心心處
不如心己未運中福若泉源湧財如春氣生未字
之中花放風生庚申運中子貴晚年閑快樂辛酉
運中春光去也啼鳥無聲

壬子年　癸丑月　戊午日　癸亥時

此八字戊午日刃之辰雜氣財官之格人生得此丰
姿清秀天性聰明知高下識重輕萱母先歸椿後别
天邊鴻鴈不聯群雖不成名利生平近貴人過火黄
金重長價離雲皓月倍清明常將好意留成惡每把
真心換得嗔門外田疇千古計庭前花木四時春
滿世功名非吾也應鄉里管人民此則旺足之命篤
行有尅重少子嗣先難後有成運行初甲寅上人親
下裾祿平生乙卯運中淡淡梨花月翩翩柳絮風丙
辰運中精神又憔悴憔悴又精神丁巳運中行藏雖

有慶人事尚虧盈戊午運中財如春水滔滔長福似
秋蟾皎皎明己未運中富之以潤其屋名之以顯其
身庚申運中如松之盛似柏之馨辛酉運中歸去也

壬子年　癸丑月　丙辰日　戊子時

此八字丙辰日德之辰傷官制殺之格人生得此生於望族長於名門椿萱不逮雙榮贈鴻鴈奚能隊隊群其為人也丰姿清秀天性聰明學問三冬足群書萬卷通豈是池中物尤来席上珍際會風雲應有日豈無雨露沐深恩一朝頭角背金紫我加陞此則榮貴之命鸞幃正副方偕老子嗣秋成貴顯人運行初甲寅上人庇下未斷平生乙卯運中焚膏展卷秉燭觀文丙辰運中幾欲思高慕遠番成捉月捕風丁巳運中時来名始就跨馬上神京戊午運中到此始知文學好長安道上馬蹄輕己未運中重重祿位耿耿聲名庚申運中榮回蘿下辛酉運中一枕清風

壬子年　癸丑月　甲午日　戊辰時

此八字甲木日元相配柱中金土裸氣財官之格人生得此生於右族長於名門椿父先歸萱耐稅天邊鴻鴈各行鳴其為人也丰姿清秀天性聰明胸羅今古事學識聖賢心衣冠濟濟人中傑和氣怡怡席上珍筆落驚風雨詩成泣鬼神終是文場折桂客宣為田舍鑿耕人嘉穀不早實大器當晚成一朝騰踏飛黃去濟濟衣冠拜九重此則榮貴之命鸞連珠配小子嗣榮門朶朶馨運行初甲寅上人庇下未斷平生乙卯運中一番風雪過芹泮有書聲丙辰運中雖則蟾宮折桂依然寄跡橋門丁巳運中到此始知文學好融融春浪躍三層戊午運中獄折片言民訟息九天雨露再加陞當此之際風雪滿庭己未運中重金重紫布德施仁庚運中晚年蘿下樂子貴又沿恩辛酉運中春光歸去也一枕入巫峯

壬子年　癸丑月　乙卯日　己卯時

此八字乙卯專祿之日雜氣之格才官印混相雜只富不貴賊我功名主人生於良族長於仁門當画先已備又別天邊鴻雁不離群其為人也丰姿平淡天性聰明般般好本件件不精有傳古通今之志栽長補短之能為人起敬青客相欽田園桑柘茂畝畝稻粱肥欲為商賈欲務功名祖業添新超才深自琢成萬象光華洽沛澤四時佳趣瑞祥生雖不建封爵自然湖海光榮此則攻學之命篤帷半路相分別子嗣森森一旦榮運行初甲寅上人座下月白風清乙卯運中未歡龍李紅紅色且喜湖光淡淡晴丙辰運中雖則行藏有慶延愁雲月朦朧丁巳運中才旺福興富比際斷弦聲重南送迎戊午運中才權重美弟宅光榮己未運中子貴賢家業旺喧喧車馬集門庭庚申運中桑榆暮景沛澤汾汾辛酉運中春光去也花落月沉

壬子年　癸丑月　癸卯日　癸亥時

此八字癸卯日元相配柱中金土雜氣官印之格食神在格比肩太重減吾貴氣主人生於右族長於名門椿萱有倚難双耄天邊鴻鴈各行鳴其為人也丰資清秀天性聰明高謀遠見機關別慷慨春風一妙人水光浮座杯盤瑩花氣侵人笑語馨祖業有依須再整財源厚積晚豐盈行藏果斷自是自能般般稍覽件件不精有心於貨利無意理功名身將隱失文何用人不知之味更真好意當成惡真心換得嗔但願五湖財祿旺何須驛馬入神京此則穩厚之命篤悌有犯須年敵子嗣秋來孝且忠運行初甲寅上人庇下未斷升沉乙卯運中世事宛如春夢人情薄似秋雲丙辰運中既濟尤防未濟得經尤憲失經丁巳運中雖則財源有慶幾多人事虧盈戊午運中雪晴雲散方如意從此財源倍有增己未運中天上三陽泰人間五福增庚申運中心事數莖白髮生涯一片閒情辛酉運中夕陽有限春夢無憑

壬子年　癸丑月　壬辰日　辛亥時

此八字壬辰之日德相配柱中金土雜氣官印之格人生得此生於右族長於名門椿萱蔭遂雙雙耄鴻鴈奚能隊隊群其為人丰姿清秀天性操持有博古通今之智高謀遠見之機學問有成必在當朝沾寵渥恩波浸潤豈教南畝務畊鋤雖不瓊林叅大宴崢嶸頭角姓名馳初限前程揚姓字晚年職位量加寵此則清顯之命鸞幃宜硬空招副子嗣榮華旺宅庭運行初甲寅上人庇下萬事忘機乙卯運中何事不辞令日昔時來有日上雲梯丙辰運中雲霄終必達進造在須臾篆烟消後泮宮靜閑對書生謾悟疑丁巳運中娟寵永榮當峻擢何愁門外雪成堆戊午運中一天膏雨隨車里千里仁風逐扇揮己未運中天邊少恩澤籬下有樽卮庚申運中夕陽流水滔滔去日落空山杜宇啼

壬子年　癸丑月　壬寅日　丁未時

此八字壬寅趣艮之日配相配柱中火土雜氣才官之格人生得此生於右族長於名門椿萱不逮禄養鴟鴞有不行群其為人也丰姿磊落天性聰明窮書史覽古今高謀遠見機關別懷慨情懷奔識深高仕敬貴人欽終是功名之客豈為田舍之翁明倫堂上空惆悵案牘場中顯利名馨谷不早實名利當晚成佇看頭角聳光耀舊門庭此則榮慕之命鸞幃有祀須招副子嗣榮門晚節馨運行初甲寅上人庇下未嘶平生乙卯運中莫道儒冠悞螢窗意不勤丙辰運中幾欲思高暮遠蕃咸捉月揚風丁巳運中不利文場觀業牘喜逢貴客禄元增須臾風雨過山青戊午運中誇馬登程去天門沐寵榮一番風雪不損精神己未運中皇恩有感榮倹援佐政琴堂德望新庚申運中晚年籬下樂會友以開樽辛酉運中春光去也一枕入巫峯

壬子年 癸丑月 丁巳日 甲辰時

此八字丁巳之日相配柱中水土傷官制殺之格女人得此生於右族長於殘婚擡疊崇棣霜晞日妯娌翁姑尚寒情其為人也姿容清秀髮貌超群勝丈夫氣槩有男子材能風送芰荷香滿院日勻花萼發新紅深明閨壼理舊識古今情明月當天生氣素光華萬象色尤新斷機書劾軻視訓剪髮能修佩母心若非二次明花燭矣定生來配旧婚佇看夫榮子秀也應福享無窮此則發福之命良人火命晚榮客子嗣秋來始有成運行初壬子上人庇下毓秀閨門辛亥運中路入桃源花爛熳橋橫銀漢水澄清庚戌運中雖則行藏有慶幾多人事斷盈己酉運中夫榮此際多欣樂尚有超趁未順情戊申運中羅綺臨風夾裙釵化日明丁未運中一度愁心對蒼雲何會尤解服升平丙午運中晚年快樂乙巳運中一枕巫峯

壬子年 癸丑月 乙巳日 辛巳時

此八字時上偏官之格印綬生身五行清正其為人也智慧明〻姿容朗〻有斷高理直之法截長補短之能椿親先別萱母後行學問有成龍鰲動處千山振英才特達丹桂開時萬里馨豈是池中物由來席上珍此則撞破烟樓之命鴛幃兩敵霜潦鬓桂子幾枝秋更香運行初甲寅上人庇下未問升沉乙卯運中未遂登天步月恐逐剪雪裁冰丙辰運中留心黃卷困志青燈丁巳運中螢窗初脫迹鴈塔淡書名戊午運中處事但憑三尺法理刑渾似一團春當此之際幾度憂驚己未運中皇恩有感重紫重金庚申黃花白酒辛酉運中夢入佳城

壬子年　癸丑月　乙卯日　丁亥時

此八字乙卯專祿之日相配柱中金土雜氣才官之格喜逢印受生身人生得此生於右族長於名門土命椿萱雙晚茂天邊鴻鳫各行鳴其為人也丰姿清秀性情柔能謀動君子威伏小人重成新事業再整舊風庭五湖生計好四海祿亢豐不以功名為念豈將冠冕磨襲花無桃李非春色人有筆歌樂太平此則發福之命死幃有碍重招大子嗣榮門孝且忠運行初甲寅昏昏世事淡淡平生乙卯運中世事宛如春夢人情薄侶秋雲丙辰運中盈水無聲空有浪綉花雖艷不聞香丁巳運中才源雖旺足人事尚虧盈戊午運中一番風雪初晴後從此滔滔福祿增己未運中簾捲香風生百福軒開化日祿亢豐庚申運中晚年子貴多光祿辛酉運中一枕夢難醒

壬子年　癸丑月　壬辰日　辛亥時

此八字壬辰魁罡之日配合柱中金土襍氣才官之格人生得此生於右族長於華家椿萱皓首方歸去鴻鳫天邊有列行丰姿潇楚天性果剛水府不攔珠怎覓豐城不掘劍無光倘若留心於文墨仕途還許姓名彰佇看晚年光霽景才源衮衮旺門墻此則達人之命鴛幃長年合桂子吐秋香運行初甲寅上人庇下慶迎祥乙卯運中幾歎思高泰遠依能困守家鄉丙辰運中一番風雪過福祿愈加昌丁巳運中才源穩旺人事悠揚戊午運中晚年發福慕景安康己未運中春光老也流水陽陽

壬子年　癸丑月　庚申日　庚辰時
此八字庚申專祿之日相配柱中水土傷官用印
之格人生得此生於右族長於名門椿親李晚萱
先別天邊鴻鴈各行鳴其爲人也丰姿清秀天性
聰明善決善斷多見多聞謀動君子威伏小人行
藏覺瀟洒笑傲任枯榮祖業添新慶根源勝舊風
水光浮座盃盤瑩花氣侵人笑語聲無處盡傳詩
禮樂有朋來自遠方親田園桑柘茂畝畝稻粱馨
花無桃李非春色人有笙歌是太平雖不建侯封
爵自然潤屋潤身此則搖亨之命鶯帳火命須年

小子嗣森森有挺榮運行初甲寅上人庇下未斷
平生乙卯運中未題桃李紅紅色且看湖光淡淡
晴丙辰運中梨花院落溶溶月柳絮池塘淡淡風
丁巳運中雖則行藏有慶幾多人事虧盈戊午運
中雪晴雲散天如洗從此滔滔祿位增己未運中
子貴孫賢家業旺庚申運中訃音一播衆傷情

壬子年　癸丑月　甲寅日　壬申時
此八字甲寅專祿之日相配柱中金水雜氣殺印
之格殺印相生功名顯達主人生於右族長於名
門椿父先歸萱後別天邊鴻鴈各行鳴其爲人也
丰姿清秀天性聰明果堂學問敏捷才能劍
鋒頡利疑無敵筆力縱橫若有神衣冠濟濟人
中傑和氣怡怡席上珍終是登庸之客豈爲
隱跡之翁清名已在雲堂上逸氣還光宇宙
中一從宴賜瓊林後金紫榮看次弟陞此則榮
貴之命死帳有犯須招副子嗣金風有挺榮

運中初甲寅上人庇下樾祿平生乙卯運中繼趾
終無悶何愁不顯名丙辰運中報道是龙還
不信果然奪得歸標新丁巳運中慶事但憑
三尺法理刑渾似一團春戊午運中職位階陞
金紫貴凜凜威風郡縣驚須史風雨雨過
山頭己未運中藩臬榮赴爼二品九天恩詔入
神京庚申運中子貴重榮贈辛酉運中春光
去也落花月沉

壬子年　癸丑月　丙申日　己丑時

此八字丙申之日褀氣才杀之格值斯象者椿萱难並耄鴻鴈各翱翔其為人也丰姿清秀礼楽鏗鏘聡明書藝遠倜儻世情長終是功名客豈為田舍郎信看晚年光霽景紛紛沛澤滿門墻此則穩榮之命鴛幃火命須年火柱子生成奪錦郎運行初甲寅上人衽下詔襲迎祥乙卯運中欽恩登仕路何不習童丙辰運中幾歎恩高慕遠番成僱雪輕霜丁巳運中依然光彩重沭恩光戊午運中才權秉美弟宅光揚己未運中簫捲香風生百福軒開化日禄元昌庚申運中子貴身榮楽滔滔雨露長辛酉運中華表鶴飛獲城馬𩰚裝

壬子年　癸丑月　癸卯日　壬戌時

此八字癸卯日貴之辰褀氣殺印之格時墓之論註人生於盛族長於名門椿萱有倚难双耄天邉鴻鴈獨超群丰姿清秀天性聡明孝問有成一耆可冲天之勢英材敏捷片言有折獄之能一自天官奏最榮看禄位堦陞此則貴顯之命鴛幃連理須年敵子嗣森森有継榮運行初甲寅上人庇下未斷平生乙卯運中讀残窓下月囊聚案頭榮丙辰運中幾回空探月未許問功名丁巳運中振道是龍還不信果然黃榜上題名戊午運中凜凜威風揚四海一番風木使人驚己未運中重金重紫疊疊加陞庚申運中榮田故里辛酉運中一枕难醒

壬子年　癸丑月　壬寅日　辛亥時

此八字壬寅之日雜氣官印之格正謂有官有印無
破作廊廟之材人生得此生於忠族長於名家椿萱
双脱戊鴻鴈各天涯丰姿清秀性格驕奢李問三冬
足詩書覽五車應聘定須領紫詔節趨丹待賜黄麻
此則榮貴之命鸞幃運理合桂子長奇葩運行初甲
寅上人庇下安樂何加乙卯運中夜案挑灯明翠暮
繞窗滴露點珠砂丙辰運中幾回空採月依舊苦功
加丁巳運中騰身離雪案奪足到皇家當此之際一
番風雪戊午運中雪消雲散他日鼎（?）麻己未運
耿耿聲名重滔滔雨露餘庚申運中榮田離下辛酉
運中仙魄棄樓

子平遺書

壬子年　癸丑月　甲辰日　戊辰時

此八字甲木相配柱中旺土雜氣才朗之格人
生得此生於文坐之族長於詩禮之庭椿萱先
尅萱存鴻鴈天邊各舊鳴丰姿清秀天性聰
明學問三冬足詩書萬卷能一朝但有風雨便
駿馬金鸞拜聖明此則貴顯之命鸞幃況帶硬
桂子簇秋英運行初甲寅上人庇下風雪相侵
乙卯運中讀書漂參觀史引灯丙是燈敬恩高
遠待來方許升騰丁巳運中聲名从此顯汨没
一朝伴戊午運中一天膏雨隨車至千里仁風
逐扇生乙巳運中錦衣肥馬重重貴牖上桃符
字字辛庚申運中榮同故里夢入蓬瀛

子平遺書

壬子年　癸丑月　庚戌日　辛巳時

此八字庚戌魁罡之日襍氣殺印之格羊刃合殺有功主人生於文望之族長於温潤之門椿萱分别早鴻鴈有聯群羊姿清秀天性忠誠禮樂縱橫字詩書典雅文終是功名之客豈爲田舍之人際會風雲應有日豈無雨露沐深恩此則榮貴之命鴛幃配合須年長桂子秋來有捷榮運行初甲寅運中上人庇下未斷升沉乙卯運中欸遂平生志潛心對短檠丙辰運中執卷戥田空探月依然困守讀書灯丁巳運中騰身離泮水奉足上神京戊午運中橋門跳出登雲路千里仁風遂翁生己未運中声名耿耿氣宇英英

庚申運中栄田田里辛酉運中一道訃音

壬子年　癸丑月　壬辰日　壬寅時

此八字壬辰魁罡之日雜氣才官之格人生得此生於右族長於高門椿萱先别毋鴻鴈各行群其爲人也手姿清秀天性聰明季問三冬足群書滿卷通終是功名客豈爲田舍人一朝騰踏飛黄去禄位榮眉次第陞此則榮貴之命鴛幃正副方偕老子嗣金風有繼榮運行初甲寅上人庇下未斷平生乙卯運中讀書映雪觀史引灯辰運中白雖則身離泮水依然寄跡橋門丁巳運中禹浪三層都躍過衣冠濟濟拜明君戊午運中一番風雪初晴後金紫煌煌雨露均己未運中正宜輔国未許恩尊庚申運中春光去也

一枕難醒

壬子年　癸丑月　己酉日　辛未時

此八字雜氣才官之格人生得此椿萱先别父鴻鴈不聯飛其為人也粗知礼義淺識詩書律法父誇勞案牘功名遷擬筆刀揮佇看来晚節光耀舊門閭此則吏案之命鴛幃重合登桂子秀秋枝運行初甲寅上人庇下未論盈亏乙卯運中欲速不達困守年時丙辰運中機會来時逢貴助勞形案牘尚趍趄丁巳運中片時風浪過跨馬上雲衢戊午運中栄沾新雨露光耀舊門閭己未運中正化東西合仁風遠近舒庚申運中解組田來春夢重勞名留在夕陽碑

壬子年　癸丑月　辛丑日　丁酉時

此八字辛丑日元相配柱中水土傷官制殺之格喜逢綬印生身遇斯命者生於右族長於名門萱母先歸椿耐晚天邊鴻鴈各行鳴其為人也丰姿清秀天性聰明錦繡胸藏賢聖學珠璣口吐武文風驪珠終照魏雷翻豈藏豊終是文場折桂客豈為田舍鑿耕人瓊林不得叅高宴晚年福祿疊加陞文喻萬古江山氣道續千年竹帛声此則榮貴之命鴛幃連珠低一截子嗣森枝有挺栄運行初甲寅上人庇下未斷平生乙卯運中欲遂平生志須加董子功丙辰運中一從折得蟾宮桂濟濟生徒集泮宮丁巳運中皇恩重有感祿位再加陞黎民皈父母政化洽西東當此之際風雪滿庭戊午運雪晴雲斂天如洗千里宣威父老迎己未運中戟廷金紫声名顯何事思歸故里中子栄重父贈樽酒樂怡情庚申運中晚年多快樂辛酉運中一枕入清風

壬子年　癸丑月　癸丑日　丁巳時

此八字癸丑之日相配柱中金土雜氣殺印之格喜逢時值貴人遇斯命者生於右族長於名門椿萱年邁先亡母天邊鴻雁各行鳴其為人也丰姿清秀天性聰明胸羅今古事夯識聖賢心太山北斗千年在和氣春風四座傾終是文場折桂客豈為田舍鑿耕人北海蛟龍頭角聳南山豹變爪牙新一從姓字傳揚後秉笏金臺拜聖明此則榮貴之命駕幃宜有贈子嗣有名榮運行初甲寅上人庇下未斷平生乙卯運中欲向雲中峯足須從蹬下留心丙辰運中幾欲思高摹遠眷成剪雪裁冰丁巳運中雖則堪宜折桂伶然寄跡橋門當此之際風雪滿庭戊午運中到此始知文學好長安道上馬蹄輕欲折片言民訟息九天雨露再加陞己未運中江山迎五馬花柳拂雙旌庚申運中榮回故里辛酉運中一道訃音

壬子年　癸丑月　丁未日　丁未時

此八字丁未陰刃日祿氣財殺之格人生得此生於右族長於名門椿父先歸萱後別西風鴻雁不同群其為人也丰姿清淡天性聰明曉時務識世情隨機應變處事公平自有順天之慶豈無福地之深祖業添新至財源勝舊風生涯湖海上道路或西東我不崢嶸頭角也穩穩足平生晚年豐富景財帛足豐盈此則發福之命鴛錦配小須相敵子嗣生成孝感人運行初甲寅上人庇下月白風清乙卯運中未覩桃李紅紅色且喜湖光淡淡清丙辰運中財源或進退人事尚虧盈丁巳運中旺中尚有趋趄華安安依然福祿增戊午運中財如風捲浪福似月離雲當此之際素耗還生己未運中門楣壯觀樓閣凌雲庚申運中晚年多快樂辛酉運中夢入巫峯

壬子年　癸丑月　丙午日　癸巳時

此八字丙午日刃之辰相配柱中水土傷官制殺之格人生得此生於右族長於名居椿萱相繼中途別鴻鴈天邊不共群其為人也丰姿清雅天性聰明錦綉胸藏賢聖學珠璣口吐武文風筆底驚風雨詩成泣鬼神終是文場之客豈為田舍之人一從姓字傳臚後濟濟衣冠拜九重佇看官封三級自然祿享千鍾此則榮貴之命鴛幃火命須招副子嗣榮門孝且忠運行初甲寅上人庇下未斷平生乙卯運中讀書映雪觀史引燈丙辰運中一從折得蟾宮桂數載寒非尚困身丁巳運中重重風雪初晴後宴罷瓊林沐大恩戊午運中綉衣耀日威重生風己未運中金紫權衡重故里樂閑行庚申運中一枕巫峯

壬子年　癸丑月　癸巳日　甲寅時

此八字癸巳貴人之日祿氣才官之格亦有刑合之意人生得此生於右族長於高居椿萱雙晚茂棠棣各芳菲丰姿清秀氣岸高奇般般好覽件件祖知祖基祖業添新慶才帛資囊自積餘但顧粟陳并貫朽何須騎馬上邦畿此則旺足之命鴛幃全正副子嗣桂蘭奇運行初甲寅乍雨乍晴留客景或寒或暖困人時乙卯運中春寒風料悄心急馬行遲丙辰運中款速不達藏器待時丁巳運中爆竹聲催殘臘盡折梅香引早春歸戊午運中淡烟楊柳岸薄霧杏花堤己未運中且安且樂無慮無思庚申運中歸去也

壬子年　癸丑月　辛卯日　癸巳時

此八字辛卯日元相配柱中火土傷官帶印之格人生得此生於右族長於高居椿萱有别先虧父天邊鴻鴈各行飛其為人也丰姿清秀天聰能為學問稍知今古深知表裏精粗有近貴親賢之德應上和下之能重成新事業再整舊門庭終是功名之客豈為田舍耕鋤不就三場選好將刀筆施六曹知古律三語覓今非往看頭角聳光躍舊門閭脱年光霽景德澤惠黔黎此則榮貴之命鴛幃有犯須招贈子嗣秋来有秀馨運行初甲寅上人庇下有何是非乙卯運中貴人相指引揮筆向曹司丙辰運中雨晴雲路達天府沐恩歸丁巳運中雖則顯榮多顯煥幾年困守始榮除戊午運中連幕聲名振滔滔雨露濡當此之際風雨飛己未運中正宜加壽禄何事便懸車庚申運中脱年閑故里一枕入仙衢

壬子年　癸丑月　壬辰日　戊申時

此八字壬辰魁罡之日相配柱中金土雜氣殺印之格、殺印相生功名顯達主人生於文望長於高門椿萱不並雙雙老天边鴻鴈各摶風其為人也丰姿清俊天性聰明筆落驚風雨詩成泣鬼神胸襟澄徹度量寬洪終是功名之客豈為田舍之翁春榜不能顯姓字秋闈擬以許擢高名一字天官奏最後金紫榮看步步陞此則榮貴之命鴛幃有犯須招副子嗣秋末有延榮運行初甲寅幼年之下未斷平生乙卯運中繼踐終无間何愁不顯名丙辰運中雖則騰身離泮水橋門还用守青灯丁巳運中陰硯寒毡從此脱黄堂佐政大夫榮片時風雨雨過山青戊午運中蒞政德仁民悅服雨晴金紫又加陞己未運中此運見陞还見退子貴重封又贈榮庚申運中酒觧平生恨衣沾生國塵辛酉運中一枕餘香隔年焚斛風吹落楚山雲

壬子年　癸丑月　乙卯日　丁丑時

此八字乙卯專祿之日相配柱中金土襍氣才官之格女人得此生於右族長於名門椿萱崇楳霜睎日妯娌翁姑分尚輕其為人也姿容清秀髮兒精神有針綴之巧立業之勤雲收華岳千山秀水到湘江一樣清每懷允膽意時抱擇儕心玉產崑崗藏韞色蘭生楚澤散清馨難觸難犯易喜易嗔佇看夫榮子秀也應福祿無窮可惜青春女如何配旧婚此則榮益之命良人年少儒榮客子嗣秋來一朵馨運行初壬子上人庇下毓秀閨門辛亥運中未歡桃李紅紅色且喜湖光淡淡明庚戌運中雖則夫門多快樂須史雲月尚朦朧己酉運中羅綺臨風多壯觀須史風雨尚愁人戊申運中天上三陽泰人間五福增黎花舞雪雨過山青丁未運中一輪明月當秋夜無根奇花正遇春丙午運中一枕清風

壬子年　癸丑月　癸丑日　乙卯時

此八字癸丑日配乎柱中之土傷官之格食神制伏有功人生得此智謀高廣刀筆縱横椿萱虧缺後鴻雁各分翔熟味蕭曹之律粗知顔孟之章祖基重整頻財帛自磨蔵但願英雄尊筆力晋教財勢旺何當此則傑人之命鴛幃有犯須年少桂子秋來有挺芳運行初甲寅幼年之景何論炎涼乙卯運中貨利分心書倦讀時來財帛便豊昌丙辰運中遇貴生財利風霜惱一場丁巳運中但願戚声有布何愁柳絮風狂戊午運中財帛來多旺人情有抑揚己未運中門闌壮觀人事軒昂庚申到辛巳運中帰去也

壬子年　癸丑月　癸丑日　壬戌時

此八字癸丑日相配柱中之火雜氣才官之格之生得此半登俊秀天性明良椿父先帰萱闈晚鴈行天際不同朔明古今之事知賢聖之章終是功名之客豈為田舍之郎晚年天府沾恩寵振拒威名百里揚此則顯榮之命鶯幃魁後重年少桂子秋來發異香運行初甲寅幼承上庇何論炎涼乙卯運中讀殘窓下目踏破曉橋霜丙辰運中志欲攀龍附鳳風雪阻節何當丁巳運中機會來時登上国陽関三疊從行裝戊午運中棠沾新寵遷化日照農桑己未運中祿元重顯擢戎列大夫行庚申運中榮回故里辛酉運中夢熟黃粱

壬子年　癸丑月　壬子日　辛亥時

此八字壬子日刃之辰飛天祿馬之鄉值斯象者本係成名只嫌命失天特稍虧分數其為人也丰姿秀爽能語能言當仁不讓見善則遷祖基須整鴻鴈有行聯雖不衣錦繡也應有威權此則傑人之命鶯幃有硬頭生雪子嗣光榮襲慶好運行初甲寅春花帶露秋夜明蟾乙卯運中淡烟籠弱柳微雨鎖晴空丙辰運中行藏雖有慶事業也徒然丁巳運中門閑壯觀福慶閧閙戊午運中萬苑花開錦繡一番雪遍江天己未運中雖見忽怨人事還生滾滾才源庚申運中安享晚年福慶端知子秀孫賢辛酉運中訃音一播萬古難還

壬子年　癸丑月　己未日　甲戌時

此八字己未日相配柱中水木禖氣才官之格人生得此年資魁儒性格良能椿萱中道難全奉鴻鴈天邊少合情般般都好學件件不全精祖業有依重整麗財囊還擬自磨成英雄交敬生涯好湖海光華氣飲騰住看來晚節福祿自天生此則富貴之命鶯啼春色麗桂子秀金英運行初甲寅庇佑之下快樂和平乙卯運中春園風雨過行樂尚湊清丙辰運中柳絮飄殘春色麗千紅萬紫鬪芳菜丁巳運中財源來滾滾人事又相榮戊午運中成四時之佳趣立萬古之門庭己未運中沖擊之鄉家業盛孫賢子秀福崢嶸庚申運中老當益壯辛酉運中夢入蓬瀛

壬子年　癸丑月　甲寅日　乙亥時

此八字甲寅專祿之日配合柱中金土雜氣才官之格女人得此姿顏清楚体兒精神其為人也生於望室長配賢門奉翁姑而行孝道待妯娌以欠怡情羅綺層層家富貴金玉盈盈衣錦豐助勤每劾丸熟膳遺訓遐從斷織心三從有備四德兼真掌家有道立業勤能初限中年灾憂過晚年封贈顯夫身此則助夫女命良人必招英貴客子嗣秋風有送程運行初壬子閨門之內月白風清辛亥運中月老傳書佳配偶喜中灾耗幸無驚庚戌運中良人脫却黌宮闕數番憂滯險灾逃己酉運中藁砧必然榮顯耀險難灾憂喜仔細行戊申運中出入高樓紅頂轎雖有灾憂保祐身丁未運中舊金帶樸玉從紛紛丙午運中蟠乖已數一步佳城

壬子年　癸丑月　壬辰日　辛亥時

此八字壬辰日相配柱中之土雜氣才官之格人生得此丰姿英傑天性良賢椿萱雖擬双榮養鴻鴈西風各一天理窮今古事學貫聖賢篇終擬揚名顯姓豈教鑿井耕田津林踏過橋門去次第承恩拜九天此則晚榮之命鴛幃剋後重年少桂子金風朶朶妍運行初甲寅上人庇下未必爲安乙卯運中雲霄雖有路霜滑馬難前庚辰運中执卷幾回採月誰知弹断絲弦辛巳運中定馬登賢路都門樂自然壬午運中榮沾新寵漫黎庶听鳴絃癸未運中再加禄位甲申運中夢入九泉

壬子年　癸丑月　癸巳日　乙卯時

此八字癸巳日相配柱中火土雜氣財官之格人生得此多機多变不柔不刚椿親後别萱先去鴻鴈天边各奮翔稍識古今之學粗知礼義之守祖業重新慶才源自積藏湖海市廛財兩旺自然悦鄰立田庄此則成立之命鴛幃年少須龍女桂子秋来有異香運行初甲寅幼年之景其樂何堂乙卯運中財源來便旺處處有愳傷丙辰運中風雲初消後行藏倍勝常丁巳運中不獨門閭壯觀尚防人事愳傷戊午運中財滚滚名势洋洋乙未運中老當益壯庚申運中夢入仙鄉

壬子年　癸丑月　己亥日　甲子時

此八字己土相配柱中木水雜氣財官之格人生值此丰姿平穩立性操持生於清族長於良居當椿先別萱年壽鴈行有序意情稀歷風霜於早歲成大器於晚時生涯舟搖搖而輕揚活計風飄飄而吹衣祖基難倚靠外境慕財肥此則撐持之命鸞幃宜硬須招小子嗣難中兩朵見運行初甲寅不寒還不燠微雨溫沾衣乙卯運中外境往來多跋踄全憑客旅任東西丙辰運中早晚辛勤宜用力其中多少是和非丁巳運中一天雲掃盡萬里月光輝戊午運中順水雖然加櫓棹一番梨雨又交飛己未運中遠望漁舟深入浦不須重問武陵溪庚申運中收輪罷釣歸去來兮

壬子年　癸丑月　癸卯日　癸丑時

此八字癸卯日貴之辰配合丑中辛己殺印之格值此象者生於義勇之門長於干戈之族椿萱榮達中途別鴻鴈行中有出群其為人也行藏特達性格英能曾將好意番成惡每把真心換得嗔然雖不是英雄客營苑鄉邦著姓名此則特達之命鸞幃疊損重婚娶子嗣秋風桂子香運行初甲寅輕風擔爽微雨美晴乙卯運中正如初出月恰似始開英丙辰運中喜中悲亦至悲處喜猶生丁巳運中自有貴人相指引豈無福祿兩餘盈戊午運中正是梅青并月白何愁第宅不光榮己未運中一番駁雜如履薄冰庚申運中春色滿園宜賞玩耳邊何柰子規聲

壬子年　癸丑月　壬子日　辛亥時

此八字壬子日刃之辰配合柱中金土祿氣官印
之格人生值此丰姿清楚立性剛強生於有名之
宅長於勢傑之堂堂上恩親椿並耄庭前棠棣
枝香萼長園名過舊竹花開上苑勝先春多聞而
多見多智又機關有取強扶弱之志无偏黨妬人
之勝順之則春風和氣逆之則驟雨一場祖基祖
業重新彩財源積聚復還興佇看晚年光霽好子
登天府播朝綱李問虛勞知禮義行藏明敏動賢
良此則晚來之命兆幃連珠宜年小子嗣技中一
顯即運行初甲寅上人之勢下雨聲有風狂乙卯
運中任君總有凌雲志焉能騰達有非就丙辰運
中雖有貴人提挈起財源得失未安心非趄之伸
不足為良丁巳運中跳出崎嶇行坦道行藏何處
不風光昂昂氣宇一郡名揚己未運中季偏錦帳
何為貴泰帝阿房未足強庚申運中子父腰金衣
貴顯吾必恩封祿更疆華堂而納慶酌酒泛遐觴
辛酉運中英雄卻去也蝴蝶夢佳城歸去也

壬子年　癸丑月　甲午日　丁卯時

此八字甲午日配乎柱中之土雜氣財官之格女
人得此儀容英雅天性良賢勝丈夫之氣槩過男
子之才權椿萱難並耄姑舅半無緣自有順天之
慶宜無教子之賢佇看晚年光霽景夫榮子貴福
綿綿此則富貴女命良人配合榮又耄桂子庭前
拂傍天運行初壬子閨門之內福享安然辛亥運
中紅緣牽綉幌良玉種藍田庚戌運中旺中生晦
蹇依舊樂平安己酉運中踈踈風雪過樂意旺無
邊戊申運中珎羞香百味羅綺色千般丁未運中
桂蘭挺秀丙午運中粧鏡空懸

子平遺書

壬子年　癸丑月　戊申日　丁巳時

此八字戊申日相配在中之水雜氣才官之格人生得此行藏迂濶天性忠誠椿親先别萱榮晚鴻鴈天邊各奮鳴粗知韜畧法洞識古今情市廛生計廣閭里姓名馨江湖風月年年在囊裏資財日日增此則發旺之命鸞幃配合須年少桂子秋来朶朶馨運行初甲寅忒寒忒暖不雨不晴乙卯運中行藏心自樂花放曉風輕丙辰運中湖海有情財利旺幾番樂處又悲生丁巳運中高人携手去貨利愈生成戊午運中梨雨初晴財利足門闌壯觀聚賢英乙未運中老當益壯庚申運中花落月傾

十四

子平遺書

壬子　癸丑　壬辰　庚戌

此八字壬辰魁罡之日雜氣然印之格値此象者生於豊足之門仁德之族堂上椿萱耐晚天邊鴻鴈聮飛其爲人也智謀深遠性格操持每逢高人敬不受下人欺月掛碧天光皎潔春来上苑色芳菲九載公堂勞案牘一朝雨露潤緋衣此則貴達之命鸞幃土命宜年長子嗣班欄秀幾枝運行初甲寅双親蔭下萬事忘機乙卯運中欲速則不達潛心且待時丙辰運中貴客扶持從此好微雨微雲不成危丁巳運中頭角嵬、人上表此時方是好男兒戊午運中人生正是風光景凛、寒空白雪飛己未運中三年不改来時政百姓咸懷去後恩庚申運中不須苦戀榮華事但得閑時樂自如辛酉運中光陰如過隙萬事盡成非

十五

壬子　癸丑　辛丑　丙申

此八字辛金坐庫相配柱中火土雜氣官印之格正謂有官有印無破作廊廟之材值斯象者丰姿俊俏志氣超群高謀遠見機関别慷慨情懷一妙人椿親真倜儻鴻鴈各穿雲泮水養身無利[illegible]筆刀顯姓旺家門九載功成書上考九重天闕沐深恩此則激冽之命鴛帳年高金命配桂枝還染御爐熏運行初壬寅上人庇佑氣象和温癸卯運中腊破泮橋霜幾板蛟龍不得遂風雲甲辰運中功名得失非為慮劍筆高揮出萃倫乙巳運中氣盛山川生秀麗恩沾雨露動陽春當此之際風雪紛紛丙午運中士卒来歸權令重皇恩有感職加尊丁未運中銀貂紫綬清風盛雞下難教避一身戊申運中香魂歸閬苑高塚卧麒麟

壬子年　癸丑月　戊申日　癸丑時

此八字戊申日相配柱水中土雜氣才官之格人生得此丰姿洒落性格果剛椿父先帰萱耐晚鴈行天際有翱翔稍識古今之器粗知礼義之方可向仕途求聞達豈教湖海歷風霜滄海驪珠能發見豊城雷劍不終藏時来借得吹噓力足馬登天沭寵光此則富貴双全之命鴛幃年長須招副桂子秋風有發芳運行初甲寅庇佑之下其樂何當乙卯運中忽思登仕路也讀聖賢童内辰運中虎未成空跤跡才源旺處履冰霜丁巳運中時来機會好頭角祥軒昂戊午運中英英名位顯勢盖壓鄉邦己未運中弟宅光荣蘭桂秀喧喧車馬集門墻庚申運中孫賢子秀辛酉運中夢入仙鄉

壬子年　癸丑月　壬寅日　癸卯時

此八字壬寅趋艮之日相配柱中土木傷官用印之格人生得此生於右族長於高門萱毋續絃椿磊落到頭終是父先行庭前棠棣有各茵茨其為人也丰姿清秀天性聰明好問有成不負寸陰之措英材敏捷宜喜題柱之功嘉谷不早實名利當晚成一從揚姓字秉笏拜金門此則榮貴之命鴛幃有碍須年敵子勵生成貴顯人運行初甲寅上人庇下未斷平生乙卯運中欲遂平生志潛心對短檠丙辰運中幾欲榮登月殿番成剪雪裁冰丁巳運中执卷幾回空探月時來頃刻便升騰戊午運中已把嚴威摧酷吏更将仁政釋黎民當此之際風木之驚己未江山迎五馬花柳拂双旌庚申運中解阻回田里辛酉運中辛酉運中春殘鳥倦吟

壬子年　癸丑月　癸卯日　己未時

此八字癸卯日貴之辰杀印之格人生得此生於茂族長於高庭椿親耐晚萱先別鴻雁天邊各奮鳴其為人也丰姿磊落天聡性明好問稍知今古生平尤近高人祖基宜再整事業必磨礱閑處憂走冷處不行鼓擸清韻動不擊紫烟生君若留心於仕路也教頭角崢嶸此則穩榮之命鴛鴦幃駐後重偏正桂子秋來有挺榮運行初甲寅上人庇下未斷平生乙卯運中娟娟雲裏月灼灼藥中英當此之際盧絮沾身丙辰運中行藏雖有慶事人尚迍巡丁巳運中雨睛山聳翠雲散月華明戊午運中天上三陽太人間五福臻己未運中松尚茂竹尤青庚申運中黃花綠酒樂意忘情辛酉運中歸去也

壬子年　癸丑月　丁巳日　癸卯時

此八字丁巳日相配柱中之水雜氣殺印之格人生得此富貴兩全椿萱偕首難全奉鴻雁天邊有各鳴丰姿莊重天性公平學識窮通今古智謀能合賢英祖業添新慶才囊厚積成雖不逮侯封爵也須勢壓鄉城佇看來晚鼎頭角聳崢嶸此則富貴之命鴛幃有晚犯須偏正桂子秋來朶朶榮運行初甲寅上人庇下詩禮趨庭乙卯運中詩書雖有志貨利亦関情丙辰運中跌跌風雪過日日旺財名丁巳運中不獨威權有布尚祈財帛豐盈戊午運中時來機會好沛澤滿門庭己未運中老當益壯庚申運中一夢難醒

壬子年　癸丑月　壬辰日　辛亥時

此八字壬辰日相配柱中之土雜氣官印之格喜逢日祿以歸時人生得此丰姿洒落天性聰明椿父早歸萱後別雁行天際少同性學識粗通書史智謀能合賢英祖業添新慶財囊自積成不獨田園桑柘茂尚祈湖海旺才名此則自旺之命鴛幃金命須年少桂子花開果有成運行初甲寅蔭親庇下月白風清乙卯運中才源來未旺風雪又飄零丙辰運中雨過山方秀雲開天始晴丁巳運中家業有成生計旺黴黴烟浪又生驚戊午運中行藏多順利財帛有添增己未運中老當發旺丙申運中夢入蓬瀛

壬子年　癸丑月　庚戌日　己卯時

此八字庚戌魁罡之日相配柱中火土雜氣官印之格人生得此生於良善長於名門椿萱有倚先亡母天邊鴻鴈各行鳴其為人也丰姿清秀天性聰明般般少覽件件不精機謀較服學問人欽自有順天之慶豈無福地之深祖業添新慶根基勝舊風遊山翫水看詩卷對月邀朋把酒斟拙於自己巧於他人雖不衣冠食祿也應福祿齊平此則旺足之命鴛幃有犯須年敵子嗣秋来旺舊門運行初甲寅上人㢑下未斷平生乙卯運中無事宛如春夢人情薄似秋雲丙辰運中世情濃又淡畫事又還濃丁巳運中才源滾滾特備好須史素耗上愁人戊午運中滾滾財源来態旺素耗尚来覩己未運中簾捲香風享百福紅開麗日見光明庚申運中晚年快樂會友開樽辛巳運中一枕難醒

壬子年　癸丑月　丁酉日　辛亥時

此八字丁酉日貴之辰相配柱中金水才發之格人生得此丰姿慷慨志氣英豪椿萱不逮双年耄鴻鴈天邊各奮遙熟讀聖經賢傳深明豹畧龍韜一從沾寵逢今市虎風騎此則武職之命鴛幃正偏方免損桂蘭棠看秋標運行初甲寅上人㢑下快樂陶陶乙卯運中聞鷄三市嗣躍馬五陵橋丙辰運中威稜蕭振千門樂何處傲風捲海濤丁巳運中刲比享衛達權高祿又高戊午運中百戰功名加祿位捴持重柄秉金貂己未運中英雄傳令畢籬下酌香醪庚申運中悠悠處樂辛酉運中香夢難招

壬子年　癸丑月　丁巳日　庚戌時

此八字丁巳日相配柱中金水雜氣才殺之格人生得此儀形特達動止希能生於歌樂之室長於廷变之庭萱親先別椿尤去棠棣庭前各葉生祖業重磨琢才源侍貴生歌晉聲招珠履客綺羅香引玉楼英此則文貴之命鴛幃重紀須偏正桂子還招晚節英運行初甲寅雙親庇下梨雨初晴乙卯運中身衣蘆花絮寒來淚自零丙辰運中烟花逐水東流急家業沓更恨莫勝丁巳運中春光重轉楸韆架豪傑携樽醉幾醒行藏跋涉有險無驚戊午運中旺中生阻節財帛旋添增當此之際柳絮風輕己未運中晚年安樂貴客交盟庚申運中依然慶樂辛酉運中夢入蓬瀛

壬子年　癸丑月　癸巳日　丙辰時

此八字癸巳貴人之日財氣財官之格遇斯象者生於相府長於韓門一對椿萱耐晚幾枝棠棣各茁青丰姿和厚天性乖能衣冠雖濟濟戈甲不層層報國寸心惟自愧呼天怨氣幾時平此則英傑之命鴛幃土命他方女子嗣生成一瑞麟運行初甲寅双親榮庇快樂平生乙卯運中命内有名未顯萬山千山跋艱辛丙辰運中椿父還魂吾紹貴遷然一夢到佳城昊天罔極此恨何伸

壬子年　癸丑月　己未日　戊辰時

此八字己未日配乎柱中之水雜氣才官之格人生得此多機多智不勇不慈椿萱分别後鴻鴈不同飛學識窮今博古筆刀理直扶危不奮身於泮水却寄跡於曹司九載功成沾寵渥除奸提惡顯威儀此則榮顯之命鴛幃有犯重重麗桂子庭前彝絲衣運行初甲寅幼承尊庇快樂怡怡乙卯運中志思登仕路也讀聖賢書丙辰運中時来逢貴助公府有名馳丁巳運中斷絃重續才名壯疋馬登天德望猶戊午運中榮沾雨露光輝門閭己未運中老當益壯百里聲馳庚申至辛酉運中歸去也

壬子年　癸丑月　壬辰日　戊申時

此八字壬辰魁罡之日相配柱中之土時上偏官之格羊刃作合成功人生得此丰姿慷慨天性剛忠椿萱不逮双栄贈鴻鴈兮边各奮雄學問三冬足詩書万卷通快步蟾宮攀丹桂緩步天門沐寵隆此則栄耀之命鴛幃有碍須偏正桂子秋来發錦叢運行初甲寅初承上庇詩礼從容乙卯運中欲逐凌雲志須加董子功當此之際穩步蟾宮丙辰運中三疊陽關登上道未應錫宴拜飛龍丁巳運中栄沾寵渥威千里雪霄栄看位再封戊午運中金紫栄遷權令重威鷩州縣虎風椎己未運中栄田処樂庚申運中夢入五峯

壬子年　癸丑月　乙卯日　癸未時

此八字乙卯日配于柱中之土雜氣才官之格人生得此仕路聲揚椿萱不耐双荣養鴻鴈天邊各奮翱丰姿進彥天性果剛學識聰明未必登科甲筆鋒雄健也須姓顯名揚趋侍公堂　寵渥升高目下禄元昌此則微貴之命篤幃有犯須年火桂子高荣吐異香運行初甲寅庇佑之下何論炎凉乙卯運中志思登仕路也讀聖賢章丙辰運中家業多光耀人情有抑揚丁巳運中司　有声功績航綫其匹馬上天堂戊午運中恩寵加荣司驛站霜凨烟浪幸無妨己未運中禄元加握民心悦遊近相逢懸車返故鄉庚申運中子显身加贈辛酉運中猿啼人悽傷

壬子　癸丑　癸卯　癸亥

此八字癸卯日貴之辰相配柱中之土偏官之格女人得此儀容朗麗天性明良生於茂族配於填房椿萱棠棣難相守妯娌翁姑侍不常有相夫之理道教子之良方錦綉花開富貴琅玕竹報安康佇看來晚節夫子兩榮昌此則福榮之命良人榮貴須年長桂子秋來吐異香運行初壬子幼承上庇冬温夏凉辛亥運中匹配成佳偶鸞歌鳳亦翔庚戌運中裙釵雖壯麗人事有悲傷己酉運中羅綺千般色珍羞百味香戊申運中一番悲咽過金玉滿華堂丁未運中老當享用桂馥蘭香丙午運中悠悠處樂乙巳運中鏡掩晨光

壬子　癸丑　甲辰　戊辰

此八字甲木相配柱中旺土秉氣財官之格人生得此生於文望之族長於詩禮之庭椿親先別萱存晚鴻鴈天邊各奮鳴丰姿清秀天性聰明學問三冬足詩書萬卷能一朝但得風雲便跨馬金鑾拜聖明此則貴顯之命鴛幃須帶硬桂子簇秋英運行初甲寅上人庇下風雪相侵乙卯運中讀書漂麦觀史引燈丙辰運中幾欲思高慕遠時來方許廾騰丁巳運中聲名從此顯泊沒一朝伸戊子運中一天膏雨随車至千里仁風逐扇生己未運中錦衣肥馬重重貴牖上桃符字字真庚申運中禜田故里夢入蓬瀛

壬子　癸丑　丁巳　庚子

此八字丁未日相配柱中旺水偏官之格人生得此不慈不勇多智多機椿萱皓首难全奉鴻鴈天邊不共飛般般有好李之心所事無適全之理祖業重整頓才帛自操持遊山翫水交英傑對月吟風把酒巵時来機會好財旺势輝輝此則豪達之命鴛幃配合須午火恰似洛陽三月景牡丹開擲花飛丙辰運中雪晴才業旺遇貴有威儀丁巳運中到此始知時運達才源衮衮势尤猕戊午運中重興事業再整名基己未運中老當益壯第宅光輝庚申運中到辛酉運中歸去来兮

壬子年　癸丑月　甲辰日　戊辰時

此八字甲木相配柱中金土雜氣財官之格人生值此椿萱先別父鴈字有聯飛其爲人也丰姿秀爽處事能爲觸處高人相敬遠方達士提携田里生涯廣湖海有名馳桃李千溪錦江山一畫幃此則穩達之命鴛幃火命宜香助桂子秋風發幾枝運行初甲寅椿親早喪風木之悲乙卯運中風和日麗聞礼李詩丙辰運中志欲思高慕遠依然困守門楣丁巳運中潮平兩岸潤風正一帆飛戊午運中驀地威權振显豁然蓰李芳菲已未運中財源浩浩多豐阜生計盈盈足稌機庚申運中樽壘有酒延賓客蘭室將書教子知辛酉運中人生此去永爲別江水東流何日西

壬子　癸丑　甲寅　辛未

此八字甲寅專祿之辰雜氣財官之格喜得印綬生身水土椿萱霜鬢白兩行鴻鴈共聯群其爲人也行藏倜儻作事乖能親賢而近貴別重而知輕雖不達祿封壽自然名播鄉城此則特達之命妃幃得全同屬同庚子嗣有成共芳共秀運行初甲寅秋風播爽微雨兼精乙卯運中漸〻精神爽看〻和氣融丙辰運中世情接〻人事匆〻丁巳運中但遇高人引方能樂太平戊午運中西風洒蒼雪行樂也中平己未運中豐年田舍禾歸豐腸日山家酒滿樽庚申運中春夢無憑

壬子　癸丑　壬辰　庚戌

此八字壬辰魁罡之日雜氣殺印之格值斯象者生於穩足之門仁德之族堂上椿萱耐晚天邊鴻雁聯飛其為人也智湛深遠性格操持每逢高人敬不受下人欺月掛碧天光皎潔春來上苑色芬菲九載公堂負案牘一朝雨露潤緋衣此則貴達之命鴛幃土命宜年長子嗣班蘭秀幾枝運行初甲寅雙親膝下萬事忘機乙卯運中欲速則不達潛心且待時丙辰運中貴客扶持從此好微風微雨不成色丁巳運中頭角嶄嶄人上表此時方是好男兒戊午運中人生正在風光處凜凜寒空白雪飛己未運中三年不改來時正百姓咸懷去後恩庚申運中不須苦戀榮華事但得閑時樂自如辛酉運中光陰如過隙萬事盡成非

壬子　癸丑　丁酉　辛亥

此八字丁酉日貴之辰相配柱中金水財來之格人生得此丰姿慷慨志氣英豪椿萱不遠雙年老鴻雁天邊各奮遙熟味聖經賢傳深明豹略龍韜一從沾寵渥令布虎風號此則武威之命鴛幃正偏方免損蘭桂榮看向秋標運行初甲寅上人庇下快樂陶陶乙卯運中鬧雜三市廟躍馬五陵橋丙辰運中威揚肅抱千門樂何處微風捲海濤丁巳運中到此亨衢遠權高祿位高戊午運中百戰功成功祿位握持重柄秉金貂己未運中英雄傳令器籬下酌香醪庚申運中悠悠樂處辛酉運中夢斷華胥

子平遺書

壬子年　癸丑月　甲午日　丙寅時

此八字甲午日元相配柱中金土祿氣才官之格喜逢印綬生身女人得此生於右族長配名門椿萱有倚雖双耄天邊鴻鴈各行鴻其為人也丰姿清秀髮皃精神有針黹之巧立業之能一苑杏桃鋪錦綉滿山松栢帳幃屏玉產崐崗藏蘊色蘭生楚澤散清香磨穿鐵硯非吾事綉折金針却有功雖觸難化易喜易嗔雖不鳳冠帔服自然金谷豊盈此則益旺之命良人年長如魚水子即生成貴顯入運行初壬子上人庇下毓秀閨門辛亥運中契合翠鸞成好夢黃緣紅葉是良姻庚戌運中淡烟楊柳岸薄露杏花村己酉運中萬疊好山雲作歀一輪明月雨初晴須曳風雨雨過山青戊申運中家居才旺足稱羞百味新當此之際風雨還生丁未運中天上三陽泰人間五福增丙午運中子貴晚年閑快樂乙巳運中夢杳杳之佳城

一

子平遺書

壬子年　癸丑月　壬子日　甲辰時

此八字壬子日刃之辰祿氣殺印之格人生得此生於温潤之族長於青白之門椿萱晚茂棠棣分英丰姿清秀天性乖能高人趣敬貴客相欽萬里韶華事業每從忙裏就一聯美景才源自向遠方生片葭蓄奮連野綠週迴甲第聳雕甍此則發福之命鴛幃水命須年少子嗣秋成奪錦人運行初甲寅上人庇下霽月光風乙卯運中人情似紙張薄世事如棊局局新丙辰運中幾欲思高着遠番成捉月捕風丁巳運中旺中尚有盈虧雪雲霽依然才帛增廣午運中富潤屋德潤身己未運中才源富足家業興隆庚申運中孫賢子秀辛酉運中花落月沉

二

壬子年　癸丑月　乙巳日　丁亥時

此八字乙巳日相配柱中金土雜氣才官之格土命印綬生才人生得此長於名門生於邃室椿萱双晚茂棠棣不聯榮其為人也丰姿清雅性格老誠氣底有源三峽水胸中瑩潔一一天星邕然而出煥然而書終是功名之客豈為避世之夾此則榮甯之命篤幃有犯宜年長子嗣先虧後有盈運行初甲寅上人庇下天朗風清乙卯運中歆遂平生志須加刻苦切丙辰運中人生得失皆前定何須心下太匆匆丁巳運中秋闈如反掌幾載困闈鬧到此始知文字好長安路上馬蹄輕戊午運中躍過三層之浪方才心下從容當此之際風雪盈門己未運中大才當大用福祿少加陞庚申運中子貴孫賢多快樂辛酉運中一夢巫峯

壬子年　癸丑月　甲寅日　丁卯時

此八字甲寅專祿之日雜氣財官之格人生得此生於平順之族長於溫德之居椿萱有倚分中道鴻雁天邊各奮飛其為人也能機變會施為當仁不讓見善不欺万里春風行樂頌四時佳趣勝棠時田園桑柘茂畝畝稻肥笙歌沸處曾行樂羅綺叢中幾醉歸貴人指引高公府不料花開風又欺佇看晚年光霽景粟陳貫朽樂怡怡此則穩足之命篤幃宜有贈桂子秀秋枝運行初甲寅上人庇下未斷盈虧乙卯運中幾欲思高慕遠依然困守門庭丙辰運中勞刑案牘無光彩幾度趦趄未順機丁巳運中旺中尚有盈虧事事妥才源厚積餘戊午運中創凌雲樓閣置連畝羅蓄己未運中暮年安享庚申運中歸去來兮

壬子年　癸丑月　庚子日　辛巳時

此八字庚子之日相配柱中火土雜氣殺印之格傷官若用印官殺不為刑主人生於右族長於名門椿父先歸萱後別天邊鴻鴈各行群其為人也丰姿清秀天性聰明理窮古事兼今事書對賢經與聖經終是功名之客豈為田舍之翁折桂場中誇妙手瓊林不宴也光榮不特魏珠能照乘還應趙璧擬連城晚年光霽景枕法理刑名錦衣肥馬重重貴金紫煌煌雨露陞此則榮貴之命驚怖有犯須招剔子嗣生成貴顯人運行初甲寅上人庇下未斷朩況乙夘運中篤奎十年窓下時來一奪成名丙辰運中一從泮得天邊寵便將德澤惠儒林飄飄風雪當斯際雪晴重盅再光榮丁巳運中欲向雲中舉足須從灯下留心戊午運中職迁金紫貴福祿享無窮乙未運中皇恩有感重加祿十郎山河化日咽庚申運中索歸故里子貴光榮辛酉運中歸去也

壬子年　癸丑月　甲寅日　戊辰時

此八字甲寅專祿之日相配柱中金土雜氣才官之格人生得此生於藝業之族長於深邃之門萱毋先歸重有繼天邊鴻鴈各行群其為人也丰姿磊落天性剛忠源流三峽誰能及筆掃千軍孰與論文向月中攀桂子便從天上領陽春奮身肆白屋平步入青雲一從恭[illegible]宴職位秉權衡股肱盛世尊名德輔翼明時顯勢英此則榮肅之命驚怖榮贈宜招硬子嗣秋來有挺榮運行初甲寅上人庇下彌祿平生乙夘運中篤奎十年窓下未應一攀成名丙辰運中雖則蟾宮折桂依然寄跡橋門丁巳運中躍過三層浪朝班立縉紳折獄片言民訟息九天雨露再加陞戊午運中職位兩廷金紫貴階陞藩臬位居中己未運中有材應大用未許便辭榮庚申運中莫道只倍金馬貴也適蝴蝶夢佳城

壬子年　癸丑月　癸卯日　壬戌時

此八字日貴之辰相配柱中火土雜氣才官之格

才盛生官終身有慶主人生於右族長於高門椿

萱先別毋天邊鴻鴈各行鳴其爲人也丰姿清秀天

性聰明般般捎覽件件欠精有近貴親賢之德應

上和下之能祖業有倚重再整財源厚積晚豐盈

水光浮室盃盤瑩花氣侵人咲語馨琴樽風月閑

生計金石松筠旧歲青笙歌拂處曾行樂罗綺

叢中幾醉醒好意番成悪真心換得嗔終是功名之

客豈爲田舍之翁非吏非儒非漢焉献金納粟也

先榮此則因富貴之命鴛幃正副方偕老子嗣秋

来有挺榮運行初甲午上人庇下未斷平生乙未

運中寒向梅中尽春從柳上生丙辰運中財源滾

滾家居好須史風雨不爲驚丁巳運中富貴榮華

當此際片時賍耗事逆迯當此之際水火無情戊

午運中滔滔財源旺滾滾福祿增梨花舞雪破耗

還侵己未運中翀凌雲樓閣在挿漢之雕甍未字之

中花放風生庚申運中子貴重榮贈何愁白髮生

辛酉運中春光去也花落月沉

壬子年　癸丑月　壬子日　辛亥時

此八字壬子日刃之日相配柱中金土雜氣官印

之格女人得此生於良族配於高堂椿父先帰萱

壽晚天邊鴻鴈各飛行其爲人也丰姿清秀髮兒

異常有針綴之巧立業之良風送浮雲帰洞裏雨

滋花蘂發新粧相夫應有道訓子総成行難觸難

犯易喜易狂箕箒頻繁存禮節助勤丸膽更賢

良雖不鳳冠帔脤也應福祿汪洋此則發福之命

良人配合須年長子嗣生來有挺榮運行壬子上人

庇下敏秀蘭房辛亥運中竹惹花蝴蝶花貪竹

鳳凰庚戌運中雖則夫門財業旺還愁人事有懸

揚己酉運中旺中曾駮雜依舊祿元昌戊申運中

一度愁心對倉雪沙禽尤鮮始安康丁未運中夫

賢子顯福祿勝常丙午運中安榮晚景乙巳運中

一枕黃粱

壬子年　癸丑月　丙寅日　辛卯時

此八字丙午日旺之辰相配柱中水土傷官劫殺之格遇斯命者生於邃室長於仁門椿大先歸萱附晚天邊鴻雁各行鳴其為人也丰姿清秀性格老誠世事頗能將就般般攀欠精通笋長名園過舊竹花開上苑勝先紅當仁不讓見善則歡重成新事業再整舊門庭重成新事業得意江山詩句徙忘情日月酒盃深莫向江湖海歲月好來湖海覓黃金時至運通成業地靈人傑旺才名晚年光齎景福祿享無窮此則穩厚之命驚惜有犯須重續子嗣秋來朵朵榮運行初甲寅上人簷下雲月朦朧乙卯運中風帶雪來應覺吟鳥啼花落始知春丙辰運中才帛豐盈人事廢斷弦聲裏倍傷情丁巳運中人生正在風光處只恐閑非耗生戊午運中一番風雪天晴後從此滔滔福祿增辛未運中不獨才權并秀尚祈樓閣凌雲庚申運中晚年子貴人事光榮辛未運中春光去也一道訃音

壬子年　癸丑月　癸卯日　壬戌時

此八字癸卯日貴之辰相逢柱中火土襍氣財官之格人生得此生於右族長於高門椿萱双晚茂鴻雁共森鳴其為人也丰姿清秀天性聰明般般稍覽件件不精機謀輒伏舉用人歡重成新事業再整舊門庭雖不成名利生來近貴人門外生涯千古計庭前活計四時新水光浮座盃盤瑩花氣侵人咲語馨財源旺足利益增新欲為商賈思慕功名好意着成惡真心換得嗔雖然不若青雲客有金有粟也光榮此則穩富之命驚惜土命須年長子嗣森枝益後盈運行初甲寅上人庇下未斷平生乙卯運中三陽開泰日一氣轉鴻鈞丙辰運中財源滾滾家居好福祿駢駢第宅興辰字之中進退財源虧盈人事丁巳運中水火無情宜謹守依然財旺福興隆一番風雪不損精神戊午運中庭前竹報平安日檻外花開富貴春梨花帶雨遍山青己未運中財源富足樓閣重新庚申運中宜樂晚景辛酉運中一挽清風

壬子年　癸丑月　甲辰日　戊辰時

此八字甲木相配杜中旺土襍氣財官之格人生得此生於文望之族長於詩礼之庭椿親先別萱存晚鳴鳫天邊各奮鳴手姿清秀天性聡明學問三冬足詩書萬卷能一朝但得風雲便跨馬金臺拜聖明此則貴顯之命鴛幃須帶硬桂子獲秋英運行初甲寅上人庇下風雪相侵乙夘運中讀書漂麦觀史引燈丙辰運中幾欲思高慕遠時來方許升騰丁巳運中声名從此顯泪沒一朝伸戊午運中一天膏雨随車至千里仁風逐扇生己未運中錦衣肥馬重重貴牖上桃符字字真庚申運中紫田故里夢入蓬瀛

壬子年　癸丑月　庚申日　己卯時

此八字庚申專祿之日相配柱中水土傷官帶印之格人生得此生於温潤之族長於清白之門椿父先歸萱耐晚天邊鴻鳫陣行分其為人也手姿清秀天性平能行藏果斷作事老成重成新事業再整舊門庭月掛碧天多皎潔名揚湖海有光荣田園桑柘茂畝畆稻梁馨不以功名為念豈將冠冕磨礱萬里春風行樂頌四時佳趣瑞祥生不須問覓功名路但願財源日有增此則發福之命鴛幃有犯須年敵子嗣秋来孝且忠運行初甲寅上人庇下淡淡春雲乙卯運中登臨雨滭賞玩春陰丙辰運中須臾雲掩月頃刻月離雲丁巳運中世情濃又淡淡處又何濃戊午運中着意種花花不發無心插柳柳成陰己未運中雪晴方壮觀財祿愈添增庚申運中桑榆暮景辛酉運中一枕巫峰

壬子年　癸丑月　庚戌日　壬午時

此八字庚戌魁罡日相配柱中火土雜氣官印之格有官有印無破作廊廟之材主人生於右族長於高門椿萱有倚難双鵞天邊鴻鴈各行鳴其為人也丰姿磊落性格剛忠居仁居義多見多聞胞羅今古事李識聖賢心泰山北斗千年在和氣春風四座清終是功名客豈為田舍翁瓊林雖不參高宴祿位榮華次第陞晚年當霧景挑法掌權衡此則榮貴之命奮㡩有犯須拾敵子嗣金風孝義深運行甲寅幼年之下未斷升沉乙卯運中欲向

雲中奪足須從灯下留心丙辰運中挑卷幾回空探月時來有日便升騰丁巳運中攀到蟾宮折桂依然困守橋門戊午運中皇恩有感聲名顯百里絃歌樂太平當此之際風雨還生己未運中皇恩有感重加祿千里從教父老迎庚申運中江山迎五馬花柳拂双旌申字中帰効淵明辛酉運中子貴多快樂壬戌運中訃音一報衆傷情

壬子年　癸丑月　辛亥日　己亥時

此八字辛亥日元相配柱中水土傷官帶印之格女人得此生於右族配於高門椿萱雖並耄鴻鴈各行鳴其為人也姿容清雅天性聰明女工機巧惟全曉婦道蘋蘩盡傾能斷機每效軻親訓剪髮常思侃母心楊柳舞風枝娘娜梅花有月夢精神春入水光成嫩綠日匀花蕚發新紅性急便如風捲浪片時言起片時行晚年多快樂福祿享無窮此則饒裕之命良人年長方偕老子嗣秋來猶當真運行初壬子上人庇下霧月光風辛亥運中路

入桃源花爛熳橋横銀漢水澄清庚戌運中雖則夫門快樂幾多人事虧盈己酉運中乍雨乍晴留客景或寒或暖困人春戊申運中桃李千般錦江山一畫屏須臾風雨兩過山青丁未運中晚年閑快樂子貴樂無窮丙午運中粧樓人去也蓬島信難通

壬子年　癸丑月　庚申日　甲申時

此八字庚辰專祿之日襍氣印綬之格女人得此生於右族配於仁門椿父先歸萱耐晚天邊鴻雁各行群其為人也姿顏清秀天性能為翁姑晚茂妯娌同群勝丈夫之氣槩有男子之材能風送芰荷香滿院日匀花蕋色盈庭每懷丸膽意時抱擇憐心難觸難犯易喜易嗔雖然不作榮封婦晚年子貴也光榮此則益旺之命良人金命須年長子嗣森枝晚節榮運行初壬子上人庇下未斷平生

辛亥運中路入桃源花爛熳橋橫銀漢水澄清

庚戌運中幾度樂中有悶數番靜裏憂生己酉運中須臾風雨過雪霽始光榮戊申運中濟濟裙釵絢日輝輝羅綺臨風丁未運中夫賢子顯樂意忘情丙午運中粧樓人去臺鏡沉沉

壬子年　癸丑月　己亥日　甲子時

此八字己亥日元相配柱中雜氣才官之格人生得此生於右族長於名門椿親先別萱存晚天边鴻雁各行鳴其為人也手姿清秀天性聰明窮今覽史孝足三冬行庶果斷作事老誠高謀遠見機關别慨慷春風一妙人声長名園過旧竹苑閒上苑勝先春終是功名客豈為田舍之翁雖不三登科甲自然福禄先榮此則榮貴之命如帷正副方偕老子嗣秋來有旋榮運行甲寅上人庇下未斷平生

乙卯運中歡遂平生志須當量子功丙辰運中蔵

器待時時必達時來跨馬入神京丁巳運中皇恩有感声名显幾載驚繁周謀心當此之際進退因循循過此戊午運中耿耿声名望滿滔祿位陞己未運中仁風招遠近政化給西東庚申運中子貴晚年闊快樂辛酉運中春殘花落鳥無声

壬子年　癸丑月　辛亥日　辛卯時

此八字辛亥日元相配柱中水土雜氣印綬之格傷官帶印主人生於右族長於名門萱母先歸椿耐晚天邊鴻鴈各行鳴其爲人也丰姿清秀天性聰明般般稍覽件件不精謀爲君子威伏小人節長茗園過舊竹花門上疣勝先春終是功名客豈爲田舍翁空廢十年苦學定應九載成名行看頭角嶄級節管黎民北則吏貴之命鴛幃土命須招副子嗣秋來朵朵馨運行初甲寅上人庇下未斷非沉乙卯莫道儒冠悞黄窗苦志勤丙辰運中幾欵登

高慕遠蕃成剪雪裁冰丁丑運中劳形案牘多光霽尚有趑趄未順情戊午運中誇馬赳程登上國始知冠冕可榮身己未運中皇恩重有感政化澤黎民當此之際風雪滿庭庚申運中享子孫之福辛酉運中花落鳥無聲

壬子年　癸丑月　乙未日　己卯時

此八字乙未元日相配柱中火土雜氣才官之格人生得此生於右族長於高門金水椿萱二皓首天邊鴻鴈各行鳴其爲人也丰姿蒼古天性老誠知高識下趨吉避凶有近貴親賢之德應上和下之能重成新事業再整舊門庭水光浮座盃盤瑩花氣侵人笑語馨田園桑柘茂畝畝稻粱馨閫處愛走洛處不行是非莫問門前客得失須憑塞上翁時來遇貴相携挈始知春日色融融此則閫處生才之命鴛幃水命須年敵子嗣雙雙有顯榮運

行初甲寅上人庇下未斷平生乙卯運中世事究如春夢人情薄似秋雲丙辰運中畫水無聲空有浪綉花雖艷不聞馨丁巳運中着意種花花不發無心栽栁栁成陰須曳風雨雪霽山青戊午運中才源福至安居好尚有閑非素耗生己未運中子貴榮門增益旺何愁白髮鬢邊生庚申運中晚年閑快樂辛酉運中花樂月沉

壬子年　癸丑月　癸丑日　丙辰時

此八字癸丑日相配柱中金土雜氣殺印之格人生得此生於良族長於仁門椿親為甚歸何速我生他死实傷情萱親耐晚鴻鴈無群其為人也半姿清秀天性聡明婟晚三分道理文章一竅不通祖業重新造才源自琢成有近貴親賢之德應上和下之能生涯湖海上道路或西東出土黃金重長價離雲皎月倍清明花無桃李非春色人有笙歌是太平但願一生逢貴助何須騎馬入青雲此則晚旺之命鴛幃剋後重栺木子嗣秋来有栗英

運行初甲寅上人庇下未斷升沉乙卯運中世事究如春梦人情薄似秋雲丙辰運中水火交空家業变依然不損舊精神丁巳運中雖則行蔵有慶也愁人事齣盈戊午運中成四時佳趣立萬古門庭己未運中才源旺足福禄駢臻庚申運中桑榆暮景辛酉運中春夢無憑

壬子年　癸丑月　丙申日　己丑時

此八字去官留殺之格人生得此本顯功名只嬭運在背鄉滅鄙貴、氣萱親早别椿父遅喪其、為人也多聞多見不柔不剛平生不見財利豈復習文章出土黃、金顯、十分之貴、色雖雲皎月布星里之光輝佇看一朝逢貴、助財源豐阜福源長此則成立家園之命鴛幃有碍頌、相敵桂子金風數果芳運行初甲寅、雖居庇下未必安詳為快足失之豈是悲傷丁巳運中嚴霜積、雪都經過福慶財權総勝常戊午運中壯處生業雜身心不必忙己未運中世情皆若此會丈且流觴

庚申運中清霄變斷入泉鄉

壬子年　癸丑月　戊午日　壬子時

此八字乃是祿氣才官之格緣子午沖破減虧福力值斯象者注人生於右族長於厚居手姿平妥性格能爲取事方圓之德截長補短出機雙親椿早娶焉字指相宜根基且每琢財囊使不虧有藝隨身招貴敬無榮無辱得便宜春有春風生四處一輪明月倍光輝此則才食之命琴瑟調和火命子嗣初難後齊運行初甲寅春風折柳待日晞晞乙卯運中花發園林雲淡淡柳隨堤畔雨霏丙辰運中水光漾碧傳新綠花信輕紅茂早枝丁巳運中人逢好運須當發花遇陽和色吐菲戊午運中生涯多得意喜有貴人提已未運中沖擊之所頻有趑趄庚申運中優游享福享樂無窮辛酉運中夕陽西

子平遺書

壬子年　癸丑月　壬辰日　辛亥時

此八字壬辰魁罡之日配合柱中金木雜氣才官之格人生得此生於右族長於華宗椿萱皓首方歸去鴻鴈分飛有列行半塗濟濟天性果剛水濟不敵珠怎覓豐城不掘劍無光倘若留心於文墨仕途不許姓名彰仕看晚年光霽景財源滾滾旺門墻此則達人之命鴛幃年長合桂子吐秋香運行初甲寅上人庇下紹襲迎祥乙卯運中幾欲登高暮遠依然困守家鄉丙辰運中一番風雪過福祿愈加昌丁巳運中財源穩旺人事悠揚戊午運中晚年享福暮景安康己未運中春光去也流水湯湯

壬子年　癸丑月　甲辰日　癸酉時

此八字甲辰相配柱中金土雜氣才官之格亦有金神之意值斯象者異貴異常堂上椿萱難老耄天邊鴻鴈各飛騰手安慷慨天性剛明每有濟人之德素無宗害之聲不向天山劳汗馬勿座翰苑試文英壹旦恩榮身沐後天生富貴蓋公鄉此則異常之命鴛幃難會合桂子假呈常運行卯甲寅幼成上庇風弄花英乙卯運行歷過超超道恩光指日月丙辰運中玉殿傳恩情未洽金闈侍漏恨尤生乙巳運中日親龍袞朝朝侍金明戊午運中重重加沛洋燁燁振威名己未運中冲擊之鄉威勢壯風濤暫怒不為驚庚申運中悠悠处常辛酉運中壹夢難醒

壬子年　癸丑月　庚辰日　庚辰時

此八字庚辰專祿之日配合柱中金土傷官用印之格傷官者傲物氣高常以時人焉及已歷事有風之像雲像行藏有怜變之機人生值此注人手姿魁偉天性標奇轉有变之權謀樂君子之風月其為人也豈得不汞焉得不豪生於權耀之宅長於有名之門椿萱榮慶難並壽天边鴻鴈我能鳴祖基縱有冥添彩才祿声名自積成李問博知今古事生平尽是貴人欽煙樹依又遠北斗樓臺疊又隱南深田連阡陌桑麻盛積玉堆金貫粟倉衣冠濟又人中罕談笑風流四座驚欺强而扶弱壓郡之權威初景中年生踐待交老景子腰金佇看中年風雲會也是榮華富貴人此則暮祿之命北怫有犯須要副桂子光難發出髒運行初甲寅韜光之下未論升平乙卯運中讀書當快雪觀史李偷光丙辰運中便有威名揚閭里昇年人事乱綿又丁巳運中雖則權能振多作還見官非破蒙停須宜謹慎災滞無侵戊午運中門迎珠履三千客才權振作同堦升迖有災耗奠非無延己未運中収藏金銀家豪貴昌笙歌樂太平声名耿又出鏡威開庚申運中子孫於天府快活塞闽珠辛酉運十五年談笑有鴻懦往來無白丁下五年一世豪名何處去應在巫山十二峯

壬子年　癸丑月　庚寅日　庚辰時

此八字庚寅日相配柱中之土雜氣印綬之格人生得此宜乎金紫之榮椿親先別萱禁晚鴻雁天邊不共鳴理窮古事兼今事書對賢經與聖經一朝騰踏飛黃去榮沐恩波顯政聲此則顯榮之命鶯幃配合須年長桂子秋來綻錦英運行初甲寅無思無慮庇下鼎平乙卯運中尋章摘句展書勢燈丙辰運中畫虎未成休跂涉依然困守在鄉城丁巳運中風霜歷過雲霄達乕馬登天姓字馨戊午運中榮沾露澤肅振威稜己未運中祿位兩加權任重未應籬下樂高情庚申運中金章紫綬便鮮華纓辛酉運中人生從此別無復見儀形

壬子年　癸丑月　丁酉日　丁未時

此八字丁酉日貴之辰水尅火偏官之格人生得此宜乎得祿得名主人手姿溫厚德性純良生於明德之族長於莊宦之堂椿樹榮凋萱後別鴈行天際各翱翔學問不深知禮義華脾椎健近賢良貴人相薦引公府聽承行此則微貴之命兆悵招賢須納寵桂蘭藹藹發秋香運行初甲寅上人庇下其樂何當乙卯運中雪晴天未暖行樂尚悠揚丙辰運中貴人指引登臺省旺中尚有一番霜乙巳運中曉日迎來御春風促去裝丙午運中人民恍脹珠玉盈囊丁未運中正在風光處如何轉啟鄉戊申運中鳴啼花落盡風景自淒涼

壬子年　癸丑月　甲寅日　甲子時

此八字甲寅專祿之辰雜氣財官之格財官印綬全備旺於四季之中其爲人也多智慧頗聰明衣冠濟濟翰墨騰騰一對椿萱難共耄耋行鴻雁鮮和鳴千里馬蹄塵九天鵬翼風雲赫赫声華重滔滔雨露均此則飛騰之命鴛幃有犯須招兩敵之姻子嗣有成必遂能家之器運行初甲寅日辰重併水泛浮萍乙卯運中欲遂騰身須加継晷功丙辰運中欲速不達揚帆待風丁巳運中扶搖騰去鳳霹靂耀潛龍戊午運中声名耿耿祿位重重

己未運中權高損福慎則加息庚申運中高朋滿座美酒盈鍾辛酉運中歸去也

丑　癸亥　癸丑　丁巳

一福德秀氣… 八字冬旺生中樂，無虞值斯象者
不羡此… …格從谷生之喬木長于升平
有… 飛鳶悼兩綢繆桂子双枝感
一… …殳而缺明言溫而氣肅
…、… 知有 撓陰春此則榮耀之命
日道 沔時騎粃…立鎡基高遷榮綬人桂
青… 鴻嶮、飛散亂鴛鴦、、戲隨游中天
雲散… 有車犇
五之中夕 下行樂光風七九十二之中災悔之地
…第生殃十五六之中春花香山得送趣庭十七八九之中片…
雲掩月雨過花開 二三五三十之中雛狀立…

子平遺書

免多般跋涉才原準 樂無虞三十四五四十之中…
知于運好綠楊堤畔馬嘶風声名從此顯沛洋搃生群四十五
之中高、… 承恩洋與、甘泉下九天五十一二之
小杏 …十五六之中佐戲桑麻村　燕美六
歲一 十八九之中雲橫秦嶺雪擁藍關

下刻

癸亥　乙卯　乙酉

…日主健旺之格會 斯象者本有金紫之榮但嫌地支刑局事
蓋羨其為… …生于名門長于喬木雙親萱草
…梅…遇… 桂子班衣学底學問聰明刀筆利別
…僊由 利悔恨之志梅花月落晨鼓
…玉生 一之…
日才祉 …達之…
詢月 莫慮榮耀福相扶運行初五之中童限
樂衣 之中災晦之地流離生災十五之中淡、春山桑
七十七九之中片…掩月一番風雨二十五六之中濟、精神生春之
氣象二十八九之中公門之長才帛多扶三十一二三之中刑傷之地風雨之憂
三十四五之中片雲掩月…延生才三十五六四十之中九年改事公正沾一旦耀

子平遺書

榮沐錦衣四十三四之中防刑不吉五十之中重、陞位耿、芳名蓮花幕
下一二超騰五十五六之中朴幹有怖未遂身閑六十六五之中一三孟辞故
了平生
…前

下刻

子平遺書　三

癸酉　己未　甲戌

二氣才官云…　…印綬全備豈得不榮美乎哉其爲人
多財態生…　…子深閨揷親豈草秀鳴鷹各外行
榮是在…　…如文章妯娌情分有崇夫發越之志
利帳…　…性急如水心靜似月衣冠濟濟
備家…　…命有詩斷曰全鍾玉鼎定旌旗
操持…　駟榮…
駿駛…　声鳴報　古閨中蝶夢豈無全料知心事如雲掩
霧…　過佳人显福壽丹全慶百年運行初五七九之中
之中災臨…　二十之中早聘才郎琴瑟美花開花落早春低
如銀貼夫多榮達中五換門風二十八九之中一番風雨刑傷小否三十五
六四十之中榮夫蔭子天生意才帛如心事文昌四十六七九之中片雲掩月一
番風雨五十一二三五之中經霜松栢儼然秀冒雨芝蘭分外奇六十之中子
宋養年佳…六十三五之中着假行冰叩禄鼓此六十八九之中瑶池
非納…
川…
公前…

子平遺書　四

癸丑　癸亥　庚申　辛巳

…傷官之格日…　…巳亥…情亦見文親俟務而以多不全美其爲
也性格聰明…　…長壽…豈…新近…萬業…情乃合宜稻硬
嗣桂…　…業和平…厚福中人傲物氣
…人…　益々家業…々此則穩厚之命有
斷曰年　…龍…花…折…大
…巻…　…有汗…何必再三…公運行初五七九之中清
十日辰重　…初開便見春光明媚七九之中陰雲…濃々霧…
恩此是禍中…　不显升而不升廿五六之中…遇貴忽然平步上雲梯語
…中桑榆　之中…雲際會才帛興隆四十七八之中非刑郎病謹慎無
若能越此去平順　…忘情事七九之中毋大長江多浪蕩馬行危嶺失帽惶
下刻

毋先須仝前不列者

君子定數平笔書右

丑 癸亥 丙申 辛未

祿傷官用 淡人半姿清艷立性剛常生于名門長于華屋 椿

一畜花 氣高常謂特人不如己行歲倜儻每逢

愁心問

類 声此則榮貴之命但惜宜西破

行 辛酉庚申 運中未遂平生志

樂喜 行己未戊午運中

職任高声名耿耿權權得 意行丁巳運中官煞

洪明 無慮

子平遺書

五

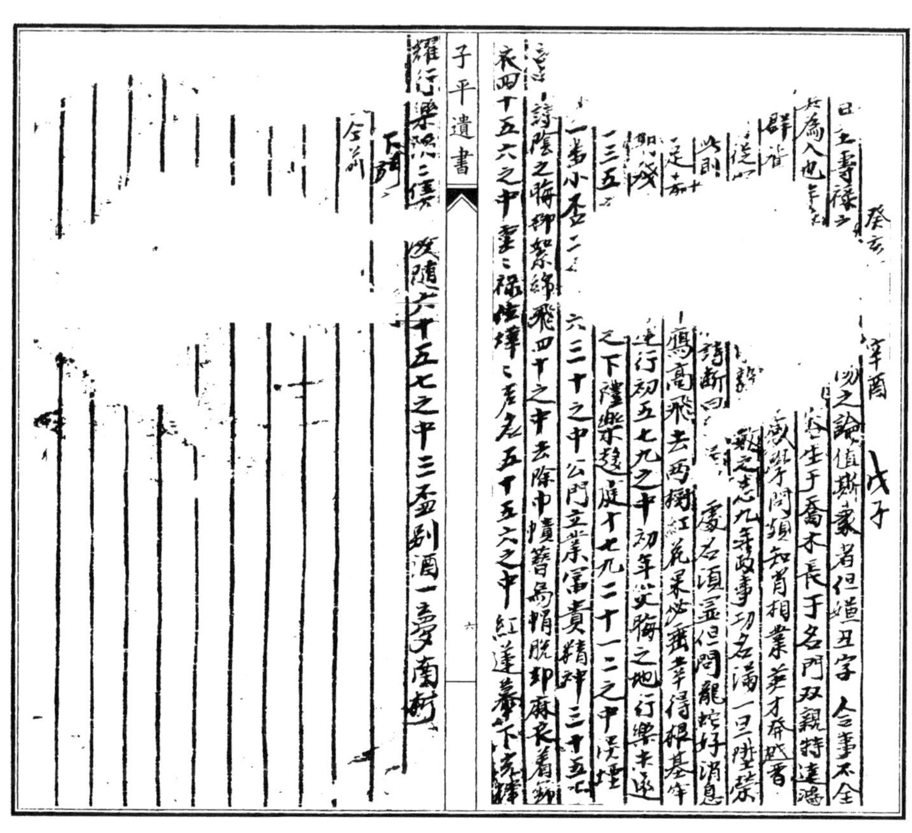

癸亥 辛酉 戊子

日主壽祿之 之論值斯家者但嫌丑字 六親事不全

為入也年之 生于喬木長于名門双親特達遠

群者 學問須知肯相業兼才奇武番

從之 之志九年政事功名滿一旦陞榮

此則 處名須宜但問龍蛇好消息

足本 詩斷曰

戊 鳥高飛去西樹紅花果必盛華得根基牢

三五之 運行初五七九之中初年災悔之地行樂未遂

一斗小否二之 之下陞樂遂庭十七九二十一二之中災星

六三十之中公門立業富貴精神三十五七

詩陰之梅柳絮綿飛四十之中去除巾幘簪烏帽脫却麻衣着錦

衣四十五六之中重重祿值壽名五十五六之中紅蓮幕下安排

耀行樂陞陞 及隨六十五七之中三盃別酒一夢南柯

下前

全前

子平遺書

六

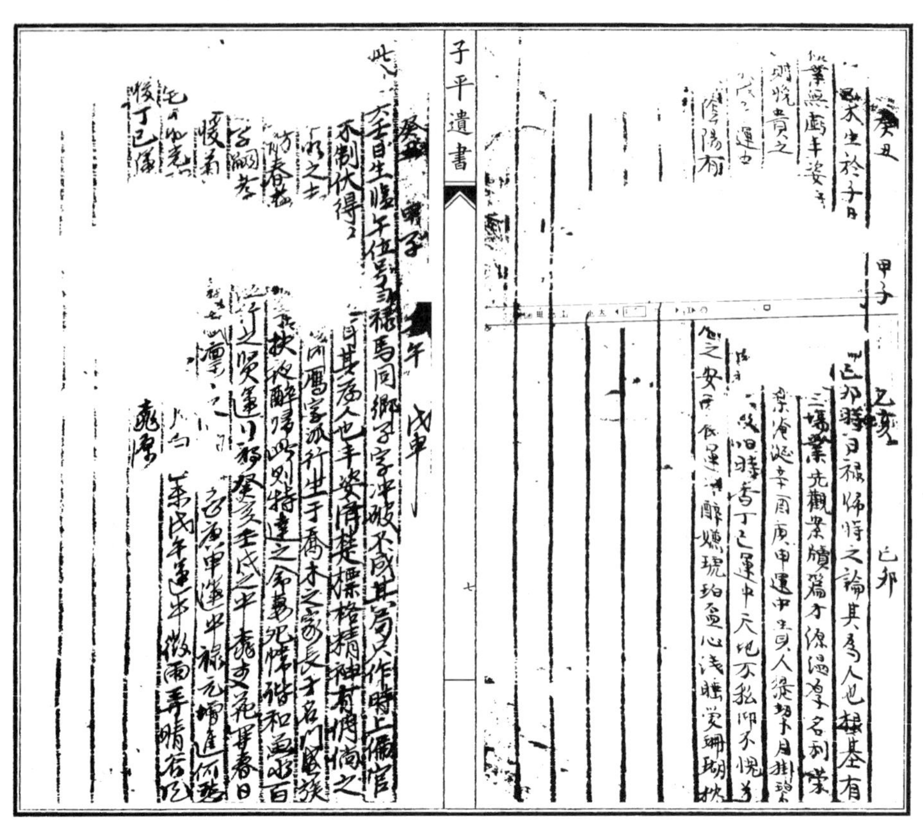
子平遺書

七

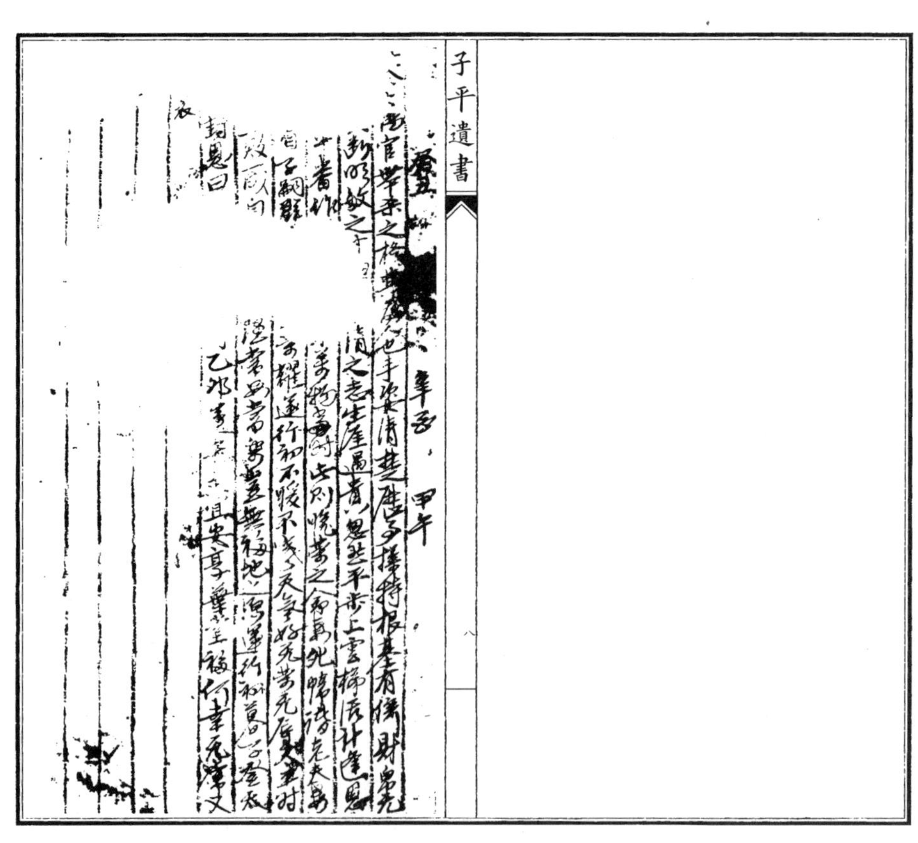
子平遺書

八

癸亥 甲子 己巳 甲戌

己巳金神之日配合寅戌之火印綬之格有官有印無破無衝其為人也生當穩重

安清楚 業有貴應近貴英才特達必登美歸老青山

祖宗傳 艸裏兩他悌西敵免交琴瑟換新弦子嗣芬芳彩

日運行 中趣庭捷礼[illegible]迎祥辛酉之中庵南居氣業

庚申之中 晴光葵花發園林[illegible]色辛巳未戊午之中[illegible]遇

子白意 [illegible]陷[illegible] 丁巳之中[illegible]勢盤[illegible]秋香

之方事

癸酉 庚申 辛亥 辛卯 [illegible]丑書

癸丑 子 乙卯 丁亥

乙卯生祿聯合 [illegible]為 中之金為官經六有官有印無破作事

乎表紫腰金但 十全值斯者法人手姿秀落体兒軒昂

後言語倘[illegible] 彰門星耀為懸懃

感身榮 真山犯[illegible]催酬吏更將六段澤膏民此則呈

至此悌 雖帳如膠似漆深子歡桂枝、榮耀門閭之之春蘭

地闌之殘 戊雙親麼下風雨何愁辛酉運中柳葉柳娜枝枝毒

任他 往來不一灯窗之下雪案辛勤庚申運中錦衣肥馬

朝天己未戊 榮華當此際河陽縣里政声齊丁巳丙辰運中榮回[illegible]

危琴書[illegible]運中比肩之擾歸去來兮

命之書 寃微軒記

癸丑 戊辰 癸亥

子財旺生官 壐之公卿經云進士郎官祿聚身

綱紀立身 海五辰承著名在今其為人也年癸洛

性軒昂 至擅書畫崇體業棣重峰嶸聰

麗性急 之色書量之剛寬洪度易慷慨無私

報李難 之書便親易為引誘李門淵源早立青雲

奚宰毋

是奎星 輪鐵筆揮層霄禀雪霜此則風憲都

情燭夜 已挂子秋風整旧袍運行初父母蓋下辦

運行癸亥壬戌之 漸漸精神爽看看氣象添明倫堂上留心

泮齋中用意 亥接辛酉庚申之中

子平遺書 十一

螢窗脫迹早顯於 題名但恐富貴未相逢不愁事業久淹留

己過戢住高遷常瞻

請問不辟違謹之不進 直言運行己未戊午之中守生死之權

采采雞 循殺氣揮揮日神本局由支哭殃運行丁巳

氣舒 喜得得調元手儒林發秀宰相須用

運行 驟馬去時應後逢蘇魚躍後不曾回

子平遺書 十二

癸丑 [illegible] 己巳 甲戌

己巳金神之日配合甲戌時官星透露生於仲冬木病官衰

喜其為 穩重性格謙和衣冠雅麗樓閣蹉跎双翔

業相 獨孝自立杏林生意廣橋井活人多

之命 性聰明子嗣刑容俊俏運行初癸亥壬戌財

縱身 因庚申運中傷官之地茲當開秋沼恭產存

己未戊 尚木 華堂千里好山雲乍斂一樓明月

天丁巳運 何期喜逢黃粱

癸丑　甲子　乙亥　丁亥

此造字乙木配合丑亥之金偏官之格，子亥之水印綬之助，主人平安富貴於辰

喬木長于亥月，……敏之才，超群之志，千里江山明秀，一心在仕

運之原　子青春運行，初新月初生，未有十分之色，運

丙子　寅辰芳菲，喬木滿園，福之滔滔，多觀運行暮來

正時辰　壽松柏，壽之延，晚節之鶴，丙辰運中歸去也

[illegible]　甲子　乙未　乙丑

乙亥己丑配合乙丑金神之時，偏官用時之論，雖有敗官之路不為官，然混雜其為

享智意聰明，家道行事能施，有權柄多操持，雙親有倚靠，字

壬去　時齊財源滿田，家業光輝，此則敦厚之命

杜丙運，癸日運行初癸亥壬戌之中，生當溫享，行果光

中欲源　庚申運中莫不撫青春，生意廣門迎喜慶福源

少千之中　花富貴足，自活業興隆，子立家成多稱意，丁巳運

壽松柏壽　運中正宜安享，何幸無常，訃音一播，醉酒

癸丑　子　己卯　壬申

財旺生官　因緣締若生於厚地方榮夫益子

乃人也手　生於名門長在深閨椿萱有蔭家祿

疼意俐　利有仁慈濟急之心利刻刹不役之意治家井井有條處

良人年　似水子嗣桂蘭弱柳條秋運行初乙丑陽回大地氣

為官　闔集慶運行丁卯花蓋柳門風雨屢

歸洞口千山秀月舟秋光回海明運行己巳庚午正明君雲氣霜裘満

霜葉　少壬申暮年佳趣多安樂豈料瑤池之夢又催

癸丑　子　庚寅　丙子

庚金生癸水　傷者要傷盡若傷不盡官來併合

其為人　斗昂生於仕宦長在豪門椿親榮

母重孫　菲凋零合異致物氣高行藏倜儻有偎紅

流者　臥柳之手段孝順聰明多是觀美才特達動

益名　久當榮之命兒悻得命名門之女桂子美

得宜運行癸亥　壬戌父母蔭下錦繡叢中乙丑運來一番

風雨運行辛酉庚申之中越斯之外滔滔好才德進益業昇騰

行己未之中刻此船照文孝好官印無虧仕路亨運行戊午之中

地好賦歸去來兮

癸丑　子　癸巳　辛酉

自貴之格　不歸冬旺生平樂以忘憂注八字

楚志前　在名門椿萱慈蘭慶棠棣萼分

則斷明　有理白分清之　孝問淵源之是琴堂之容

辛不述　如文質此則風憲之命兆悼双綰帶桂子兩峰

亥癸　盈虧運行壬戌十年慈下無人問一舉成

知長安花失　爭看錦衣歸運行辛酉權高宜慎之

無紋運行庚申　之金紫赫赫声名運行己未戊午衣冠太一

權衡处何恨滿城風雨寒

癸丑　未　己丑

金遭土瘞　八福食神生旺勝似才官七杀逢冲眼目之灾

親皆分　家必　多非落雁寒空潤花残傍檻番幾

付手抓　酒楚立性剛常生於名門長在詩礼双親堂上父先

並美　而多能慣能歷風波耐得炎涼人物生涯透

八將金博宦穿心　免教麈主楚吳木財帛还自立華居無多福緣深

此則溫飽之命　兆悼得合兩和美子嗣桂蘭双孝感運行癸亥之中初

下碌碌得耳運行壬戌之中傷官見官禍患百端喜中不喜添顦顇灾殃

運行辛酉中端的　春園雨過桃紅柳綠精神雖有微恙不為大

午忌　堂之馬千層浪裏行舟早修因果福壽增崇

三杯　七十　入南柯

癸丑　丑　甲戌

滾浪桃花　姿容瀟洒志氣軒昂　生於富屋長在名門

花翠常當　有鬮斷　藏有風雲之志螢窗季業專宋留心

仝望

深如　悴丙老桂子多芳秀癸亥壬戌運中父母蔭

神明窗季業　觀書辛酉庚申運中知君自有拿雲手斯時名

登果超群己未戊午運中每招活兒婦人愁常被无知生嫉怨丁

丙辰運中夢重長　啼不醒夢隨蝴蝶到莊周

子平遺書　十九

癸丑　丙戌　癸巳

財基之格　煙身弱遇官得後徒然費力

半世住　逢　利喜安全黃金煉就方成器暮景

謝二天　手段後來智慧高貴生于仁門長在名邦

過客終身官顏不全兄弟如秋夜月清光未團圓

事　高龍虎伏德重兒神驚妻娶虛元

泉常生一生自有貴人扶財帛資養堪足用則出

為道之命運行初父母蔭下幼歲得宜運行癸亥壬戌拋離

祖業拜父投師玉冠蒼水珮鶴氅紫綬衙中運行辛酉庚申錢

財名利相養之運行申接己未戊午開中生敗雜靜裏有

是　精中災運行丁巳明月團知千里共貴

團來　行丙辰雞犬相逢欣一笑蓬萊山上好閑遊

子平遺書　二十

癸丑　甲子　庚寅　甲申

之日祿居時之格 [illegible] 之論值斯象首本乎貴顯但嫌地支刑局到不吞[illegible]其為
[illegible]安俊秀推移 [illegible] 文才詩禮双親椿樹茂鴻雁各分群鶯燕[illegible]
[illegible]十二歡桂子[illegible] [illegible] 同談[illegible]有英材必標名存君子之風有英華之觀衣冠
謂之家業斷 何不論[illegible] [illegible]有趣名馳此則特達諸子之命有詩斷曰鬼刹
去中臨我最許多艱險詐 [illegible] 斷脫于般[illegible]一軸書白秋鷹橫空群心
接清遊蹤只知我計長久[illegible]越薦二禍自殊逆行初五六之中如年應
相無十二三五之[illegible] 貴發從師之九二十二三之中片雲掩月一番小可
平雨過四月[illegible] 今千里益角開廿二三五之中館然從小窗遙月[illegible]
明光到處楊[illegible] [illegible]雄惟硯劍三尺豪傑相逢酒色[illegible]五十之中一點
不秋光好正是橙黃橘綠之五十三五之中舟大長江多浪之湯馬行危嶺哭猿徨
加[illegible]六十二三之中花年佳趣行樂滔滔六十五七之中正宜的遁[illegible]
愚惟

大利兆先後　前

丑　甲寅　辛卯　癸巳

神之路日支乎[illegible]有[illegible]神生旺時化才豈得不富崇乎哉其術也
偉性格聰明[illegible] 田宅及親室壽鴻雁塞道鳴比肩兩頭死中
註子英雄有一[illegible] 旺財有往廠接華超群傲物之氣高行藏[illegible]
留[illegible] [illegible]來相逢何愁事業[illegible]
[illegible]則精達富崇之命有詩斷 [illegible]生帶文昌利名入手自何足[illegible]和有悠危蓋
難得福餘 野岸秀[illegible]渺渺遠江鴻雁宿[illegible]
[illegible]二七八之[illegible] [illegible]
來年二十之中[illegible] 養生計崇餘是旧家風二十一二五七六之中作雨下驛
動不寒不暖[illegible]十五之中春不來[illegible]業光輝四十之中奮[illegible]
夏日荷蓮才添多積家業豐饒四十五六之中陽回春木才源遠氣轉洪鈞
慶長四十七九之[illegible]岩頭出[illegible]浪裏行舟[illegible]根趕此五十[illegible]中西過花葉長

兩日[illegible]丹明五十五六之中座上客常滿樽中酒不空五十七八之中不然[illegible]李思春[illegible]
涼風燥去[illegible]功前越[illegible]六情[illegible]
東[illegible]黃金[illegible]

丑　甲子　辛卯　庚寅

月令正官[illegible]叢林之局値斯象者不登龍虎榜蛻

鳳池莫爲[illegible]生得聰明處世純和生于名門長于細

頗人先到[illegible]門歸多賢順桂子既無刑孚閨類聰

才多發達難[illegible]石喜遇謝章翁有從容歎曲之懷有

歷覽之志衣冠[illegible]禄無窮未道多在操守力明[illegible]

行藏未遇居官守[illegible]意隨身且待時此則克困後明蒙看

詩斷日東[illegible]眉紅[illegible]詩常年事不同自[illegible]根基螢

憂鵬路[illegible]大飛舞啃和[illegible]鴻雁飛鳴似不容名

君成中路得[illegible]逢遇[illegible]公運行初五七九之中父母陰下

榮清和十五六七之中黃卷青灯與自讀達宗夜雨未宜認

二十一二之中防有譴陰之悔刑妻可折二十五六七九二中已癸

雪不減老攻風三十五六之中請道春風玲灯夜雨闇三十

之年防有刑孝病生卯[illegible]刑妻可折四十二三四五之中貴人許我

雲去衆道先[illegible]升利名有就禄位攀臻五十之中無心觀海意

經過詩五十[illegible]永堂空無過客人閒心靜只觀書六十

赤交雞[illegible]不免妻得月德扶身風煙俟箏絃

寄六十六七之中[illegible]不成安樂地然已道豪中

下刻

沒全剎不見

癸丑　甲子　壬辰　丙戌

子福德秀氣[illegible]涂云水居冬旺生平樂自無虞值斯象

主貴美但[illegible]消事不盡美其爲人也手姿　性

從容生于喬木[illegible]双親存暁節鴻雁唳雲端鴛鴦情有

兩重新桂子先刑[illegible]學問有成難就不如守已光風言

發事不露櫟但頤[illegible]隨分過何須騎馬出朝陽此則特

有詩斷曰內親凋[illegible]衣外重新惆悵無言嘆命之勞力勞

悞操心[illegible]入兩樹落花成果饒一双鴻雁失群

方遂平[illegible]流奔手入大津運初五二三之中下雨

不寒不[illegible]二三五之中月入雲霄風拂掃行藏出

光輝十九二十一二之中春雷驚起龍蛇　老恨天公不

一十之中爆竹聲依殘臘去枝梅香送早春來二十九四

之中　雨之憂刑傷不免四十五六五十之中才源之

樂光風五十五六之中淡淡秋光松栢彌六十五六之中不

番風徹骨[illegible]生百歲長趣此而去壽年遠矣

下刻

子平遺書 二五

癸丑　甲子　癸巳　辛酉

官叫印之格……衣帝生平樂自無虞值斯象者豈不穩厚乎哉
也丰姿動擾……才名門長子丈地椿萱時艷冶棣萼日芬芳
宜再硬予嗣……緣淺行藏德量寬有從容和厚之心懷交朋
文之道衣冠豈厚寸……生自有貴人欽平世光風慶有奇此則光齋
有詩斷曰生前分定頭……得道何如失道時山北山南家再安蹤親疎
疑孤飛鴈趁空中見……鴛鴦語內語脫得自中牛馬厄者湯始信
迸行初三五之……二三樂多逃十二三之中一番風雨過行樂之精神
二十二中福慶宗……交朋自遠四方親二十一二三五之中片雲掩月笑談小吝
九三十之中萬里江山……青景一別花柳弄晴光三十五六四十之中家業重整者
優有餘四十五七之中哭刑之地柳絮飛綿五十之中一聯美景秋光好正是燈重
天五十三五之年百六花頭是馬千層浪裏行舟叩標越此六十二三之中花落春
入閑鳥自忙若能越此七十二重梁
後全前

下刻

子平遺書 二六

癸丑　甲子　癸巳　乙卯

仙總秀德氣……一派貂縣云水居冬旺生平樂自無虞值斯
豈不美哉……姿清楚性格安詳生于名門長子
双親教秀……芳鴛帳和合桂子光輝學問知今
材必擅名有剛吉……有發越之志家冠濟濟家業昂昂
之才生無志氣隆冬……倚春回此則特達之命有詩斷曰
與我道清息準擬鼠……方見功間發跳多滯滯事成特
風鶯鶯青是交頸鴻鴈群飛似不容堪謂平生有
寒不改雪……松五之中父母蔭下行樂衣新七九
之中春花衣山……真有慶趁庭詩禮樂無虧十七九二十一
中刑傷之地片月雲翳二十五六三十之中福慶已從天
交朋自遠四方親三十五七之中一……風雨行樂片時四
五六之中自有順之理豈無福地之緣五十八之中高高一險
無阻六十五六之中雲橫秦嶺家何在雪擁藍關馬不前

下刻

子平遺書

二七

癸丑　甲子　癸巳　乙卯

德秀氣之格〔缺〕之論祿云水居冬旺生平漂白無實值斯家若冒人值此

權陰人值斯〔缺〕為人也丰姿伶俐性格操持生于名門長〔缺〕

親秀戊估侍〔缺〕翔翔異類良人年高重羅帳桂子蘭蓀逞彩

姑步侍妯娌情殊有〔缺〕那堪丈夫之氣稟性急如瀨上之水心靜似天

衣冠濟濟三從循家〔缺〕四德齊此則旺夫發福之命有詩斷曰芳芳

起得遇枯枝發早春〔缺〕至時來終目吉借鬮容老色重新〔缺〕情

淑余邊意已〔缺〕程無險應相逢福祿長精神運行五七九之

蔭下行渠多〔缺〕之中錦繡叢中何處平生之道閨門立業且逐針

風十八九二十之中〔缺〕既來鶯早奇花散異香二十五六三十之中雲散日悲親

春來依舊發新枝三十三五六七之中片雲掩月一番風雨四十之中堤柳已發新

綠園梅不減舊時紅四十五六五十之中持家多路達中正操門風五十三五之中應

他地終須險舟入長江逆有驚叩穰陰切越此六十三五之中池邊雪浸涵

嘆

從今前行矣

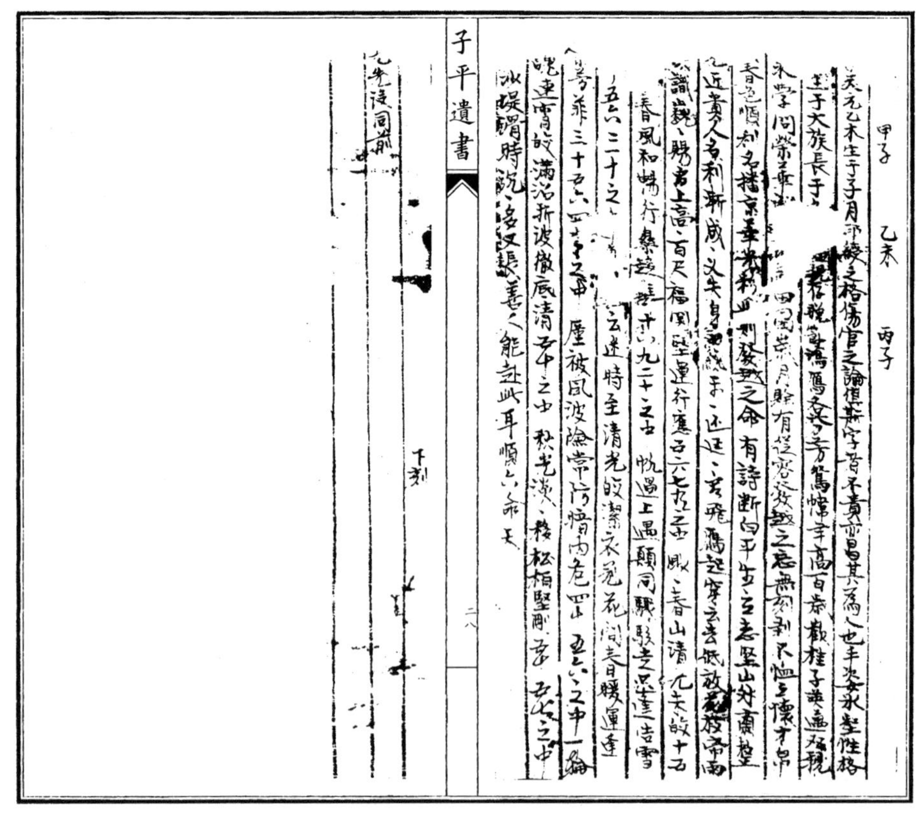

子平遺書

二八

甲子　乙未　丙子

癸元乙木生于子月平綾之格傷官之論值斯字者不貴亦昌其為人也丰姿秀氣性格

生于大族長子〔缺〕格貌端莊秀芳馬幃年高百歲觀桂子蘭蓀秀

水學問紫華〔缺〕田宮崇月照有從容發越之態無刻不懷才帛

香色順利名播京華業〔缺〕判發越之命有詩斷曰平生志堅山對畫壁

近貴人名利漸成文失身〔缺〕還逐玄飛鴻起穿雲去低放牧帝南

識貌腳步上高百尺福關堅運行進至六七九之威春山請九夫敢十石

春風和暢行〔缺〕十六九二十之帆過上遇頭同駿駿之凶逢告雪

五六二十之〔缺〕云述特至清光皎潔衣冠花闊春日暖運達

等菲三十五六四十之中歷被風波險常防慎內危四十五六之中一輪

晚連宵皎滿沼折波撤底清五十之中秋光淡淡松柏堅剛五十七之中

冰堤蹈時說說善善人能並此耳順六六命矣

元先後同前

下刻

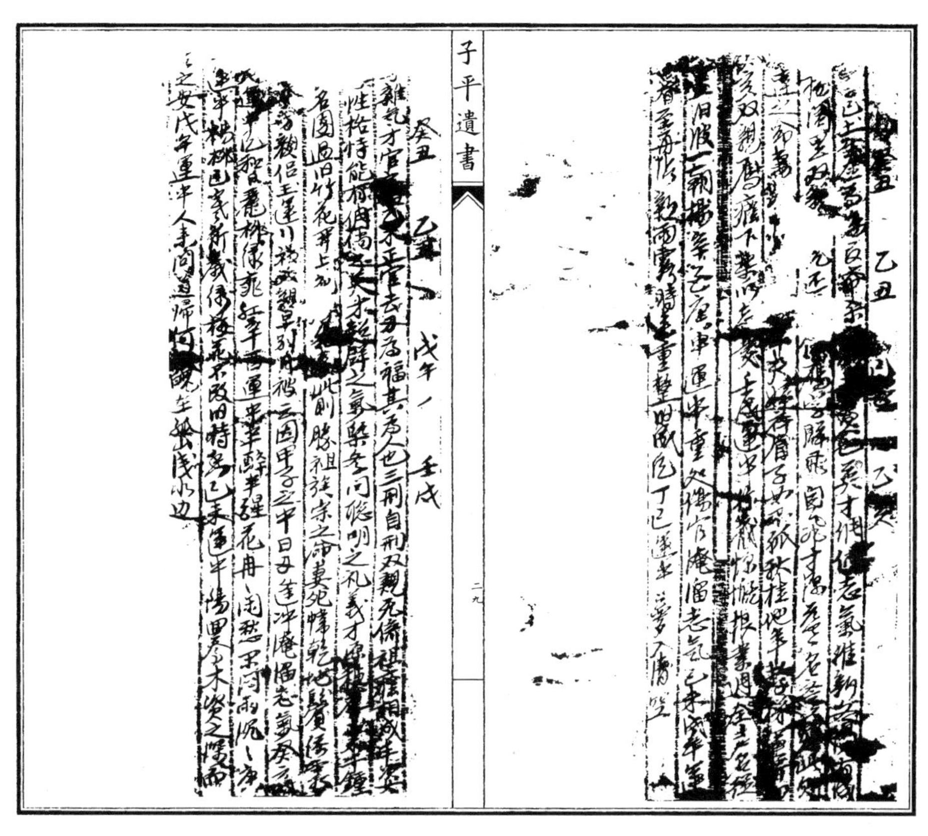

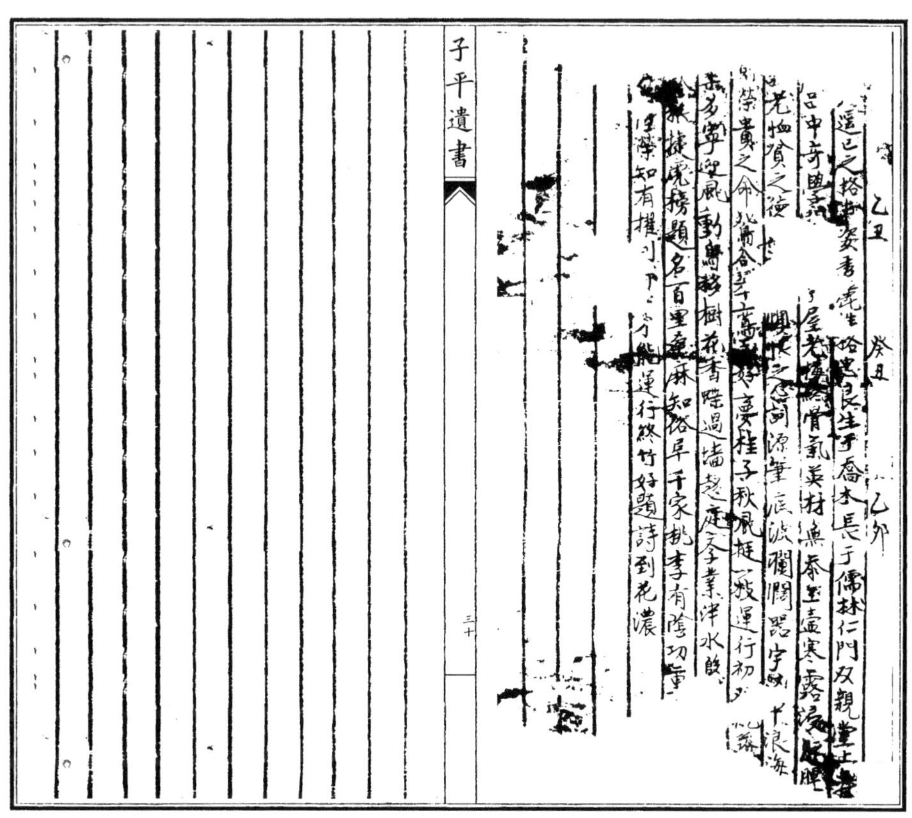

子平遺書

丁丑　乙丑　乙卯　己卯　閣下

偏才之格年婁生巳午全聰明生于白屋佐于皇朝双親有倚褒封贈鴻雁

字問雄深霜 其非佼奏樹西落雪竹風松一樣清夢迴金馬玉堂貴文杜水

梳中礼樂開經濟文章維纂修此則李士之命外怜正副牡丹芍藥海棠新桂子英

鶯鶯麟兒彩鳳奇運初重闈蔭下柳絮迎風運中龍飛九五青雲路鶴雲

此升御酒傾壺滿宮花插帽斜銀鉤勢壓蛟龍榜玉佩声聞虎豹英運末鶴

人歸故里夢魂迷遠帝王世精魄升天去芳名入史篇

三一

子平遺書

癸丑　乙丑　甲寅　辛未

字甲寅日德之日安卯之格天乙貴人之助其為人也卓姿濟楚智惠

有倚雁字祇 成詩礼是声名無阻利名新早登龍雁塔快對

墨成此則榮 帏琴瑟皆和羅帳百年之老嗣桂閣芳

之榮子之中新月初生未見蟾蜍之彩癸亥壬戌之中年下

心日声名達鳳城 之中龍飛九五青天鵬 一千幹海

之中權高檀福 青山未戊午之中重祿位 厚点

來下九重可已 別酒一首計音

三二

子平遺書

癸丑　乙丑　丙子　戊戌

丙人生於丑月，雖□官之格，其爲人也，不貴必富。食神健旺，連珠錦

堂貴一呼百應，肥馬輕裘，贏萬耀之命。外性本是相，坊錦綉花年廣

桂不折春先發，□□甲子之中，日喜乙秋早，競春光明媚，登承壬

雨得春色先揚，□布秋光宇宙，明年至癸中運年，才感生官桃李

屏已下運，半晚景，□柯移桃禎祥之慶，戊午運，半綠花罪罷

嫩遊鋒無之辟

三三

子平遺書

癸丑　乙丑　庚戌　己卯

作生財之人，□□上學，聲名而且榮，水秀之處，田園足用，詩

書堂知前，□林春去又秋來，安名事理如反掌，生計因緣

哉意信難，□雁寄懷情，迷喜異花開，至山寂寂，空雲雨

身心上進，□其爲人也，手姿清英，立性溫和，生于名門，居存處

豈儒雅，海春風業，常相蕭孫根各異，氣硬心高，性明口直，詩

影業六藝，理精通，逢人相敬重，遇事不驚，張水逢，屋園者

荒樂齋之歲，□□材帛有成，利名不失，此則儒術之命，然帰兩

年方小子女，□奇運行，初父母蔭下坎坷，無虞運行甲子

癸亥趁庭，學業難駁，行藏已身，君無恙，腈內有傷，刑運行壬

戌攝閑雲霧，添新慶散，却優游立計，家運行辛酉，庭淡

梨花月門，招柳葉，凡有事減非，活汎相侵，運行庚　一末桑

柘陰陰，王撫暮年之慶，栢松鬱鬱，延延晚節之勝，運行未字，接戊

午遺界，莫辭山路遠，猶恐無常迅速臨

三四

至命之書　究微軒記

癸丑　辛丑　戊子

朝陽之……一旺勝似財官詩曰早奔親閣侍俊才便逢鑾
春青春……主發不竟秋殘菊再開双蛺蝶名園去對
逐水田終身却……開地醉飲金樽武王甚至其為人也手姿
態精神生于名門只在深閨椿萱二美貴棠棣勿葉飛明
勤用多能言不輕發事不非行治家多才畧堪顯風三從
聰曰……此身掌財如掌兵權惜物如同護命此劇帶
命良人年少……自桂子簪纓世觀門閭運行初梅開……
添新院竹長新梢……回牆運行丙寅丁卯之中蘭蕙德芳賢且淑
深閨閫閫樂處憂悖不待姆教面自諭言紅葉效整勤詩彥應
合系運行戊辰己巳之中翠幕動衣香玉硒席紅廉移步綴
生塵金叙十二行玉琴三四奏運行庚午辛未之中滄海月明珠面
淚藍田日暖玉生煙運行壬申之中穩駕大鵬無事便從
海上訪麻姑

癸丑　乙丑　辛亥　己亥

白……亥字……丙戌辛日得官星喜二丑字遥合爲貴值此格
……奇異……龍虎榜中取手鳳凰池上早標名透躍禹門三
中科中……羅之命妻如何……情諧老頭生雪羅帳佳
……霜子……何種……嫩出冬笋開池……合滑寒泉運行初薑……
仙府蛋……戲……運行中蘭……玉蟾攀桂上高值青帝踏
……龍得雨……鵬鶚在秋……運行暮白玉堂深會早詔……鼎宮冷近
一運中……春……早海遥蓬島信來稀

子平遺書

乙丑　乙丑　甲寅　辛未

學祿蘗　文條注人手姿秀麗，樂精神，年長名門

閨双親，岩鶯花，代業祿叢中，閨數策多智，其忌兼豊可孑

勤治家之理機，謀法，言語較清，男子志丈夫氣，良人年長

話平桂子飄香，班衣策耀，日翁姑半倚，如娌相親

泪口千山秀　秋光四海明，此則榮夫之命，丙寅運中，父

在蔭下，富飾光榮，丁卯戊辰運中，隱隱輕雷抽吾笋，微微細雨發

無揚，己巳庚午運中，簾捲青春生意好，門迎喜慶福緣深，辛

未壬申運中，正宜壽考百年，何幸蝶夢悠揚

三七

子平遺書

乙丑　乙丑　己酉　戊辰

財之格，　印之論，龍鳳呈祥，其為人也，孝容靖靖，五性溫

門長於　兄克母，宗祿喜三枝，英才倜儻，志氣雅新

有成名揚，閨里一朝，風雲會，財帛貴囊，到處施，此則榮華

兩合，真假運，甲子之中，父母蔭下，未斷榮枯，癸亥壬戌

樂意忘　慶會名譽，升騰，辛酉庚申運中，傷官太重

入雲霄，己未戊午運中，夢隨蝴蝶去，花落水边流

三八

子平遺書

癸丑　乙丑　癸亥　庚申

人居冬旺　以忘憂受六害相牢骨肉緣稀注失半
立性　横於仁門長在戚裔双親有靠鸦字聯行
慧有機謀有幹立業之操持無肝食宵之慎恨
一曲不悲擊觸順則精日逆則風雷良人年長同偕老子
中分秀　自倚妯娌多緣不是一番寒透骨怎得梅
花撲鼻香此則旺失之命丙寅丁卯之中父母之鄉財帛豐盈
戊辰之中行樂精神興家門集慶深巳巳之中煞官混雜災晦
相侵庚辛之中越斯之外滔滔好菊殘猶有傲霜枝辛未壬申
中片雲掩映塵霧昏迷正宜安享何幸無情

三九

子平遺書

癸丑　乙丑　庚申　戊寅

秋之桂綻云　附戊寅大生金福壽人日過徑華威秋降春作
左庭佳合　心羹昂昂生於名門親堂上壹花慶棠棣盡
麗學問服詩書情　有慈祥壹弟之心死剎剎不渔之意家藏
多富人有歡歌是太平此則英傑之命兆燁兩諧老桂子双役悦運行
中父母之蔭　拜運行癸亥壬戌之中脫氣太多終是憂餘
未退惱花選運行辛酉庚申之中西方有意人情好一天无碍月老收
運行己未戊午之中稱稱得意步步如心運行丁巳丙辰之中老怕遭生
春夏無憂

四十

癸丑　乙丑　庚子　丁丑

財才官之重丁火被制詩曰江南歷盡三千斛春後
發綠六親加骨肉之中全不乏重金重紫貴人欽曉看
滿屋饒君富貴兩相琵琶絃斷續注人丰姿清秀乃立性剛
門長盛族双親有倚母重拜雁字有行定秀乃賡奎問聰明
任路登雲去　慨自守田園歲月長此則豊厚之命兄憚兩和
美桂子双真假運行甲子之中父母蔭下樂意忘情運行癸亥之中傷
官之尼多進退才帛典隆事業繁運行壬戌辛酉之中帆掛短墻尤未
順人行遠路意沉吟運行庚申己未之中根基重整頓家業足光輝方儀
年光景好誰知臘節晚時佳運行戊午之中歸去莫辭行路遠三杯
斷人腸

書

癸丑　癸卯　己未

貴之格定居一品之崇注人丰姿清楚立性剛常生於名門長
椿萱堂延齡永棠棣芳化雨時李問聰明異日玉堂之貴行藏出類
題名頁潭終見底一輪明月照無痕此則榮富之命兄悌重合登
權運行　祿元之地食味天厨運行癸亥壬戌之中行
光好四時花柳榮運行辛酉之中淡風光溶皓月運行庚
申之中冕紫袍鄉祖蔭團烏帽受　恩榮運行己未之中不意
君恩重頻思鄉土安運行戊午之中三盃錚技交一枕夢黃粱

子平遺書

命之書 癸丑 乙丑 甲寅 己巳
寅之日生癸丑 財官之格甲己化土勾陳得位值斯格者注人孤親
字群稀手足 平淡性格操持孝問罪深知礼義財源温飽是處居
戌之命妻先帷琴瑟諧知羅帳偏宜兩敵子嗣先難蘭香勝桂運
之中水泛浮木本有一番風雨悪喜其蔭下却無危癸亥壬戌運
牆弓 脹遲辛酉庚申運中麗日烘開桃李和風拂
蔭權高損寮行樂驅馳己未戊午運中歲寒三友妻賢子
孝財生天理五常梅白松青竹翠丁巳運中一宵春夢動花落水流西

四三

子平遺書

癸丑 乙丑 戊申 乙卯
字雜氣財官之格 財官氣衰有官无印即非真官之氣居南象離
妻先傷外飲昆仲潛逃花落鬼來親支飄蓬始遇佳黃金雖北斗
卧泥沙人生如值此白首作生涯其為人也丰姿俊偉直性異常生于
在名鄉播宣有倚妨偏枯棠棣無兮各支持忿明慷慨性急心
任直嗣悦之色者 剛喜怏怕逆不受人觸田園樂以來郊園營生藝
壓當行人敬仰術高倚北車自精通錢財東進而西來利之南揚而北播此
則宜建寧戍之命妻宜兩敵和美子嗣双垂孝感運行初父母之鄉衣食從
容運行甲子癸亥讀書習禮明悪相兼别輕重知高低外頭好看心下反憂上
行壬戌辛酉丙五丁推善鑿名傳四野果超倫恩中相怨義処成非多少難言欺
秋策合掌口 清見石方明白只教平心不用疑運行庚申己未食禄
宅益新一出作乃憑張騰禍財消乃福則深運行未接戊午家或計
黃粱

四四

癸丑　乙丑　癸丑　甲寅

日主建旺之格　兼印綬之論　玄武當權　侍從翰林　經云乳燕離

羽翼成雕梁無於精神隨風舞向天边去　總領春風万里程　平姿

氣旺　生于名門　長在平曾　精壹英邁　恬特先後榮椿萱齊聯

面志大　包容万物　有中正和惠之心　無委曲偏邪之意　學問淵源

衙齊　特達筆端風雨　駕雲梯錦衣肥馬　貴班肅觀

宸此則榮輝之命　死憚兩諧伉儷之姻　桂子双成　真假富業　運

行初甲子之中　父母蔭下　微晦無恙　運行子接乙丑之中　芸窗者

志不辭寒暑之勞　雁塔題名　須是功名之顯　運行癸亥壬戌　早將優學

陳　經濟不負明時　有朴志　運行戌接辛酉　聖朝道統　惟火

肯果　　列庚申　察職　五馬遊春　境察　列千雞　進早

明德　望　黃閣玉闌　謀謨　贊

運行己未不惑

人思重以　思鎮　運行戊午　滿眼金魚　觀不足　時平道來不

鐘鳴漏靜　荷叢杜宇一声　催暮雲

癸丑　乙丑　癸亥　乙卯

子雜氣印綬　主建旺之論　若生辰月　凰寒之業　其為人

姿浩　志氣　子名邦　長在盛高　椿萱悅　翠叢棣名

子舌辯如蘇張　女人口巧若呂后　好勝　不讓　爵弱順

逆則　霜李間有成　登帝闕功名　先阻　姓名　此則清

安宜　　桂子榮門　盛行初運　幼年　蔭下先

運行甲子癸亥之中　隱　輕當抽碧筍　微　細雨潤楊枝　倚

留心翰墨　仕途豈不榮身　行壬戌辛酉之中　聽陽關

三疊　望天門九重　疑難每從師弟講　詩書常共聖賢親

行庚申之中　芹泮終聞書最考　花縣又見歷声多　行己未之中

重　　安行戊午之中　醉軒風月千秋恨

傳曇一　　空

癸丑　乙丑　癸丑　乙卯

多日主健旺之格　重疊有權柄注人丰姿俊"忭性稟剛柔生于富

一名升及親戚友處棠棣萼分輝智慧聰明心性磊落分輕別

識衹生涯逐志活計閑閑交久難言欺田事夜深合手只天知小

明白"斂手心不用疑此是剔脫之命妻宜敵子卯夜運行初

彩竹屋　運行甲子癸亥依新閑快活守己得和平運行

壬戌江山增壯氣風月放高懷多才松鬱"名利栢　各運行辛酉

坎均有志過韓信亦在崎嶇坦道中運行庚申終閑雲霧添新

家散却優游立許家運行運行己未戊午做成業許見孫福付與兒

果万事閑

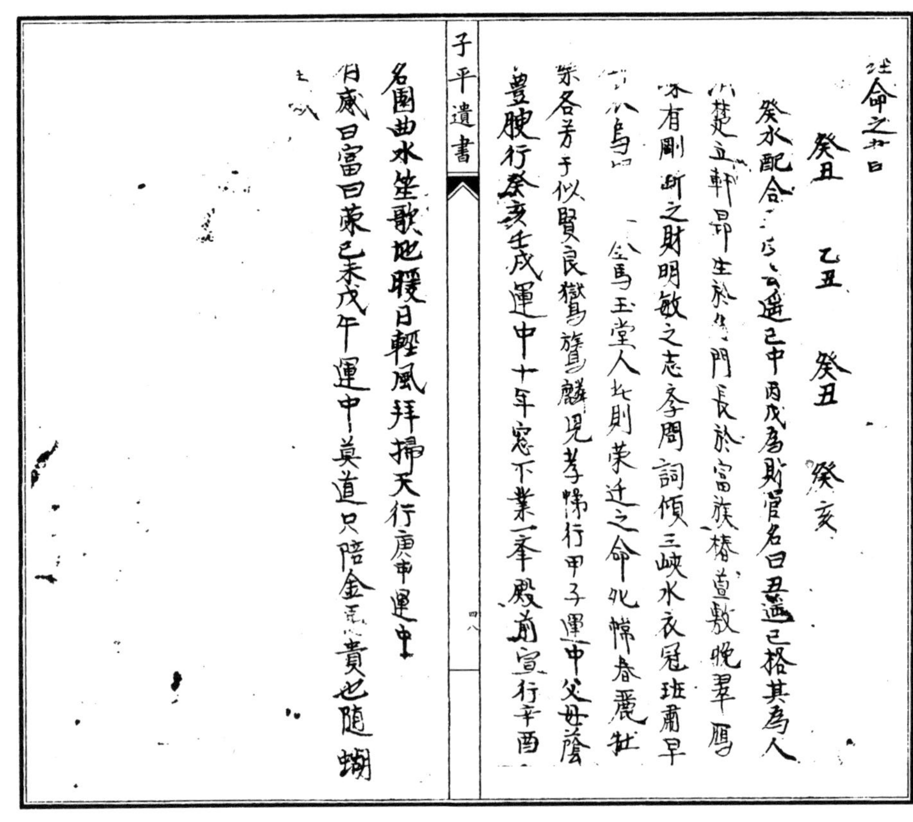

注命之日

癸丑　乙丑　癸丑　癸亥

癸水配合己巳、酉遇己申酉戌為財官名日丑遙巳格其為人

然楚立軒昂生於名門長於富族椿萱欺晚早雁

亦有剛斷之財明敏之志李周詞傾三峽水衣冠班肅早

占八烏　金馬玉堂人此則榮達之命北帷春麗壯

然各芳于似賢良獄烏薦麟兒孝悌行甲子運中父母蔭

豐腴行癸亥壬戌運中十年窗下業一奉殿前宣行辛酉

名園曲水筵歌地腰日輕風拜掃天行庚申運中

有歲日富日康己未戊午運中莫道只陪金玉貴也隨蝴

論羅命之書

癸丑　五　壬寅　壬寅

八字壬趁艮格壬騎虎背之論偶斯格與注人丰姿倩楚性格溫

喬木長蔭名門椿萱堂上恃恃先後棠棣叢中芬芳

聰明六章秀麗理勞古及今書對賢人及

人意然不利於　真不驕於人一日姓名登虎榜青雲快矣

九重天時人莫疑登科早自是嫦娥愛汝年此乃清貴之命死悼

正副牡丹芍藥鮮妍貴子英華鸞鳳麒麟孝感運行甲子梅開

彩萼竹展新梢癸亥之中明倫堂上業芹泮齋中文運行壬戌之

中龍門一躍精神奕虎榜高題氣象新乾坤夫子鋒日月廣文

運行之酉名　理豐獄暫試牛刀過武城運行癸亥之中自娛

日赤雖知非不哉時更運行巳未之中重重祿位耿耿功名運行

莫道只陪金馬貴也隨蝴蝶寫佳城

癸丑　乙丑　壬辰　戊申

造壬辰日戊申時上位貴格注人丰姿出當穩厚長於仁門丰姿

六字志慧聰明素聰明森嚴降帳黃中勤博讀英才出類八登云

光一朝月脫白焉夾運風陽此則清貴之命松竹順之育

子運以翻日麗風和便覺春光明媚運行中十一年意不禁一叢

蕙沾沛　翼儀門閒運行暮竹馬迎郊外蒲鞭醜今霄

已運中筆傳小院詩吟思枕冷幽齋夏不香

丑　乙丑　己酉　戊辰

八字福德之格，月令財官之論，財庫壽鄉。得斯格者，注人平易曠達，性操持[illegible]有供[illegible]智慧兼豐，學生涯遂意，人中傑。家業當此則振，家之命妻招吳順，子嗣蘭桂。運行甲子福景，癸亥戊運中才帛從容，行藏洒落。辛酉庚申運[illegible]于溪流[illegible]畫屏。己未到戊申運中閒[illegible]歸迴懷往中，不堪惆悵益潸然。

子平遺書

五一

癸丑　乙丑　戊　癸丑

八字魁罡之日，雜氣財官之格。值斯象者，注人平姿清削，立性敦厚，儒門長在，書館之親，有倚案肆志，非學問聰明難赴杏英。八首詩[illegible]童蒙留雲駐月之機，識古知今之意，能令士徹[illegible]比位可使雲深，財源莖廢，名利悠揚，此則儒者之命。此偉兩敵可諧老子文岳襲衣慶祥[illegible]和要鄉穠祿。癸亥運中父母蔭下趨庭詩禮。壬戌運中螢窗隱跡，事業益臻，財帛損失相隨。辛酉庚申運中春夏冠好，四時盃酒香。己未運中不是一番風雨惡，如何消得許多愁。戊午運中花將落，已傳與子，竹有清陰付與孫。丁巳丙辰之中故鄉有夢，今宵者長使詩人淚滿襟。

子平遺書

五二

癸丑　乙丑　丁巳

八字魁罡之日印綬遇祿年月不見官居極品聲價無窮經六戊生時丁巳以一日而有居特官不見無刑破早際風雲遇奇異為人也丰姿俊偉豆性軒昂生於富室長在高堂双侍棠棣　芳傲物氣高常嘆時人不如己學問不能登第于名寄　丹桂承恩不在登科第十載辛勤衣錦歸此則清貴之命也惜得合羅帳重重添添日子嗣枝枝衍衍斑衣快日運行甲子癸亥壬戌之中父母蔭下行乎富貴之鄉未遂平生男子志且留灯火十年心辛酉庚申之中食神生旺勝似才官功名淡咲敢泪沒一朝伸己未之中萬頃烟雲　龍莽藥一泓秋水浸芙蓉戊午運中桑梓安享暮年之户比肩之撓行樂崎嶇丁巳運中忘家酒一夢黃粱

五三

癸丑　乙丑　辛　壬辰

八字雜氣之格值斯格者注人丰姿清致性格常生於仁門長在邦椿萱萱有慶棣萼聯枝歷事怡談笑海落卷中有正常與毒桑梓田園春日暖挪槐庭院午風清才深遇益家業此則富庶之命也惜得合桂子兰芽十年運行甲子之中父母雙全循樂之運行癸亥漸漸精神爽看看氣象添運行壬戌淡淡梨花月飄飄柳絮風運行辛酉小小閑心月皎兩過高山青庚申之中才隙得失相迎世事盤柏運行己未戊午千里江山秋野念一番行樂一番憂正宜安享何恨天常

工刑恭是虧吊吳子孝嗣福

五四

性命之書

癸丑　乙丑　己未　甲戌

生逢滾浪桃花之殺，斷象者匪人年少淂沾楚豆性聰明生[illegible]名門

居華宴双親半倚為行分群心靈意巧智亮能施計[illegible]之勤治

衣冠濟濟三從備家業昂昂四海壽高人年長春葉蔭眉子嗣

運方海蔚有癖掌財如掌兵權惜物如同護命此則旺夫之命運

行丙寅之中父母蔭下行樂積神運行丁卯之中新月如鏡清光未現

運行戊辰己巳之中棠暖不寒天氣好榮榮壽太平時運行庚午

辛未之中祿元之地萬物當時提綱相挈風雨一蓋運行壬申癸酉

之中一生放慶榮壽終世才原有望正宜安享何幸榮常

癸丑　乙丑　癸　亥

[illegible]日貴之格經云癸日生逢時壬子者必為聯桂為奇桂無己

[illegible]刑破自有功名達時其為人也[illegible]清秀立性異常出於

衣[illegible]官族椿萱堂上延齡壽棠[illegible]福[illegible]有剛斷

[illegible]剛毅之志歷事風雷行藏慷慨[illegible]天地狼[illegible]部日平

[illegible]佳劍桃[illegible]花開春富貴此時得配名門女[illegible]老子嗣

桂蘭而茂盛一枝榮盛行甲子癸亥運中父母蔭下[illegible]琴書

行壬戌辛酉運中財源益進志氣軒昂行庚申運中[illegible]鵬變化如

離海[illegible]鶴程遠本在天行己未運中七殺交戰[illegible]

年[illegible]運中[illegible]限雜行樂一番行丁巳梨花帶雨柳葉[illegible]

[illegible]運暮景松柏老年奇行乙卯運中[illegible]

[illegible]二[illegible]分[illegible]別[illegible]

癸丑 乙丑 庚申 戊

子專祿之格經云庚日傍生時戊寅人一生[illegible]紀[illegible]人月通從華或
御都作皇家桂石臣注人半姿清清志[illegible]生於喬木長在[illegible]門
祖[illegible]堂上宜花慶棠棣叢中分秀麗字聰明詩書博覽有[illegible]
剛之心氣剝不恤之意家藏金玉為一家富人有望[illegible]太[illegible]
前英雄之命兆[illegible]兩俏老桂子双枝脫運行甲子之[illegible]陰[illegible]
行樂徜徉運行癸亥壬戌之中脫氣太多終是患餘[illegible]脫[illegible]
運濟庚申之中四序有情人意好一天死碍[illegible]
之中權權祿位得意安安如心運行于巳之中老[illegible]逢生[illegible]
患

癸丑 乙丑 癸卯 外

字食神之格身強然淺做然為權貴神[illegible]更[illegible]詩曰懷日空存恨
剎意未閑乖離貿[illegible]拙飄泊易成雜鳳影[illegible]笑開花開風雨閑清[illegible]風
残照下西山注人半姿標格衣冠雅飾椿萱棠貴重鶺鴒棣萼聯芳秀
[illegible]聰明行藏慷慨處已以謙和為尚接人[illegible]寶之恭根基[illegible]豐
頗財帛兩[illegible]齊[illegible]英秀之命允偉得合[illegible]子梅蘭多[illegible]行
甲子運中癸祿傷官刑局幼年安梅相牢行癸亥壬戌運中紙田筆[illegible]
[illegible]業黃卷青燈樂共生有限紅倚翠之風流有攀[illegible]卧柳之手[illegible]
賓酌酒會友論[illegible]辛酉運中饒君仍有衝天志亦在崎嶇[illegible]
行庚申運中花多艷色非喜色門必官非是太平行乙未運中
陰丟指雞留意[illegible]逐黃梁竟不還

癸丑　乙丑　卯〻　亥〻

〻日貴之格經云癸日生遇時壬子青雲得路最為奇上無己丑多刑破自功名顯達時其原〻八世華姿清秀一性聰明〻生於名門長居望族豐延壽於棠棣庭前語華堂有剛斷明敏之利理白分清之志歷事風雷憤憤陽司天地垠竿竹報日平安氣轉洪鈞花李花開春富世鮮死悰得配名門女兩意投和子嗣桂蘭而茂盛一枝榮盛行甲子癸亥運中父母蔭下樂意琴書行壬戌辛酉運中財源進益志氣軒昂行庚申濟鵬鵬變化終離海飛鴻鶴程途本在天行己未戊午運中客似然優游一番行丁巳運中業計有成權勢重華居無事之遇享運中桑榆逢暮景松栢老年奇黃梁一夢真變異深醉酒多愁別與

組命之書　癸丑　丁卯　乙巳

雜氣印綬之格值斯格者注人手姿浩氣昂昂生於名門長在華萱萱堂父子先歸棠棣叢中喜相輝聰明伶俐出處優游文章工分明辨才有過於人志不屈於下此則不貴則富之命死偉得合于其紀行甲子甲子父母蔭下未斷棠枯運行癸亥壬戌之中則帛有大享人似神仙馬似龍運行辛酉庚申之中絲絲絲中添絲色紅紅紅添紅運行己未之中英雄惟贈劍三人豪傑於逢酒一樽樽運到巳處功名事業一朝休

上面列金紫之命封妻蔭子

子平遺書

癸丑　乙丑

日主專祿之格叠遭土瘂之論若生山去之地　三品之貴運巳中為
官星其為人也卑　志氣軒昂生於富　長於名門双親在堂
子問聰明雖赴舉財源溫飽利名彰第長名園過旧竹花開上苑勝希
貝之命兆帷有魁重合丕子嗣有刑戊亥舞行甲子運中　家業
下財逢辰生行癸亥壬戌運中饒君有自拿雲手亦在崎嶇坦道中上又
酉運中日辰重併妻災子悔行庚申運中雨過乾坤秀
明行巳未運中壽年半百上歸夢夕陽天

六一

子平遺書

癸丑　乙丑　辛　戊戌

此八字雜氣印綬之格值斯象者注人丰姿秀麗性操奇生于名門長
在盛裔椿萱并倚祿分輝猛烈威震慷慨心直喜則泰滿乾坤
逆則雷轟電掃孝子問聰明未諳三場本行藏出類先將刀筆施去
除中情簪烏帽脫却麻衣換錦衣此則榮貴之命兆帷正副桂
字超群運行初父母蔭下衣食從容運行戊子丁亥詩書饒達作事
崎嶇運行丙戌乙酉六曹知古律三語竟今非賜受国家之禄位
縣之粮儲每揮豪勞威儀肅暫試牛刀德令新
未出縣黜奸勞政陟愛民如法常寬刑運行壬
處何恨黃果感慨長

六二

癸丑　乙丑　癸卯　甲寅

造群牛出洞之格水居冬旺生平樂以終之　斯格者注人丰姿瑩玉
若西施生于名門長在豪閨椿萱並美俊秀特先後棠棣芳菲並秀
異聰明絕頂竟動用多能耐事時觀音打滔聽心焦特金剛豎拳
頭有剛　命柔無諂無媚治家多才畧中正是門風良人年小同　心
澤桂子英華榮門孝悌益神仙之富貴乃陰命之稀奇也則　大
之命運行初梅開綠色竹展新梢運行丙寅丁卯春風習習滿園
芳芳菲夏日炎炎盈沼芰荷馥郁運行丁卯戊　一二　榮發
洞房應合疊彩彩中添彩紅紅上更添
芍藥秋水浸芙蓉運行庚午辛未幕動衣香也　席朱簾捲
生塵運行辛未正好倚樓觀皓月無端猶被黑雲生運行壬申善人
能越此　景福無疆運行癸酉穩駕大鵬　一事便從海上訪麻姑

癸丑　乙丑　丙午

此八字丙火日生於丑月雜氣之格　格之解云丙日生於時癸
巳日祿歸時又遇官星不逢寅月亦爲晦　丁酉　又爲生長申亥之月亦以會
秀是矣青雲金月秋城分外新之其爲人也丰姿洪建性操持精細　遠二
登堂榮濟之中三兩枝季陶詩書遠識謀志量寬言辭輕便　藏酒落
才源精攻用樓閣巍峰嶸此則守成發達之命兆怫內合重濟子嗣餘響
是觀運以甲子多安多餘蔭下芳妨癸亥壬戌運中一帆風月舒酣恩
溪山豁解頹才盛生涯好家門福慶增辛酉庚申　一　□□
業榮昌己未戊午運中竹軒芳暑氣花砌足盡
息醉卧東籬

癸丑　乙丑　甲　甲

八字雜氣財官之格水浮木浮歸日月　千里冷中清孤雁群離
半夜鳴父母太陽煞比出弟兄流水向東　安樂方身穩早歲
配事未戊莫咲春光臨老賞壯丹花重　吟聲高佳人[illegible]
性格操持生於名門長女盛育双親萱花茂　榮肆群中芳歷志誠
歲特出祖業祖基添新慶財帛資事表勝旧時第長　[illegible]
竹花開上苑勝花枝其則平穩之命先勝日助之勤子嗣班衣孝高
運甲子之中日辰重併花放春陰運癸亥壬戌二一貴人提擎花[illegible]
弟運辛酉庚戌之中雨晴正是賞花天台　[illegible]
訣年光運己未戊午之中酉丑年由合禾歸也
運丁巳之中三盃別酒一夢南柯

癸丑　乙丑　甲　癸巳

生逢食神生才之格雜氣之偏值斯象　為逢申次文特達
性格從容生于雅門長子武寂双親萱草　皆逢[illegible]子英[illegible]
遂年夜子問多成多倜儻行藏韜略[illegible]　直之才無[illegible]
之志不愁堯季世春色人有光民即太平世　逢請武烈之命
勞攘榮業人多羨本是還親扁又高猴子[illegible]　才將聚最光[illegible]
攬畔成果火鴉雁天邊各自飛梅發一枝羞[illegible]別[illegible]收節[illegible]吹
七之中[illegible]限災晦之地行棗未遂生殃十二三五之中月[illegible]海[illegible]清光書
瑞氣新十九二十三之中[illegible]雲捲月　酉廿之中万里江山明　盛景一[illegible]花柳弄[illegible]
二三四之中災非之地殃刑不吉四十之中[illegible]之地才[illegible]　[illegible]之中[illegible]
飛錦五六之中才源之地黃菊春芳六十三四[illegible]三盃[illegible]　交張[illegible]
又刻　丹先後全前

癸丑　乙丑　丙申

遣雜氣才官格歸祿之論值斯象……清不樂美乎哉
長為人也半淸秀性格從容生于名門……親具慶怡情後
棠棣聯芳桂紫名美鸞停雨雨諧[illegible]……襲慶衍孝閨
松筠尚懸香馥馥美材調倘桂林投[illegible]……嫡有懷有 湧
明致之志中州喬木之章旧刑群君名[illegible]……閨懷之
高秋清爽勝天外蟾宮桂香[illegible]……堂平又 膝
仕路一身長孤飛雁起連云水 旧樹青松吉至 霜 利
可有寡許君更占壽財廉運行神五六之 中双親[illegible]
疑標清新七八九十二之中清譽[illegible]一香小 五二十之中
窓言參寡今古雲案順勞改舊旧新 二十
起龍蛇鳴尤懷天公不放晴 三十三五之半[illegible]

子平遺書　六七

北海危四十之中長安[illegible]步道争三[illegible]緑衣
場之[illegible]月雲鬢 五十之中重重福[illegible]
相[illegible]易天恩親授[illegible]蒲 五十五六之十[illegible] 思有壽
攜人歆 六十八九之半正好華堂繼慶何期[illegible]

癸丑　乙丑　丁丑

遣雜氣才官之格日貴之論值斯象……辛亥冲[illegible]私其[illegible]
于文明長于升平双親堂上宣花愛鴻……九[illegible]佯宜[illegible] 柱
双輩學問不深知價色行藏動斬利[illegible]……鑑[illegible]貴者風
言不妄發衣冠濟楚才帛盈餘不慈挑兮 全有生成此刻
討斷日因循夢入仙源路尋訪桃深未果[illegible]……文[illegible]
新雁聲肅肅相飛來花枝枝結果未成[illegible]……只官材
行初五七八九之中量限災危之地行來未遂 近五十五六 春園雨
日荷蓮得意舒二十一二三五之中萬頃烟波攜掛一[illegible] 桃
橫空[illegible]万壑松声遠澗風三十三五六七之中盤[illegible]
名循[illegible]門庭興旺福緣新四十五六五十之中成一世之佳[illegible]
方一門六十三五的雜行

子平遺書　六八

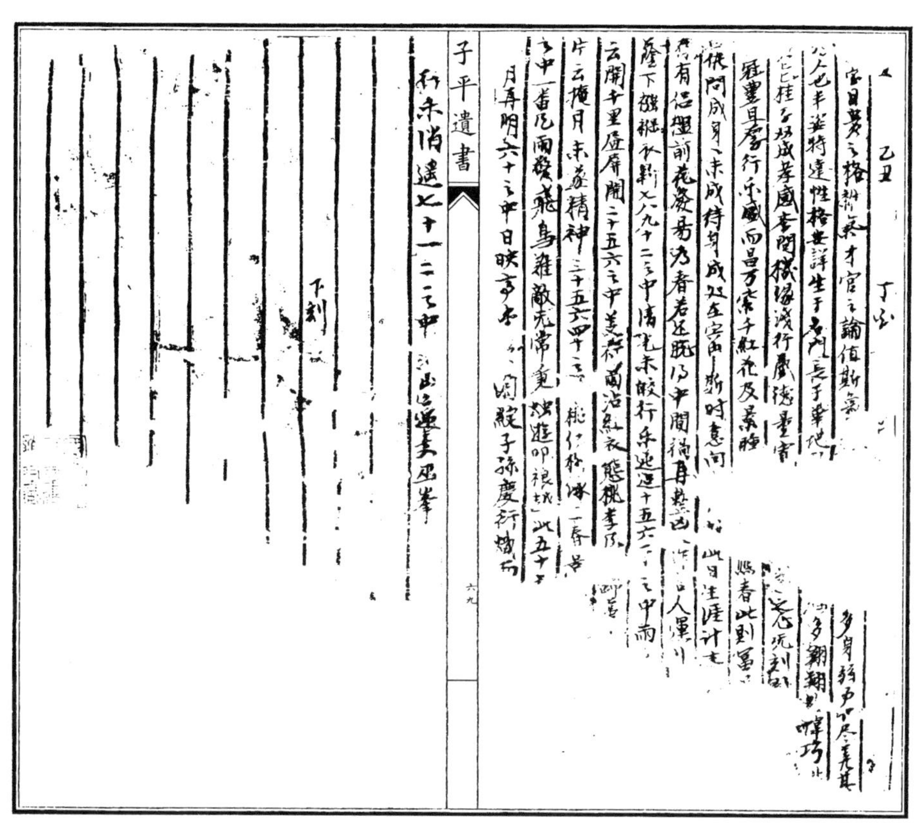
子平遺書
六九